Die zweite Wirklichkeit

Esoterik, Parapsychologie, Okkultismus, Grenzerfahrungen, Magie, Wunder

Herausgegeben von Adolf Holl

UEBERREUTER

CIP-Kurztitelaufnahme der Deutschen Bibliothek

Die zweite Wirklichkeit: Esoterik, Parapsychologie, Okkultismus, Grenzerfahrungen, Magie, Wunder / hrsg. von Adolf Holl. – Wien: Ueberreuter, 1987.
ISBN 3-8000-3223-6

NE: Holl, Adolf [Hrsg.]

AU 54/2

Umschlag von Atelier Graupner & Partner, München

Gesamtherstellung: Carl Ueberreuter Druckerei Ges. m. b. H., Korneuburg
Printed in Austria

Inhalt

Vorwort

Klopfgeräusche im Nachtkästchen. Eine weiße Gestalt auf der Mauer eines alten Schlosses. Der Anblick der eigenen Person von außerhalb. Begegnung mit einer riesigen Bärin, während eines Trance-Experiments. Ichverlorenheit in einer romanischen Kirche Osttirols. Die Einladung an den Physiker, den Weg jüdischer Mystik zu gehen.

So meldet sich in den Beiträgen dieses Buches eine Wirklichkeit neben, außerhalb, jenseits der vertrauten Alltagswelt. Ob es sie gibt, die »zweite Wirklichkeit«, wie sie sich zeigt, was sie bedeutet, das sind die Fragen, über die im folgenden nachgedacht wird.

Die Vorkommnisse, um die es dabei geht, irritieren die akademische Welt. Poltergeister, Fakire, Wahrsagerinnen, Engel, Schlangenkräfte wirken auf die gute Gesellschaft der gelehrten Köpfe wie ungebetene Eindringlinge, und dementsprechend reserviert verhält sich die moderne Wissenschaft gegenüber dem Irrationalen. Nicht einmal der Parapsychologie ist es bislang gelungen, eine anständige Wohnung im wissenschaftlichen Lehrgebäude zu ergattern, trotz hundertjähriger Bemühung. Für die zweite Wirklichkeit gibt es keine Lehrkanzeln.

In den USA allerdings, dem größten Markt für Außersinnliches und Transpersonales, werden bereits Vorlesungen unter der Bezeichnung »Anomalistik« gehalten, über jene Erscheinungen, die den Gesetzmäßigkeiten, dem »Nomos« moderner Welterklärung zuwiderlaufen. Im Haus der Wissenschaft zeigen sich Risse.

Das interessierte Publikum sucht die Anomalien, nicht die Gesetzmäßigkeiten. Der esoterische Boom hat seinen Höhepunkt noch nicht erreicht, er kolportiert immer merkwürdigere Nachrichten, deren Verläßlichkeit immer fraglicher wird.

In dieser Situation wurde das vorliegende Buch geplant und geschrieben. Kompetente Wissenschaftler und Publizisten, das war die Idee, sollten selbsterlebte Berührungen mit der zweiten Wirklichkeit zum Anlaß nehmen, Wißbegierige mit ihr bekannt zu machen und Skeptikern den aktuellen Stand der Debatte über Grenzerfahrungen zu vermitteln.

In einem Fall wurde das Selbsterlebte so peinvoll, daß der Beitrag nicht geschrieben werden konnte. Es handelte sich um das Experiment einer Art von Zeitreise in einem leicht veränderten Wachbewußtseinszustand, veranstaltet eigens zum Zweck der Berichterstattung für dieses Buch. Die Versuchsperson, Alter unter Vierzig, fand sich dabei im Viehwaggon eines Judentransportes in Richtung Vernichtungslager, als einzig Überlebende; alle übrigen waren während der Fahrt erfroren.

In den vorliegenden Beiträgen finden sich verschiedene Antworten auf jene zentrale Frage, um die jede Beschäftigung mit der zweiten Wirklichkeit nicht gut herumkommt – die Frage, ob es Bewußtsein unabhängig von (menschlicher) Hirntätigkeit gibt. Die Gehirnzellen zersetzen sich ohne Blutzufuhr sehr schnell, nach einigen Minuten ist es mit dem Bewußtsein vorbei.

Die Frage ist im Wirklichkeitsverständnis neuzeitlicher Naturwissenschaft entstanden; ältere Zivilisationen kennen sie nicht. Eben die alten Kulturen aber sind es, aus denen die Umgangsformen mit der Welt der Geister, der Seelen, der Dämonen, der Götter stammen. In Afrika, Asien und Amerika sind diese Mächte noch lebendig; der weiße Mann hingegen hat den Umgang mit ihnen verlernt. Seine Toten sind toter als die der Indianer oder der Tibetaner.

So gesehen kämpft in unserem Buch die Industriekultur mit urtümlicheren Formen des Seelenlebens, wilderen vielleicht. Sie melden sich im Unbewußten, in den Träumen, in den Phantasien der Künstler und Wahnsinnigen, während satanischer Zeremonien und spiritistischer Sitzungen. Nach wie vor erscheint die katholische Himmelmutter, und es wird daran geglaubt.

Wenn das Jenseits, aus dem die Verstorbenen, die Teufel, Maria und Gott kommen, auch ohne (menschliche) Hirntätigkeit bestehen bliebe, dann wäre die Rede von der zweiten Wirklichkeit eine emphatische Rehabilitierung der guten alten – Religion. Wenn nicht, dann wäre die zweite Wirklichkeit die Hinterseite der ersten, was im übrigen auch nicht uninteressant ist.

Zu danken habe ich Hans Peter Duerr, der mir bei der Suche nach geeigneten Autoren sehr behilflich war.

Wien, zu Ostern 1987 — Adolf Holl

Hans Biedermann

Okkultismus

Es gibt Begriffsfelder, die ihre Etiketten wechseln wie manche Zeitgenossen ihre Hemden und Gesinnungen. Der Gesamtbereich des Geheimnisvollen, Unerforschten, Spukhaften und damit nicht gut in die rationale Alltagssphäre Passenden wurde vor einigen Jahrzehnten mit dem Namen »Okkultismus« bezeichnet. Heute hat sich der Geschmack des Publikums, das nach Mysterien sucht, weitgehend gewandelt. Das Tischrücken, die Materialisationsphänomene und Ektoplasmen, die unsichtbaren Hüter aus der Geisterwelt – all das ist nunmehr nicht mehr zeitgemäß, und wer nach grenzüberschreitenden Erfahrungen sucht, wendet sich lieber esoterischen Gruppen zu, die »Einführung in die Traummeditation«, »Alchemie der Aura« oder ostasiatische Lehrsysteme praktizieren. Mit dem Begriff »Okkultismus« ist auch vieles von dem in der Versenkung verschwunden, was etwa in den zwanziger Jahren die unorthodoxen Gemüter bewegte.
Irgendwie legt das suspekt gewordene Wort Anklänge von »verdunkeln, mit finsteren Mächten spielen, das Licht scheuen« nahe. Die »ismus«-Endung erinnert überdies an weltanschauliche und politische Richtungen, ebenso an den Schwefelgeruch des Satanismus. Es ist nicht verwunderlich, daß Aufklärer unserer Zeit – um alle Mächte der Trübnis aus unserem angeblich lichtvollen Zeitalter zu verscheuchen – mit hämischer Freude gegen jeglichen »Okkultismus« ankämpfen, so etwa Otto Prokop und Wolf Wimmer (1976).
In früheren Jahrzehnten war die Gesamtsituation völlig anders; ein sehr geachtetes Buch von Dr. Traugott Konstantin Österreich trug den Titel *Der Okkultismus im modernen Weltbild* (1923); andere Buchtitel dieser Epoche sind: A. Messer, *Wissenschaftlicher Okkultismus* und *Geschichte der okkultistischen Forschung* von A. F. Ludwig und Rudolf Tischner, wobei auch die chronistisch-historisch angelegten Bücher von Carl Kiesewetter wie *Geschichte des Neueren Occultismus* (1891–1895, Reprint 1977) nicht vergessen werden sollen. Kiesewetter (1854–1895), ein um die Darlegung der ideengeschichtlichen Fragen dieser Randzone des Geisteslebens verdienter Forscher, setzte sich in der Einleitung des genannten Werkes mit der Begriffsbestimmung auseinander und meinte, eine Gesamtbezeichnung »für sämtliche magische Funktio-

nen der Seele« gefunden zu haben, wenn er es gebrauchte. »Da jedoch in der Neuzeit die Worte ›occult‹, ›Occultismus‹ zuerst von den sogenannten Theosophen als ihre speziellen Anschauungen bezeichnende Begriffe gebraucht worden sind . . ., so liegt mir zunächst die Definition dessen ob, was ich unter diesem Wort verstehe: . . . alle jene(n) von der offiziellen Wissenschaft noch nicht allgemein anerkannten Erscheinungen des Natur- und Seelenlebens, deren Ursache den Sinnen verborgene, occulte, sind, und unter Occultismus die theoretische und praktische Beschäftigung mit diesen Thatsachen, resp. deren allseitige Erforschung.« Restlos zufrieden ist Kiesewetter mit dieser Etikettierung nicht und erörtert auch andere Namen, rät aber am Ende doch dazu, »den Sammelnamen ›Occultismus‹ beizubehalten, welcher sich durch eine vierhundertjährige Existenz wohl seine Berechtigung erkauft hat«.
Occultus, verborgen, waren dem Menschen früherer Jahrhunderte viel mehr Phänomene der Natur als heute. Manche, vor allem jene des psychischen Bereiches, sind es geblieben. Wenn Henricus Cornelius Agrippa ab Nettesheym, kurz »Agrippa von Nettesheim« genannt (1486–1535), ein umfassendes Werk *De occulta philosophia* schrieb, das alles Unerklärliche zu einer großen Synthese von Christentum und neuplatonisch-mystischer Magie zusammenschmolz, so begründete er damit ein Forschen nach Erfahrungen und Phänomenen an einem Kreuzungspunkt zwischen offizieller Religion und Weltanschauung und den dunklen Unterströmungen abendländischen Geisteslebens, die zumindest bis in die Epoche der Spätantike hinabreichen. Der wissende Magier soll durch seine stufenweise fortschreitende Erleuchtung in die Lage versetzt werden, die Stufenordnung des Weltganzen zu erkennen und auf ihr zu immer strahlenderen Höhen emporzuklimmen, ja »zum Schöpfer aller Dinge aufzusteigen und . . . nicht nur die Kräfte (zu) benützen, die in den edleren Naturdingen vorhanden sind, sondern überdies von oben herab neue an uns heranzuziehen« – sofern dieses Streben nicht von niederen Motiven geleitet sei. In der Folge[1] ging den einschlägigen Studien der von Agrippa zur Parole erhobene Zug nach oben weitgehend verloren, und dafür traten jene Tendenzen in den Vordergrund, die sich mit dem »Herabziehen« von höheren Wissensgütern befassen wollten. Ob die Triebfedern immer reiner und edler Natur waren, soll dahingestellt bleiben. Die »Geheimliteratur« der Renaissance und des Barock, unter phantastisch-prunkenden Titeln auftretend, gebraucht immer wieder unecht klingende Formeln der Demut, der Unterwerfung unter den göttlichen Willen; dennoch ist unverkennbar, daß der echt magische Gesichtspunkt des Autonomiestrebens im geistigen Bereich, des Beherrschenwollens der überirdischen Mächte und der Natur, in den Vordergrund tritt. Der eigentliche Magier ist vom »Dein Wille geschehe« weit entfernt; es drängt ihn, seinen eigenen Willen mit pararationalen Mitteln

durchzusetzen. Okkultist ist er insofern, als er das ihm Verborgene als Vehikel benützt, um »zur Macht zu greifen«. Macht muß für ihn nicht Beherrschung der Mitmenschen bedeuten, aber auf jeden Fall fühlt er sich größer und bedeutender als seine weniger erleuchteten Zeitgenossen, wenn auch wohl nur in seiner Einbildung. Dies führt dann auch zur Exklusivität, schließlich auch zur Bildung von exklusiven Gruppen und Zirkeln in Form von geheimen Bünden »Erleuchteter«, wie sie etwa K. R. H. Frick in mehreren Büchern detailreich dargestellt hat. Frick spricht in diesem Fall von »Illuminismus«, und er gebraucht dabei einen Ausdruck, der die Assoziation des Dunklen im Ausdruck »Okkultismus« durch jene des Lichtes ersetzt. Niemand würde gern zugeben, daß er dem Dunkel zustrebt, und es läßt sich eher argumentieren, daß Erleuchtung in dunkle Räume getragen werden soll, die der stumpfsinnige Normalbürger gar nicht bemerkt.

Okkultistisch-obskurantistisch sind vielfach die in ebenso gewaltigen wie künstlich wirkenden Symbolbildern und Allegorien schwelgenden Werke des geheimen Bundes der »Gold- und Rosenkreuzer« am Ende des 18. Jahrhunderts, einer Gruppe von Erkenntnissuchern auf alchemistischer Basis, die kurzfristig einigen Einfluß auf das vorwiegend wesentlich nüchterner wirkende Freimaurertum dieser Zeit ausübte. Diese »Fraternitas Rosae Crucis Aureae« ist geistesgeschichtlich deshalb interessant, weil sie gerade in der Epoche der entmythologisierenden Aufklärung auftrat und dadurch offensichtlich einem menschlichen Bedürfnis nach dem Geheimnisvollen entgegenkam, das an der Oberfläche verbannt und für null und nichtig erklärt worden war. Das Streben nach dem Mysterium aber läßt sich nicht so einfach aussperren; es zieht sich in den Untergrund zurück und kommt von dort gern durch Hintertürchen wieder herein, und zwar dann, wenn man es am wenigsten erwartet.

Der exklusive Mystizismus dieser Epoche blieb aber auch später nicht ganz vergessen, obwohl seine theoretischen Grundlagen bereits im 18. Jahrhundert nicht mehr ernstgenommen werden konnten. Dies betrifft vor allem die alchemistischen Theorien der Gold- und Rosenkreuzer, die durch die naturwissenschaftlichen Erkenntnisse der Chemiker in das Reich der Allegorie verwiesen worden waren. Da aber zugleich die Naturkunde zusehends unanschaulicher und weniger allgemeinverständlich wurde, brachte man ihr vielfach Mißtrauen entgegen und meinte, die Lehren der alten Weisen könnten nicht so rasch ad acta gelegt werden. Dies ist ja auch nicht von der Hand zu weisen, wenn sie auf den inneren Bereich des Menschen und auch auf psychophysische Wechselbeziehungen angewendet werden. Daß etwa die moderne Tiefenpsychologie in den Allegorien der alchemistischen Traktate einen großen Reichtum an Bildern der seelischen Reifung wiederentdeckt hat, darf allgemein als bekannt vorausgesetzt werden.

Eine epigonale Blüte des Okkultismus entstand um die Mitte des 19. Jahrhunderts in Frankreich, wo sich antike Traditionen, ihre Neubelebungen in jüngerer Zeit, mystische Neigungen und ein nicht sehr glückliches Streben nach Wissenschaftlichkeit zu einem recht sonderbaren Amalgam verbanden. Die alte »Magia naturalis«, Mesmerismus, Mediumismus, theosophische Doktrinen und die ersten Erkenntnisse der Altertumswissenschaften spielten mit, und nicht selten wurde dabei ein gravitätisch-ordensartiges Gehabe an den Tag gelegt, das viele Erkenntnissucher faszinierte. Dieser französische Okkultismus des vorigen Jahrhunderts ist auch heute noch nicht vergessen, wie mehrere Neuauflagen der ihn repräsentierenden Werke beweisen. Sein wichtigster Vertreter war der Ex-Abbé Alphonse Louis Constant, dem zweifellos der Wunsch nach einer Vertiefung des oft allzu oberflächlich behandelten Wissens um die Möglichkeiten der menschlichen Psyche zugebilligt werden muß. Daß in der Epoche der kritiklosen Fortschrittsgläubigkeit Mißtrauen gegenüber den allzu groß geschriebenen Ansprüchen der rationalen Wissenschaft eine Gegenströmung einsetzen mußte, ist erklärlich. Alphonse Louis Constant nahm den priesterlich klingenden Namen »Eliphas Lévi« an und verfaßte Bücher wie *Histoire de la Magie, Dogme et Rituel de la Haute Magie* und *Les Clefs des Grands Mystères,* die mehrfach aufgelegt und übersetzt wurden. Als Schüler des Eliphas Lévi bezeichnete sich »Papus«, Dr. Gerard Encausse, was freilich angesichts der Lebensdaten beider Meister schwer vorstellbar ist: Lévi 1816–1875, Papus 1865–1916. Der greise Abbé dürfte kaum einen zehnjährigen Jungen zum Schüler genommen haben. Daß aber »Papus« aus den Schriften seines Vorbildes viel entnommen hat, ist unbestreitbar. Seine Bücher, die sich auch mit dem Tarot als dem »ältesten Buch der Menschheit« befassen, tragen Titel wie *Traité élémentaire de Science Occulte* (in 17 Auflagen bis 1977 erschienen, ab 1926 auch in deutscher Sprache: *Die Grundlage der okkulten Wissenschaft.* Reprint Schwarzenburg 1977). In diesen Büchern wechseln interessante Ideen und anschauliche Formulierungen mit haarsträubendem Unsinn pseudowissenschaftlicher Art – etwa dann, wenn Papus sich mit den ältesten Epochen der Kultur beschäftigt:

»Die weiße Rasse, in der Gegend des Nordpols geboren, war anfangs im Zustand der Wildheit und des Irrtums; ... Gefördert von ihrem Klima, wuchsen die Weißen an Zahl und Kraft. Dann begann die fortschreitende Abwanderung nach Süden hin, quer durch die unermeßlichen Wälder des Landes der Pferde, ›Roß-Land‹ (derzeit Rußland), die die Weißen zu den höher gelegenen Gebieten ›Poll-Land‹ (derzeit Polen) und von da zu den höheren Gebieten ›Teuts-Land‹ (Mitteleuropa) führten, begrenzt im Norden von der Grenze der Seelen, ›D'Ahn-Mark‹, und im Westen von den tieferen Ländern ›Holl-Land‹ und ›Ghôll-Land‹ (Gallien). Dort erfolgte das Zusammentreffen der weißen mit der schwarzen Rasse. Die Weißen, schwach und ohne ernstliche Waffen, wurden massenweise in die Sklaverei geschleppt und mit Grubenarbeiten und Befestigungsbauten beschäftigt...« Weiter unten: »Ein Teil der Kelten hatte bereits ihr Vaterland verlassen, um vor dem Despotismus der Druidinnen zu flüchten (etwa 10 000 v. Chr.), und hatte quer durch die von den Schwarzen besetzten Regionen die Gegend des späteren Arabien erreicht. Das sind die schweifenden Kelten oder Bodhonen, von denen ein Teil später nach tausend Wechselfällen zum hebräischen Volk wurde...« (Ausgabe 1977, S. 215 f.).

Daß eine »okkulte Forschung« dieser Art nichts anderes hervorrufen kann als fassungsloses Verblüffen oder homerisches Gelächter, ist leicht einsichtig. Es soll freilich nicht übersehen werden, daß sich neben derartigen Fantasy-Geschichten in den Büchern des Papus auch symbolkundlich interessante Passagen befinden, die von Pseudowissenschaft nicht beeinträchtigt werden. Dennoch ist es verständlich, wenn die Begriffe »Okkultismus« und »okkulte Wissenschaft« zusehends in Verruf kamen. Daß Wissenschaft ihrer ganzen Natur nach nicht verborgen sein darf, sondern ihre Kenntnisse der Kritik verfügbar machen muß, ist sicherlich nicht zu leugnen. Geheimlehren freilich sind weder überprüfbar, noch wollen sie es sein, sondern ihre Propheten begnügen sich voll und ganz mit der gläubigen Zustimmung ihrer Anhänger. Wer diese Einstellung nicht teilt, hat eben noch nicht den entsprechenden Grad der Einweihung erreicht und ist noch nicht reif für die Aufnahme der in Zweifel gezogenen Erkenntnisgüter. Der Ausdruck »Geheimwissenschaft«, den u.a. auch der Philosoph Wilhelm Dilthey (1833–1911) gebrauchte, ist daher in sich widersprüchlich. »Die Geheimwissenschaften erforschen das geistige Sein des Menschen, der Menschengruppen und ihrer Werke in ihrem sinnhaften Zusammenhang«, schreibt Horst Miers in seinem *Lexikon des Geheimwissens* (1976, S. 161) und fährt fort:

»Anfang dieses Jahrhunderts hat Rudolf Steiner ... den Begriff als Ersatz für das Wort Okkultismus einführen wollen (neben Geistesforschung), allerdings ist der Erfolg auf die Anthroposophie beschränkt geblieben; sehr häufig ist dagegen der Begriff Geheimwissenschaft als ›Geisterwissenschaft‹ aufgefaßt worden.«

Rudolf Steiner, der Begründer der Anthroposophie, dürfte den Begriff von der Theosophin Helena Petrowna Blavatsky (1831–1891) und ihrer »Secret Doctrine« (Geheimlehre) und den »Arcane Sciences« (den verborgenen Wissenschaften) entlehnt haben. Was sich dem rationalen Denken entzieht, aber dennoch als existent anerkannt wird, soll darunter zusammengefaßt werden. Später bezeichnete der Ausdruck, so Werner F. Bonin (Zürich 1978, S. 196), als Sammelname »esoterische und okkulte Lehren, die sich – im Gegensatz

zur Parapsychologie – nicht als Teil der allgemeinen Wissenschaft verstehen«. Bonin führt dann den Satz von H. Fritsche an, der Neuausgabe des Buches *Das Rätsel des Menschen* (1892) von Carl du Prel entnommen:
»Statt einer Häufung von Experimenten und einer noch größeren Häufung von Anhängern ihrer Ergebnisse wird stets die Erweckung einer Elite von Eingeweihten das Ziel der Geheimwissenschaften sein und bleiben« (Ausgabe 1950, S. 189). »Wissenschaftlicher Okkultismus«, so Bonin an anderer Stelle (1978, S. 366), »war längere Zeit ein Synonym für Parapsychologie. Man vertrat die Ansicht, daß im Laufe der Forschung der Okkultismus alle seine Geheimnisse verlieren würde... Heute dagegen erscheint es sinnvoll, den Begriff Okkultismus beizubehalten, um damit eine Weltanschauung... zu kennzeichnen, der mit der akademischen Wissenschaftstheorie nicht beizukommen ist... Diese Weltanschauung ist eine städtisch-bürgerliche Variante des Volksglaubens (geistesgeschichtlich ein Nachklingen der Aufklärung) und gruppenbildend.«
Auch Bonin zufolge reimt sich also »Wissenschaft« und »Geheimdoktrin« schlecht zusammen, und Okkultismus in diesem Sinne trägt eher parareligiöse Züge.
Wenn es darauf ankommt, daß jemand zu einem Lehrsystem, das ihm innerlich zusagt, aus Überzeugung »ja« sagt, dann fallen wissenschaftliche Argumente nicht ins Gewicht. Dann stört es ihn nicht, daß um 10 000 v. Chr., also am Ende der Eiszeit, die Kelten aus Gallien (das sie in der Tat erst um 600 v. Chr. besiedelt haben) ausgewandert sein und sich zu Hebräern umgewandelt haben sollen – wenn das ganze Lehrgebäude nur sonst überzeugend wirkt. Auch den Magier stört es nicht, daß es zwischen einer mit Nadeln durchbohrten Puppe und einem mißliebigen Mitmenschen ebensowenig eine Kausalverbindung gibt wie zwischen einer Position der Sterne am Himmel und dem Lebenslauf eines Erdenbewohners. Dann wird die angenommene Parallelität, Analogie, Entsprechung, Synchronizität (oder wie es immer heißt) als wirkkräftig genug hingenommen, um nicht erst nach der Art des Funktionierens fragen zu müssen. Die Art des Wirkens ist okkult, vor den Augen des Menschen verborgen, oder »arcan« (gewissermaßen in einem Kasten, arca, verschlossen). Die Geheimlehre heißt demnach auch »Arcandisziplin«, oder sie wird mit dem Wort »esoterisch« angesprochen.
Damit haben wir die zu Beginn erwähnte Bezeichnung »Esoterik« wiedergefunden, die in unserer Zeit wesentlich sympathischer wirkt als das dunkle Wort »Okkultismus«. Das griechische »esoterikós« bedeutet etwa »das der Innenwelt Zugewandte«, das zugleich den Außenstehenden verborgen bleibt. Die Zuwendung zu bedrängenden Innenweltfragen, die intensive Beschäftigung mit den Rätseln der Psyche und ihren noch lange nicht ausgeloteten

Rätseln und Fähigkeiten geht in vielen von der Außenwelt enttäuschten Zeitgenossen vor sich. Wer an der Schulmedizin verzweifelt, ist gern geneigt, sich einem Wunderheiler anzuvertrauen. Wer die Lösung seiner Lebensfragen keinem beamteten Philosophen, Priester oder gar einem Politiker zutraut, wird versuchen, die Antworten bei einem Guru, Schamanen, Taoisten oder Ritualmagier zu erlangen. Es wäre sicherlich völlig verfehlt, alle diese dem Normalbürger wie falsche Propheten erscheinenden Vermittler okkulten Wissens als Scharlatane und Rattenfänger anzusprechen. In der Tat lassen sich immer wieder Mitmenschen finden, die durch obskur wirkende Botschaften etwas wie Befreiung von bedrängenden Problemen, innere Ruhe, Bereicherung der Erfahrungsebene und Gefühlstiefe erfahren haben. Wer all das verdammt, was nicht in das offizielle Wertschema hineinpaßt, weil es zu exotisch und ungewohnt ist, könnte leicht aufrichtige Boten eines zwar zunächst fremdartig wirkenden, aber zumindest für manche Menschen aussagekräftigen Wissens vor die Tür weisen. In diesem Sinne sollte es sich einbürgern, absonderliche Messiasse weder mit blinder Zuversicht hinzunehmen noch mit Überheblichkeit abzukanzeln. Eine esoterische oder okkulte Lehre kann für den einen Zeitgenossen banal und widersinnig, für den anderen aber beglückend wirken. Sie muß deshalb nicht gleich die Dimension einer kompletten Religion annehmen, sondern kann auch Lebensphilosophie, Heilmethode oder psychische Disziplin bleiben. Eine gesunde Regel zur Bewertung fremdartiger Lehren dieser Art ist nicht neu und lautet ganz einfach: »An ihren Früchten sollt ihr sie erkennen!«

Esoterik im Sinne einer nicht allgemein zugänglichen Doktrin basiert ursprünglich auf der alten Unterscheidung der Menschen nach ihrer geistigen Aufnahmefähigkeit, wie sie vor allem in den halb verborgenen Sekten der Spätantike (dem Gnostizismus) üblich war. Nach dieser Kategorisierung gibt es stumpfe Materiemenschen (Hyliker), dann der feineren Seelenregung gegenüber offene Psychiker und schließlich erleuchtete Geistmenschen, Pneumatiker, und diese allein sind dem Anhauch des Pneuma, des geistlichen Odems, zugänglich. Es hätte keinen Sinn, den niedriger organisierten Menschenklassen höheres Wissen näherbringen zu wollen; das hieße Perlen vor die Säue werfen. Die pneumatische Lehre (Gnosis) darf und kann daher ihrer Natur nach bloß ein Minderheitenprogramm bleiben, sie ist einer erlesenen Schar von hochbegabten Menschen vorbehalten. Diese haben die Pflicht, ihr Wissen zu behüten und vor Profanierung zu bewahren. Ein Wort wie »Gehet hin und lehret alle Völker« hat in diesem System keinen Platz. Esoterik ist nicht nur die Lehre vom Geheimen und Geheimnisvollen, sondern auch jene Lehre, die wie ein Geheimnis bewahrt werden muß. Im Unterschied dazu wird die allgemein zugängliche Verkündigung von leicht erfaßbaren Wahrheiten im Gegensatz zur Esoterik als »exoterisch« bezeichnet. In den alten Tempelschulen wurde vom Haupt der Unterrichtsstätte (dem Scholarchen) zwischen jenen Feiern und Vorträgen unterschieden, die allgemein zugänglich waren, und den nur für einen ausgewählten Kreis bestimmten – diese waren esoterisch. »Laien gegenüber«, meint Herbert Kessler (1983, S. 19), »ist jede Wissenschaft esoterisch, die populäre Darstellung hingegen exoterisch. Gemeint sein kann mit dem Begriffspaar aber auch das Kriterium, ob ich ein Wissen nur mündlich, strengstenfalls unter vier Augen, weitergebe, oder ob ich ein Buch darüber schreibe und dem Publikum zum Kauf anbiete.«

Ein meist wenig beachteter Gesichtspunkt in diesem Zusammenhang ist, daß für den Gnostiker die Auslegung geheimnisvoller Texte durch den vom Geisthauch beflügelten Pneumatiker an sich schon ein verdienstvolles Handeln war, die das Reich des Spirituellen stärkte – die »pneumatische Exegese«. Es ist daher kein Zufall, daß nicht nur die allgemein zugänglichen Schriften in einem höheren Sinn erläutert und durchdacht wurden, sondern daß es sich immer mehr durchsetzte, selbst rätselvolle Texte zu schaffen, die sich dem Verständnis durch den Normalbürger weitgehend entzogen. Der Weg vom Glauben zum höheren Wissen kann im Sinne dieser Weltsicht nur steil und schwer zu begehen sein. Auf ihm schreitet der Schriftdeuter, wie es in einem Matthäus-Kommentar des Kirchenvaters Origenes heißt, »zu jenen geistigen Dingen empor«, die das »Reich der Himmel« genannt werden. Das Sichaneignen von geheimen Inhalten ist für den Gnostiker nicht ein bloßer Denksport, sondern bedeutet ein Mitwirken des Menschen an dem Erlösungswerk, an der Befreiung der Lichtfunken des Geistes aus der materiellen Gefangenschaft allein durch Erkenntnis. Am Ende dieses Aufstiegsweges steht die Vereinigung mit der »substantiellen Wahrheit«, mit dem göttlichen Wesen.

Daß diese Ideologie ihrem Wesen nach esoterisch, das heißt zugleich elitär ist und eben nur dem Inspirierten offenstehen kann, bedarf keiner näheren Erörterung. Die Dreiteilung der Menschheit in Hyliker, Psychiker und Pneumatiker ist bestimmt nicht von einem demütigen Arbeiter im Weingarten des Herrn erdacht worden, sondern eher von einem Menschen, der sich selbstbewußt in die oberste und geistnächste Kategorie einreihte. Es ist wohl nicht falsch, wenn wir in diesem Sinn dem konsequenten Esoteriker einen Hang zum geistigen Hochmut nachsagen – eine Eigenschaft, die den Autoren mancher alchemistischer Traktate offenbar ebenso zukam wie den Okkultismus-Meistern des vorigen Jahrhunderts, die vielfach ordensartig organisierte Anhängerkreise um sich scharten. Dort nimmt die Spekulation häufig parareligiöse Züge an und ist von Forschung im üblichen Sinne weit entfernt – auch dann, wenn von »okkulter Wissenschaft« die Rede ist. Nicht ein Vorstoß ins

Unbekannte wird angestrebt, sondern ein Schauen mit dem Auge des Geistes auf das, was mythische alte Meister der Vorzeit geoffenbart haben und was Wissende der Gegenwart mit Hilfe von überliefertem und intuitiv erfaßtem Wissen nachzuvollziehen vermögen.
Wer sich heute mit diesem zum Teil reichlich kuriosen Schrifttum auseinandersetzt, sollte freilich seinerseits nicht zu überheblich werden und anerkennen, daß es darin neben grotesken Passagen – denken wir an den Papus-Text über die Frühzeit der Menschheit! – auch beachtenswerte Sentenzen gibt, die zumindest ideengeschichtliches Interesse beanspruchen dürfen.
Dies ist die eine Seite des Okkultismus, die wir mit unorthodox-religionsähnlichen Zügen in Zusammenhang bringen dürfen. Darin geht es, wie wir gesehen haben, um einen Komplex von alten theologischen und kosmologischen Vorstellungen, die nur einer Elite von Menschen zugänglich gemacht werden sollten.
Dazu kommt aber als zweites Grundelement die Beschäftigung mit einer Reihe von psychischen Phänomenen, die im vorigen Jahrhundert als »große Unbekannte« galten, nunmehr durch die Parapsychologie[2] behandelt werden und dennoch zum Teil heute kaum weniger rätselhaft wirken als in der Zeit eines Paracelsus oder Eliphas Lévi. Die »Psi-Phänomene«, wie sie heute gern genannt werden, passen nicht oder nur zum Teil in das gegenwärtige Weltbild der Wissenschaft. Dies haben sie mit den unorthodoxen parareligiösen Ideen der alten Okkultisten gemein. Wie diese von linientreuen Vertretern offizieller Glaubenslehren bekämpft wurden, so geschah es auch mit den (zumindest zum Teil ernstzunehmenden) Arbeiten der frühen Vertreter der »metapsychischen, mediumistischen, meta- oder parapsychologischen« Forschung. Daß die Beschäftigung mit den auch in unserer Zeit noch weitgehend unerklärlichen und überdies in ihrer Echtheit umstrittenen Phänomenen nicht nur von seriösen Wahrheitssuchern, sondern auch von okkultistischen Propheten absonderlicher Lehren in Angriff genommen wurde, ist eine unbestreitbare Tatsache. Daher ist es nicht verwunderlich, wenn sich die Parapsychologie als Grenzgebiet der Seelenkunde nur schwer von dem Vorwurf befreien konnte, ein Tummelplatz kritikloser Exzentriker zu sein. Wer nicht zur Kenntnis nimmt, daß es eine geradezu wütende gegnerische Literaturgattung mit Stoßrichtung gegen den »modernen Okkultismus« gibt, dürfte sich über Textstellen wie die folgende wundern:
»Elend, Krankheit und vorzeitiger Tod von Hunderttausenden durch gewissenlose Okkultverbrecher, das sind die wahren Folgen des ungeistigen Schwärmertums, das nun von verantwortungslosen Multiplikatoren wieder zur Volksseuche großgezogen worden ist« (Prokop u. Wimmer 1976, VII).
Daß heute Hunderttausende Opfer des Okkultismus werden und daran ster-

ben, werden Prokop und Wimmer wohl nicht meinen, sondern sie beziehen sich in dieser Hinsicht vermutlich auf die infolge der Hexenprozesse Hingerichteten früherer Jahrhunderte. An den in unserer Zeit üblichen Nonsens-»Horoskopen« in den diversen Tageszeitungen dürfte noch niemand gestorben sein, ebensowenig an der Teilnahme an einer »Esoterischen Tagung«. Den erwähnten Bekämpfern irrationaler Strömungen geht es aber eingestandenermaßen darum, »dem scheußlichen Bastard von Aberglauben und Pseudowissenschaft, als welcher der moderne Okkultismus daherhinkt, den Kehraus zu bereiten« (S. 191, op. cit.). An eine vorurteilsfreie Untersuchung von ideengeschichtlichen Fakten ist in diesem Zusammenhang offensichtlich nicht gedacht, und wir dürfen eine Grundhaltung dieser Art aus einer Objektivität anstrebenden Diskussion ausklammern.

Im Hinblick auf die Situation bei der Bearbeitung parapsychologischer Phänomene (unter welchen es bestimmt auch Pseudophänomene gibt) zitiert Bonin (1978, S. VI) Sätze von Henry Sigdwick anläßlich der Gründung der »Society for Psychical Research« am 17. Juli 1882: »Es ist gänzlich unmöglich, die wissenschaftliche Bedeutung jener erstaunlichen Phänomene zu bestreiten, wenn auch nur ein Zehntel dessen, was von größtenteils glaubwürdigen Zeugen angegeben wurde, als wahr erwiesen werden könnte... Es ist ein Skandal, daß dennoch die ganze gebildete Welt in der Einstellung der Ungläubigkeit verharrt.«

Bonin meint dazu, daß der letzte Satz nun nicht mehr pauschal gelte; teilweise aber hat sich, wie wir gesehen haben, doch noch nicht sehr viel geändert.

Warum ist dies so? Wir dürfen nicht vergessen, daß die Befürworter einer Realität des »Okkulten« eben vielfach nicht sehr schätzenswerte Vorkämpfer für Wissenschaftlichkeit, sondern oft Exzentriker und Phantasten waren. Damit kommen wir nun zu einem wichtigen Gesichtspunkt bei der Behandlung geistesgeschichtlicher Tatbestände. Was sich der wissenschaftlichen Beurteilung infolge des Mangels an einem ausgebildeten »kritischen Apparat« entzog, wurde begeistert von außerwissenschaftlichen Kreisen aufgegriffen und in parareligiöse Systeme einbezogen. Nicht immer ist der Blickwinkel des naiven Betrachters von rational nicht erklärten Phänomenen notwendigerweise falsch; immerhin aber besteht die Gefahr, daß nachher qualifizierte Fachleute zögern werden, sich durch die Beschäftigung mit einer verpönten Materie scheinbar mit Spinnern zu solidarisieren. Th. Flournoy meinte einst dazu: »Die, welche Methode besitzen, interessieren sich nicht für die Untersuchung okkulter oder übernormaler Psychologie, und die, welche sich dafür interessieren, beweisen oft eine beklagenswerte Ignoranz jeder Methode« (Bonin 1978, S. VII).

Wenn Prokop und Wimmer von einem »Bastard« sprachen, so ist ohne Rücksicht auf ihre gehässige Polemik die erwähnte Zwittersituation zwischen Parareligion und Parapsychologie im Hinblick auf den älteren Okkultismus, der diesen heute nicht mehr geschätzten Namen zu Recht trägt, in der Tat nicht zu verkennen. Freilich hat sich seit mehreren Jahrzehnten die Gesamtsituation in dieser Hinsicht wesentlich verändert. Horst E. Miers meint dazu, es sei »eine Taschenspielerei mit Wörtern, wenn man in einer wissenschaftlichen Arbeit einen Spaten nicht Spaten, sondern Agrikulturinstrument nennt. Seit einigen Jahrzehnten haben sich ... mehr und mehr nüchterne Wissenschaftler zum Okkultismus bekannt und denselben systematisch bearbeitet« (1976, S. 300 f.); sie sagen aber – und damit kommen wir nun zu dem eingangs aufgeworfenen Problem der Begriffsbestimmung – nicht mehr Okkultismus dazu. Es ist dies nicht bloß eine Taschenspielerei, sondern ein bewußtes Abrücken von den parareligiösen Strömungen, die in vergangenen Jahrzehnten das Gesamtbild des Komplexes bestimmt haben; nicht mehr das Prunken mit angeblichem Geheimwissen und elitären Arcandisziplinen wird in den Vordergrund gestellt, sondern das möglichst nüchterne und vorurteilsfreie Streben nach Definition und Bearbeitung eines Bündels von Phänomenen, die sich dagegen zu sträuben scheinen[3].

Die Spiritisten des vergangenen Jahrhunderts konnten ohne Hemmung banale Botschaften ihrer Medien mit Namen wie Sokrates, Jesus, Perikles und Goethe unterzeichnen. Abgesehen davon, daß der Spiritismus alten Stils heute keine bedeutende Rolle mehr spielt (anscheinend gibt es auch in der »übersinnlichen Welt« gewisse Moden und Trends), würden Offenbarungen dieser Art seitens der Parapsychologie bestimmt nicht mehr ernsthaft bearbeitet werden. Das Bender-Institut in Freiburg im Breisgau ist eine nüchterne Forschungsstätte, in der es um die Einkreisung der »wilden Talente« geht, worin die Aura des Schummrig-Gespenstischen nicht die geringste Ecke findet, in die sie sich flüchten könnte. Hans Bender, zweifellos der bedeutendste Forscher auf diesem Sektor, spricht die Problematik des ganzen Gebietes klar genug an, wenn er schreibt:

»Parapsychologie, die Wissenschaft von den ›okkulten‹ Erscheinungen, ist eine junge Teildisziplin der Seelenkunde, die sich mit der Untersuchung umstrittener Erlebnis- und Verhaltensweisen befaßt, die das normale Erkenntnisvermögen und die normale Wirkungskraft der Psyche und des Leibes anscheinend übersteigen ... Man spricht von ›parapsychischen‹ Vorgängen und bringt mit der Vorsilbe ›para‹ = neben zum Ausdruck, daß sie neben uns vertrauten, mit den gewohnten Kategorien unseres Weltverständnisses begreiflichen Erscheinungen auftreten oder aufzutreten scheinen ... Von der Seite der Skeptiker als eine wissenschaftlich verbrämte Form des Aberglaubens abgetan, wird sie von enthusiastischen Anhängern des ›Magischen‹ als geradezu blasphemischer Versuch gebrandmarkt, Methoden der rationalen Wissenschaft auf wunderbare Zusammenhänge anzuwenden. ›Anti-okkultgläubige‹ Vorentscheidungen stehen gegen ›okkultgläubige‹. Beiden gemeinsam ist, daß sie affektiv auf das ›Unheimliche‹ reagieren ...« (1966, XV f.). Der Untertitel eines anderen Einführungswerkes trägt, um die Situation zu charakterisieren, den Untertitel *Vom Okkultismus zur Parapsychologie* (Amadou 1957).

Es kann nicht das Ziel dieser Auseinandersetzung mit dem kontroversen Begriff ›Okkultismus‹ sein, die Geschichte der parapsychologischen Forschung zu skizzieren. Ein modernes *Spektrum der Parapsychologie* stellten Eberhard Bauer und Walter von Lucadou zum 75. Geburtstag von Hans Bender zusammen (Freiburg im Breisgau 1983), und hierin kann der Leser sich über die Schwerpunkte der gegenwärtigen Forschung orientieren. Werner F. Bonins mehrfach zitiertes Lexikon (Zürich 1978 u. ö.) stellt die gesamte Materie enzyklopädisch dar.

Hier soll nur erwähnt werden, daß die intensive Beschäftigung mit den Grenzzonen der Psyche in der Tat auch Gefahren in sich birgt und bei sensiblen Naturen schlimme Auswirkungen auf die geistige Stabilität mit sich bringen kann. Ein Schulbeispiel hierfür ist der berühmte »Fall Staudenmaier«, die Biographie eines deutschen Gymnasialprofessors, der sich mit der bewußten Provokation halluzinatorischer Erlebnisse befaßte (*Die Magie als experimentelle Naturwissenschaft*). Staudenmaier (1865–1933) erzielte in der Tat willentlich akustische und visuelle Halluzinationen und litt unter der Heimsuchung, die Bender als »mediumistische Psychose« bezeichnet und mit den Symptomen der Schizophrenie vergleicht. So ganz ungefährlich ist also die amateurhafte Beschäftigung mit dem »Zwischenreich« offensichtlich doch nicht, wenn ihr auch nicht im Sinne von Prokop und Wimmer »Hunderttausende« zum Opfer fallen.

Dennoch gibt es, unabhängig von der parapsychologischen Forschung, auch moderne Okkultbewegungen. Mit ihnen hat sich der Theologe Kurt Hutten (zitiert bei Frick 1973, S. 205 f.) auseinandergesetzt und sie als Gegenströmung gegen die allgemeine Säkularisierung der Neuzeit interpretiert. »Die naturwissenschaftliche Welterkenntnis machte die unsichtbare Welt des Glaubens unglaubwürdig, ließ Gott wohnungslos, arbeitslos und schließlich auch wesenlos werden und nötigte den Menschen zu einer Existenz, die aus ihrer Einbettung in religiöse und metaphysische Bezüge herausgerissen war.« Okkultbewegungen aller Art suchen daher nach einer Überwelt, die auch die Paraphänomene einschließt, als Ausbruch »in die verborgenen und geheimnisvollen Tiefen des Seins«. Hier haben wir also die Motive dafür formuliert, die auch heute zu einem von romantischem Streben (»geheimnisvolle Tiefen«!) beeinflußten modernen Okkultismus führen, der mehr von Phantasie und unorthodoxer Religiosität als von wissenschaftlichen Motiven geprägt ist. Dies ist ein Faktum, das der Chronist je nach seinem persönlichen Standpunkt begrüßen oder bedauern kann, aber jedenfalls – auch wenn es nur einen kleinen Prozentsatz von Zeitgenossen betrifft – zum geistigen Profil der Gegenwart dazugehört. Ekkehard Hieronimus (1980, S. 303 ff.) charakterisiert die einschlägigen Bewegungen als »meist fest organisierte Gruppen, die ordensmäßigen Charakter annehmen können oder als Mysterienschulen, die sich um einen oder mehrere Lehrer etwas lockerer scharen«. Dazu gehören auch satanistische Zirkel, »die zum Vollzug der blasphemischen Handlung auf geweihte Priester der Kirche zurückgreifen müssen: ihre als Realität verstandene Seinsveränderung durch die Priesterweihe ermöglicht erst den Vollzug der Schwarzen Messe«. Vom grenzpsychologischen Labor mit Computern und Zufallsgeneratoren reicht das Spektrum dessen, was der Außenstehende naiv unter der Sammelbezeichnung »Okkultismus« subsumiert, bis zu den exzentrischen Teufelsanbetern unserer Zeit!

Nunmehr soll noch ein gewichtiger Unterschied zwischen den alten Orden und Gruppen dieser Art und den heutigen Anhängern des Strebens nach »dunklen Tiefen« erwähnt werden, die auch als »lichte Höhen« aufgefaßt werden können. Herrschte in den Schriften und Sprüchen der alten Okkultisten hehres Geraune von erschütternden Geheimnissen vor, so ist der Tonfall nunmehr griffiger, schnoddriger, kaltschnäuziger und grimmig-humorvoller geworden. Okkultismus soll offenbar auch Spaß machen und nicht bloß Schauder erzeugen. Vor mir liegt *Anubis – Zeitschrift für praktische Magie und Psychonautik,* die seit kurzer Zeit in Unkel bei Bonn erscheint. »So stehen bei uns«, heißt es darin, »die Praxis und die spezifische Psychonautik im Vordergrund. Und Sie werden feststellen, daß sich ›Anubis‹ bewußt auf das Wesentliche beschränkt ... ›Anubis‹ konzentriert sich auf die hehren Disziplinen der Magie und der Arkanwissenschaften, weil diese Gebiete viel zu lange in der Hand einiger weniger Obskurantisten waren und ein kümmerliches Schattendasein im Bannkreis von Ordensquerelen, Ego-Trips und ähnlichen Lustbarkeiten größenwahnsinniger, angstbesessener ›Wahrer Erleuchteter Meister‹ der magischen Zunft fristen mußten. Es wird Zeit, endlich die Spreu vom Weizen zu trennen und Strukturen aufzuzeigen, wo andere sich nur in Inhaltsdetails und Dogmenstreitigkeiten verstrickten.«

Als Motto dient dazu das Zitat »Weite Gebiete des Gehirns sind leer. Sie sind niemals von einem Menschen durchquert worden« (Robert Irwin). In einem Aufsatz »Geldmagie, oder: Mit Dreck fängt man keine Mäuse« ist davon die Rede, daß man bei bestimmten magischen Disziplinen das Universum lachen hört, und es gehört »Distanz und Selbstironie dazu, in dieses Lachen einzustimmen, eine Praktik, die ich [Frater V. D., der Verfasser des Aufsatzes] im übrigen gar nicht eindringlich genug empfehlen kann, aus psychologischen wie aus magischen Gründen. Nicht vergessen: Lachen bannt!« Eine »Hymne an Merkur« in demselben Heft stammt von »Frater Rumpelstilz«. Von dem erhabenen Bierernst alter Druckwerke okkulter Thematik sind Sentenzen dieser Art ganz bewußt weit entfernt, und es ist schon möglich, daß hinter dem auch bei »Esoterischen Tagungen« nicht zu überhörenden Gekicher mancher Teilnehmer, aber vor allem der Referenten, auch der unausgesprochene Wunsch steht, sich die böse Kräfte bannende Kraft des Lachens nutzbar zu machen. Vielleicht hätte seinerzeit der unglückselige Professor Ludwig Staudenmaier auch diese Möglichkeit berücksichtigen sollen.

Ohne vernunftreduzierende »Okkultgläubigkeit«, aber auch ohne fanatische Gegnerschaft läßt sich sicherlich zusammenfassen: Es gibt zweifellos viele schätzenswerte Wissens- und Erfahrungsgüter, die offiziell nicht immer – oder besser: nur sehr selten – zur Kenntnis genommen werden. Fixiertsein auf das Rationale engt die Erlebnisfähigkeit zweifellos stark ein; diese Haltung würde, konsequent angenommen, auch jedes Kunsterlebnis unmöglich machen. Es gibt glücklicherweise viele Mitmenschen, die nicht bereit sind, in der bloßen Erfüllung ihrer normalen Alltagspflichten bereits ihren Lebensinhalt zu erblicken. Wer nach dem Erlebnis erschütternder Mysterien sucht und die vorfabrizierten Grenzen nicht anerkennen möchte, verdient zweifellos Respekt – auch wenn er nicht übersehen sollte, daß er sich unversehens auf trügerischen Boden begeben könnte; in der Dämmerzone zwischen der »harten Realität« und der mystischen Erleuchtung sind Irrlichter keineswegs selten...

Anmerkungen

1 Zu Fragen der Begriffsbestimmung der Ausdrücke »okkult« und »esoterisch« vgl. Eliade 1978, S. 53 f.

2 Der Ausdruck stammt von Max Dessoir, der ihn schon vor hundert Jahren, 1886, vorgeschlagen hat (Bender 1966, S. XV).

3 Ein achtenswerter Ansatz ist nomenklatorisch jener von F. Zahlner, das Gesamtgebiet nach einem Vorschlag von A. Resch, Innsbruck, als »Paranormologie« zu bezeichnen – als wissenschaftliche Arbeit an Themen, die von der Alltags-Denknorm abweichen. Die Zeitschrift *GW – Grenzgebiete der Wissenschaft* geht von dieser wertfreien Basis aus.

Literatur

Agrippa ab Nettesheym, Henricus Cornelius: *De occulta Philosophia.* Reprint der Ausgabe Köln 1533 und anderer HSS., erläutert und kommentiert von K. A. Nowotny. Graz 1967.

Amadou, Robert: *Das Zwischenreich. Vom Okkultismus zur Parapsychologie.* Baden-Baden 1957.

Anubis – Zeitschrift für praktische Magie und Psychonautik, Nr. 1/1985, Edition Magus (R. Tegtmeier), D-5463 Unkel.

Bauer, Eberhard, und Walter von Lucadou: *Spektrum der Parapsychologie. Hans Bender zum 75. Geburtstag.* Freiburg im Breisgau 1983.

Bender, Hans (Hg.): *Parapsychologie. Entwicklung, Ergebnisse, Probleme.* Wege der Forschung IV, Darmstadt 1966.

Biedermann, Hans: *Materia Prima. Eine Bildersammlung zur Ideengeschichte der Alchemie.* Graz 1973.

Biedermann, Hans: *Handlexikon der magischen Künste von der Spätantike bis zum 19. Jahrhundert.* Graz [3]1986.

Bonin, Werner F.: *Lexikon der Parapsychologie und ihrer Grenzgebiete.* Buchclub-Ausgabe. Zürich 1978.

Danzel, Theodor W.: *Magie und Geheimwissenschaft in ihrer Bedeutung für Kultur und Kulturgeschichte.* Stuttgart 1924.

Eliade, Mircea: *Das Okkulte und die moderne Welt. Zeitströmungen in der Sicht der Religionsgeschichte.* Salzburg 1978.

Frick, Karl R. H.: *Die Erleuchteten. Gnostisch-theosophische und alchemistisch-rosenkreuzerische Geheimgesellschaften.* Graz 1973.

Hieronimus, Ekkehard: *Okkultismus und phantastische Wissenschaft,* in: *Kursbuch der Weltanschauungen* (Schriften der Carl Friedrich von Siemens Stiftung). Frankfurt am Main – Berlin – Wien 1981.

Kessler, Herbert: *Bauformen der Esoterik.* Freiburg im Breisgau 1983.

Lehmann, Albert: *Aberglaube und Zauberei von den ältesten Zeiten an bis in die Gegenwart.* Stuttgart 1908, Reprint Aalen 1969.

Leisegang, Hans: *Die Gnosis.* Kröners Taschenausgabe Band 22. Stuttgart 1985.

Lennhoff, Eugen, und Oskar Posner: *Internationales Freimaurerlexikon.* Wien 1932, Reprint Graz und München o. J.

Lévi, Eliphas: *Der Schlüssel zu den großen Mysterien nach Henoch, Abraham, Hermes Trismegistos und Salomon.* 1928, Reprint Interlaken 1981.

Meyer, K.: *Der Aberglaube des Mittelalters und der nächstfolgenden Jahrhunderte.* Basel 1884.

Miers, Horst E.: *Lexikon des Geheimwissens.* Freiburg im Breisgau 1986.

Prokop, Otto, und Wolf Wimmer: *Der moderne Okkultismus; Parapsychologie und Paramedizin. Magie und Wissenschaft im 20. Jahrhundert.* G. Fischer-TB Medizin. Stuttgart 1976.

Spence, L.: *Encyclopaedia of Occultism.* London 1920.

Staudenmaier, Ludwig: *Die Magie als experimentelle Naturwissenschaft.* Leipzig 1922, Reprint Langen 1982.

Tegtmeier, R.: *Okkultismus und Erotik in der Literatur des Fin de siècle.* Königswinter 1983.

Wichmann, J.: *Wicca. Die magische Kunst der Hexen; Geschichte, Mythen, Rituale.* Berlin 1984.

Zahlner, F.: *Kleines Lexikon der Paranormologie.* Hg. von A. Resch. Abensberg 1972.

Karl Markus Michel

Grüße aus dem Jenseits

Ein Forschungsbericht

»Liebe Jenseitige – wir sind heute – am 1. Mai 1977 – um 18 Uhr 30 – wieder hier in ... versammelt – um mit euch – Kontakt aufzunehmen. – Wir grüßen euch – Wir begrüßen – und bitten euch mitzuhelfen – Wir sind da – eine Verbindung herzustellen« (Schäfer 1985, S. 195).
Nehmen wir es also hin: Sie sind da. Es gibt ein Leben nach dem Tod; es gibt Geister von Hingeschiedenen, die Kontakt mit den Lebenden suchen, um ihnen dies und jenes zu sagen. Lassen wir uns auch nicht dadurch beirren, daß von den unendlich vielen toten Seelen, die sich im Laufe der Menschheitsgeschichte angesammelt haben – auf jeden heute Lebenden kommen ihrer Hunderte –, nur verschwindend wenige an solchem Kontakt interessiert zu sein scheinen. Denn das mag daran liegen, daß *wir* nicht interessiert sind; oder daran, daß die meisten schon abkommandiert sind, zur ewigen Seligkeit, zur ewigen Pein; oder auch daran, daß im Sinne der Palingenese die Mehrzahl der Seelen immer leibgebunden ist und nur die im Wartestand frei vagabundieren, was freilich zu einem psychodemographischen Dilemma führt: Die Erdbevölkerung vermehrt sich rasant – wo kommen die benötigten Seelen her? Waren sie vorfabriziert, von allem Anfang an? Werden sie nachgefertigt, wenn Bedarf besteht? Oder ist schon nicht mehr alles Fleisch auf Erden beseelt? Das zu vertreten wäre freilich riskant, weil ruf- und berufsschädigend. Wir wollen lieber annehmen, daß sich heute oft mehrere Leiber *eine* Seele teilen, wodurch auch verständlich würde, warum diese geteilten Seelen zunehmend der therapeutischen Streckung bedürfen. Doch sei dem nun, wie ihm wolle. Wenden wir uns den freischwebenden Seelen zu, den Botschaften, die sie uns Sterblichen zukommen lassen.
»›Wir lebten in der tiefsten Wirrnis ...‹, begann die Stimme auf deutsch, ›die Menschen herunterzudrücken und knechten ... die anderen entzogen sich – ich nicht ... darum bin ich ...‹
Die folgenden Worte [auf dem Tonband] wurden von unseren Stimmen übertönt. Nach einer kurzen Weile fing der Mann wieder an zu sprechen. Er fügte nur einen Satz hinzu mit dem sonderbaren Inhalt: ›Wir lebten in bösem Kompott‹ (nicht Komplott). Dann brach die Stimme ab.

Gleich danach aber ertönte wieder jene Frauenstimme, die vorher ›Federico war so süß‹ gesagt hatte, und rief ein langgestrecktes und spöttisches ›Heil!‹ aus. Im nächsten Augenblick fügte sie erregt hinzu: ›Das war Hitler – er schämt sich nicht – er war hier . . .‹
Obschon die Frau deutsch sprach, konnte man deutlich einen jüdischen Akzent erkennen, und zwar den einer polnischen Jüdin. Noch einmal erklang ihre Stimme, und zwar gerade, bevor das Tonband zu Ende war:
›Das war Hitler – er sieht euch!‹ rief sie laut und erregt und fügte plötzlich mit veränderter und etwas verlegener Stimme hinzu: ›Ich sage Hitler – er liebt mich!‹« (Jürgenson 1981, S. 59 f.)
Das war der Durchbruch zum Jenseits, geschehen in der ersten Stunde des Jahres 1960 in Schweden. Federico ist *Friedrich Jürgenson,* der Entdecker der Parastimmen, die als Tonband- oder Radiostimmen seitdem Aufsehen erregten und Abend um Abend für Tausende mit der Verbindung zu den Toten den Beweis für deren Weiterleben liefern, für ein »nachtodliches Leben«, wie man heute sagt. Kurz, das Jenseits ist uns nahegerückt, besonders seit sich Radio Luxemburg der mysteriösen Sache angenommen hat. Die Pilotsendung fand am 15. Januar 1983 statt: »Unglaubliche Geschichten«. Der Elektroakustiker Hans Otto König stellte mit seinem »Generator« die Verbindung her, und wirklich: »Wir hören deine Stimme«, tönte es aus dem All, und: »Otto König macht Totenfunk« – zwei legendär gewordene Sätze, die Millionen von Menschen in aller Welt aufhorchen ließen. Der Empfang war sensationell. Denn die Technik, die in jener Neujahrsnacht vor 27 Jahren noch ganz primitiv gewesen, hat sich sprunghaft entwickelt. Man arbeitet heute nicht nur mit Empfänger, Mikrofon und Tonbandgerät, sondern auch mit Verstärker und Mischpult, mit Psychofon und Psitron, mit Generator und Transducer oder was es sei. Aber es geht auch so, wie Jürgenson es anfangs machte: allein übers Radio. Dank Lena. Denn mit Lena, seiner verstorbenen Jugendfreundin, hatte Jürgenson wirklich Glück. Sie kommentierte nicht nur das jenseitige Geschehen und stellte die Sprecher vor, sie sorgte auch dafür, daß diese überhaupt zu Gehör kamen, indem sie »aus gewissen vorhandenen Frequenzen meiner Stimme oder auch aus anderen Geräuschen mit unermüdlicher Geduld ihre Worte zu bilden bemüht war«, bis endlich im Radio die richtige Wellenlänge gefunden war. Am liebsten ist den Stimmen nämlich ein weißes Rauschen. Die noch heute von vielen Experimentatoren bevorzugte »Jürgenson-Welle« liegt im Mittelwellenbereich zwischen Moskau und Wien und exakt auf Dubai (1 480 kHz), aber dieser starke Sender stört hierorts nicht, während der schwächere SFB gelegentlich dazwischenfunkt. »Das kompliziert den Empfang, weil der SFB deutsche Texte bringt, die mit paranormalen Stimmen verwechselt werden können« (Schäfer 1983,

S. 170). Das soll nun nicht heißen, daß das SFB-Programm spirituell wäre, viel eher, daß das Paraprogramm durchaus hörerfreundlich ist. Was schon daraus erhellt, daß als beste Empfangszeit die Stunden zwischen 20 und 22 Uhr gelten; dann werden die Geister müde, hüben wie drüben.

Denn es sind ja keineswegs immer Hitlers und Stalins, die sich zu Wort melden, die bilden die Ausnahme. Als Jürgenson, ein weltläufiger Künstler und Publizist, nach drei Jahren Stimmenforschung eine Bilanz seiner Kontakte zog, waren es immerhin 30 Prominente neben zehn Verwandten und 50 Bekannten. Auch sein berühmter Mitstreiter beim Stimmenfang, Konstantin Raudive, konversierte noch mit großen Geistern wie Galilei und Descartes. Und Pfarrer Leo Schmid, der dritte Pionier, hatte sogar Kontakt zu Heiligen. Aber sonst und seither – nun ja, ab und zu meldet sich ein Napoleon (während die Napoleons in den Irrenhäusern aussterben, deshalb wohl), aber im übrigen sind es fast nur die lieben Nächsten und gute Freunde, die aus dem Jenseits grüßen. Etwa so wie in der Stimmgruppe von Hildegard Schäfer (1983, passim): »Grüß dich Ernst – Rosl, ich grüß dich – ja, ich lebe – wir leben alle – es geht mir gut – ich überlebe – muß ja – bin *wohl* da – ruhig sage ich gut – *so* bin ich stärker – bin schon ganz zu Hause – prima-prima – wird immer *schöner* – ich hab auch schon jenseitig Freunde – phantastisch – wie im Traum – glücklich – ich hab Mama hier, siehst du – Tante Hedl ist bei mir – sind zusammen, ja – jetzt kommt Opa – der Pappi kommt dann – Grüße aus dem Jenseits, der Mama sagen – wir werden uns später sehn – wir warten schon – das hoffen wir doch – auf Wiedersehen, gute Menschen – wünschen allen einen guten Abend – herzlichen Dank – grüß mir die Rosa – bedanke mich – heute in acht Tagen, um dieselbe Zeit – wir kommen – ich liebe nur dich – Schätzchen – geht jetzt schön nach Haus – Grüß Gott – gute Nacht...«

Das ist wahrhaft rührend. Und von erschütternder Banalität. Die wurde schon oft gerügt, bestritten, gedeutet. Aber bevor wir uns damit befassen, müssen wir uns über einen Punkt verständigen. Wir wissen nicht, wie diese Stimmen, deren Existenz auf Tausenden von Tonbändern dokumentiert und überprüft ist, zustande kommen. *»Nicht die Welle ist es,* die das Ergebnis liefert. Sie ist nur das Medium, über das unsere jenseitigen Freunde das Radar einschalten, ohne das sie uns nicht sehen können. Das ist eine Tatsache, die mir wiederholt gesagt wurde« (nämlich von jenen Freunden), erklärte Jürgenson 1976 auf der Koblenzer Tagung der Tonbandstimmenforscher. Tatsächlich wissen wir, was wir über die Stimmen wissen, von diesen selbst. Aber sind sie authentisch? Das Medium – wohl zum erstenmal in der Geschichte der Geister ist es kein Mensch, sondern ein technisches Gerät, das praktisch jedem zur Verfügung steht für eine Dauerverbindung zum Jenseits.

Aber seit die »Radioassistentin« Lena uns auf den Mittelwellenbereich lenkte, wurde das Medium schon mehrmals variiert und ausgewechselt; es kann sogar, wie Konstantin Raudive (1975) entdeckte, ein Wellensittich sein, durch dessen Kehle sich die Verstorbenen in verschiedenen Sprachen artikulieren. Und trotzdem, so wird behauptet und durch Visible-Speech-Analysen erhärtet, sind diese Ätherstimmen, wie immer wir sie empfangen mögen, akustisch gleichartig und weisen bei allen Experimentatoren dieselben dominierenden Merkmale auf: »Sie haben ihre eigene absonderliche Sprache ohne Ähnlichkeit mit irgendeiner irdischen Sprache. Die Sätze sind oft aus Worten verschiedener Sprachen zusammengesetzt. Zuweilen mit veränderter Grammatik, komprimiert, verkürzt oder mit Endungen aus einer anderen Sprache; das Ergebnis sind ein sonderbarer Telegrammstil und ein deutlich markierter Rhythmus« (Jacobson 1979, S. 204 f.). Andererseits fallen doch wieder individuelle Unterschiede auf, je nach der Person des Experimentators. So scheint schon das Kauderwelsch – z. B. »Guten Abend med dej, I wishy your bebi Wein« – eine Spezialität der polyglotten Pioniere Jürgenson und Raudive gewesen zu sein. Es verschwand, wie zu erwarten, als der Jenseitsverkehr sich familiarisierte. Auch im Inhalt der Mitteilungen gibt es deutliche Unterschiede, etwa zwischen den Stimmen des mondänen Jürgenson, des vergrübelten Raudive und des frommen Leo Schmid, so daß eine Assimilation an den jeweiligen Empfänger nicht zu leugnen ist. Sie reden uns nach dem Mund, die Toten! Wollen sie uns damit ehren oder äffen? Jedenfalls meint auch Franz Seidl, der Erfinder des stimmträchtigen »Psychofons«, daß die Jenseitigen für diese Stimmen Energien der Empfänger verwenden und deren Gedanken umformen. Das wäre nicht nur ein phonetischer, sondern auch kognitiver Vampirismus – gleichsam ein Opfer der Lebenden für die Toten. Darauf deutet auch eine Vermutung von Nils-Olof Jacobson (1979, S. 208): »Irgendeine Form von ›psychischer Energie‹ kann elektromagnetische Wellenbewegungen hervorrufen, die dann auf dem Band aufgezeichnet werden. Diese psychische Energie kann theoretisch von den Anwesenden kommen oder von den ›Geistern‹.« Im übrigen erkläre das die sonderbare Sprache der Jenseitigen: »Der Energievorrat ist offenbar knapp, man will soviel wie möglich mit dem geringsten Aufwand an Anstrengung und Energie ausdrücken: daher der Telegrammstil und der markante Rhythmus.«
Trotzdem bleibt zu fragen: sind die Stimmen authentisch, stammen sie von individuellen Hingeschiedenen, wie stets behauptet wird im Paraauditorium, oder eher von einem Geisterkollektiv (einem kollektiven Geist), das sich erst über und durch die anwesenden Irdischen individualisiert? Hans Otto König hat bei seiner RTL-Sendung 1983 die Hypothese vorgetragen, daß jede Seele eine individuelle Frequenz besitzt und mit hinübernimmt. Wenn man diese

Frequenz, die sich zu Lebzeiten ermitteln ließe, kennen würde, könnte man den Verblichenen mit dem »Generator« direkt ansteuern und ansprechen. Das ist, versichert König, in einem Fall bereits geschehen, mit großartigem Ergebnis. Aber es blieb leider eine Ausnahme, die Jenseitigen müssen sich immer noch zu uns durchwursteln, indem sie Wellen und Gedanken anzapfen, Stimmen aus Stimmungen saugen, und haben für den Nachweis ihrer Identität kein anderes Mittel als die Anspielung auf Intimitäten (»Mir geht es gut, ich brauche keine Verbände mehr«, sagt die Schwiegermutter, die zu Lebzeiten offene Beine gehabt: mes 1985, S. 50) und die Verwendung von Kosenamen (»Hallo – Heli – hallo – hallo – Muje«: Schäfer 1983, S. 116). Mit anderen als Ruf- und Kosenamen hingegen haben die Toten Probleme. Auch sonstige Personalien wie Titel, Adressen und Daten scheinen ihnen auf dem Weg ins Jenseits abhanden gekommen zu sein. Das stört die Hinterbliebenen natürlich nicht, sie werden ja gut bedient, vor allem von der Mutter, die den Tod schlicht leugnet: »In mir Elly lebt ... Friedel lebt ... ihr lebt ... ach! Wir leben ... Elly, Friedel, Papa lebt ... viele leben ... ach, ach!« (Jürgenson 1981, S. 101). Aber im Interesse der Forschung läge doch eine eindeutigere Identifizierung als die durch geteilte Intimität. Nun wird behauptet, gerade der familiäre Code sei ein schlüssiger Beweis für die Herkunft der Stimmen aus dem Jenseits, weil dort als erstes die bürgerliche Existenz abgelegt werde. Doch die übrigen Verhaltensweisen der Jenseitigen, soweit ihre Äußerungen darauf deuten – z. B. ihr Gedrängele am »Telefon«, ihre Eifersüchteleien und Streitereien, gelegentlich auch eine kleine Gehässigkeit (»Nervensäge!« – »Das ist Mist!«) –, bleiben durchaus im kleinbürgerlichen Rahmen, obwohl in gleichsam infantilisierter Form. Sollte es so sein, daß man – mit aller Zurückhaltung sei es gesagt – dort drüben ein bißchen verblödet?
Um diese Frage zu entscheiden, müßten wir mehr über das Leben dort drüben wissen. Aber genau hier bleiben die Auskünfte der Befragten – und wie eindringlich werden sie befragt! – in schmerzlicher Weise vage, ausweichend, verweigernd. »Es geht gut«, sagen sie, »wir leben«, »sind zusammen«; seltener: »es ist schwierig«, »wir haben unsere Probleme«, »muß die Rechnung bezahlen«. Da horcht man schon auf, wenn endlich mal einer keck wird: »bin bei Gott«. Mit vielen der Botschaften – sie sind ja noch kürzer als Werbespots – weiß man beim besten Willen nichts anzufangen (was den Aussagewert der übrigen leider etwas schmälert). Aber – o Wunder – es zeigte sich, daß manche dieser dunklen Sprüche sogar beim Rückwärtslauf einen ›Sinn‹ ergeben, allerdings einen ganz anderen und noch trüberen, also eigentlich gar keinen. Doch auf den *Sinn* der Botschaft kommt es ja nicht an, vielmehr auf ihren *Empfang:* the medium is the message, ist der Beweis für ein Leben nach dem Tode, *vorwärts* (»hier bisher nur Totenfunk«) wie *rückwärts* (»Toten

komm September«). So sieht es Hildegard Schäfer (1983, S. 156, 181), die emsig gesammelt hat, was sich auf ihren Bändern so niederschlug an Mitteilungen über das Jenseits (S. 217 ff.). Die aufschlußreichsten Sprüche seien hier wiedergegeben:

Auf die Frage, mit wem man zusammen ist: »wie jeder denkt«. Ob man sich wiederfinden wird: »wir warten schon«, »das hoffen wir doch«, »aber ja«. Ob man Angehörige getroffen hat: »ist ja logisch – alle Tage«. Ob man schon auf einer anderen Stufe ist: »mußte noch warten«. Warum sich bestimmte Angehörige nicht melden: »die sind doch schon weg«, »die ist völlig weg«. Auf allgemeinere Fragen nach dem Jenseits kommen entweder sehr dunkle Antworten: »Auf dieser Straße – sind mit Fahrzeugen hier – ich sage, daß ich fliege«, »ich schmücke mich für ihn«, »muß in Busch gehen«; oder die Antwort wird verweigert: »Es ist verboten – leider«, »darf's nicht sagen – leider«. Die letztere Auskunft erteilte Konstantin Raudive – seit seinem Tod der Stimmen-Patron von Frau Schäfer – auf die Frage nach der Wiedergeburt. Leider. Wie erklären die Forscher und Fans solche Dürftigkeit? Zunächst einmal sind sie vom Zustandekommen des Kontakts so fasziniert, daß sie dankbar jedes »Hallo« registrieren und kahle Floskeln wie »ich lebe«, »es geht mir gut«, »grüß die Mama« als die Übermittlung des Wichtigsten feiern. Sie können dabei auf irdische Telefongespräche etwa von Kontinent zu Kontinent verweisen, bei denen sich die getrennten Lieben (besonders wenn die halbe Sippe danebensteht) auch nichts Besseres zu sagen wissen, und jedes Wort kostet Geld. Oder denken wir an den Informationsgehalt der Postkarten aus dem Urlaub: alles prima, viele Grüße, Ciao! Aber es gibt da einen Unterschied. Wer beispielsweise nach Tahiti reiste, um nicht wiederzukehren, und von dort aus seinen Lieben, die ihm über kurz oder lang nachreisen werden, eine Nachricht zukommen ließe, würde sicherlich mehr sagen wollen als ein gewöhnlicher Südseetourist; aber selbst ein beliebiger Tourist oder ein in der Ferne lebender Freund würde – was die Jenseitigen *niemals* tun – sich artig erkundigen, wie es den Zurückgebliebenen geht, anstatt stets nur vom eigenen Befinden zu reden.

Sie sind so egozentrisch, unsere Toten. Wir wollen ihnen das nicht zum Vorwurf machen, solange wir nicht viel mehr über sie wissen, als daß sie leben. Das ist für uns, die wir *noch* leben, zwar ein Trost, aber keine Jenseitsgewißheit, weil wir ja nicht einmal erfahren, ob *alle* Verblichenen dort drüben sind; ob es sich dabei schon um die andere Welt handelt oder erst um eine Zwischenwelt, ein Durchgangslager, aus dem man früher oder später in den Himmel oder die Hölle kommt; und ob sich aus dieser Scheidung der Geister im Jenseits Lehren ziehen lassen für unsere irdische Moral. Auskünfte wie »der ist schon lange weg« sagen uns wenig, solange die Angehörigen nichts weiter über den Betreffenden verraten. Wurde er befördert oder gefeuert? Wurde er wiedergeboren, vielleicht als Chinese?

Da die heutigen Jenseitigen uns wenig Erhellendes sagen wollen oder dürfen, empfiehlt es sich, einen Blick in frühere Zeiten zu werfen. Vielleicht waren die Toten einst mitteilsamer. Denn Botschaften aus dem Jenseits gab es ja seit Menschengedenken, meistens nachts. Man fürchtete sie. Warum hätte man sonst den Verblichenen ein »Ruhe sanft!« ins Grab hineingerufen und dann noch einen Findlingsblock daraufgestellt! Manchmal aber suchte man auch den Kontakt mit einem bestimmten Toten, umgetrieben von Kummer und Neugier. So schon Gilgamesch vor runden 4 000 Jahren. Er ließ seinen gestorbenen Freund Enkidu aus dem Totenreich heraufbeschwören, »daß er künde seinem Bruder die Ordnung der Erde«. Aber nein: »Ich sag dir nichts, mein Freund«, trotzt der erschienene Geist. Spätere Hadesläufer und Jenseitsforscher wie Odysseus und Äneas, Dante und Milton erfuhren zwar mehr, in gleichsam geometrischem Wachstum, aber da war das Jenseits schon ein poetischer Topos, man mußte seine Vorgänger überbieten an Einblick, und ein Wahrheitsbeweis war nicht erforderlich, weil diese Ausflüge und Auskünfte auf der Ebene der Fiktion angesiedelt waren; glauben tat's eh keiner. Somit gab es die Geisterwelt nun zweimal: zum einen als literarische, zum anderen als empirische, und die Verbindung zwischen beiden wurde, trotz gegenseitiger Befruchtungen, immer brüchiger, seit der bürgerliche Rationalismus den Geister- als Aberglauben abwehrte. In protestantischen Ländern gelang das leichter, weil hier die Geistlichen die ihnen verhaßte »papistische« Lehre vom Fegefeuer hinweggepredigt hatten: nach dem Tod heißt es entweder Himmel oder Hölle, und das für immer; wenn also ein Geist erscheint, dann muß das der Teufel sein (ganz selten auch mal ein Engel), der sich in der Gestalt eines Verstorbenen zeigt, wie es z. B. Ludwig Lavater in seinem Werk *De spectris* (1570) nachweist. Die katholische Kirche hingegen beharrte auf dem für sie so einträglichen Dogma vom Purgatorium, das Gregor der Große im 6. Jahrhundert begründet hatte: eine Pufferzone zwischen Himmel und Hölle dient den noch nicht zur ewigen Ruhe gekommenen Seelen als Aufenthaltsort, von wo aus sie uns heimsuchen (klopfend, polternd, stapfend), wenn sie noch etwas an die Erde bindet. Das erhellt schon daraus, wie J. de Clusa in seinem *Tractatus de apparitione animarum* (1475) schreibt, daß Juden und Muselmanen nach ihrem Tode *nicht* zu erscheinen pflegen, die kommen gleich in die Hölle. So blieben in katholischen Ländern die Geistererscheinungen (wie auch die Wunder) etwas fast Natürliches, während sie in protestantischen Gemütern leichte Züge des Dämonischen annahmen: da klopfte das Schicksal an die Tür, wenn ein Geist mal polterte.

Es handelt sich hierbei selbstredend nur um projektive Einstellungen, die aber kulturell weiterwirkten und bis heute auf die Kontakte mit Jenseitigen abfärben – das müssen wir im Auge behalten, wenn wir uns dem eigenartigen Phänomen zuwenden, daß solche Kontakte, die zuvor nur von Okkultisten gesucht, sonst aber passiv erduldet wurden, ausgerechnet seit dem Jahrhundert der Aufklärung aktiv hergestellt zu werden pflegen. Aber ist es denn verwunderlich? Sollte sich das Prinzip der intellektuellen Neugier und der vorbehaltlosen Forschung, sollte sich der Fortschrittsoptimismus auf das enge Diesseits beschränken? Nein – und wir wagen zu behaupten, daß die Ideale der Aufklärung nirgendwo bis heute so hochgehalten werden wie in dem als finster verschrieenen Spiritismus. Das läßt sich leicht begründen. Der Spiritismus – der sich, um einem verbreiteten Vorurteil auszuweichen, seit ein paar Jahrzehnten lieber »Spiritualismus« nennt – bildet die wahre Alternative zur immer satter werdenden offiziellen Kultur, der er gleichwohl spiegelbildlich entspricht. Hier wie dort gibt es die großen Geister, wobei natürlich einem Rilke, Hesse, Handke usw. nicht die Geister der Jenseitigen gegenüberstehen, sondern die berühmten Medien wie Daniel D. Home, Leonore Piper, Franek Kluski, John C. Sloan, Eileen Garrett, Arthur Ford und viele andere, wer kennt sie nicht, alle die Abkömmlinge der biblischen »Hexe von Endor«, die einst für König Saul den Geist Samuels erscheinen ließ. Die von ihnen beschworene jenseitige Welt läßt sich dem Reich der Dichtung vergleichen; wir treffen auf wahrhaft unsterbliche Gestalten, zumal auf so faszinierende »Geistführer« wie Dr. Phinuit, Mr. Greentree, Mr. Uvani, Mr. Fletcher oder Jürgensons Lena. Schließlich gibt es in beiden Kulturen viel Bluff und Tricks, doch gerade hier hört die Gemeinsamkeit auf, die Alternative tritt ins Licht. Denn im Grunde ist ja die Dichtung die einzige Fälschung, genannt ideale (fiktive) Wahrheit, wohingegen der Spiritismus auf die *positive* Wahrheit setzt – oder er hat ausgespielt, wird bestenfalls zur Dichtung. Nirgends außer vielleicht in den exakten Naturwissenschaften wird seit hundert Jahren so streng geprüft, ob die Erscheinungen nicht Täuschung oder Schwindel sind, und in der Tat wurden viele Schwindler entlarvt. Das waren notwendige Selbstreinigungen, die dem Spiritismus zum Ruhm gereichen; nennen wir nur William Marriot und Harry Houdini, die Schrecken der Medien zu Beginn unseres Jahrhunderts – vor einem Arthur Ford hingegen beugten sie sich. Aber daneben gab es auch Nachstellungen von außen, von Neidern und Hassern, denen kaum ein Medium entging und manch eines zum Opfer fiel. So das redliche Erwerbsmedium Bastian, das um 1880 von zwei frivolen Habsburgersprößlingen, Erzherzog Johann und Kronprinz Rudolf, gehetzt wurde. Die beiden überlebten ihre Infamie nicht lange, sie endeten kläglich: Rudolf, der libertäre Freidenker, beging 1889 mit seiner Konkubine Selbstmord; Johann, der im selben Jahr aus dem Kaiserhause flog und als Johann Orth zur See fuhr, ist 1891 verschollen. Bei einigen anderen »Entlarvungen« konnte Hinrich Ohlhaver (1916, S. 132 ff.) eine ganz ähnliche Geisterrache feststellen. Das möge allen Spöttern zur Warnung dienen.

Um beim Fall Bastian zu bleiben: Erzherzog Johanns Schmähschrift *Einblicke in den Spiritismus* (1885 in 5. Aufl.) kontrastiert schon im Titel deutlich mit Baron von Hellenbachs nobler Gegenschrift: *Die Logik der Tatsachen.* Das ist bis heute die Basis des Spiritismus, der sich nicht nur auf den Boden der Tatsachen, des gesicherten Wissens, der strengen Logik stellt, sondern – wie kaum eine andere Disziplin es mehr wagt – sich als wahre Erbin der Aufklärung auf die *Vernunft* beruft. Nicht also Skepsis ist ihr Widerpart, sondern Borniertheit, Dogmatismus, Wissenschaftsfeindlichkeit. Das führt nun allerdings mitunter zu experimentellen Bedingungen bei den Séancen, unter denen es den Geistern kaum noch zuzumuten ist, zu erscheinen; ganz zu schweigen von den armen Medien, die ihre Trance wie auf einer Intensivstation absolvieren müssen. Um so bewundernswerter das Bemühen der Geister, trotz all dieser Tests, die ihr Erscheinen falsifizieren sollen – oder, am anderen Ende des spiritistischen Feldes, trotz der primitiven Nekromantie, die Laien oft in ihren Hinterzimmern treiben –, zu uns durchzudringen und uns ihre kleinen dummen Gedanken mitzuteilen. Wir sollten diese unwürdigen Arrangements bedenken, wenn wir nun einen Blick auf die Entwicklung unserer Kontakte zur Geisterwelt werfen, um der verfolgten Wahrheit willen.

Der Aufbruch in jene andere Welt geschah in protestantischem Milieu, in Schweden, und mitten im Aufklärungsjahrhundert. 1758 erschien Emanuel Swedenborgs tiefes Werk *Himmel und Hölle,* das bis heute ein Grundtext über die Geisterwelt ist und viele Jenseitskommunikationen zumindest gefärbt hat, vor allem mit dem Teil *De mundo spirituum et de statu hominis post mortem.* Aber Swedenborg, das sei hier betont, hat seine »Geistmenschen« nicht bei sich empfangen, er hat sie aufgesucht in *ihrem* Reich, kraft einer Befähigung, die seitdem in Europa nicht mehr bekannt geworden ist (falls wir nicht Rudolf Steiners Geschichte als originär anerkennen wollen). Swedenborg selbst wurde, dem Körper entrückt, zum Geistmenschen, ging mehrmals, wie unsereiner nur im Tod, von dieser in eine andere Welt, um wieder zurückzukehren und uns zu künden, was er dort sah und erfuhr im Gespräch mit den Geistern als Geist.

»In der Geisterwelt ist eine ungeheure Zahl, weil dort der erste Sammelplatz aller ist und daselbst alle geprüft werden. Die Dauer ihres Aufenthaltes daselbst hat kein festbestimmtes Ziel; einige treten nur ein und werden dann gleich entweder in den Himmel erhoben oder in die Hölle hinabgeworfen;

einige bleiben nur etliche Wochen dort, einige viele Jahre, jedoch nicht über dreißig. ... Obgleich sie aber so unterschieden sind, kommen sie doch in jener Welt zusammen, und es sprechen sich, wenn sie es wünschen, alle, die bei Leibes Leben miteinander befreundet und bekannt, besonders die Ehefrauen und Ehemänner und auch die Brüder und Schwestern.
Ich sah, wie ein Vater mit seinen sechs Söhnen sprach und sie wieder erkannte, und viele andere mit ihren Verwandten und Freunden. Weil sie aber von ihrem Leben in der Welt her verschiedener Gesinnung waren, trennten sie sich nach kurzer Zeit voneinander« (Swedenborg 1758, S. 251, 253 f.).
Fast alle, die aus der irdischen Welt dort ankommen, sagt Swedenborg (der etliche an Gesicht und Stimme deutlich erkannt haben will), wundern sich, »daß sie leben und daß sie Menschen sind wie gerade zuvor«: sie sehen, hören, reden, sie begehren, fühlen, denken, sie lesen und schreiben sogar, und das »natürliche Gedächtnis« bleibt ihnen erhalten. Vom Jenseits aber wissen sie noch nichts, und wenn sie ein Verlangen ankommt, etwas darüber zu erfahren, dann werden sie »in ihre Gedanken, die sie im Leben des Körpers vom Zustand ihrer Seele nach dem Tode und von Himmel und Hölle gehabt haben, zurückversetzt« (S. 307), bis sie ihrer völligen Unkenntnis innewerden. Demnach wäre das, was die uns heimsuchenden Geister von drüben berichten, irdisches Gedankengut! Das ist ein wichtiger Hinweis, der noch dadurch verschärft wird, daß Swedenborg in der Geisterwelt auf solche traf, die in der Körperwelt als gebildet und weise galten, weil sie viel Wissen in ihrem Kopf gespeichert hatten, die jetzt aber ganz einfältig erschienen, teils stumpfsinnig, teils albern, weil ihr Wissen, das schnell verweht, ihre Vernunft, die weiterlebt, nicht vervollkommnet hatte. (Wundern wir uns da noch über die Einfalt der *heutigen* Botschaften aus dem Jenseits?) Kurz, diese Geistmenschen leben im wesentlichen wie bisher, zunächst. Denn sie befinden sich auf der untersten Stufe, im »Zustand des Auswendigen«, der dem Zustand in der Welt weitgehend entspricht. Sie führen »das gleiche moralische und bürgerliche Leben«, auch das Eheleben weiter, sei's nun im Glück oder im Streit. Erst allmählich tritt der »wahre Geist« hervor. Damit gelangt man auf die zweite Stufe, in den »Zustand des Inwendigen«, wo die Trennung der guten von den bösen Geistern erfolgt. Das »innere Gedächtnis« eines Menschen, in dem alles aufbewahrt ist, erscheint als vollständiges Buch seines Lebens, in dem alle lesen können. So bilden sich homogene Verbindungen von »Geistern gleichen Geistes«, die nichts mehr mit den irdischen Bindungen zu tun haben, sondern die Kontinente und Epochen überspannen können. Die guten Geister erreichen noch eine dritte Stufe, den »Zustand der Unterrichtung« (fürs Paradies). Auch hier hat sich Swedenborg umgetan, mit Geistern und Engeln geredet, aber so weit hinauf wollen wir ihm nicht folgen.

Wir ahnen jetzt schon, daß die Heimgegangenen, die mit uns noch Kontakt haben wollen, nur im Parterre des Jenseits angesiedelt sein können. Leider müssen wir uns dabei ganz auf Swedenborgs eigenes Zeugnis verlassen: Wir können das Wahre nicht vom Blendwerk unterscheiden, wie Kant in seiner Polemik gegen den »Erzphantasten« monierte. Kant hat jedoch in den *Träumen eines Geistersehers* (1766) einige Überlegungen angestellt, die uns weiterhelfen bei der Frage nach der Art jener Kommunikation:
»Es wird künftig, ich weiß nicht wo oder wann, noch bewiesen werden: daß die menschliche Seele auch in diesem Leben in einer unauflöslich verknüpften Gemeinschaft mit allen immateriellen Naturen der Geisterwelt stehe, daß sie wechselweise in diese wirke und von ihnen Eindrücke empfange, deren sie sich aber als Mensch nicht bewußt ist, solange alles wohl steht. ... Einflüsse der Geisterwelt ... können in das persönliche Bewußtsein des Menschen zwar nicht unmittelbar, aber doch so übergehen, daß sie nach dem Gesetz der vergesellschafteten Begriffe diejenigen Bilder rege machen, die mit ihnen verwandt sind, und analogische Vorstellungen unserer Sinne erwecken, die wohl nicht der geistige Begriff selber, aber doch deren Symptome sind. ... Auf diese Art würden Ideen, die durch einen geistigen Einfluß mitgeteilt sind, sich in die Zeichen derjenigen *Sprache* einkleiden, die der Mensch ansonsten in Gebrauch hat, die empfundene Gegenwart eines Geistes in das Bild einer *menschlichen Figur,* Ordnung und Schönheit der immateriellen Welt in Phantasien, die unsere Sinne sonst im Leben vergnügen, usw.« (Kant 1766, S. 941, 948 f.).
Kant bezweifelt also nur die Möglichkeit einer *direkten* Kommunikation mit Geistern, nicht die Möglichkeit ihrer Symbolisierung durch Sprache. Aber wenn wir Menschen diese Symbolisierung leisten, warum sollten es dann nicht auch die Geister können? Die Frage ist nur, wie sie die notwendigen Schwingungen erzeugen. Wir werden uns diesem Problem sogleich stellen, wollen zuvor aber noch darauf hinweisen, daß, als Kant die *Träume eines Geistersehers* schrieb, der Mesmerismus (auch unter den Namen Magnetismus, Hypnotismus oder Somnambulismus bekannt) seinen Siegeszug durch Europa begann – die erste spiritistische Welle der bürgerlichen Zeit, die auch die ersten Medien hervorbrachte: jene »seltsamen Personen«, die wegen der »ungewöhnlich großen Reizbarkeit« ihrer geistigen Organe leicht »den Wahnsinn und im höheren Grade die Verrückung« erleiden, wie Kant die Hypnosephänomene sah. Wenn man die Vorteile und die Nachteile gegeneinanderrechne, meinte er, »so scheint ein Geschenk von dieser Art demjenigen gleich zu sein, womit *Juno* den *Tiresias* beehrte, die ihn zuvor blind machte, damit sie ihm die Gabe zu weissagen erteilen könnte« (S. 951). Das wollen wir beherzigen.

Das bekannteste, auch umstrittenste deutsche Medium des frühen 19. Jahrhunderts war zweifellos *Friederike Hauffe* (gest. 1829), eine ebenso schlichte wie fromme und sehr leidende Frau aus dem schwäbischen Bergdorf Prevorst. Sie hatte das Glück, in dem Arzt und Dichter Justinus Kerner einen Begleiter und Deuter ihrer Visionen zu finden: *Die Seherin von Prevorst* (1829). Was Frau Hauffe in ihrem »magnetischen Schlaf« alles sah und sprach (und Kerner aufschrieb), ist so phantastisch, daß Schrebers »Denkwürdigkeiten« daneben verblassen. Aber uns interessieren hier nur ihre Begegnungen mit Geistern. So wie der »magnetische Mensch« in die Geisterwelt hinüberragt, ragt diese durch den Magnetismus in die irdische hinein. Das die beiden Welten Verbindende ist der »Nervengeist« (wir würden heute wohl vom Ätherleib reden), ein »ätherischer Stoff«, der der organischen Natur angehört. »Wo er frei wirkt, wie in den abgeschiedenen Seelen, da gibt es für ihn keinen Widerstand aus der physischen Welt, vielmehr vermag er der physischen Kräfte sich als eines Vehikels zu seinen Äußerungen zu bedienen, ohne daß wir sehen, wie dieses zugeht« (Kerner, V S. 62). Aber dieser Stoff scheint knapp zu sein bei den Geistern (aha!), sie müssen ihn aus dem Medium saugen, und wenn Frau Hauffe in ihrem Trancezustand war (den sie als hellstes Wachen bezeichnet), erhielt sie nur noch »durch das Ausströmen anderer, stärkerer Nervengeister Kraft, durch Ausströmungen hauptsächlich aus Fingerspitzen und Augen«. Oftmals versicherte sie, daß andere dadurch keinen Verlust erleiden, »allein es ist doch nicht in Abrede zu ziehen, daß viele Menschen sich nach längerem Aufenthalte bei ihr geschwächt fühlten« (IV S. 57). Sogar ohnmächtig wurden manche, während die Geister sich den Nervengeist aneigneten, um damit allerlei Geisterspuk zu treiben und Sätze zu bilden, die aber nur Frau Hauffe vernahm.

»Ihr Aussehen ist mir gleich einer dünnen Wolke, die man zu durchschauen glaubt. ... Töne, außer der Sprache, bringen sie verschiedener Art zuwege, um die Aufmerksamkeit besonders von solchen auf sich zu richten, die sie nicht zu sehen fähig sind und, was noch schwerer zu sein scheint, die ihre Sprache nicht vernehmen können. ... Ich beobachtete, daß, je dunkler ein Geist ist, desto stärkere Töne er hervorzubringen und desto mehr spukähnliche Dinge er zu treiben vermag. Diese Töne und dieses Bewegen bringen die Geister durch die Luft und den Nervengeist hervor, welchen letzteren sie mit sich hinübernehmen.

Ihre Sprache ist so verschieden wie bei den Menschen, jedoch der Ton der Stimme immer gleich, wie ein Hauchen. ... Mit ihnen reden, was ich will, kann ich nicht, auch können sie mir nicht alles beantworten, was ich will. Bösere Geister würden dies mehr tun; allein vor dem Ansprechen dieser hüte ich mich. ... Oft fühlt' ich, daß besseren Geistern auch daher schwerfällt, irdische Fragen zu beantworten, weil sie im Irdischen so gar nicht mehr sind, ihnen dieses so ganz fremd ist, wie es bösen Geistern schwerfällt, vom Himmlischen zu reden, ja, wie sie dieses gar nicht fähig sind zu tun, weil sie von solchem so weit stehen. Mit höhern, seligen Geistern bin ich nicht imstande zu sprechen, höchstens kann ich an sie nur eine kurze Frage machen.

Diejenigen Geister, die meistens zu mir kommen, sind in den unteren Stufen des Geisterreichs, das in unserm Luftraume ist, in einem sogenannten Zwischenreiche.... Das sind Geister, deren Geist in diesem Leben, teils durch Hinziehen nach der Außenwelt, niederblieb, teils sind es solche, die nicht im Glauben an die Erlösung durch Christum starben, oder solche, denen noch irgendein irdischer Gedanke an die Seele im Sterben anklebte, den sie mit hinübernahmen und der sie nun auch an diese Erdennähe bindet.... Das sind diejenigen, die meistens zu mir kommen, weil ich leider so beschaffen bin, daß sie mich sehen und fühlen, wie ich sie sehe und fühle. Sie kommen, daß ich ihnen ein Wort des Trostes sage und ihnen durch Gebet aufhelfe (Kerner, V S. 20 ff.).

Soweit der O-Ton Friederike Hauffe. Wir sehen jetzt einiges klarer. Es gibt Anklänge an Swedenborg, aber wohl keine (durch Kerner vermittelte) Anlehnung, weil Frau Hauffe Themen wie die Stufenordnung des Jenseits, die Läuterung der Geister oder ihre Anbindung ans Diesseits durchaus eigenständig motiviert: mit christlicher Symbolik. Viele Geister verlangten von ihr – ganz ostentativ, mit Poltern und Trotzen, wenn sie gerade ihre Suppe aß –, daß sie mit ihnen bete, Bibelstellen und Gesangbuchlieder für sie lese. Dann sogen sie diese religiösen Worte in sich ein, »und ich sah sie dadurch wie heller werden, wodurch ich aber sehr geschwächt wurde«. Damit findet nicht nur das Energieproblem (das sich Swedenborg nicht stellte) eine erste Lösung, sondern auch die (von Swedenborg bereits gestreifte) Frage, warum manche Geister so einfältig sind, obwohl man doch annehmen sollte, ein Geist wisse mehr als ein schwacher Mensch. Frau Hauffe beteuert, daß das »bei *diesen* Geistern mitnichten der Fall ist, daß sie sehr nieder stehen und meistens in Irrtümern befangen sind« (V S. 24). Ja, sie müssen sogar, ergänzt Kerner, »weit unwissender sein, als sie im Leben waren. Denn eben weil sie aus dem Weltzusammenhange herausgerissen sind, in welchem ihre ganze Weisheit bestand, so bleibt nichts mehr übrig als ihre alte Neigung ohne Befriedigung und das Andenken an ihre Schuld« (V S. 62 f.). Diese alte Neigung, dieses Andenken an eine Schuld – die meisten haben wirklich eine Leiche im Keller, wie sie stotternd gestehen – kann offenbar hundert Jahre dauern. Einer, der zu Hauffe kam, datierte sein Vergehen auf das Jahr 1714. Seine Begegnungen mit der Seherin entwickeln sich zu einem therapeutischen Drama, das mit der »Heilung« des Geistes endet, seiner »Heimkehr« ins Jenseits. Einer der Dialoge, von Kerner protokolliert:

»Ich fragte ihn nun: Warum kamst du zu mir? Er: Weil ich nur bei dir meine völlige Erlösung erlangen kann. Ich: Dies ist ein Wahn von dir. Warum bleibst du nicht bei dem Weibe, die für dich betet? Er: Dieses Weib hat nicht die Sinne wie du, sie kann nicht mit mir reden. Ich: Warum bist du in diesem armen Häuschen? Was warst du? Er: Ich hatte ein niederes Amt, in diesem Häuschen waren zwei Waisen, ich betrog sie, brachte sie um ihre Habe. ... Ich: Wie war dein Name? (Er schwieg.) Warum sagst du ihn nicht? Er: Meinen ganzen Namen vermag ich dir noch nicht zu sagen, ich nenne dir den Buchstaben L aus ihm ...« (Kerner, V S. 124).

Er hieß Bellon, kommt schließlich heraus. (Tatsächlich lebte um 1700 ein Waisenrichter dieses Namens im nahen Weinsberg, wie Kerner eruieren konnte.) Bellon war der mitteilsamste von Frau Hauffes Besuchern aus dem Zwischenreich. Durch seinen langen Aufenthalt dortselbst mochte er das eine oder andere aufgeschnappt haben, was die anderen nicht wußten, z. B. daß ein Geist sich entweder hörbar oder sichtbar machen kann, aber nicht beides zugleich, »weil beides vermittels der Luft geschieht« (!), oder warum Frau Hauffe im Gegensatz zu anderen Anwesenden ihn hören kann: »Das geschieht, weil dein Gefühl geistig ist.« Aber ergibt das einen Sinn? Und ist es verständlich, daß dieser unselige, erdgebundene Geist sich seiner Bekanntschaft mit der Mutter Gottes brüstet?

Die anderen, wesentlich dumpferen Besucher formulieren ihr Anliegen im Stil eines erbaulichen Traktats: »Du mußt mich wie ein Kind behandeln und auch in der Religion ganz von vornherein unterrichten«; »Siehe, ich komme zu dir, daß ich den Erlöser kennenlerne«; »Knie nun hin und bete mit mir«; »Bete für mich! Bete für mich!« usw. Das ist in der Tat von einer religiösen Primitivität, die manche Zeitgenossen Kerners, z. B. Immermann und Hebbel, schaudern lassen mußte ob solcher Geister. Friedrich von Meyer hingegen schrieb ungerührt in seinen *Blättern für höhere Wahrheit:*

»Man pflegt sich unter einem Geist ein erhabenes Wesen vorzustellen, das weiser sei als wir; aber solche Geister oder Seelen sind wohl unter den erscheinenden die allerseltensten. Die gewöhnlichen sind solche, die nicht aus noch ein wissen, menschliche Hilfe wollen, in *traumähnlichem Zustande,* von ihren anklebenden Leidenschaften betäubt und geängstigt, umherirren, auch wohl Seelen von Menschen, die in dieser Welt weder besonderen Verstand noch Bildung besaßen und die sich in jener noch nicht entwickelt haben. Die Seele ... handelt alsdann notwendig kindisch, ja mehr tierisch als menschlich« (zit. nach Kerber, V S. 64).

Andersherum gesagt: ein anständiger Bürger und Christ spukt nach seinem Tode nicht herum, das tut nur Gesindel. Dies war die herrschende Meinung und die billige Erklärung dafür, daß die Botschaften aus dem Jenseits gemeinhin so primitiv waren. Uns aber bringt das in eine arge Verlegenheit. Denn die heutigen Botschaften aus dem Jenseits sind – mit Verlaub gesagt – keineswegs intelligenter. Die bürgerlich-christliche Auskunft jedoch, daß nur ordinäre und bösartige Menschen nach ihrem Tod erscheinen, ist heute, wo in Tausenden von ehrbaren Haushalten und Clubs mit Hingabe Totengespräche geführt werden, undenkbar geworden. Heute wird deshalb der Schwachsinn zum Gemeinsinn erklärt, wie im TV-Programm. Aber gerade wenn man unterstellt, daß zwar Frau Hauffes Besucher nur Abschaum waren, neuerdings aber andere Medien, ob menschliche oder technische, auch anderen, edleren Geistern ein Erscheinen ermöglichen, bleibt zu fragen, was sie auf die Erde zieht und warum so selten einer darunter ist, der mehr als ein Talk- und Quiz-Interesse verdient.

Somit hat uns die »Seherin von Prevorst« nicht nur wichtige »Eröffnungen über das Hereinragen einer Geisterwelt in die unsere« gemacht, sondern uns auch vor ein Kommunikationsfiasko gestellt, das bis heute nicht behoben und nicht erklärt ist. Arthur Schopenhauer, der Geisterfreund, schob die Schuld an diesem Fiasko allein der simplen Friederike Hauffe und dem leichtgläubigen Justinus Kerner zu. In seinem *Versuch über das Geistersehn* (1851) wettert er über die »unaussprechliche Abgeschmacktheit jener Dialoge und Dramen, welche allein dem Vorstellungskreise eines unwissenden Gebirgsmädchens und der ihr beigebrachten Volksmetaphysik entsprechen«; die Seherin sei der Souffleur der ihr erschienenen Geister gewesen. »Der Mensch ist nämlich von Natur bestrebt, sich alles, was er sieht, irgendwie zu erklären« (Schopenhauer 1851, S. 318 f.). Daran aber, daß die »Seherin« etwas gesehen habe, zweifelt Schopenhauer so wenig, wie Kant es getan hätte. Er rühmt vielmehr den »animalischen Magnetismus« als »die inhaltsschwerste aller jemals gemachten Entdeckungen; wenn er auch einstweilen mehr Rätsel aufgibt als löst«. Doch das könne sich bald ändern:

»Dann aber wird eine Zeit kommen, wo Philosophie, animalischer Magnetismus und die in allen ihren Zweigen beispiellos fortgeschrittene Naturwissenschaft gegenseitig ein so helles Licht aufeinander werfen, daß Wahrheiten zutage kommen werden, welche zu erreichen man außerdem nicht hoffen durfte. Nur denke man hierbei nicht an die metaphysischen Aussagen und Lehren der Somnambulen: diese sind meistens armselige Ansichten, entsprungen aus den von der Somnambule erlernten Dogmen, und deren Mischung mit dem, was sie im Kopf ihres Magnetiseurs vorfindet; daher keiner Beachtung wert« (Schopenhauer 1851, S. 298 f.).

Die Wahrheiten, an die Schopenhauer hier denkt, sind zweifellos die seiner eigenen Metaphysik, z. B. die Lehre, daß »die objektive Welt ein bloßes Ge-

hirnphänomen ist« und daß »allein der *Wille* eine metaphysische Wesenheit (hat), vermöge welcher er durch den Tod unzerstörbar ist«. Warum sollte nun »ein Wesen, das noch irgendwie existiert«, nicht auch »irgendwie sich manifestieren und auf ein anderes, wenngleich in einem anderen Zustande befindliches, einwirken können« (S. 327), zumal dann, wenn »der Wille des Verstorbenen noch immer leidenschaftlich auf die irdischen Angelegenheiten gerichtet wäre« (S. 341)? Schopenhauer sieht jedoch klar die Schwierigkeiten: »Da wir das im Tode unversehrt gebliebene innere Wesen des Menschen uns zu denken haben als außer der Zeit und dem Raume existierend, so könnte eine Einwirkung desselben auf uns Lebende nur unter sehr vielen Vermittlungen, die alle auf unsrer Seite lägen, stattfinden; so daß schwer auszumachen sein würde, wieviel davon wirklich von dem Verstorbenen ausgegangen wäre« (S. 339).
Schopenhauer glaubte, daß diese Vermittlungen durch den animalischen Magnetismus hergestellt werden könnten. Doch als er das schrieb, angesichts eines Wusts von magnetischer Literatur, war diese Welle bereits gebrochen, und eine neue rollte heran, von Nordamerika her: der eigentliche *Spiritismus.*

Im Hause der Familie Fox in Hydesville, einem Nest im Staate New York, klopfte im Jahre 1848 ein Geist. Den beiden Fox-Töchtern Margaret (10) und Kate (7) gelang es, mit ihm zu kommunizieren, indem sie die Klopfsprache lernten. Im Keller fanden sie dann wirklich das Skelett, das die traurige Geschichte des Geistes bestätigte. Seitdem schossen in den Vereinigten Staaten und bald auch in Europa die spiritistischen Clubs wie Pilze aus dem Bodensatz der Seelen. Schon in der Mitte des Jahrhunderts entstand in London der »Ghost Club«, 1882 folgte die seriöse »Society for Physical Research«, und beide sind noch heute tätig. Unter Mitwirkung führender Gelehrter jener Zeit untersuchte die SPR Phänomene wie Hellsehen, Telepathie, Trance, Geistererscheinungen und begründete damit die moderne Parapsychologie. Die Jahrzehnte von 1880 bis zum Ersten Weltkrieg waren die große Zeit der Medien, nicht nur der »mentalen« (oder »psychischen«), sondern auch der »physischen«, die sich in Telekinese übten und Materialisationen zustande brachten (erstmals 1860). Erwerbsmedien zogen durchs Land, die Geisterfotografie kam in Mode, nachdem sie schon um 1870 eine Blüte erlebt, dann aber einen Rückschlag erlitten hatte: 1876 wurde einer ihrer Pioniere, Edouard Buguet, als Schwindler entlarvt und verurteilt. Aber zu Anfang unseres Jahrhunderts setzte der Crewe-Kreis in England die Arbeit glücklich fort, und Conan Doyle schrieb ein Buch darüber: *The Case for Spirit Photography* (1922).
Insgesamt läßt sich sagen: es war eine große Zeit nicht nur der Medien, son-

dern auch der Geister, besonders der angelsächsischen. Wo vorher nur unselige Wiedergänger, Lokalgeister, Ahnfrauen gespukt hatten, erschienen nun ganz normale Tote, nicht um zu poltern, vielmehr um freundlich aus dem Jenseits zu grüßen, aber in solcher Zahl, daß dem berühmten Psychologen William James, der durchaus geisterfreundlich war, schon bangte vor einer »notgedrungen heillosen Überbevölkerung im Jenseits«. 1893 sagte er in einem Vortrag an der Harvard University:

»Lieber geben wir unsere eigene Unsterblichkeit auf, als daß wir uns zu dem Glauben an eine Unsterblichkeit bekennen, die wir mit allen Kreaturen, die je waren und sein werden, sollten teilen müssen. Gewiß, das Leben ist ein hohes Gut, aber doch nur, wenn seine Fülle nicht alles überflutet.

Nehmen Sie als Beispiel all die Millionen von Chinesen. Wer von Ihnen empfindet die Berechtigung ihrer Fortdauer in unverminderter Zahl? Sicherlich nicht einer. ... Erst zweifeln Sie an der Unsterblichkeit der Masse, dann verlieren Sie jede Sicherheit hinsichtlich der Fortdauer der eigenen Person« (James 1914, S. 12 ff.).

Es war die Zeit, als man sich bürgerlicherseits gern auf die »Ahnen« berief, um sie gegen die revolutionären »Massen« ins Feld zu führen, die ja ihrerseits ein Geisterheer waren; kurz, es wurde eng da oben – und dann noch die Chinesen! Aber James riß sich und sein Publikum aus diesen finsteren Gedanken, indem er das Problem einer Vermassung des Jenseits fast radiologisch löste: Es gibt dort drüben gar kein »verworrenes Gewimmel«, denn »jede neue Seele bringt ihre eigene räumliche Welt, ihre eigene Wohnstätte mit; und diese Räume beengen sich nicht gegenseitig ...«.

Eben das bewies ja die Geisterfotografie! Seltsam ist freilich, daß sie – zusammen mit der Materialisation – später völlig verschwunden ist; und das gilt auch für andere spiritistische Techniken wie die direkten Stimmen und das automatische Schreiben. Warum wurden Methoden, die kurzfristig zu sensationellen Ergebnissen geführt hatten, plötzlich wieder aufgegeben? Wenn wir annehmen wollten, daß die entsprechenden Fähigkeiten abhanden gekommen sind (aber wem, den Jenseitigen oder den Irdischen?), dann wäre das, was Schopenhauer »Vermittlung« nennt, jeweils an den Stand der Technik, des Wissens und natürlich auch der Symbolisierungen etwa zu der Zeit des erfolgten Todes gebunden; was auch erklären würde, warum längst Verstorbene fast nie erscheinen (aber nicht, warum sie es gelegentlich doch tun). Stellen wir diese Frage nochmals zurück; blicken wir zunächst auf einige der großen Medien, die jetzt hervortraten.

Fräulein *Elisabeth Tambke* war ein schlichtes, kerngesundes deutsches Mädchen, das um die Jahrhundertwende Phänomenales vollbrachte und, obwohl sie nie als Erwerbsmedium gearbeitet hat, zahllosen Menschen zum Glauben an ein Leben nach dem Tod verhalf. Denn sie konnte einfach alles: Apporte, De- und Rematerialisationen von Gegenständen, automatisches Schreiben und – ihre besondere Stärke – Materialisationen von Geistern. Die letzteren erklärt ihr Herold, Hinrich Ohlshaver (der Elisabeth 1894 heiratete und vier irdische Kinder mit ihr zeugte) in seinem Buch *Die Toten leben* (1916) durch eine unbekannte Kraft, deren Quelle vornehmlich das Blut sei: »Die unsichtbaren, geistigen Wesen verstehen es, den überschüssigen Teil dieser Kraft von allen Anwesenden zu sammeln und um das Medium herum anzuhäufen und zu verdichten« (S. 28). Und »Joseph Tomfohrde«, der tote Jugendfreund, der durch Fräulein Tambke sprach bzw. schrieb, präzisierte in der ihm eigenen umständlichen Art:

»Lieber Freund! Aus meiner Erfahrungsbeobachtung gilt, daß, je vollständiger die Materialisation, desto tiefer der Trancezustand des Mediums, der bei den meisten Medien zum Zwecke des Bezuges der Substanz für die Materialisation unerläßlich scheint. Nur bei Medien von außerordentlicher Kraft ist der Trancezustand nicht notwendig.

Den Vorgang des Bezuges denke Dir als in einer Sublimation oder gasförmigen Verdunstung des Blutes und dessen an und in der Form des geistigen Wesens wieder erfolgten Niederschlagung zu festen Gestalten bestehend.

Daß etwas der Art bei der Materialisation vorangehen muß ... und daher nach physikalischen Gesetzen erklärbar sein muß, ist eigentlich selbstverständlich. Und welcher andere Stoff des menschlichen Körpers als das Blut böte schon durch seine flüssige Form bessere Bedingungen für eine weitere Überführung in den gasförmigen oder noch feineren Grad der Verwandlung?« (Ohlshaver 1916, S. 99.)

Der bekannte Parapsychologe Karl du Prel, der 1894 einigen Séancen beiwohnte und in der Wochenschrift *Zukunft* darüber berichtete – »Nekromantie in München« –, deutete das Phänomen etwas anders: Materialisationen kommen durch »Odverdichtung« zustande. Das »Od« – nicht zu verwechseln mit Wilhelm Reichs »Org« – sei im magnetischen Akt untrennbar von seiner Quelle und fähig, mit dem »Od« des Magnetisierten zu verschmelzen: »In den Dunkelsitzungen mit Fräulein Tambke haben wir die leuchtenden odischen Ausströmungen ihrer Hände in großer Schönheit beobachtet« (du Prel 1894, S. 116). Aber von Magnetismus konnte hier eigentlich nicht die Rede sein. Es bedurfte nur eines dunklen Zimmers, einer harmonischen Stimmung, eines Liedes der Anwesenden, und schon sank Frl. Tambke in Trance, und die toten Tanten, Vettern, Freunde traten an, in weißen Gewändern und schweigend, denn: *Entweder* sichtbar *oder* hörbar, das ist die Geisterregel. Wenn dann besagte Kraft, ob Blut oder Od oder Äther, erschöpft war, wurden die Erscheinungen schwächer, und es blieb nichts zurück, außer vielleicht den Blättern, die Frl. Tambke in Trance beschrieben hatte, nach dem stummen Diktat von »Freund Joseph«. Es sind allgemein gehaltene, manchmal fast »grüne« Sprüche und Reime, die, zusammengenommen, ein dickes Buch füllen würden. Etwa so: »Wollt Ihr reformieren, beginnt bei Euch selbst. Legt die alten, üblen Gewohnheiten, die ihr noch aus dem Materialismus zurückbehalten habt, ab . . .« (S. 31). Ob es sehr sinnvoll ist, dem Materialismus durch Materialisation zu begegnen, bleibe dahingestellt; den Zeitgenossen war es sicher ein schöner Beweis für das Jenseits.

Von ganz anderem wissenschaftlichen Kaliber als dieser Joseph Tomfohrde ist der Cambridge-Professor Frederic Myers, von Haus aus klassischer Philologe, der zu der Zeit, als in Deutschland du Prels »odische Lohe« wirkte, sich der Parapsychologie zuwandte. Sein voluminöses Werk *Human Personality and Its Survival of Bodily Death,* das u. a. die These der Gedankenübertragung bei der Kommunikation mit Verstorbenen widerlegt, erschien erst nach seinem Tod (1901). Sein parapsychologisches Hauptwerk allerdings erschien dann im buchstäblichen Sinn *posthum,* denn Professor Myers meldete sich, wie versprochen, aus dem Jenseits. Solche verabredeten Rückmeldungen sind uns aus der Geschichte bekannt; gemeinhin erfolgten sie in der Stunde des Todes und waren lakonisch. Ganz anders Myers, der zunächst zwei Jahrzehnte lang das Zwischenreich erkundete und uns dann ein Vierteljahrhundert lang Nachrichten darüber zukommen ließ: wie *Cross-Correspondences* (verteilte Botschaften), die von verschiedenen, öfter wechselnden Schreibern in Trance empfangen und mit Myers' Handschrift notiert worden sind; nach einem bestimmten Code zusammengesetzt, ergeben diese zunächst sinnlosen Bruchstücke einen klaren Sinn: den sogenannten *Myers-Report.*
Myers entdeckte im Jenseits sieben Hauptstadien des Lebens nach dem Tod. Die ersten drei entsprechen in etwa Swedenborgs erstem Zustand: 1. der Augenblick des Todes; 2. der Zustand des Individuums unmittelbar nach dem Hinübergang, in dem es sein Leben »repetiert«; 3. die »Region der Illusion«, wo die Seele zum großen »kosmischen Gedächtnis« Zugang hat. Die folgenden beiden Stufen (Swedenborgs 2. Zustand?) sind 4. die »Region der Farbe« und 5. die »Region der Flamme«, wohin nur noch hochqualifizierte Seelen gelangen. Jenseits davon liegen die »Region des Lichts« (oder der »reinen Vernunft«) und die »Region der Zeitlosigkeit«; sie sind von so vollendeter spiritueller Struktur, daß Worte sie nicht zu fassen vermögen. Schon auf der vierten Stufe, wo die »Zerstörung des alten Weltbildes« stattfindet – weiter ist Myers nicht gekommen –, ergeben sich Schwierigkeiten, mit menschlicher Sprache zu sagen, was die Seele erfährt:

»Worte sind für uns nicht mehr von Bedeutung. Die Seele allein muß auf dieser Bewußtseinsstufe alles begreifen; sie kennt Sorgen, aber keine irdischer Art; sie kennt Ekstase, aber keine irdische Ekstase. Der Geist drückt sich auf direktere Weise aus: Wir können die Gedanken anderer Seelen vernehmen. Ich brauche meine Gedanken nur für einen – bei euch so genannten – Moment zu konzentrieren, um eine Personifikation meiner selbst zu schaffen und diese quer durch die ungeheuren Weiten unserer Welt zu einem Freund zu schicken, zu jemand, der mit mir im Einklang ist« (zit. nach Ford 1971, S. 149 f.).
Bleiben wir also lieber auf Stufe drei, wo unsere Toten gemeinhin leben. Man kann dort, laut Myers, Generationen lang bleiben, ja sogar für immer. Man kann aber auch zurücksinken auf Stufe zwei, wie es Myers am Fall jenes Börsenmaklers »Walter« veranschaulicht, der auch auf dieser »Stufe der Illusion« – warum eigentlich nicht? – weiter mit Aktien spekulierte, aber über die Wertlosigkeit seiner Gewinne so enttäuscht war, daß er auf Stufe zwei zurückkehrte. Vielleicht sogar noch weiter, zur Erde? Myers läßt das im dunkeln. Aber wir verstehen nun besser, warum die Heimgegangenen, die sich nochmals melden, uns wenig sagen wollen oder können. Wir verstehen freilich noch nicht, warum sie – anstatt uns z. B. Börsentips zu geben – fast nur über familiäre Dinge plaudern. Sollten die wirklich, infolge der »Repetition« des Lebens gleich nach dem Tod, zum Entscheidenden geworden sein? Heißt sterben vielleicht: Regression?

Diktate aus dem Jenseits empfangen wir nicht mehr. Sie brachen ab während der zweiten Spiritismus-Welle, die nach dem Ersten Weltkrieg einsetzte und bis zum Beginn des Zweiten währte. Warum? Es war doch eine sehr effektive Methode. Vielleicht deshalb, weil von den jüngeren Toten niemand mehr eine ordentliche Handschrift hat, die eine zweite Person schreiben und eine dritte dann noch lesen kann. Es sollte uns aber nicht wundern, wenn demnächst vom Jenseits aus eine Textverarbeitungsmaschine in Gang gesetzt würde ... So ändern sich die Zeiten, hier und dort. Wir sehen das überall im Spiritismus: Als die Fotografie und der Stummfilm aufkamen, galt das *Sehen* der Geister als schlagendster Beweis ihrer Existenz. Zwischen den Kriegen, zur Zeit des Telefons, Radios, Tonfilms, erschien das *Hören* überzeugender; auch die *Schrift* wirkte nun nicht mehr authentisch genug. Man glaubte an Propaganda. Und was die Lebenden, das glauben auch die Toten – die Neu-Toten zumindest, während die älteren dann etwas weltfremd werden. (So hat Myers seinen Jenseitsreport auch dann noch durchgegeben, als niemand ihn mehr lesen mochte – mitten im Krieg! Wie gesagt, die Toten gleichen den Lebenden.) Wie aber können Geister Laute erzeugen, Wörter und Sätze bilden? Das wurde jetzt zum Problem. Denn es sollten ja *alle* Anwesenden sie hören können, nicht nur das Medium (wie bei Frau Hauffe). Und es sollten wiedererkennbare Stimmen sein, eben die der lieben Toten. Da schlug die Stunde der *direkten Stimmen.*

John C. Sloan (1879–1951) war ein schottischer Arbeiter und eins der begabtesten Medien Europas. Zwölf Jahre lang hat Arthur Findlay ihn beobachtet und dann über ihn geschrieben: *Beweise für ein Leben nach dem Tod* (1931), ein Buch, das in zahllosen Auflagen in aller Welt erschien. Findlay hat an 39 Sitzungen teilgenommen, in denen Sloan 83 verschiedene, ihm völlig unbekannte Stimmen produzierte; von 282 Kundgebungen waren mindestens zwei Drittel »hart«, weil allein den Angesprochenen bekannt. Wie kamen diese Stimmen zustande? Auf sehr komplizierte Weise, durch *Ektoplasma.* Nachdem wir schon mit Nervengeist und Odsubstanz vertraut sind, wird es uns nicht wundern, daß Ektoplasma von denen stammt, die an einer Séance teilnehmen. Vielleicht handelt es sich immer um den gleichen Stoff – wir wissen es nicht. Aber daß etwas hergegeben, abgesaugt wird – die Toten fressen die Lebenden auf, wenn sie zurückkehren, heißt es schon im Gilgamesch-Epos –, das steht wohl fest; man muß die Teilnehmer nur vorher und nachher wiegen, sagt Findlay. Das menschliche Ektoplasma allein tut es freilich nicht, es muß noch eine jenseitige Substanz hinzukommen. Auf die Frage, welcher Art sie sei, verweigern die Geister die Antwort: Das versteht ihr doch nicht! Wieder einmal also behandeln die Toten, die sich doch sonst gern wie Kinder benehmen, uns Lebende als Kinder. (Aber was wissen wir denn schon von der kognitiven Entwicklung im Jenseits!) Mit dem Ektoplasma hat es nun eine besondere Bewandtnis:

»Frage: ›Wie ist es möglich, daß du zu uns auf Erden sprechen kannst?‹

Antwort: ›Dadurch, daß ich meinen Äthermund und meine Ätherzunge materialisiere.‹

Frage: ›Kannst du mir etwas über die Methode sagen, nach der dies geschieht?‹

Antwort: ›Ich will mein Bestes tun.... Ein Chemiker in der Ätherwelt nimmt aus dem Medium und den andern Anwesenden gewisse Bestandteile, die *Ektoplasma* genannt werden. Zu diesen fügt der Chemiker von ihm selbst hergestellte Beimischungen. Wenn dies alles gemischt ist, entsteht eine Substanz, die den Chemiker in den Stand setzt, seine Hände zu materialisieren. Mit diesen bildet er eine Maske, die dem Mund und der Zunge gleicht. Der Geist, der sprechen will, schiebt sein Gesicht in die Maske und findet, daß sie sich festsaugt, sie umgibt seinen Mund, seine Zunge und seine Kehle. ... Die ätherischen Organe sind wiederum in eine Materie gekleidet, die der physischen gleicht, und bei ihrer Durchflutung mit Luft kann eure Atmosphäre in Schwingungen versetzt werden, und ihr hört des Geistes Stimme.‹

Frage: ›Aber wie bekommt ihr diese Luft? Werden die Lungen ebenfalls materialisiert?‹
Antwort: ›Bei voller Materialisation, ja.‹
Frage: ›Wo wird diese Maske hingelegt?‹
Antwort: ›Gewöhnlich in die Mitte des Kreises. ... Wenn aber die von dem Medium und den Sitzungsteilnehmern gelieferte Menge [an Ektoplasma] klein ist, so sammelt es sich auf dem Fußboden an, was das Entstehen von Stimmen auf dem Boden erklärt, weil die Voraussetzungen schwach sind. Wenn andererseits die Voraussetzungen gut sind und wir einen reichen Vorrat haben, so können wir bis zur Decke hochschichten, was erklärt, daß in diesen Fällen die Stimmen von hoch oben im Raum kommen‹« (Findlay 1931, S. 206).
Das alles findet selbstredend im Dunkeln statt; nicht weil der Vorgang das Licht scheut, sondern weil die Lichtschwingungen das Ektoplasma zersetzen würden. (Deshalb wohl bleibt nichts davon übrig, wenn die Sitzung beendet ist.) Daß für dieses komplizierte Arrangement außer dem Chemiker noch andere Geister benötigt werden (z. B. zum Einsammeln von Ektoplasma, zum Herumreichen eines Schalltrichters, der die schwachen Stimmen für den jeweils Angesprochenen verstärkt), versteht sich. Koordiniert wird das alles von dem »Geistführer« oder »Kontrollgeist«, dem wir auch sonst oft begegnen, seit Sibylle den Äneas und Vergil den Dante durch die Unterwelt führten. (Auch Frau Hauffe hatte ihre »Führerin«, Ford hatte »Fletcher«, Jürgenson hatte »Lena« usw.) Sloans wichtigster Kontrollgeist ist »Greentree«, ein ehemaliger Indianerhäuptling, der drüben ein drolliges Englisch lernte. Er hält nicht nur die herbeieilenden Geister in Schach, die mit ihren zur Séance erschienenen Vettern und Freunden reden wollen – »Wir wissen immer, wann eure Zusammenkünfte stattfinden« –, er diszipliniert auch die Irdischen, rügt z. B., wenn jemand die Beine übereinandergeschlagen hat, was sich in Anwesenheit der Toten natürlich nicht ziemt. Und er gibt in langen Zwiegesprächen Auskunft über die Bedingungen, unter denen man dort drüben lebt.
Was erfahren wir? Bekanntes, aber mit Abweichungen, teils nur semantischer Art. Nach dem Tod lebt der Geist weiter im Ätherleib (der dem kontinentalen »Astralleib« entspricht). Er ist eine Art Duplikat der Person, aber in unversehrter und vollentwickelter Form. Da jede Stufe der Ätherwelt – allmählich verdichtet sich unser Jenseitsbild – ihre besondere Schwingung hat, kann sich der individuelle Ätherleib, der an sie gebunden ist, nicht auf eine höhere Schwingungsebene erheben, aber er kann auf eine niedrigere Stufe einwirken, durch Gedankenkraft. Oder er kann seine Schwingungszahl verringern, indem er um seine Stimmorgane Ektoplasma ansammelt, wie oben dargetan.

Doch das geht nur auf der untersten Stufe. Deshalb sprechen manche Geister nicht selber durch die Maske, sondern lassen grüßen. Ansonsten erfolgt die Kommunikation im Jenseits – das natürlich wieder ganz dem Diesseits entspricht, nur auf höherem, körperlosem Niveau – durch eine universale Gedankensprache, die von Geist zu Geist übermittelt wird, ohne daß die Kenntnis der natürlichen Sprache verlorenginge.

»Frage: ›Ist eure Welt also eine wirkliche und greifbare Welt?‹

Antwort: ›Ja, sie ist für uns sehr wirklich, aber die Verhältnisse, in denen wir uns befinden, hängen von der Verfassung unseres Geistes ab. ... Die Bösen hier werden von den Bösen eurer Welt angezogen, und die Guten von den Guten bei euch.‹

Frage: ›Kommen alle Bewohner eurer Welt dann und wann mit der Erde in Kontakt?‹

Antwort: ›Je höher und entwickelter wir werden, um so weniger stehen wir mit eurer Welt in Berührung. ... Wir bewegen uns immer weiter, behalten stets unsere Individualität, bis wir in das Meer des vollen Verstehens tauchen, wenn wir ein Teil der Gottheit werden‹« (S. 182 ff.).

Wir sehen, die Umstände mit dem Ektoplasma lohnten sich, und vielleicht liegt es einfach an der Torheit der Irdischen, wenn die Jenseitigen oft so töricht reagieren. Auch Sloans Geister bekamen immer wieder die notorischen Fragen gestellt, wie es im Jenseits mit den irdischen Titeln stehe – »haben für uns keine Bedeutung« – und ob Hunde und Katzen überleben – »Ja, nachdrücklichst ... Sie haben eine geistige Welt, die sie sich selbst schaffen« (S. 189). Das sind eben doch für viele von uns die letzten Fragen, und so mag es nicht verwundern, daß in der amerikanischen Durchschnittsstadt Columbus, Ohio, wo sich das ideale Mittelmaß materialisiert, eine Fabrik entstand, in der spiritistische Ausrüstungsgegenstände hergestellt wurden: schwebende und sprechende Trompeten, Geistererscheinungen in natürlicher Größe, Astralkörpermodelle und – Ektoplasma in Dosen.

Trotz dieser Dosen sind die Stimmbandmaterialisationen und damit die direkten Stimmen ausgestorben (falls dieser Ausdruck gestattet ist). Vielleicht deshalb, weil die in den zwanziger Jahren neu aufblühende spiritistische Bewegung mit ihren Millionen von Anhängern durch private Séancen mit eng begrenzter Teilnehmerzahl nicht mehr zu befriedigen war. Gefragt waren jetzt Massenveranstaltungen. Sie waren die Spezialität von *Arthur Ford,* dem bedeutendsten mentalen Medium aus den USA, das zwischen den Kriegen in aller Welt und mehrmals auch in der Carnegie Hall auftrat. Als Ford 1971 starb, konnte er auf gut 8 000 Séancen zurückblicken, falls er im Sinne des Myers-Reports sein Leben repetierte.

Wie arbeitete Ford? Denkbar einfach, gemessen an Sloan, dem Ektoplasmatiker. Ford begann seine Veranstaltungen mit einem kurzen besinnlichen Vortrag und versetzte dann seinen Geist in einen anderen Zustand, vergleichbar der »Einstellung einer bestimmten Wellenfrequenz«, wir ahnten es schon. »Ich stellte mich auf die Welt der Toten ein, und die irdische Welt verschwand aus meinem Bewußtsein. In diesem Trancezustand empfing ich Botschaften, das heißt, ich übermittelte anwesenden Personen Nachrichten von verstorbenen Verwandten oder Freunden oder auch von historischen Persönlichkeiten« (Ford 1971, S. 22). Um gleich auf letzteres einzugehen: Die »großen Geister« der Vergangenheit meldeten sich nur ganz selten, eigentlich nie bei Ford, nach seinem *Bericht vom Leben nach dem Tode* zu schließen. Er hätte ja gern mit Moses oder Jeremias Verbindung aufgenommen, aber: »In welcher Sprache?« Das ist eine Ausflucht. Denn zum einen hatte er ja seinen Kontrollgeist Fletcher, über den das alles lief; der sprach wiederholt mit fremden Zungen, sogar Chinesisch, Arabisch, Hindi, man hätte also die Botschaften eines Moses oder Jeremias aufzeichnen und übersetzen lassen können. Und zum anderen gibt es genügend englischsprechende »große Geister«, von Shakespeare und Newton bis Joyce und Einstein: Warum wurden die nicht gerufen, warum hat sich keiner gemeldet? Offenbar wollte keiner, wozu auch. Ein anderes Argument ist überzeugender. Wenn sich, sagt Ford, nun ein Kolumbus oder Kopernikus melden würde: wie sollte man erkennen, ob es sich wirklich um Kolumbus oder Kopernikus handelt? Oder ein Napoleon, der laut Ford häufig in »fragwürdigen Séancen« auftaucht: es könnte ja ein toter Irrer sein ...

Es ist die Identifikation der sich meldenden Jenseitigen, die Ford am meisten beschäftigt – und sein Publikum ebenfalls. Man will eben Sicherheit. Doch auch die Unsichtbaren kennen dieses Problem: »Sie legten meistens allergrößten Wert darauf, sich eindeutig erkennen zu geben ..., machten freimütig und ausführlich Angaben zur Person.« Dabei gab es freilich ein Handicap, das den Jenseitigen anzuhängen scheint: die Übermittlung von Namen war schwierig.

»Fletcher mochte also mit überzeugter Stimme beginnen: ›Hier meldet sich ein *Henry,* der –‹ und stockte dann, weil ihm der Namensträger zu verstehen gab, daß er nicht Henry heiße. Fletcher korrigierte: ›Bedaure, es meldet sich ein *Harry* –‹, wieder wurde er unterbrochen, ›– vielmehr ein Mister *Harrison,* wenn ich recht verstanden habe – nein, nicht? Aber die Silbe *Har-* stimmt doch – oder? Aha, jetzt hab ich's. Es handelt sich um Mister *Harrall.*‹ Der andere schien ihm zu bestätigen, daß dies sein Name sei, und nun konnte es endlich weitergehen« (S. 29).

Wie erklärt Ford diese Schwierigkeit? »Die ›Übersetzung‹ der Gedankensprache der Körperlosen in unsere Wortsprache geht offenbar assoziativ vor sich. Im normalen Fluß des Gesprächs zwischen den Bereichen fällt diese Transponierung kaum auf, wohl aber, wenn Namen und bestimmte Begriffe eingesetzt werden müssen« (S. 28). Das ist einleuchtend. Für die Jenseitigen ergab sich daraus ein Bedürfnis, das dem des Publikums wunderbar entsprach:

»Sie wollten mit Hinweisen auf unverwechselbare Details früherer Begegnungen ihre Identität belegen. Sie wollten ... dem Medium helfen und durch ein, wie es den Anschein hat, wohlüberlegtes Erinnerungsquiz den Verdacht entkräften, daß es sich um das abgekartete Spiel eines ›Mediums‹ handeln könnte, das sich insgeheim ein paar Daten aus dem Leben verschiedener Séanceteilnehmer und deren Angehöriger besorgt und als Botschaften Verstorbener deklariert hat. Die Toten kennen das Problem der Glaubwürdigkeit« (S. 89 f.).

Und sie scheinen ihre ganze Geisteskraft dabei zu erschöpfen, dieses Problem zu lösen. So daß sich auch dem großen Medium die Frage aufdrängt, die uns hier beschäftigt: Warum sind die Botschaften Verstorbener im Inhalt so belanglos, »Geschwätz und Familienklatsch«? Ford findet die Erklärung für die Trivialität in dieser selbst: sie liefere den »Schlüssel zur Identifizierung des Partners« (S. 85 f.). Sie bestätige über jeden Zweifel hinaus, daß die Botschaft nur von einem bestimmten Verblichenen stammen könne. Und außerdem, fügt Ford hinzu, sind die Jenseitigen »ebenso Menschen wie die diesseitigen Teilnehmer an einer Séance. Es gibt von Natur aus oberflächliche Menschen. ... Sie sind ausschließlich mit ihren Familienangelegenheiten beschäftigt. Auch im Jenseits noch!« Oder gerade dort? Gleichviel. Es reicht für ein Familientreffen, über das Grab hinaus: »Er sagt, er habe sich über seine Beerdigung sehr gefreut. Sie sei schön und einfach gewesen.« Und so fort, wie bei den Radiostimmen. So »verkünden die Körperlosen der Menschheit in rührender, unermüdlicher Ausdauer die unanfechtbare Wirklichkeit des Lebens nach dem Tode ...« (S. 94 ff.).

Auch die Zeit der mentalen Medien ist vorüber. Sie begann 1885, als die Bostoner Hausfrau Leonore Piper vor die Öffentlichkeit und die Wissenschaft trat, dieses »erste große und vermutlich mächtigste Medium aller Zeiten«, wie Hans Eysenck sagt, und endete etwa 1940. In diesem Zeitabschnitt wurden sechs weibliche mentale Medien, alle hoch angesehen, gründlichen Prüfungen unterzogen, und bei allen wurden klare Psi-Befähigungen festgestellt. Seither sind keine solchen Befunde mehr erzielt worden (obwohl eine der sechs erst vor zwölf Jahren starb). »Warum seit 1940 diese mageren Jahre?« fragt Eysenck (1984, S. 167 ff.). Wir wissen es nicht. Ein allgemeiner Mangel an Psi-Kräften kann nicht der Grund sein. Oder doch? Ist die Psi-Welle, die

seit 1970 über uns schwappt, am Ende nur ein Schaum? Tatsächlich wurde durch mehrere Experimente festgestellt, daß es in der Parapsychologie gar nicht die Versuchspersonen (oder die Medien), vielmehr die Experimentatoren selber sind, die die ermittelten Psi-Ergebnisse erzielen – aufgrund ihrer eigenen Psi-Fähigkeiten. Aber dann gäbe es sie ja doch? Vielleicht nur noch in den Labors und den »Spiritualist Camps« der Westküste, wo es angeblich toll zugeht. Da erscheint sogar Philip. Ja, eine Gruppe von Forschern hatte die völlig fiktive Biographie eines »Geistes« namens Philip verfaßt und dann in Séancen versucht, mit ihm Kontakt aufzunehmen, und siehe da: Philip kam und kommunizierte mit ihnen.
Aber die hiesigen Geisterstimmenhörer würden solch frivole Spiele niemals treiben. Sie halten es, was die Existenz ihrer Geister betrifft, eher mit Kant als mit der Psi-Forschung und lehnen deren Theorie von der Super-ASW entschieden ab. Mit Recht, wenn man sie so betrachtet. Den psi-befähigt wirken sie eigentlich nicht, vielmehr ganz normal. Und eben dies macht ja die Radiostimmen so beliebt: daß hier der Mediumismus demokratisiert worden ist; daß ein jeder, mittels Radio, sich selbst zum Medium machen und mit den Toten kommunizieren kann.
Unser flüchtiger Überblick über die Geschichte der Jenseitskontakte sollte vor allem eines zeigen: Was wir dringend benötigen, ist eine *Geschichte des Jenseits.* Die weitverbreitete und tiefverwurzelte Vorstellung, das Jenseits sei geschichtslos, eben »ewig«, ist nicht länger zu halten, jedenfalls nicht für dessen untere Ränge, mit denen wir es ja vornehmlich zu tun haben. Das Ergebnis einer solchen Geschichtsschreibung könnte sein, daß uns das Jenseits näherrückt – als eine Verlängerung unseres Überichs. »Greentree« sagte es bereits: »Wie unser Geist ist, so ist unser Zustand.« Man nimmt ins Jenseits mit, was man auf Erden im Kopf hatte. Deshalb gibt es vermutlich nicht nur Stufen dort, sondern auch »Nationen«, »Kulturen«, »Milieus«, sozusagen direkt über unseren Köpfen – denen der jeweils Lebenden. Wie wäre sonst zu erklären, daß das gute alte Fegefeuer jetzt als Klimaanlage erfahren wird? Oder daß uns keine *bösen* Geister mehr heimsuchen, während sie früher fast als einzige zur Erde kamen? Neben den vielen Durchschnittsgeistern, die seit hundert Jahren so zufrieden von dort drüben grüßen, sollten wir auch nach denen fragen, die sich *nicht* aus dem Jenseits melden. Es regt sich nämlich der Verdacht, daß jene Grüßerei eine Strafe sein könnte, zu der die Heimgegangenen verdammt sind. Wenn dem so wäre, täte man gut daran, seinen Geist hinieden so zu entwickeln, daß er nach dem Tod nicht mehr in Versuchung kommt, zur Erde zurückzublicken. Das würde freilich bedeuten, daß man zu Lebzeiten den Umgang mit Geistern tunlichst meidet, weil sie offenbar keine gute Gesellschaft sind; sonst wären sie weg.

(Oder wären sie vielleicht in einem anderen Sinne *weg* – nicht höllen- oder himmelwärts, sondern wieder auf der Erde? So will es die Reinkarnationslehre, die immer mehr Anhänger findet. Denn »Rückführungen«, nämlich ins frühere Leben: das ist nicht nur Radio, das ist wie TV! Und muß es denn bei vergangenen Leben bleiben, könnten nicht auch künftige erinnert werden, vielleicht über Kabel? Wenn das gelänge, wär's mit dem Radiostimmenhören bald vorbei. Ach, wen sollen die Toten dann grüßen?)

Literatur

Bender, Hans: *Aufsätze zur Parapsychologie.* München 1972.

Eysenck, Hans J., und Carl Sargent: *Der übersinnliche Mensch.* München 1984.

du Prel, Karl: Nekromantie in München, in: *Ohlhaver,* S. 119 ff. 1916.

Findlay, Arthur: *Beweise für ein Leben nach dem Tod.* Dt. Ausgabe Freiburg im Breisgau 1983.

Ford, Arthur: *Bericht vom Leben nach dem Tode.* München o. J

Hemleben, Johannes: *Jenseits.* Reinbek 1975.

Jacobson, Nils-Olof: *Leben nach dem Tod?* Bergisch-Gladbach 1979.

James, William: *Unsterblichkeit.* Berlin 1914.

Jürgenson, Friedrich: *Sprechfunk mit Verstorbenen.* München 1981.

Kant, Immanuel: *Träume eines Geistersehers,* in: *Werke in sechs Bänden.* Frankfurt 1960, Band I, S. 923 ff.

Kerner, Justinus: *Die Seherin von Prevorst,* in: *Werke.* 6 Bände. Bong o. J., Band IV und V.

mes: *Gespräche mit Toten,* in: *Berlin Okkult.* Berlin 1985.

Ohlhaver, Hinrich: *Die Toten leben.* Neuausgabe Melsbach/Neuwied 1986.

Raudive, Konstantin: *Unhörbares wird hörbar.* Remagen 1968.

– *Der Fall Wellensittich.* Remagen 1975.

Schäfer, Hildegard: *Stimmen aus einer anderen Welt.* Freiburg im Breisgau 1983.

Schmid, Leo: *Wenn die Toten reden.* Luzern – München 1976.

Schopenhauer, Arthur: *Versuch über das Geistersehn,* in: *Sämtl. Werke.* München 1913, 4. Band, S. 251 ff.

Seidl, Franz: *Phänomen Transzendentalstimmen.* Stuttgart 1971.

Swedenborg, Emanuel: *Himmel und Hölle.* Übers. J. F. J. Tafel. Berlin 1924.

Josef Dvorak

Satanismus und Sexualmagie

»Dies ist das Geheimnis des Heiligen Grals, der das heilige Gefäß unserer Dame ist, des Scharlachweibes, Babalons, der Mutter der Greuel, der Braut des Chaos, die auf unserem Herrn, dem Tier, reitet. Du sollst dein Blut, das dein Leben ist, fortleiten in die goldene Schale ihrer Unzucht!«

So heulte es durch die Nacht. Schier unerträgliches metallisches Rasseln und Rumoren drang aus dem mit Menschen gefüllten Weinkeller von Fria Elfen im burgenländischen Breitenbrunn. Beißende Kampferschwaden wälzten sich aus dem Eingang ins Freie. Plötzlich das hysterische Geschmetter einer völlig verstimmten Trompete. Dumpfes Murmeln tibetischer Mantras.

Unten im düsteren, nur von Grablichtern spärlich erhellten Keller stand – von einem Punktscheinwerfer angestrahlt – ein bärtiger Langhaariger in drachenbestickem roten Mantel vor einer als Teufel adaptierten Kleiderpuppe und zeichnete mit langen schwarzen Kerzen komplizierte Pentagramme in die Luft. Ringsum an den Wänden drohten mit Leuchtfarben gemalte Fratzen und Totenköpfe.

Der Synthesizer produzierte den Dauerton contra-G, die Trommeln schlugen den Rhythmus 1--3-3-3--1. Als Opfer wurde Wasser verschüttet und Sand gestreut. Rauch stieg auf. »En Archē ēn to Chaos«, »Im Anfang war das Chaos«, sang der Zelebrant. Die uralten, in die Unterwelt verbannten Götter (Symbole für die Körperkräfte und -säfte des Menschen) wurden mit ihren barbarischen Namen angerufen – allen voran Mummu Tiamat, die Schlange, das aus den Urwassern drängende Leben. Und dann der Teufel, der herabgefallene Geistfunke: »Ia Schaitan! Belial Gog! Foé! Foé! Foé!« Danach Stille. In sie hinein ein dämonisches Lallen: »Alalalabaal!«

Nun rührten ein hagerer junger Mann und eine Frau wütend mit einer Lanze und mit dem heiligen Dreizack des indischen Gottes Shiva in Eisenfässern um. An den Spitzen der Metallgeräte zuckten elektrische Flämmchen.

So geschehen am Abend des 1. Oktober 1983. Im »Treffpunkt Breitenbrunn«, einem von der burgenländischen Landesregierung geförderten Kunst- und Kulturzentrum, fand die erste in Österreich öffentlich gefeierte »Schwarze Messe« statt. Der Zelebrant war ich.

Die prominente Künstlerin Fria Elfen lädt an jedem 1. Oktober zu einer Veranstaltung ein, die hohes Niveau hat, aber irgendwie aus der Reihe fällt. 1983 war es ein »Gnostisches Ritual« nach englischen Originaltexten von Aleister Crowley (ausgeschmückt mit allerlei Magischem aus dem Mittelalter, der Renaissance und der Romantik).

Für die musikalische Begleitung und Umrahmung sorgte Konrad Becker, Chef der Schwermetall-Schlagzeuggruppe *Monoton.* Die Kultbilder stammten von Beckers damaliger Gefährtin, der chilenischen naiven Malerin Eugenia Rochas.

Konrad Becker macht seit Jahren Propaganda für seine »wissenschaftliche Sensation«, die Forderung nach »100 Prozent Resozialisierung des Teufels«. Vor kurzem verlangte er in einem »Club 2« des Fernsehens die behördliche Zulassung einer österreichischen Satanskirche und Sendezeiten für sie im Kirchenfunk.

Der Abend in Breitenbrunn war von mir auch nach astrologischen Gesichtspunkten gewählt worden: Wenn sich meine Beraterin, eine junge Hexe, nicht geirrt hat (ich selbst verstehe nichts von Sterndeuterei), »trat der Mond in den Löwen«, und dieses mächtige Tier sollte freiwerdende dämonische Kräfte unter Kontrolle halten. Auch sang ich zum Schutz der Teilnehmer am Schluß der Veranstaltung das schöne Lied in der Mondsprache: »Mu pa telai, tu wa melai; a, a, a!«

Kernstück der von mir an diesem Abend zelebrierten Rituale war jedoch Aleister Crowleys »Missa Phoenix«. Sie ist daraufhin angelegt, die Kräfte des »Neuen Äons«, des Wassermannzeitalters, virulent zu machen. Phönix ist der Vogel der atavistischen Wiederkunft, der Selbsterlösung. In der »Missa Phoenix« bringt sich der Zelebrant mit einem Dolch (ich benütze zu diesem Zweck ein altes Bronzemesser) eine Wunde in der Brust bei, saugt einige Tropfen seines Blutes mit zwei speziell für diesen Zweck gebackenen Waffeln (den »Cakes of Light«) auf, verbrennt eine Waffel im Räuchergefäß und kommuniziert die andere. Dabei rezitiert er die Worte:

»This bread I eat. This oath I swear
As I enflame mayself with prayer:
There ist no grace; there ist no guilt;
this is the law: do what thou wilt!
Abrahadabra!«

(Ich eß dies Brot, den Eid ich schwör, entflamm mich selber im Gebet: *Es gibt keine Gnade, es gibt keine Schuld. »Tu was du willst« ist das Gesetz!)*

Ein- und ausgeleitet wurde die Messe von Rezitationen aus dem *Liber AL vel Legis,* dem heiligen Gesetzbuch der Crowleyanity, »henochischen« (d. h. in Engelssprache verfaßten) Anrufungen und altägyptischen Segenssprüchen.

Hier der letzte Satz aus dem 8. Henochischen Ruf des Dr. John Dee, weiland Hofmagier von Queen Elizabeth I.: »Zamran ciaofi caosgo od liors od corsi ta abramig.«
Der Abend war ein voller Erfolg. Unter den Gästen befanden sich Künstler, Journalisten, Ethnologen und Religionswissenschafter. Auch die Amtsträger einer ortsansässigen Freimaurerloge mit dem »Meister vom Stuhl« an der Spitze waren erschienen. Sie wollten sich über die Verrücktheiten informieren, die ihr »winkelmaurerischer« Kollege von der esoterischen Richtung produziert, und mit welchen Theorien er sie begründet. In das Ritual eingebaut war ja auch mein wissenschaftlicher Vortrag über die Geschichte des modernen Satanismus und der Sexualmagie. Denn so spricht Thoth, der ibisköpfige Gott der Weisheit: »Ich mache das Tor der Glückseligkeit auf; ich steige hernieder vom Palast der Sterne; ich grüße euch, ich umarme euch, o Kinder der Erde, die ihr in der Halle der Dunkelheit versammelt seid.«
Leider gab es dann hinterher noch ein kleines Unglück. Einige meiner Freunde, lauter ungläubige Spötter, bekamen die ganze Wucht der entfesselten Kräfte zu spüren: Ihr Auto erlitt auf der nächtlichen Heimfahrt nach Wien auf einem einsamen Straßenstück einen Totalzusammenbruch. Die Magnetaufzeichnung eines Teils des gnostischen Rituals wurde einige Tage später im »Österreichbild« des Fernsehns ausgestrahlt. Negative Folgen dürfte das nicht gehabt haben.
Ich selbst war nach diesem Abend völlig erschöpft. Außer von der Kampferräucherung, die ich in die Nase bekommen hatte, war ich auch von Konrad Beckers Musik mitgenommen. Becker versteht sie nämlich als Vibration, als körperlich erfahrbarer Rhythmus. Sein Konzept *Monoton* arbeitet »mit integraler Massage durch Schalldruck bzw. Virbration«, so Becker. Während des Rituals hatte ich mich deshalb mehrmals in Gefahr befunden, zu levitieren.
Moderne »Magick« nimmt sich und ihre Symbole keineswegs tierisch ernst. Magie ist Kunst, ja experimentell überprüfbare Technik, die auf Wirkung abzielt – darin nicht unähnlich der Technik unserer Zivilisation. »Animistisch«, das heißt von Geistern bevölkert, ist das Weltbild der Magie. Dahinter steht jedoch (der Freud-Schüler Theodor Reik hat 1923 in *Der eingene und der fremde Gott* darauf hingewiesen) ein »Animatismus«, die Überzeugung, daß das All lebt – nach dem narzißtischen Vorbild des Menschen. Eine Regression findet statt auf kindliche »Allmacht«-Stadien: wie im Mutterleib, halluzinatorisch, mit Hilfe von Gebärden, Gedanken und Worten. So agiert der Magier, wenn er die Welt verändern will, immer nur mit sich selbst. Er imaginiert, prägt seinem Unterbewußtsein Bilder ein, die dann von diesem realisiert werden sollen. Die Sprache des Unbewußten ist eine Bildersprache und der Teufel nur eines ihrer Symbole. Seine Macht kommt aus meinen eigenen

»Tiefen«. Es wäre falsch, sich vor ihr zu beugen (C. G. Jung spricht hier von der Gefahr der »Inflation«). Den guten Magier erkennt man an seiner Unverkrampftheit, zu der auch – Humor gehört. Dieser fördert – so paradox das auch klingen mag – die magische Wirkung.
Wie mir versichert wurde, kann meine Neigung zu den dunklen Seiten des Seins schon aus meinem Geburtshoroskop abgelesen werden (Wien, 28. Januar 1934, null Uhr sechs Minuten), das die übelsten Deutungen zulassen soll. Auch waren bei meiner Geburt zwei eigenartige Personen anwesend: eine alte Hexe und ein sogenannter »Betbruder«, der meine Seele für das »Gute« retten wollte und von dessen störendem Einfluß ich mich lange nicht befreien konnte.
Psychologisch Belesene mag es interessieren, daß ich einem schweren Geburtstrauma ausgesetzt war und dann das Saugen an der Mutterbrust verweigerte. Als meine Amme fungierte die schwarze Ziege meiner Großmutter mütterlicherseits, ein liebes Teufelsvieh von hoher Intelligenz.
Mein Großvater mütterlicherseits war Schmied – Erbe einer jahrhundertelangen Schmiedetradition und Kenner alter Riten. Seine Vorfahren hatten sich von den Leiserbergen aus im Lande ausgebreitet. Die Leiserberge, heute ein Landschaftsschutzgebiet im sogenannten »Weinviertel«, sind neben Krems an der Donau das älteste Siedlungsgebiet Niederösterreichs. Welche Rolle die Schmiede einst bei den Wiedergeburtsritualen gespielt hatten (Metallurgie war eine »Soteriologie der Materie«), kann man bei Mircea Eliade *(Schmiede und Alchemisten,* Stuttgart 1956) nachlesen.
Im Jahre 1948 beschäftigte ich mich intensiv mit dem literarischen Expressionismus und den Schriften dissidenter Psychoanalytiker. Dabei fiel mir Franz Werfels Romanfragment *Die schwarze Messe* in die Hände, in dem ein Dr. Grauh (es handelt sich um den anarchistischen, drogensüchtigen Psychoanalytiker und Sexualrevolutionär Otto Groß) eine satanistische Kosmologie entwickelt, die mich faszinierte. Werfels Story erschien mir zutiefst vertraut (déjà-vu). So beschloß ich denn, der Sache auf den Grund zu gehen und nach der Matura katholische Theologie zu studieren, was zunächst in Wien, dann in Innsbruck bei Karl Rahner geschah. Danach unterzog ich mich einer tiefenpsychologischen Lehranalyse. Vor allem eine gründliche theologische Ausbildung ist für einen guten Satanisten unabdingbar.
Mein persönlicher Mythos spinnt sich noch weiter fort. Seit früher Kindheit war ich mit einem alten Ehepaar bekannt, das in einer Dachkammer nahe dem Theater an der Wien hauste und als extrem kirchenfeindlich galt. Kurz vor meiner Matura enthüllten mir die alten Leute, daß sie einem Orden angehörten, also »Eingeweihte« waren. Damals hörte ich zum ersten Mal den Namen Aleister Crowley.

Kurze Zeit darauf beging das Ehepaar auf sehr merkwürdige Weise Selbstmord. Ich hatte den Eindruck, daß es eine »Geistübertragung« auf mich vornehmen wollte. Mehr darüber zu sagen verbietet sich. Derartiges scheut das Licht der Öffentlichkeit.

Nur soviel noch: Die alten Leute waren beflügelt vom Inhalt jener Offenbarung, die Aleister Crowley im April 1904 von einer nichtmenschlichen Intelligenz namens »Aiwass, Minister des (ägyptischen) Gottes Horus« empfangen hatte. Darin wird die Ablösung des (»osiranischen«) Christentums durch eine »force and fire«-Religion proklamiert, die für unsere barbarische und infantile Zeit (das Kali-Yuga) besser passen soll. Das damit anhebende »Neue Äon« (heute besser bekannt unter dem Namen »Wassermannzeitalter«) soll unter dem Regiment des falkenköpfigen Gottes (Horus) stehen, der »Buddha, Muhammad und Jesus die Augen aushackt«. Horus (Harpokrates) erscheint aber auch als daumenlutschendes Kind. Damit ist ein mythologisches Bild angesprochen, das dann C. G. Jung 1940 in *Zur Psychologie des Kindarchetypus* eingehend untersucht hat. Im Individuationsprozeß bedeutet das Bild des »Kindes« zunächst eine Indentifikation (des Patienten) mit seinem persönlichen Infantilismus. Diese wird abgelöst durch eine hartnäckige, für das seelische Gleichgewicht nicht unbedenkliche Identifizierung mit der Rolle eines bedrohten Helden. Größenwahn, Minderwertigkeitsgefühle, die Motive des Hermaphroditismus, von Verlassenheit und Unüberwindlichkeit sowie das Phantasma einer vor- und nachbewußten Existenz (Rückkehr in den Mutterleib) kennzeichnen diesen Archetypus. Er dürfte für den heute grassierenden »narzistischen Sozialisationstypus« verantwortlich sein. Das »Neue Äon« soll 2 000 Jahre währen und von dem der Maat (der federgeschmückten ägyptischen Göttin der Ausgewogenheit und der Gerechtigkeit) abgelöst werden. Dann bricht die Weltennacht herein.

Jahre nach meiner »Initiation« – ich arbeitete bereits als Psychotherapeut – kam ich in engen Kontakt mit einer vorgeblich uralten (solche Behauptungen gehören zum esoterischen »Stil«) okkulten Tradition, deren Anhänger in Versenkung über einen bestimmten »Peilton« miteinander telepathisch kommunizieren. Ich habe diesen Ton, der nicht durch Instrumente oder Körperorgane, sondern durch Meditation »erzeugt« wird, zum erstenmal 1969 selbst gehört.

Besagte Gruppe, die den heutzutage in esoterischen Kreisen zur Mode und zum Geschäft gewordenen Exhibitionismus strikt ablehnt, versucht manchmal, durch »Gedankendruck« und mit Hilfe eigens erschaffener Phantome Einfluß auf das Weltgeschehen zu nehmen, also der bedrohlichen Macht der Umwelt durch kollektive Willensanstrengung entgegenzutreten.

Das ist der psychischen Gesundheit ihrer Mitglieder oft nicht gerade zuträglich – wenn nämlich der Besen des Zauberlehrlings nicht mehr in seine Ecke zurückkehrt und paranoische Symptome auftreten.

Das vielleicht wichtigste Motiv der Magie ist die Verleugnung des Todes. So hegen denn die Angehörigen dieser magischen Gruppe die feste Überzeugung, als »von Ewigkeit zu Ewigkeit« existierende Geistmonaden, die für Evolution und Involution der Welten verantwortlich sind, sogar die Weltennächte zwischen den einzelnen Schöpfungen überstehen zu können. Das zentrale Symbol, mit dem sie sich identifizieren, ist Luzifer. Er stellt jenen Bewußtseinsrest dar, den sie nicht verlieren dürfen, weil er sie vor dem völligen Versinken in die von ihnen selbst erzeugte Materie bewahrt und sie über den Lauf der Zeiten hinweg rettet. Mit seiner Hilfe versuchen sie sich imaginativ und in wohldurchdachten sinnlichen Ritualen von dieser Welt zu distanzieren und zu voll funktionsfähigen Geistwesen umzuschaffen.

Ihr spezieller Gruppendämon hat einen Namen, der geheimgehalten wird. In der Magie ist Name ja keineswegs »Schall und Rauch«. Wer den Namen eines Wesens kennt, hat Macht über dieses.

Als Mitbegründer und psychologischer Mentor des Wiener Aktionismus geriet ich 1964 in Satanismus-Verdacht. In diesem Jahr erschien das Buch *Satanskult und Schwarze Messe* des griechisch-orthodoxen (vorher volksliturgisch-katholischen) Priesters und Jung-Schülers Gerhard Paul Zacharias. Darin werden sowohl das Orgien-Mysterien-Theater meines Freundes Hermann Nitsch als auch die seinerzeitigen Materialaktionen Otto Mühls und die Selbstdestruktionen von Günter Brus als durch und durch satanistisch interpretiert. Diese Deutung wurde dann von dem katholischen Theologen Herbert Haag (in: *Teufelsglaube,* Tübingen 1974) übernommen.

Zacharias hatte nicht im Sinn gehabt, den Inquisitor zu spielen, wie dies heute noch die »Sektenbeauftragten« der diversen christlichen Kirchen gerne tun. Er wollte vielmehr (im Anschluß an C. G. Jung und dessen Schüler Erich Neumann) herausarbeiten, welche materiebetonten und sinnesfreudigen) religiösen Phänomene vom Christentum verdrängt worden sind und sich im sozialen und kulturellen Untergrund Europas unter tatkräftiger Mithilfe von Hexenjägern, häretischen Priestern, Rebellen und Revolutionären zu mehr oder weniger blutrünstigen und sexuell perversen Teufelskulten ausgestaltet haben. Die Schule C. G. Jungs war und ist bestrebt, das »Böse« wieder in die Gesamtpersönlichkeit zu integrieren und damit unschädlich zu machen.

Eine ähnliche Intention verfolgt das Orgien-Mysterien-Theater von Hermann Nitsch mit künstlerischen Mitteln. Es handelt sich dabei um eine Spielart der »direkten Kunst«, in der jedes, auch das tabuisierteste Element der Wirklichkeit gleichberechtigt in die künstlerische Gestaltung einbezogen werden kann. Dazu gehören Ereignisse wie Tierschlachtungen und das Hantieren mit Substanzen wie Blut ebenso wie sadomasochistische Rituale. Alles das hat seit jeher eine starke religiöse Konnotation, die selbstverständlich aufgezeigt werden soll. Von einem Teufelskult oder auch nur einer Frontstellung gegen irgendeine gesellschaftlich anerkannte Konfession kann im Wiener Aktionismus jedoch keine Rede sein.

In dem von mir in Breitenbrunn zelebrierten Ritual ist zwar Satan mehrmals zitiert worden, aber er gab ein Musterbeispiel guten Benehmens: keine Verhöhnung christlicher Symbole fand da statt, kein Tieropfer, aber auch gar nichts Obszönes. Österreichs bekannter Pornojäger Humer hätte ohne weiteres mittun können, ohne an seiner Seele Schaden zu nehmen. Im neutralen Österreich ist selbst der Satanismus schaumgebremst. Die junge Generation freilich träumt von deftigeren Teufeleien. So überraschte die bekannte überregionale Schülerzeitung VIP mit einer harten Titelgeschichte »Satan!«, in der es von Hexensalben, bewußtseinsverändernden Drogen und Sexorgien wimmelt. Auf gestellten Fotos, versteht sich, trieben es die Jungredakteure und -redaktricen mit Satan auf dem Friedhof: mit schwarzen Kerzen, »spermagetränkten Hostien«, in geöffneten Gräbern, unter einem auf den Kopf gestellten Kreuz.

Intuitiv erkennen die jungen Leute also den eigenartigen Thrill des Satanismus: eine Mischung von Sadomasochismus (Lust durch Macht, Gewalt, Tod), Skatologischem (Exkremente, Menstrualblut, Sperma), sexueller Leidenschaft, Rausch, Extase, Haß und revolutionärem Aufbegehren, die recht gut als vorbeugendes Mittel gegen »Normopathie«, gegen die Fadesse einer banalen Existenz eingesetzt werden kann – und zudem noch religiöse Bedürfnisse befriedigt.

Zufälligerweise hat mein Crowley-Ritual in Breitenbrunn gerade in jenem Jahr stattgefunden, in dem die Berliner Crowley-Anhänger in Schwierigkeiten geraten waren: Vertreter des Magistrats im Verein mit den schon erwähnten christlichen Sektenpfarrern hatten einen medienwirksamen Kreuzzug gegen die des Satanismus verdächtigte Wohngemeinschaft »Abtei Thelema« in West-Berlin initiiert, was zur Auflösung des sexualmagisch arbeitenden Crowley-Ordens und zu seiner Umwandlung in ein modernes, dezentral gesteuertes »Netzwerk Thelema« führte.

Inzwischen hat das Interesse an Satan und die Beteiligung an teuflischen Ritualen in der ganzen zivilisierten Welt zugenommen. In den USA schlagen die christlichen Denominationen Alarm. Mehr als zehn Millionen Amerikaner sollen es bereits sein, die sich regelmäßig an Schwarzen Messen beteiligen. Da diese Feiern allsonntäglich stattfinden, befürchten die Kirchen ein weiteres Absinken ihrer Besucherzahlen.

Will man den beunruhigten Kirchenführern glauben, so verschwinden in Amerika jährlich Tausende Kinder, von denen die meisten dem Höllenfürsten zum Opfer dargebracht werden. Noch ist die Erinnerung an die Untaten eines Charles Manson wach – dessen Haftentlassung immer wieder abgelehnt wird.

Mordvorwürfe werden freilich von Anton Szandor LaVey, dem genialen High Priest der staatlich anerkannten »First Church of Satan - Trapezoid« in San Francisco kategorisch zurückgewiesen. Seine Satanskirche lehnt die Opferung von Menschen und Tieren strikt ab. Satan besudle sich nicht – wie dies die »lieben Götter« der positiven Religionen getan haben – mit dem Blut der Geschöpfe. Denn Satan bedeute nicht Tod, sondern Leben, wie dies ja auch aus dem Palindrom »evil« (böse) = »live« (leben) hervorgehe. Auch die »Mancunian Satanists« im englischen Manchester sehen in Satan einen Gott der Liebe, der für die offensichtlichen Übel dieser Welt nicht verantwortlich gemacht werden kann.

Andere satanistische Gruppen allerdings schätzen Blut als »besonderen Saft« hoch ein, sind also darin mit der hebräischen Bibel einer Meinung. Heißt es doch in Gen 9,4 und Deut 12,23, das Blut sei »die Seele«. In der »Magick« Aleister Crowleys werden dämonische Wesenheiten durch Blut angelockt. Sie nähren sich von der im Blut enthaltenen Essenz und stehen dem Magier solange zur Verfügung, bis diese aufgebraucht ist.

Vor zwanzig Jahren hat der New Yorker Psychoanalytiker Henry Lowenfeld in der PSYCHE, der *Zeitschrift für Psychoanalyse und ihre Anwendungen,* den Niedergang des Teufelsglaubens und seine Folgen für die Massenpsychologie beklagt. Der Glaube an den Teufel sei für fast zweitausend Jahre ein absoluter, untrennbarer Bestandteil der Religion gewesen, und man könne (wie schon Schopenhauer in den *Parerga,* Kapitel XV, festgestellt habe) »von einem Gebäude nicht einen Pfeiler wegziehen, ohne das Übrige zu gefährden.«

Die psychoanalytische Interpretation der Teufels-Imago knüpft an die Philosophie Feuerbachs an. Nach Feuerbach gelangt die Menschheit in ihren Göttern zur Vorstellung ihres eigenen Wesens. Sie sind aus Wünschen geboren. Und der Teufel ist (so Sigmund Freud in *Charakter und Analerotik,* 1908) »doch gewiß nichts anderes als die Personifikation des verdrängten unbewußten Trieblebens«.

In seiner Schrift *Eine Teufelsneurose im siebzehnten Jahrhundert* (1923) deutete Freud das Phänomen einer Teufelsverschreibung zudem als Ersatzbildung für eine ambivalent gebliebene Beziehung zum Vater bzw. zur Gottheit. Nach Sigmund Freud, Theodor Reik, Ernest Jones und anderen Psychoanalytikern entsteht der Teufel aus der Ambivalenz der Triebregungen, aus dem

Bedürfnis, das Liebesobjekt (den Vater) zu erhalten und vor den feindseligen Regungen zu schützen, woraus sich die Notwendigkeit ergibt, ein Haßobjekt zu finden. Die Projektion der eigenen feindseligen Regungen auf den »bösen Feind« dient der Schuldentlastung.

Mit der Abschaffung Satans sei, so Lowenfeld, ein wichtiges Projektionsobjekt weggefallen. Da es keinen Teufel mehr gibt, würden nun Menschen für das Böse verantwortlich gemacht: die Juden, die Kommunisten, die Kapitalisten, die Pazifisten, die Kriegstreiber usw. Wie gefährlich dies sei, habe die Erfahrung mit dem Nationalsozialismus gezeigt. Und heute hätten sich, so Lowenfeld, durch die Massenmedien »massenpsychologische Erlebnisse ungeheuer erweitert« und damit »neue Gefahren primitiven Erlebens« heraufbeschworen.

Der Teufel ließ sich nicht lange bitten. Hatte der schon erwähnte Theologe Herbert Haag noch 1969 in einer »theologischen Meditation« seinen »Abschied vom Teufel« genommen, so registriert er heute verwundert: »Der Teufel läßt schön grüßen.« 1972 erschien Satan in Privataudienz bei Papst Paul VI., der daraufhin die »Abwehr jenes Bösen, das wir den Teufel nennen«, als dringendste Aufgabe der Kirche bezeichnete.

Und 1976 argumentierte der damalige Bischof von Regensburg bei einer Predigt im bayerischen Wallfahrtsort Altötting ganz ähnlich wie 1957 der Psychoanalytiker Lowenfeld: »Wenn es den Bösen nicht gibt, dann steckt das Böse ganz im Menschen ... dann ist er allein schuldig an den Morden im Archipel Gulag und an den Gaskammern von Auschwitz ... Dann aber entsteht die Frage: Kann Gott den Menschen als ein solches Scheusal erschaffen haben? Nein, das kann Gott nicht, denn er ist Güte und Liebe. Wenn es keinen Teufel gibt, dann gibt es auch keinen Gott« (zitiert nach Herbert Haag: *Vor dem Bösen ratlos?).*

Auch in der Literaturwissenschaft riecht's heute nach Pech und Schwefel. Hier stellte Walter Falk dem Zeitgeist die Diagnose und untersuchte des *Teufels Wiederkehr* (Stuttgart 1983) anhand von vier zeitgenössischen Dichtungen: Dem 1979 in Kairo erschienenen Theaterstück *Der Teufel mahnt* von Naguib Mahfouz, dem 1981 in der Bundesrepublik verlegten Roman *Ahasver* von Stefan Heym, Tankred Dorsts *Merlin* und der 1982 veröffentlichten Erzählung *Ein Glockenspiel* von Adolf Muschg. Auch Werke von Max Frisch, Heinrich Böll, Günter Grass, Siegfried Lenz, Martin Walser, Peter Handke und Thomas Bernhard werden in diesem Zusammenhang erwähnt. In den gesamten Dichtungen manifestiert sich laut Falk eine »antiliberalistische« (nicht unbedingt völlig antiliberale) Bewegung als Reaktion auf die vergangene »antiautoritäre Bewegung«.

Bai Mahfouz, »einem der bedeutendsten lebenden Dichter der arabischen

Welt«, verhindert der Teufel die Inthronisation des Menschen als Gott der Erde durch die Auslöschung der Zivilisation und des Lebens – und nimmt damit Ulrich Horstmann vorweg.

Auch bei Stefan Heym tritt der Teufel (Ausdruck marxistischer Verzweiflung) als Vertreter von Law and Order auf und siegt dadurch, daß die Menschheit in »konsequenter Anwendung ihrer naturwissenschaftlichen Erkenntnisse« sich selbst und die Welt vernichtet. Bei Tankred Dorst setzt der Teufel die Menschheit in Freiheit, wonach sie sich vernichtet.

Bei Adolf Muschg macht der »für den Menschen erhobene Anspruch, alleiniges Subjekt der Geschichte zu sein«, in Wahrheit den Teufel zum »Herrn der Geschichte«.

1981 konstatierte Muschg in seiner theoretischen Schrift *Literatur als Therapie? Ein Exkurs über das Heilsame und Unheilbare* ein »Ende des Aufklärungs-Optimismus«: »Die Freiheit, Gott und Welt gegenübertreten zu können, war nicht nur ein Sieg über die eigene Natur, sondern auch ein Raub an ihr... In der Auseinandersetzung mit der zum Objekt avancierten und heruntergekommenen Natur entwickelte das Subjekt mit seinen Beherrschungstechniken zugleich seinen eigenen Objektcharakter, und seine Autonomie wurde zum Wahn. Weltbeherrschung ohne Weltentzweiung, ohne Weltentfremdung war nicht zu haben; und diese nicht ohne Selbstentfremdung der neuen Urheber, der Autoren der neueren Geschichte.«

Aufgrund dieser Einsichten plädierte die neue (postmoderne) Bewegung, so Falk, positiv zugunsten einer »Anerkennung bestimmter Grenzen der Freiheit«, für Vater- und Mutterschaft sowie für dauerhafte Bindungen zwischen den Geschlechtspartnern. Dem Teufel (seiner »Wiederkehr«) sei Dank!

Rousseau hatte die Natur gut und vernünftig genannt, sie kulturell verklärt. In der »Tugend« sah er den Erfolg einer »naturgemäßen« Erziehung – so wie der Gärtner die Bäume stutzt, damit sie nicht wuchern. Robespierre, ein Mann von Tugend, Verfechter der Lehren des »göttlichen Jean-Jacques«, watete in Blut. Hinter der Fassade war das 18. Jahrhundert gekennzeichnet durch Egoismus, Grausamkeit und systematisierte Wollust. Gegen diesen Widerspruch, gegen die bürgerliche Verdrängung der Triebnatur und die Mythisierung des Rationalen rief der »göttliche« Marquis de Sade zur satanischen Subversion auf:

»Die Natur erschuf die Menschen lediglich dafür, daß sie auf dieser Erde ihr Vergnügen finden! Das ist das wichtigste Gesetz in der Natur, wie auch in meinem Herzen. Desto schlimmer für die Opfer: Opfer müssen sein; alles im Universum würde zugrunde gehen, wenn diese Gleichgewichtsgesetze nicht walten könnten. Die Natur kann nur dank unseren Verbrechen erhalten werden. Auf diese Weise gelangt sie zu ihrem Recht, das ihr durch die Tugend

geraubt wurde. Wir gehorchen der Natur, indem wir uns dem Bösen ergeben; unser Widerstand gegen diese Forderung ist das einzige Verbrechen, das uns die Natur nie verzeihen wird« (de Sade: *Juliette).*
Konsequenterweise war de Sade für den Mord, aber gegen die Todesstrafe. De Sades »Natur«, eine destruktiv-schöpferische präpersonale Energie, ähnelt dem Teufel, wie er in der deutschen Sturm-und-Drang-Bewegung (einer Opposition gegen die Aufklärung) thematisiert worden ist (siehe noch Goethes 1772–1775 verfaßten *Urfaust).* Nach Goethe ist die Welt ein »ewig verschlingendes und ewig sich wiederkäuendes Ungeheuer«, das Phantasma eines Sadisten.
Dieser kompensiert sein Leeregefühl durch die Inszenierung exzessiver innerer Spannung mit verteilten Rollen. Gesteigert wird die Spannung mit Hilfe bewußt-willentlicher Normübertretungen und Perversionen (»Wille zur Macht«), bis es schließlich zur völligen »Entladung« im Tod kommt. Der Masochist zögert die »Entladung« so lange wie möglich hinaus (Theodor Reiks »Suspense« in: *Aus Leiden Freuden,* 1940) und genießt dabei ebenfalls seine kontrollierende »Macht«. Dahinter steht die Angst vor dem Tode De Sades Metaphysik und Praxis des Bösen kann man als libertinistische, materialistische Gnosis (ohne Transzendenz) interpretieren, deren Ziel die Apathie ist – das ursprüngliche Leeregefühl, zu dessen Kompensation der sadomasochistische Mechanismus in Bewegung gesetzt wurde.
Nach der Gnosis – einer Intellektuellenreligion, die ihren Höhepunkt in den östlichen Randländern des Römischen Reiches vom 1. bis zum 3. nachchristlichen Jahrhundert hatte – ist die Schöpfung böse und der Demiurg (der jüdisch-christliche Gott) der eigentliche Teufel. Alles Geschaffene ist wert, daß es zugrunde geht, auf daß die aus dem »Pleroma« (der Ultratranszendenz des »fremden Gottes«) tragischerweise in die Materie gefallenen Geist-Licht-Partikel befreit werden können. Dies geschieht entweder durch äußerste Ekstase bis zur Endura, dem freiwilligen Hungertod, oder durch Ausschweifung.
So wird die Schöpfung rückgängig gemacht. Der Tod trägt das Symbol des Lebens, Weltuntergang ist Anlaß zu höchstem Jubel. Im mandäischen Schrifttum wird er so beschrieben: »Ein Ruf erscholl über die ganze Erde, der Glanz ging unter in jeglicher Stadt. ›Gnosis des Lebens‹ offenbarte sich allen Menschenkindern und erlöste sie von der Finsternis zum Licht.« Manda D-Hajje = »Gnosis des Lebens« ist der Gesandte der Tanszendenz, Luzifer, der Lichtbringer.
Bis heute wird die Gnosis von den christlichen Kirchen als die gefährlichste Häresie betrachtet.
Der moderne Satanismus versteht sich als »Neo-Gnosis«. Nach Professor Falk ist Kant daran schuld, daß der ontologische Status Satans lange ver-

kannt wurde – durch Kants Überzeugung von der Inexistenz der Zeit außerhalb des menschlichen Bewußtseins (Kant steht in der Tradition des Parmenides, nicht von Heraklit). Dies stimme mit unserem heutigen Weltbild nicht mehr überein.

Die Zeit ist real, sie wirkt, eröffnet Möglichkeiten, stellt Aufgaben – und destruiert Bestehendes. Falk setzt den Beginn eines »neuen epochalen Sinnsystems« um 1920 an, das aus drei Perioden von je dreißig Jahren Dauer bestehe. Die dritte Periode, in der wir uns gegenwärtig befinden, werde von einer »Destruktionsmacht« beherrscht, die wir nicht zu kontrollieren vermögen.

Eine um 1990 oder schon etwas früher einsetzende Mittelphase werde besonders kritisch sein; in ihr gebe es die Tendenz zum »kollektiven psychischen Kollaps«. Vorhandene Gegenmöglichkeiten könnten unwirksam werden, wenn das Bewußtsein fehlt, daß es sich dabei um »existierende Strukturen höherer Ordnung« handelt. Wir sollten daher, sagt Falk, über die bloße Vernunft hinaus eine neue magisch-mystisch-religiöse Einstellung zur Wirklichkeit gewinnen ...

Es sieht wie eine Ironie der Geschichte aus: Genau in jenem Jahr, in dem lauf Professor Falk ein »neues epochales Sinnsystem« begonnen haben muß, trieb der moderne Satanismus seine ersten Blüten. Am 2. April 1920 nämlich gründete Aleister Crowley (1875–1974) auf Sizilien das »Kloster Thelema« in einem alten Bauernhaus in Cefalù.

Hier lebte Crowley mit seinen wichtigsten Anhängern zwischen 1920 und 1923, bis ihn Mussolini ausweisen ließ, und zelebrierte sexualmagische Riten, um das »Neue Äon« herbeizuführen. Crowley hatte das »Kloster« mit obszönen Wandmalereien ausgestattet. Ihre Wiederentdeckung durch den Untergrundfilmer Kenneth Anger war eine Sensation. Inzwischen wurden sie jedoch von empörten Einheimischen zerstört.

Der Name des »Klosters« bezieht sich auf das Gesetz der Crowleyanity: »Thelema! Do what thou wilt shall be the whole of the law. Love ist the law, love under will.« »Love under will« wird meist als »mitleidlose Liebe« übersetzt. Gemeint ist damit bewußt gewollter Sex zum Unterschied von triebhafter Abreaktion. »Love under will« erfüllt somit die – von dem Psychoanalytiker Masud Khan aufgestellte – Definition der unter dem Zeichen des »Willens zur Macht« ausgeübten »Perversion«. »Thelema« ist griechisch und bedeutet »Wille«. Crowleys »Tu was du willst« fordert zur Ergründung des wahren Willens, des ursprünglichen désir, und zu dessen Realisierung auf.

Der erste Teil von Crowleys Spruch stammt von François Rabelais (geb. 1490) und zitiert dessen Utopie der »Abbaye de Thélème«, einer freien Gemeinschaft von Individualisten, die, allen Genüssen hingegeben, friedlich zu-

sammenleben. Ihre Klosterpforte ist von den Worten überschrieben: »Fay ce que voudras!«
Die Rabelaissche Formel prangt aber auch über dem Portal der Medmenham Monks Abbey am Oberlauf der Themse, wo sich Mitte des 18. Jahrhunderts, zur Zeit der englischen Hill Fire Clubs, reiche junge Wüstlinge zu sexueller Ausschweifung, verbrecherischen Handlungen und Schwarzen Messen unter ihrem »Abt« Sir Francis Dashwood getroffen haben.
Der führende französische Okkultist Eliphas Lévi (1816–1875) war ein Anhänger der Idee von Thélème, und von ihm hat sie Theodor Reuß (1855–1923), der Vorgänger Crowleys als Chef des sexualmagischen Ordens O.T.O., übernommen. Crowley selbst hielt sich für eine Wiedergeburt Lévis. In den achtziger Jahren haben sich Reuß, Richard Wagner und der Bayernkönig Ludwig II. mit Rabelais und der Klosteridee beschäftigt. König Ludwig soll sogar ein Modell von Thélème besessen haben ...
Crowleys Ritualpartnerin in Cefalù war die New Yorker Gesangslehrerin Leah Hirsig, die sich besonders vaginaler Fähigkeiten rühmen durfte (»die Hirsig-Patent-Vakuum-Pumpe«). Ihr Amtstitel lautete: »Hure Babalon« bzw. »Scarlet Woman«, das auf dem apokalyptischen »Beast 666« reitet.
Im Sommer 1921 ließ sich Leah Hirsig von einem Ziegenbock (den Symbol des Gottes Pan) koitieren. Dem Tier wurde im Moment des Orgasmus von Crowley die Kehle durchgeschnitten. Eine Katze wurde geopfert und deren Blut getrunken, woraufhin ein Crowley-Assistent (Raoul Loveday) erkrankte und starb. Taubenblut diente zur Zitierung des bösen Dämons Chorozon, der im Abyss haust. Auch einige Spatzen mußten ihr Leben lassen.
Vier Jahre zuvor hatte Crowley in New Hampshire in ritueller Weise Jesus Christus »besiegt«: Ein Frosch wurde schweigend gefangen, in eine Schachtel gesperrt, auf der die Inschrift angebracht war: »Du hast dich nicht vor dem Schoß der Jungfrau geekelt«, dann auf den Namen Jesus von Nazareth getauft und schließlich unter blasphemischen Flüchen gekreuzigt. Crowley zwang dadurch das »Elemental« des Frosches in seine Gewalt und besiegelte den »Pakt«, indem er die Froschschenkel verspeiste.
Crowleys unbändiger Haß auf das Christentum dürfte auf negative Kindheitserlebnisse zurückgehen. Aleister Crowleys Eltern waren fanatische Anhänger der Plymouth Brethren. Sein Vater, ein reicher irischer Bierbrauer, dessen Vermögen der Sohn später erbte und durchbrachte, zog missionierend über Land, die bigotte Mutter traktierte den vierjährigen Buben mit der Bibel und bezichtigte ihn bald, der Antichrist zu sein.
Im Alter von 21 Jahren hatte Crowley dann in Stockholm ein »inneres Erlebnis«, das ihm diese Behauptung zu bestätigen schien. Er bezeichnete sich selbst als »The Great Beast 666«.

Auch Crowleys Schulausbildung, alternierend mit Unterrichtung durch Hauslehrer, war extrem christlich orientiert. Schließlich bezog er das Trinity College in Cambridge, wo er sich im Schachspielen (das er bereits mit sechs Jahren beherrschte) perfektionierte, und von älteren Semestern für das Bergsteigen und den Analkoitus begeistert wurde. Von da an beschäftigte er sich intensiv mit dem Studium der Geheimwissenschaften und der Sexualpathologie.

Crowley definierte Liebe »als die Leidenschaft des Hasses, der bis zum Wahnsinn entflammt ist und Zuflucht in der Selbstvernichtung sucht. Liebe ist klarsehend mit der Lust tödlicher Raserei und zergliedert ihre Opfer mit wilder Kraft, um herauszufinden, wo sie am besten den Todesstoß ins Herz geben kann; sie wird nur dann blind, wenn ihre Wut sie völlig überwältigt und in den roten Bauch des Hochofens der Selbstverstümmelung gestürzt hat.« Das ist eine oral-sadistische Liebesauffassung!

Nach Crowley besteht die Realität aus Ereignissen, die eine Frucht (Kind, Horus) der Liebesvereinigung von Hadit (energetischer Punkt, männlich, Satan) mit der ägyptischen Himmelsgöttin Nuit (unendlicher Raum) sind. »Energie ist der sakramentale Trieb zum Ereignis«, der in den thelemitischen Riten (masturbatorisch, oral, genital, anal) dazu verwendet wird, hellseherische Fähigkeiten zu entwickeln und klar imaginierte Wünsche magisch zu verwirklichen. Analkoitus macht besonders ekstatisch und hat eine Langzeitwirkung: das gewünschte Ergebnis tritt ein, wenn man schon gar nicht mehr daran denkt.

Das letzte Ziel von Crowleys »Magick« ist die Selbsterlösung von allen Hemmungen, die Erkenntnis der eigenen (narzißtischen) Göttlichkeit, und ein ewiges Leben (in unendlich vielen Wiedergeburten) gemäß dem Lustprinzip. Jeder Mann und jede Frau ist ein »Stern«, ein Gott, besitzt die Freiheitsrechte eines Gottes und darf jeden töten, der ihm diese streitig machen möchte, heißt es bei Crowley. Die »Sklaven« sollen dienen! Dies entspricht Ernest Jones' »Gottmensch-Komplex« (in: *Zur Psychoanalyse der christlichen Religion).*

Aleister Crowleys Sexualmagie-Konzept dürfte zwei Wurzeln haben: eine sexualistische Strömung im englischen »Hermetic Order of the Golden Dawn«, dessen Mitglied Crowley seit 1898 war, und die Geheimlehre des O.T.O. Im »Golden Dawn«, einer rosenkreuzerischen Gründung (durch ein mysteriöses Fräulein Sprengel) zwischen 1880 und 1890, war die Carezza-Methode von Thomas Lake Harris bekannt. Er leitete 1850 eine Landkommune am Erie-See, die »Brotherhood of the New Life«, die später nach Kalifornien übersiedelte. Harris war ein schismatischer Swedenborgianer. Er propagierte »offenes Atmen« beim Sexualverkehr, Dauererregung ohne Ejakulation (also die Reiksche »Suspense«!) zum Zweck der »Vereinigung von Geist und Fleisch«.

Vielleicht wichtiger nach ihrem Einfluß waren Carl Kellner (1850–1905), Gründer und erstes Oberhaupt des O.T.O., und dessen Nachfolger Theodor Reuß. Kellner, ein Wiener Großindustrieller, Freimaurer, Rosenkreuzer und Theosoph, dürfte in den USA Mitglied des inneren Kreises der »Hermetic Brotherhood of Light«, der eigentlichen Großen Weißen Bruderschaft, geworden sein. Deren Gründer, der Mulatte (und Vorkämpfer der Befreiung der Farbigen) Paschal Beverly Randolph (1825-1875) war Eingeweihter eines syrischen Sexualkultes und des bengalischen linkshändigen Tantrismus. In seinem Hauptwerk, der *Magia Sexualis,* heißt es:

»Die Sexualität ist die Grundkraft der Natur... Beim magischen Sexualakt wird, wie im Ritual der Göttin Kali, Erleuchtung erreicht.«

Kellner veröffentlichte 1896 das Büchlein *Yoga. Eine Skizze über den psychophysiologischen Teil der alten indischen Yogalehre,* in dessen Vorwort er sich auf einen »Mr. Bheema Sena Pratapa aus Lahore« beruft. Im Text selbst findet sich kein Hinweis auf Tantra außer vielleicht der Erwähnung einer »Vayu«, das heißt Wind, namens Nâpa, der »die Befruchtung vollzieht«. Soll das etwa Nāga heißen? Aber dieser »Vayu« wird doch sonst für das Rülpsen verantwortlich gemacht!

Kellner setzt Yoga mit Hypnose, Autohypnose und »künstlichem Somnambulismus« gleich. Letzterer ist auch nichts anderes als Hypnose, doch ist der Begriff im Mesmerismus des Marquis de Puységur (1751–1825) verwendet worden. Puységur glaubte nicht mehr an Mesmers magnetisches Fluidum, sondern an die *Willenskraft,* die das »vitale Prinzip« in Gang setzt. Nach Kellner hat der Yogi »seine Triebe und Neigungen seinem eigentlichen Wollen unterworfen«.

Am 1. September 1901 gründete Carl Kellner den O.T.O. (Ordo Templi Orientis) mit dem Ordensgeheimnis Sexualmagie. 1905 starb er in seiner Villa auf der Hohen Warte (angeblich) bei dem Versuch, das Lebenselexier zu erzeugen. Ein Jahr darauf lobte Kellners Nachfolger Reuß das »Perverse in allen Auswüchsen modernen Gärens«. Es sei »in seinem Urgrund doch göttlichen Ursprungs, eine unbewußte Anknüpfung an die Urreligionskulte der ältesten Kulturvölker unserer Erde, eine meistens unbewußte Wiederholung des alten Geschlechtskultes in modifizierter Form«.

Theodor Reuß, von Beruf Drogist, Zeitungskorrespondent, Wagnersänger, preußischer Polizeispitzel und unermüdlicher Gründer esoterischer Winkellogen, persönlich ein sogenannter »Frauenfresser«, war in den Jahren 1905–1921 Oberhaupt des O.T.O., bevor 1922 Crowley die Leitung des Gesamtordens übernahm (seit 1912 unterstand Crowley der englische Zweig des

O.T.O., für den deutschen Zweig hatte Rudolf Steiner 1906 das Patent erworben).
Reuß nannte die O.T.O.-Methode »Transmutation der Reproduktionsenergie«. Der Übende konzentriere seine Gedanken, daß er diese Energie »aus dem Organ heraufzieht zum Solarplexus (Sonnengeflecht), wo er *will,* daß sie aufgespeichert werde zu Transmutationszwecken. Damit wird ein genau geregeltes Atmen verbunden. Daran schließt sich der Aktus der Transmutation der Energie, und schließlich tritt die Große Vereinigung ein, wo der Übende zum Seher wird – bei vollem Bewußtsein – und das Sehende erlebt«.
Im Jahre 1912 kam es zu einer denkwürdigen Szene zwischen Reuß und Crowley. Reuß warf Crowley vor, das Geheimnis des O.T.O., in das er als unterer Grad noch gar nicht eingeweiht war, verraten zu haben. Und zwar im 36. Kapitel von Crowleys *The Book of Lies.* Dort heißt es nämlich: »Let the Adept be armed with his Magick Rood and provided with his Mysic Rose.« Da fiel es Crowley wie Schuppen von den Augen: also arbeitet der O.T.O. sexualmagisch!
Ein anderes heiliges Ritual findet sich im Kapitel 69 (die Zahl ist zugleich das Zeichen für das Sternbild Krebs). Hier ist von einer »herabsteigenden Zunge der Gnade« und einer »aufsteigenden Zunge des Gebetes« die Rede, von einem »Doppelgeschenk der Zungen«, vom Großen Werk, das in »Schweigen vollendet wird«. Das Ganze ist eine »Verbesserung« und Dramatisierung von Eliphas Lévis Hexagramm. Die Kapitelüberschrift gibt die Lösung: »The way to succeed – and the way to suck eggs!« Dies kann auch geschrieben werden: »The way to suck seed – and the way to suck ex!« »Little children, love one another!« Soixante-neuf.
In seinen letzten Lebensjahren stand Aleister Crowley in Kontakt mit John »Jack« W. Parsons (1913–1952), einem Raketentechniker in Pasadena, der O.T.O.-Magier geworden war und den Ordensnamen Belarion Armiluss Al Dajjal Antichrist angenommen hatte. Parsons wollte eine Inkarnation Satans (durch Zeugung eines »Moonchilds«) herbeiführen. Als »Scryer« (so sagt es der O.T.O.) assistierte ihm dabei Ron Hubbard, der spätere Gründer der Scientology. Hubbards Kirche erklärte dagegen 1969, ihr Chef habe im Regierungsauftrag »diese schwarzmagische Gruppe zerstört«.
Jedenfalls gibt es ideologische Verwandtschaft zwischen Scientology und Crowleyanity. So nennt Hubbard das Eigentliche am Menschen »Thetan«. Wenn der Mensch erkennt, wer er wirklich ist, verfügt er über unbegrenzte Möglichkeiten, steht über dem Kreislauf der Wiedergeburten, ist Herr und nicht mehr Sklave von Körper und Geist. Er ist ein O.T. geworden (ein »Operating Thetan«).
Von Hubbards Dianetik her (einer Vorstufe der Scientologie) hatte sich 1963

Robert de Grimstons »The Process-Church of the Final Judgement« entwickelt. Fälschlicherweise war diese Gruppe mit den Manson-Morden in Verbindung gebracht worden. In der Process Church verehrte man gleicherweise Jehova, Satan, Christus und Luzifer. Jeder dieser »Götter« entsprach dem religiösen Bedürfnis je eines Mitgliedes der Kirchenleitung, und das Bestreben ging dahin, diese »Götter« miteinander zu versöhnen. Ein Unternehmen, das jedoch nicht gelang.

Parsons fand 1952 bei einer Explosion in seinem Labor den Tod (1970 wurde nach ihm der Mondkrater 37 Nord 171 West benannt), Crowley starb (verarmt, heroinsüchtig und impotent) am 1. Dezember 1947 in den Armen seines »scharlachroten Weibes«. Seine letzten Worte waren: »I am perplexed!«

Zwei Jahre nach seinem Tod wurde Aleister Crowley in Amerika wiedergeboren. Dem Crowley redivivus diktierte der Dämon Aiwass im Jahre 1975 die abschließende Offenbarung der Crowleyanity, zusammengefaßt im *Book of Perfection*. Sie wurde von militanten Okkultgruppen begierig aufgenommen. Aiwass-Horus bekennt sich nun offen dazu, Satan zu sein, und beschreibt sein Kultbild:

»Ich bin der Große Gott, der sitzet auf dem Thron von weißem Marmelstein. Schwarz wie die Nacht sind meine Augen, doch leuchtend wie die Schneefelder im Sonnenglast. Meine Hörner von reinstem Obsidian, ihr Besatz in Scharlach, an ihren Spitzen der Honig der Gnosis. Mein Schweif zugespitzt zur Schlangennase. Mein Glied ist immer erigiert, denn meine Schlange [die Kundalini!] ist im Kuß immer vereint mit der Dame der Träume.«

Dieser Satan ist »das Herz, die Seele des Kosmos«, in ihm sind »Geist und Wille eins«. »Alle Götter sind Schatten Satans. Alle Götter sind die Ausdehnung des Menschen.«

Satan ruft zum heiligen Krieg gegen die Christenheit auf. Als Erkennungszeichen tragen die Crowleyaner den fünfzackigen goldenen Stern mit eingeschriebenem roten Kreis (und dem Bild des Vogels Phönix). Der »Klebstoff« des Analverkehrs hält die Kämpfer zusammen. Sie essen Augen, Hirn und Herz der frisch erschlagenen Feinde, was auch »mystisch« verstanden werden kann!

Nach dem Sieg wird die matrimoniale Gesellschaft und ein Ordensstaat errichtet werden. Dieser Staat soll eine magische Monarchie sein, die Gesellschaft in zwei große Klassen zerfallen: in »Gods« und (das Palindrom dazu) »dogs«. »Die dogs sollen machtlos dienen, die Gods regieren.« In dieser »kontrollierten Anarchie« (ohne Schulzwang, Polizei und Gesundheitsdienst) tut jeder, was er »will«: »Laßt Schuster Schuster sein, Soldaten Soldaten, Physiker Physiker, Priester Priester. Keine Arbeitslosenunterstützung! Wer zu schwach zum Überleben ist, der sei verdammt und tot! Amen.«

In der Walpurgisnacht (30. April) 1966 erfolgte die Gründung der Church of Satan durch den hochintelligenten, literarisch gebildeten und mit großem persönlichem Prestige ausgestatteten Anton Szandor LaVey, einen engen Freund der verstorbenen Jane Mansfield. Auf der Filmleinwand war der High Priest als teuflischer Erzeuger von Rosemarys Baby zu bewundern.
LaVeys wichtigste Publikationen sind die in den USA vielgelesenen *The Satanic Bible* und *The Satanic Rituals.* Wohl unter dem Einfluß von Kenneth Anger ist Gedankengut von Crowley übernommen worden, jedoch Crowleys »Do what thou wilt« wurde in ihr zu einem »Do as you like«.
LaVey ist sehr praktisch eingestellt. Sein Grundsatz ist: »Haut dich jemand auf die rechte Backe, dann verpaß ihm eine Ohrfeige auf seine linke.« Bei den Ritualen seiner Kirche handelt es sich um magisch drapierte Techniken der Verhaltenstherapie, die zu sexueller Befreiung und ungebremstem Durchsetzungsvermögen führen sollen. Die Satanskirche besitzt bereits in vielen Ländern zahlreiche Filialen, die »Grottos« genannt werden. Sie hebt hohe Mitgliedsbeiträge ein.
Das wichtigste Zentrum schwarzer Kulte ist jedoch gegenwärtig Turin, wo ein fürchterlicher Kampf zwischen Weißer und Schwarzer Magie tobt. Diese Stadt ist nämlich Eckpunkt zweier magischer Dreiecke: des schwarzen (Turin, London, San Francisco) und des weißen (Turin, Lyon, Prag).
In San Francisco ist die Church of Satan zu Hause, in London gibt es eine Loge des O.T.O. unter Kenneth Grant. Bei Prag denkt man selbstredend an das Goldmachergäßchen, den Golem und die seinerzeitigen Versuche Gustav Meyrinks (des 1868 in Wien geborenen Meisters des okkulten Romans), aus den Kloaken Prags die stinkende materia prima für seine alchemistische Arbeit zu gewinnen.
Die weißmagische Bedeutung Lyons aber geht auf den französischen Ultramontanismus und jenen »Magier-Krieg« zurück, den Joris Karl Huysmans 1891 in seinem Roman *Là-Bas* (deutsch: *Tief unten,* Berlin 1985) beschrieben hat. Dieser Kampf ist jetzt wieder aufgeflammt, und der Turiner Erzbischof sah sich veranlaßt, sechs neue Exorzisten einzustellen. Gleichzeitig betonte Kardinal Ratzinger, der Chef der Glaubensbehörde (einst »Inquisition« genannt), neuerlich die Vorschrift, daß Teufelsaustreibungen nur von kirchlich hiezu Befugten vorgenommen werden dürfen.
Nach der Französischen Revolution (und erst recht nach den Erfahrungen mit der Pariser Kommune) hatte sich Rom von den Theoretikern der französischen Romantik, des Ultramontanismus und des radikalen Konservatismus inspirieren lassen, nach denen Luthertum, Aufklärung, deutsche Romantik, liberaler Kapitalismus und Judentum in einem satanischen Komplott gegen das »regnum dei« zusammenwirkten.

Schon 1798 hatte Abbé Barruel den Nachweis zu erbringen versucht, daß die Französische Revolution das Werk einer minutiösen und raffinierten Verschwörung zwischen den Philosophen der Aufklärung und den Freimaurern, besonders den bayerischen »Illuminaten«, gewesen sei.
1832 wütete Papst Gregor XVI. in seiner Enzyklika »Mirari vos« gegen die bürgerlichen Freiheiten, sah schon »die Heuschrecken kommen« und »den Höllenpfuhl offen«. Der verrückte Pius IX. wetterte gegen achtzig »Hauptirrtümer der Zeit«, darunter auch Rationalismus, Liberalismus, Sozialismus und Kommunismus, und verglich 1876 die »ganze moderne Kultur« mit dem »Turmbau zu Babel«.
Das fromme Volk wurde zur »Sühne« ermuntert, zu Prozessionen für den »Märtyrerkönig« Louis XVI. animiert, und durch Herz-Jesu- und Marienerscheinungen mobilisiert.
Am 19. September 1846 zeigte sich Jungfrau Maria in La Salette dem elfjährigen Maximin Giraud und der fünfzehnjährigen Mélanie Calvat. 1854 verkündete Pius IX. auf Bitten des französischen Klerus das Dogma von der »Unbefleckten Empfängnis« – die Erscheinungen dazu wurden 1858 in Lourdes nachgeliefert. Am 18. Juli 1870 dogmatisierte Pius IX. die päpstliche Unfehlbarkeit. 1893 behauptete die Visionärin Mathilde Marchat, der Heilige Vater Leo XIII. sei von Freimaurern entführt worden und schmachte in den Verliesen des Vatikans. Ein von den Freimaurern eingesetzter Doppelgänger (der Kardinal Monaco) sei der Verfasser jenes »schändlichen« Briefes, in dem der Heilige Stuhl schließlich seinen Frieden mit der französischen Republik gemacht hatte. André Gides bekannte Sotie, *Les Caves du Vatican,* handelt von dieser Mär.
Vor diesem Hintergrund spielte sich der »Magier-Krieg« ab. Um 1860 hatte der montanistische Expriester Joseph-Antoine Boullan (1824–1893) im Anschluß an die Bewegung von La Salette zweifelhafte marianische Gesellschaften als Kampforganisationen gegen den Teufel gegründet, und als »Prophet« eines Lyoner »Karmelordens« während der Zelebration der heiligen Messe Masturbation und Geschlechtsverkehr mit irdischen Vertreterinnen »überirdischer Wesen« betrieben.
Boullan starb, nachdem er von seinen Gegnern, den antikatholischen »kabalistischen Rosenkreuzern« des Stanislas de Guaita (1861–1897) zum magischen Tod verurteilt worden war. Man hatte ihn verdächtigt, sein eigenes Kind rituell geopfert zu haben.
Sein Lyoner »Karmelorden« aber wirkt noch heute im Geiste des Stifters. Mutig kämpft er gegen die »Mächte des Bösen«.
Blasphemische Schwarze Messen mit Hostienschändung und anschließender sexueller Orgie im Stil des Kanonikers Docre, wie sie in *Là-Bas* beschrieben

werden, finden vor allem in katholischen Gegenden Europas statt. Für diese Art Schwarzer Magie benötigt man einen gültig geweihten katholischen Priester.

Sexualmagisch bzw. linkshändig-tantrisch arbeitende Hexencovens sowie sadomasochistische Satanistenzirkel sind meistens sehr stark von Aleister Crowley beeinflußt. Crowleys Betonung des »Willens« trifft sich gut mit dem sadistischen »Willen zur Macht«. Satan ist dessen Personifikation. Die linken Tantriker hingegen identifizieren Satan mit dem indischen Gott Shiva und dessen Shakti.

Wie kommt es, daß der Teufel heute wieder solche Aktualität erlangt hat? Herbert Haag deutet die Wiederkehr Satans als Symptom einer unheimlichen Angst. Satan sei »eine poetische Fiktion, in der sich alle Bedrohungen der Lebenskontinuität, die irrationale Auflösung unserer bisherigen Strukturen, die Isolation des Menschen am besten fassen läßt«.

Dies scheint zwar die Funktion des Teufels als negatives (zu bekämpfendes) Projektionsobjekt zu erklären, nicht aber den modernen Satanismus und dessen sadistische, skatologische und blasphemische Erscheinungsformen? Oder doch?

Nach Sigmund Freud ist der Teufel negative Vater-Imagio und Personifizierung verdrängter Triebhaftigkeit. C. G. Jung sprach sogar vom negativen Vater-»Archetypus« und einer Variante des Schatten-Archetypus, das heißt des gefährlichen Aspekts der nicht anerkannten dunklen Hälfte des Menschen. Nach Theodor Reik ist Satan »der Vater, der sich rächt, und der Sohn, dessen Verbrechen erkannt wird und das Strafe fordert«. Das »Verbrechen« ist selbstverständlich das des Ödipus.

In Huysmans' Roman *Là-Bas* ruft der Satanspriester in der Schwarzen Messe den Teufel mit den Worten an: »Du Sohn, den der unerbittliche Vater verstieß.« Danach »zwingt« der Priester Gottes geliebten Sohn Christus, der selbst Gott (eine »Abspaltung« Gottes ist), in der Hostie Fleisch zu werden, bespritzt die Hostie mit seinem Samen und wirft sie den Anwesenden hin, welche sie schänden und verzehren. Darauf folgt eine hetero- und homosexuelle Orgie, bei der einige Frauen auch das Kruzifix zum Sexualobjekt wählen.

Die Satanisten fühlen sich also vom Vater verschmäht (Identifikation mit dem verstoßenen Teufel) und agieren ihren Wunsch aus: die (inzestuöse) Vereinigung mit ihm. Auch in der christlichen Messe geht es nach der Psychoanalyse um Identifikation (mit dem Sohn) und Inzest (mit dem Vater), jedoch nur in hochsublimierter, entsinnlichter Form. Lediglich die Symbolik des oral-libidinösen Stadiums findet dabei Verwendung. Oral-sadistisches Anales, Urethrales und Genitales wird ausgeschlossen.

Diese Einschränkung akzeptieren die Satanisten nicht. Man bekommt den

Eindruck, daß sie in viel intensiverer, ja geradezu verzweifelter Weise religiös sind als die vergleichsweise blassen Christen.
Nach dem Freud-Schüler Hanns Sachs gibt es einen Zusammenhang zwischen den Phantasien von Schwarzen Messen (die auf dem Leib einer nackten Frau zelebriert werden, wobei es zum Koitus kommt) und solchen von Geheimbünden und -sekten, die geheimnisvolle Orgien feiern und rituelle Morde begehen. Es handelt sich dabei um psychische Nachwirkungen der sogenannten »Urszene«, des vom Kind frühzeitig beobachteten und als Gewaltakt gedeuteten elterlichen Sexualverkehrs. Die Schwarze Messe wäre dann (auch) ein Versuch, dieses Trauma zu verarbeiten.
Da im Christentum Sexualität mit Sünde, das heißt mit einer Beleidigung Gottes, assoziiert wird, muß ein religiöses Ritual, bei dem es sexuell zugeht, notgedrungen blasphemischen und sakrilegischen Charakter annehmen. Das Kruzifix ist bei Schwarzen Messen entweder auf den Kopf gestellt, oder der Gekreuzigte erscheint als Übergangsfigur zwischen Christus und dem Teufel: sein Glied ist erigiert und sein Gesicht eine gemeine Fratze. Wie Rudolf Löwenstein (in: Zur Psychoanalyse der Schwarzen Messen, *Imago,* Jg. 1923) dazu bemerkt hat, kommt darin eine »Wechselwirkung von Zensur und Wunsch« zum Ausdruck: der Wunsch wird vom Ich negativ bewertet, jedoch nicht mehr verdrängt, sondern dargestellt.
Im Satanismus setzt sich aber auch die vom Patriarchat abgeschaffene Mutterreligion wieder durch, dies allerdings in sehr verzerrter Form. In Schwarzen Messen agierende Frauen vertreten den Dirnenaspekt der Mutter-Imago: die sich dem Vater (aus der Sicht des ödipalen Knaben) prostituierenden Mütter lassen sich mit den Söhnen ein. Die biologische Funktion des Vaters und die Geburt werden dadurch negiert, daß Zeugungen verhindert oder die »Verfehlung« der »Brüder« und »Schwestern« »ungeschehen« gemacht werden. Der Mutterinzest bekommt Züge einer »Rückkehr in den Mutterleib«. Diesen Aspekt des Satanismus hat der Freud-Schüler Otto Rank in seinem Werk *Das Trauma der Geburt* (1924) besonders hervorgehoben: In der gnostischen Sekte der Phibioniten (200–300 n. Chr.) wurde das männliche Sperma (in der Kommunion) oral resorbiert. Abgetriebene Föten wurden zerhackt, mit Honig, Pfeffer, Öl und Wohlgerüchen präpariert und feierlich gegessen.
Im Satanismus wird Empfängnis aber auch gerne durch Analkoitus verhütet. Der Priester gibt sich nicht wie in den Fruchtbarkeitskulten der großen Mutter hin, sondern demonstriert seine Überlegenheit. Dem Wunsch nach »Rückkehr in den Mutterleib« steht die Angst vor den destruierenden Aspekten der Mutter-Imagio gegenüber. Dieser entgeht er durch den anal-sadistischen Akt, bei dem er den Vater der »Urszene« nachahmt und seinen

eigenen (der väterlichen Kastrationsdrohung zuvorkommenden) analen Hingabewillen zum Ausdruck bringt.

Der Satanist phantasiert sich, wie ich aus Analysen weiß, zur »Urszene« hinzu, ja repräsentiert sie. Dahinter steckt aber noch etwas anderes. Im Anschluß an Otto Ranks *Das Trauma der Geburt* setzt der tschechisch-amerikanische Psychiater und LSD-Forscher Stanislav Grof (in: *Geburt, Tod und Transzendenz,* München 1985) die satanistischen Riten zu dem Erlebniskomplex des Kindes während einer bestimmten traumatischen Phase des Geburtsvorganges in Beziehung. Diese von ihm so genannte »dritte perinatale Grundmatrix« ist »charakterisiert durch eine eigentümliche Mischung aus Tod, Sexualität, skatologischen Aspekten und religiösen Gefühlen«. Verantwortlich dafür ist das »Getriebenwerden« des Kindes durch den »Geburtskanal«.

Bei therapeutischen Rückführungen in diese Phase tauchen bei Erwachsenen Visionen von Deflorationen, blutigen Opfern, »Unzucht von Pärchen in offenen Gräbern und Särgen oder in den noch warmen Eingeweiden von geopferten und gesäuberten Tieren« auf sowie von »diabolischen Festmählern, an denen Exkremente, Menstruationsblut und zerstückelte Föten verzehrt werden«. Dies alles verbunden mit einem »Gefühl der Gottesnähe«. Nach Grof bedeutet die Symbolik des auf den Kopf gestellten Kreuzes, daß das Kind im »Geburtskanal« steckengeblieben ist bzw. der Erwachsene das Trauma noch nicht verarbeitet hat und die »Weiterentwicklung« verweigert. Im Übergang zur nächsten Phase (die befreiende Geburt) taucht dann oft das Symbol des Vogels Phönix auf, »dessen alte Form im Feuer stirbt und dessen neue sich aus der Asche erhebt und zur Sonne emporschwingt«. Wenn dies geschehen ist, kann die »satanische Sexualität« von »ozeanischer« oder »tantrischer« abgelöst werden. Womit der Teufel »resozialisiert« wäre. So gesehen ist Crowleys Sexualmagie ein Übergangsstadium von Satanismus zu Tantrismus.

Von seiten einer kritischen Psychoanalyse könnte man gegen die satanistische Verhaltenstherapie Einwände erheben. Nach Pierre Legendre *(L'amour du censeur,* Paris 1974) gibt es im Abendland vom Mittelalter an eine kanonistische Tradition des Herrschaftswissens, in der das Arrangement festgelegt ist, wie der Maître seinen désir, geliebt zu werden, durchsetzt. Er muß den Beherrschten den Glauben an seine Liebe einreden, auf die das Subjekt jedoch kein Recht hat. Als Vorbedingung für die unverdiente Liebeszuwendung (Gnade) wird die Vernichtung des ursprünglichen désirs in den Beherrschten verlangt.

Das Begehren des guten Objektes (Liebe des Meisters) wird dabei nach dem Muster des Geschlechtstriebes verstanden, das heißt als Mangel, als nie gestilltes und durch fallweise Befriedigung noch gesteigertes Begehren. Die Verquickung von Unterwerfung, Akzeptanzhoffnung, Sinnsuche und sexualanaloger Triebhaftigkeit ergibt ein perfektes Herrschaftsinstrument.

Und Pierre Legendre warnt vor Illusionen: Seit der Säkularisierung (seit Einführung des Naturrechtsgedankens) verlange der Meister immer weniger Unterdrückung des Begehrens. Im Gegenteil übe er seine Herrschaft nun dadurch aus, daß er vorgebe, dem Subjekt bei der Erfüllung seines Begehrens zu helfen. Dabei mache er die Wahrheit des Begehrens unkenntlich und verwische die Grenzen von Gesetz und Begehren. So ist das Begehren nichts weiter als das »Spiegelbild« des Gesetzes.

Auf unser Thema angewandt: Satan ist auch nur der »liebe Gott«.

Bereits der vorhin erwähnte Psychoanalytiker Otto Groß (1877–1920) hat darauf hingewiesen, daß in unserer Gesellschaft schon von frühester Kindeserziehung an das »Eigene« vergewaltigt und das »Fremde« andressiert wird. Dies unter Drohung des Liebesentzuges – für das Kleinkind eine Todesdrohung.

In diesem zerbrochenen, aus dem Bewußtsein verstoßenen, deshalb infantil gebliebenen, noch mit kindlichen Größenideen und Sadismen behafteten, mit verpanzerter Wut geladenen »Eigenen« liegt die Wurzel des Satanischen. Die Traumata wiederzuerleben, sie mit »Komplizen« zu agieren, um sie zu durchschauen und bewältigen zu können; sein »Eigenes« vom »Fremden« abzugrenzen und zu restituieren, ja überhaupt erst aufzubauen, macht das seriöse Anliegen im Satanismus aus. (Ein anderer Aspekt ist die »magische« Überkompensation tatsächlicher Machtlosigkeit.)

Warum fasziniert also heute Satanismus so sehr? Eine Antwort darauf kann der amerikanischen *Psychohistory* (Lloyd de Mause) entnommen werden. Nach ihr besteht ein enger Zusammenhang zwischen Massenphänomenen, politischem Agieren und nicht genügend verarbeiteten präverbalen, ja vorgeburtlichen kindlichen Erlebnissen.

Wir ahnen, daß die Menscheit am Rande einer nuklearen und ökologischen Katastrophe lebt. Und wir reagieren darauf mit Emotionen, die wir während unseres Überlebenskampfes vor der Geburt schon einmal gehabt und nur verdrängt haben. Satanismus versucht, diese psychische Situation mit Hilfe religiöser Symbolbildung und Ritualisierung zu bewältigen.

Wilhelm Gauger

Spuk

Zu Beginn einige Beispiele, die anzeigen, wie unterschiedlich das auftritt, was wir als Spuk bezeichnen.

Im Jahr 1956 ging ein Student mit zwei Freunden an einem Vollmondabend Ende August im Schloßgarten in X (DDR) spazieren. In dem abschüssigen Park sahen sie plötzlich von einem mit Bäumen und Büschen bestandenen Weg aus in einer Entfernung von etwa vierzig Metern ein schwaches Licht an- und ausgehen. Die Freunde setzten ihren Spaziergang fort und erkannten eine weiße, von einem schleierartigen Gewand verhüllte Gestalt, die aus dem Dunkel auf den Weg trat. Sie trug ein Licht in der Hand. Einer der Zeugen sagte später, sie habe langes Haar gehabt. Ein Gesicht war nicht zu erkennen; der Schleier reichte bis zum Boden. Um die Gestalt näher zu sehen, ging man schneller, woraufhin sie am Boden entlang am Schloßteich vorbei nach rechts schwebte, ohne Schritte; sie reagierte nicht auf Anruf; der Abstand blieb auch bei schnellerem Gehen immer gleich. Die Erscheinung verschwand in der Nähe der Schloßgärtnerei, wo ein Hund einmal aufbellte.

Am nächsten Abend suchte eine größere Gruppe die Stelle auf, fand aber nichts; doch verabredeten sich zwei Anwesende noch einmal für das folgende Jahr.

Diesmal machten sich fünf oder sechs Bekannte auf, wieder in einer Vollmondnacht im August. Einige hatten Stöcke mit. Bis gegen 0.30 Uhr streifte man vergeblich hin und her und beschloß, aufzugeben, als plötzlich aus der Richtung eines nahegelegenen Dorfes ein lauter Schrei aus der Höhe zu hören war. Zuerst war nichts zu erkennen, bis plötzlich von oben links her die weiße Gestalt, diesmal ohne Licht, herabglitt, die Arme unter dem Gewand nach vorn gestreckt[1]. Sie war noch dreißig oder vierzig Meter entfernt, bewegte sich wie tastend, wurde langsamer, blieb stehen, sackte gleichsam in sich zusammen und war verschwunden. Alle nahmen an, sie sei im Gebüsch, stürmten hin, fanden aber nichts. Vom Berg herab kam ein Liebespaar, und man erfuhr, das Mädchen habe aufgeschrien, als die Erscheinung plötzlich in wenigen Metern Entfernung an ihm vorbeischwebte, ohne ein Zeichen des Erkennens zu geben. Plötzlich schrie das Mädchen wieder auf und zeigte nach unten: da war die Gestalt, verschwand, war dann in etwa siebzig Metern Entfernung erneut auf dem Weg. Wieder liefen alle hin, glaubten schon, die weiße Frau erreicht zu haben, als im Gedränge jemand hinfiel und wieder nichts zu sehen war. Dann sah man das Wesen rund sechzig Meter entfernt, wo es am Schloßweg verschwand. Es war gegen 1 Uhr. Alle versammelten sich vor dem Schloß, als plötzlich einer nach oben zeigte, wo die Gestalt auf einer Mauer zwischen Turm und Hauptgebäude entlangwandelte. Auch dort verschwand sie. Sie soll im folgenden Jahr noch einmal gesehen worden sein.

Professor Bender (Freiburg) berichtet von einem Spukfall, der sich 1972/73 in Scherfede in Westfalen ereignete[2]. Im Bad eines kleinen Einfamilienhauses erschienen plötzlich kleine Wasserlachen, dann in der Küche und in anderen Räumen. Natürlich dachte man an undichte Leitungen und Heizungsrohre, konnte aber nichts dergleichen entdecken. Dann traten feuchte Flecken an Wänden auf, Teppiche wurden naß, unter denen aber der Boden trocken war. Auch außerhalb des Hauses wurden Pfützen entdeckt, dazu nasse Außenwände[3]. Im Dezember entstanden immer wieder im Abstand von zwanzig bis dreißig Minuten große Lachen im Wohnzimmer; niemand aber sah sie entstehen. In einem Nachbarhaus kamen ganze Wasserbäche die Treppe hinunter, sogar fünfzehn bis zwanzig Eimer an einem Abend. Dies trat dann noch in einem dritten und vierten Haus auf. Das Wasser wurde chemisch untersucht: es war Scherfeder Leitungswasser. Pfützen und Spritzer bildeten sich auch noch, als die Hauptwasserleitung abgedreht war. Wilde Spekulationen, abergläubische Vermutungen kamen auf. Man flüsterte auch, alles hänge mit der dreizehnjährigen Tochter des Hauses zusammen. Tatsächlich stellte sich als vorläufige Diagnose heraus, daß eine Neurose des Mädchens im Spiel sein mußte – jedoch nicht in dem Sinne, daß es tatsächlich das Wasser ausgeschüttet hätte. Die Intensität nahm nicht mit der Entfernung ab.

Kein Geringerer als C. G. Jung berichtet von einer Spukerscheinung im Verlauf seiner Auseinandersetzung mit Sigmund Freud[4]. Freud nahm es Jung übel, daß er sich mit paranormalen Vorkommnissen befaßte, und sprach von der »schwarzen Schlammflut des Okkultismus«. Im Jahre 1909 kam es bei einem Besuch Jungs bei Freud zu einer heftigen Auseinandersetzung. Jung schreibt dazu:

»Während Freud seine Argumente vorbrachte, hatte ich eine merkwürdige Empfindung. Es schien mir, als ob mein Zwerchfell aus Eisen bestünde und glühend würde – ein glühendes Zwerchfellgewölbe. Und in diesem Augenblick ertönte ein solcher Krach im Bücherschrank, der unmittelbar neben uns stand, daß wir beide furchtbar erschraken. Wir dachten, der Schrank fiele über uns zusammen. Genauso hatte es getönt. Ich sagte zu Freud: ›Das ist jetzt ein sogenanntes katalytisches Exteriorisationsphänomen.‹

›Ach‹, sagte er, ›das ist ja ein leibhaftiger Unsinn!‹
›Aber nein‹, erwiderte ich, ›Sie irren, Herr Professor. Und zum Beweis, daß ich recht habe, sage ich nun voraus, daß es gleich nochmals so einen Krach geben wird!‹ – Und tatsächlich: kaum hatte ich die Worte ausgesprochen, begann der gleiche Krach im Schrank[5]«.
Jung gibt an, es sei ihm selbst nicht recht klar, woher er die Sicherheit zu der Voraussage genommen habe. Freud schaute ihn entsetzt an. In späteren Briefen erkennt Freud aber an, daß er Jungs Haltung nicht mehr ganz ablehnen könne[6].
Ich selbst habe im Kreis von Bekannten, Freunden und Verwandten dreimal gehört und teilweise miterlebt, daß beim (erwarteten oder unerwarteten) Tode eines Menschen bei anderen, die ihm nahestanden, im Moment des Sterbens die Uhr stehenblieb, nicht mehr in Gang zu setzen war und nach der Beerdigung von selbst weiterlief.
Diese Beispiele sollen zeigen, welches weite Spektrum von Möglichkeiten für das besteht, was man als Spuk bezeichnet. In allen Fällen sind optische oder akustische Wahrnehmungen damit verbunden, wenn nicht beides. Es kann auch zu Berührungen und Verletzungen kommen. Spuk wird heute oft in der Fachliteratur als RSPK, »Recurrent Spontaneous Psychokinesis«, also »Wiederkehrende spontane Psychokinese«, bezeichnet, wiewohl die letzten Beispiele keine Wiederkehr enthalten.
Fanny Moser[7] führt die Merkmale auf: Spuk unterliegt einer zeitlichen Gesetzmäßigkeit mit Anfang und Ende, hat Pausen und geht vom Einfachen zum Komplizierten; spukbefallene Menschen und Medien sind so eng verwandt, daß sich aus ersteren Medien entwickeln können; in beiden Fällen folgen auf Manifestationen mehr oder weniger starke Erschöpfungszustände; folglich wird eine Kraft verausgabt; ist die Kraft schwach, benötigt sie Dunkelheit; die Erscheinungen stehen in ursächlichem Zusammenhang mit mehr oder weniger krankhaften Störungen des psycho-physischen Gleichgewichts, weshalb sie vor allem bei Jugendlichen auftreten. Die Kraft wirkt auf andere Menschen und Gegenstände der Umgebung »ansteckend«. Doch zeigen einige der obigen Beispiele, daß die Störung nicht unbedingt krankhaft sein muß. Auch muß die Steuerung nicht bewußt sein. Der Betroffene mag gar nicht wissen, daß es von ihm ausgeht. Wiederholungen müssen nicht immer gleich ablaufen, sondern können variieren. Pausen und Rhythmen sind oft unregelmäßig. Poltergeistphänomene[14] dauern zwischen wenigen Stunden und mehreren Wochen. Oft ist es möglich, Spukgeräusche auf Band aufzunehmen.
Chaotisch wie viele Spukfälle sind auch die Deutungen. Materielles verhält sich ungewohnt. Doch wird immer wieder klar, daß die Sphäre von Zeichen

und Symbolen angesprochen ist. Ein Auftreten in Krisensituationen läßt Spuk oft wie einen Traum interpretierbar werden. So geht C. G. Jung[8] vor, so interpretiert Lee B. Jennings[9] vorsichtig Mörikes Spukphänomene, so deutet Bender den Scherfeder Spuk, so geht auch Aniela Jaffé vor[10]. Die Grenzen zu anderen Phänomenen sind fließend, oft ist ein Spuk nicht eindeutig auszumachen. Religiöse Fragen, Tod und Leben werden in der Diskussion oft berührt. Natürlich spielen Phantasie, Täuschungen, Leichtgläubigkeit ihre Rolle. Oft entsteht der Eindruck der Zweckhaftigkeit, bisweilen der einer Intelligenz. Wenn Puppen plötzlich in obszönen Stellungen gefunden werden, wenn es zu blasphemischen Manifestationen kommt, ist deutlich eine Art von primitivem Witz im Spiel, eine Freude am Schockieren.

Das eingangs erzählte Beispiel, das ich von einem der Zeugen erfuhr, ist als »Weiße Frau« bekannt[11]. Wenn man Volkssagen glauben soll, taucht sie oft an Gewässern, in Wäldern, Gärten, Ruinen, Schlössern auf; viele Adelsfamilien kennen sie seit Jahrhunderten. In manchen Fällen scheint sie Angehörigen auch an anderen Orten zu erscheinen; man spricht dann geradezu von »familiengebundenem Spuk«. In ihrem Buch *Spuk*[8] führt Fanny Moser zahlreiche Fälle von »ortsgebundenem Spuk« an. Berühmte Spukhäuser sind die (abgebrannte) Borley Rectory in England, Hampton Court bei London, das Drury Lane Theatre[12]. In vielen Fällen treten Geräusche, Gerüche, Lichterscheinungen zusammen mit menschlichen oder tierischen Gestalten auf. Mörike erlebte es in Cleversulzbach, C. G. Jung auf einer Reise in England.

Vom ortsgebundenen wird der »personengebundene Spuk« unterschieden. Ihn illustriert das Scherfeder Beispiel. Trotz vieler Täuschungen bleibt ein Rest, der sich einer Erklärung mit gewohnten Mitteln entzieht. Viel diskutiert wird der Fall Heiner Scholz in Bremen 1965/66, wo im Lagerkeller eines Geschäftes im Juni 1965 Porzellantassen, Kaffeekannen, Vasen und Gläser aus dem Regal fielen und zu Bruch gingen. Im Juli begann Professor Bender seine Untersuchung[13]. Der vierzehnjährige Lehrling war damals schon nicht mehr in dem Geschäft tätig, es ereignete sich nichts mehr, doch dafür dann an dessen neuer Lehrstelle 1966 in Freiburg, wo sich bei der Elektroinstallation in einer Schule, wo er arbeitete, immer wieder eiserne Haken lockerten; dabei soll ihm einmal sogar ein solcher zuvor eingedübelter Haken um die Ecke nachgeflogen sein. Ein anderes Mal wurden zwei sicher befestigte Haken in seiner Gegenwart beobachtet; sie waren innerhalb von zwei Minuten lose, doch sah sie keiner herauskommen. Neonröhren zersprangen, Gegenstände fielen aus Regalen, so daß der Junge auch hier ausscheiden mußte. Der Kontakt wurde auf Bitten der Pflegeeltern nicht fortgeführt. 1978 wurde der Fall wieder bekannt, als ein Bremer Kriminaldirektor ein späteres Geständnis von Scholz publizierte, demzufolge alles auf absichtlichen Täu-

schungen beruhe. Die *Zeitschrift für Parapsychologie* brachte daraufhin im selben Jahr eine Dokumentation, die keinen Zweifel an der Authentizität zuließ und von einem »glasklar falschen Geständnis« sprach. Kriminaldirektor Schäfer hat sich nicht zu einer wissenschaftlichen Diskussion bewegen lassen. Kein Kommentar.
Es ist auch möglich, daß mehrere Personen beim Zustandekommen eines Spuks interagieren. Das zeigt sich deutlich bei dem Disput zwischen Freud und Jung. Die Spannung äußerte (exteriorisierte) sich in dem Krachen im Schrank. Ich erinnere mich selbst einer Zeit, wo ich in eine unangenehme Auseinandersetzung mit einem Kollegen verwickelt war. Wir hatten dasselbe Arbeitszimmer. Ich war allein, als ich es eines Abends verließ und die Tür zuschloß. Plötzlich rollte und polterte es in der Wand rechts daneben, als falle im Inneren des Raums der ganze Putz ab. Auch das noch! Ich schloß die Tür wieder auf – und nichts war geschehen. Unbewußt hatte ich wohl »auf den Putz gehauen«. Von einem mediumistisch begabten Menschen erfuhr ich, daß er einmal des Nachts von einem polternden Fallgeräusch aus dem Regal erwachte, Licht anmachte und feststellte, daß mehrere Bücher aus einer oberen Reihe gefallen waren, jedoch nicht auf dem Boden, sondern auf einem tiefergelegenen Brett senkrecht darunter lagen: sie mußten also in einem rückwärtslaufenden Bogen gefallen sein.
Roll hat versucht, die Flugkurven solcher bewegten Gegenstände nachzumessen, und ist dabei zu bemerkenswerten Ergebnissen gekommen. Er schreibt, daß die Bewegungen in der Nähe eines bestimmten Agenten kurz und radial, im Uhrzeigersinne nach außen und nahe einer bestimmten hohen Linie verliefen, während entferntere vorwiegend lang, tangential, entgegen dem Uhrzeigersinne bei einer niedrigen Linie flogen. Dabei denkt Roll an ein rotierendes Feld und um den Agenten wirbelnde, von ihm ausgehende Energiestrahlen. Das mag in anderen Fällen wieder anders sein; doch muß das Feld sowohl physikalischer als auch psychischer Art sein[14]. Roll verweist darauf, daß viele solche Äußerungen dem gleichen Ziel unterliegen wie das Zerschmettern von Porzellan in einem Zornanfall: Lösen von Spannungen, Erregen von Aufmerksamkeit, Freude an der Sensation. Gelegentlich lassen sich bei extremen seelischen Spannungen kleine Spukfälle geradezu voraussagen, etwa das Zerspringen eines Glases. So gibt es auch Menschen, bei denen es keine Uhr lange aushält – ohne daß äußere Schädigungen im Spiel wären. Fanny Moser[7] notiert, daß Spuk sich auch gern geographisch an bestimmten Stellen häuft. In Deutschland ist Württemberg eine bevorzugte Region; die englischen Spukhäuser sind sprichwörtlich; in der Schweiz sind die Kantone Bern, Basel, Graubünden, die Innerschweiz betroffen; Spukhäuser fehlen in Genf und (mit einer Ausnahme) Zürich sowie in München. In Württemberg

kommt häufig der Stallspuk vor – das nächtliche Erschrecken, Würgen von Tieren. Doch muß Spuk durchaus nicht nur nachts auftreten.
Bei den Uhrenbeispielen zeigt sich wieder etwas anderes. Will der Sterbende mit einem solchen »Minispuk« Abschied nehmen? Man spricht hier von »Künden«. Die Lebensuhr ist abgelaufen; doch mag auch eine »zeitlose« Zwischenstufe abgelaufen sein, wenn die Uhr weitergeht. Es fällt auf, daß wieder etwas in Gang gesetzt wird, während Spuk sonst fast immer aggressiv wirkt. Häufig heißt es, daß beim Künden ein Spiegel zerspringt, sich ein Geschenk oder vertrauter Gegenstand des Verstorbenen bewegt oder zerbricht. Selbst bei Tieren muß dergleichen vorkommen. Ein Pferd in einem Berliner Reitstall muß besonders ein Mädchen geliebt haben, das eine leidenschaftliche Reiterin war, Hufeisen sammelte und zu Hause an die Wand nagelte. Als das Pferd 1980 wegen Krebs und Strahlfäule getötet wurde, fiel im selben Moment ein Hufeisen von ihm von der Wand. (Selbsterlebt.) Es ist bekannt, daß Tiere auch Spuk wahrnehmen können und sich ängstigen.
In Norwegen kennt man den »Vardögr«[15], eine fast alltägliche Erscheinung: man hört Schritte auf der Treppe, das Aufschließen der Wohnungstür, Hantieren an der Garderobe einige Zeit, bevor jemand in ein Haus kommt. Der Betreffende kündigt sich so meist in dem Moment an, wo er sein eigenes Haus oder den Arbeitsplatz verläßt.
Gibt es typische Verhaltensmerkmale des Spuks? Was ist ihr Sinn? Hans Bender stellt in einem Aufsatz die Frage nach typischen Mustern[16]. Er stellt dezidiert fest, daß in allen Ländern durch die Jahrhunderte hindurch in Berichten ungeachtet der chaotischen Überraschungen eine außerordentliche Uniformität der Einzelheiten auffällt.
Typisch ist das Steinhagelphänomen. »Steine fallen auf das Dach, zerbrechen Fensterscheiben und dringen durch Öffnungen in das Innere[17].« Meistens beginnt dergleichen von außen. Typisch sind Schläge an Türen, Fenster und Möbel. Geschlossene Türen, Fenster und Schränke öffnen sich von selbst. Gegenstände werden »geschickt verstellt oder geworfen, zerbrechliche bleiben oft intakt, während solide oft vollständig zerstört werden[18]«. Werden Personen getroffen, gibt es selten Verletzungen. Sehr auffällig ist es, daß die Flugbahn von Gegenständen mitunter nicht der normalen, physikalisch erwarteten Kurve entspricht; es wirkt, als würden die Gegenstände transportiert. Sind Steine von außen in geschlossene Räume eingedrungen, fühlen sie sich oft warm an. Es ist auch vorgekommen, daß man sie auflas und ins Freie brachte, und kurz darauf flogen sie erneut in den Raum. Man hat notiert, daß fliegende Gegenstände sich stets nach unten, nicht nach oben oder in gleichbleibender Höhe bewegen. Sie fliegen auch oft im selben Moment direkt zu Boden, wo man sie im Flug erblickt, als würden sie losgelassen, pral-

len aber oft nicht zurück. Gelegentlich fallen Gegenstände im Zickzack, folgen den Konturen von Möbeln, weichen dem Zugriff aus oder berühren einen beim Treffen nur ganz sanft, können aber auch schwere Verletzungen zufügen. Kneifen, Bisse und Druck auf Schlafende kommen vor.

Fanny Moser zählt weitere typische Eigenschaften auf. Da sind »Mimikry-Geräusche«, die man immer wieder hört: Schritte, Fallen, Klingeln, Rücken von Möbeln, Fegen wie von Besen, Scheuern, Schütten, Klirren, Schnarren, Klopfen. Betten werden belastet, Decken weggezogen, es wird gerüttelt; Lichter, Flämmchen erscheinen, es gibt Stimmen, Atemzüge, Schnaufen, Rufe, Sätze; man kann Gesichter, Hände sehen; bisweilen erscheinen Bilder und Graffiti auf Wänden und Fliesen; man fühlt Kälte, nimmt Gerüche wahr, hört oder sieht Tiere. Brand kann ausbrechen. Nicht selten erfährt man auch von einer unheimlichen Stimmung, einem Zwang, in bestimmte Richtungen zu schauen. Weiße Erscheinungen können Kälte ausstrahlen. Gelegentlich ist auch von Levitation die Rede: Menschen werden wie von unsichtbaren Händen vom Boden aufgehoben. Gelegentlich reagieren Geräusche auf Bemerkungen, indem sie lauter oder leiser, langsamer oder schneller werden. Auch hat es oft den Anschein, als kämen sie nicht von der *Oberfläche,* sondern aus dem *Inneren* von Scheiben oder Brettern.

Bender nennt die Phänomene aggressiv, destruktiv und evasiv. Mit der Evasivität ist die Flüchtigkeit, aber auch die Schwierigkeit gemeint, es zu verstehen. Man weiß sozusagen nicht recht, was man sagen soll. Spukerscheinungen können von manchen wahrgenommen werden, von anderen Anwesenden nicht, es wechselt sogar gelegentlich bei einer Person.

Dazu kommen die Schwierigkeiten der Verifizierung. Viele haben schon Spuk erlebt, aber der Zweifel bleibt. Dazu trägt die Unberechenbarkeit bei, auch oft die Unentschiedenheit, ob etwas nun gerade Spuk war oder nicht. Oft sind nicht die richtigen Beobachter zur Stelle. Einerseits sucht man alles zu verschweigen oder herunterzuspielen, weil es bedrohlich, peinlich oder lästig ist, einen in Verruf bringen kann oder das gesichert erscheidende Weltbild stört; andererseits wird es ausgeschmückt und an die große Glocke gehängt. Täuschungen kommen hinzu. Bisweilen finden sich echte Phänomene und Täuschungen zugleich, weil man eben gern ein bißchen nachhilft: Aufmerksamkeit tut gut. Mit modernen Dokumentationsmitteln (Video, Tonband, Fangschaltungen) läßt sich heute sehr viel aufklären, Spuk auch mitunter nachweisen, wenn man zur Stelle ist. Doch ist auch dies oft unzuverlässig.

Das sind äußere Gründe. Die inneren sehen so aus: Der amerikanische Informatiker Hofstadter bemerkt in seinem glänzenden Buch *Gödel, Escher, Bach*[19] über die Parapsychologen:

»Zum Beispiel tritt ASW [= außersinnliche Wahrnehmung] oft außerhalb von Laboratorien auf, verschwindet aber auf geheimnisvolle Weise, wenn man sie ins Laboratorium hineinbringt. Die gängige wissenschaftliche Erklärung ist die, daß ASW ein unwirkliches Phänomen ist, das strenger Prüfung nicht standhält. Einige (beileibe nicht alle) ASW-Gläubige haben jedoch eine seltsame Methode der Verteidigung. Sie sagen: ›Nein, ASW gibt es wirklich; sie geht einfach weg, wenn man versucht, es wissenschaftlich zu beobachten. Sie läuft dem wissenschaftlichen Weltbild zuwider.‹ Das ist eine erstaunlich unverschämte Technik, die wir ›das Problem die Treppe hinauf kicken‹ nennen können. Was bedeutet, daß man, anstatt den vorliegenden Tatbestand in Frage zu stellen, Theorien anzweifelt, die auf eine höhere Stufe der Glaubwürdigkeit gehören. Die ASW-Gläubigen deuten an, daß es nicht *ihre* Ideen sind, mit denen etwas nicht stimmt, sondern das wissenschaftliche Glaubenssystem.«

Nun, so ähnlich hat man auch argumentiert, als die Quantenphysik aufkam. Ich selbst kann keine vernünftige Zeile schreiben, wenn mir jemand über die Schulter schaut. Schüler können ihre Aufgaben hervorragend zu Hause und versagen in der Klasse. Erst hohe Grade von Komplexität und Spontaneität lassen vieles zustande kommen. Es kann auch sein, daß diese Spontaneität erst einem veränderten Bewußtsein, das seinerseits der paranormalen Phänomene gar nicht mehr bedarf und gleichzeitig das wissenschaftliche Denken relativiert, zugänglich wird. (ASW ist nicht identisch mit Spuk, aber gewiß denkt Hofstadter auch an ihn.) Wie eigenwillig die Dinge sind, sieht man gerade an den Spukagenten, die eines Tages keine Phänomene mehr produzieren und dann zu Tricks greifen. Ich habe auch in meiner Arbeit über das »Lückenphänomen«[20] Beispiele dafür angeführt, wie Wesentliches sich oft dem direkten Blick entzieht, wie wir nur die Resultate sehen, aber nicht das Ereignis, das sie hervorbringt. Das läßt sich sogar mit den thermodynamischen Theorien von Ilya Prigogine vereinbaren[21]. Dabei zeigt sich der seltsame Umstand, daß das Schöpferische und Neue sich ebenso verhält wie der chaotische Spuk. Sollte gar der Spuk auch daran teilhaben?

In dem Scherfeder Fall konnte niemand die Entstehung der Wasserlachen beobachten. Niemand sah, wie die Haken in Freiburg sich lockerten. Verletzbar, flüchtig, spontan sind diese Dinge, mögen sie poetisch und geheimnisvoll auftreten wie die Weiße Frau oder kindisch wie der Gegenstände werfende Poltergeist. Walter von Lucadou sucht für diese Tendenzen eine systemtheoretische Erklärung[22]. Für ihn ist die Flüchtigkeit keine Randerscheinung, sondern der Kern. Er verweist auf die Möglichkeit, daß der Beobachter selbst einen störenden Einfluß ausübt. Dabei bewertet er physikalische Erklärungen an logischem oder kausalem Rang nicht höher als psychische Faktoren; sie sind nicht auseinanderzuhalten.

Er legt dem Ganzen ein Informationsmodell von E. von Weizsäcker zugrunde, das von »pragmatischer Information« spricht. Hier kommt es nicht darauf an, *was* an Information eingegeben wird, sondern was tatsächlich *ankommt.* (Information kann mir auch auf chinesisch gegeben werden oder in der Zeitung von gestern; aber das eine verstehe ich nicht, die andere ist mir schon bekannt.) Der Betrag ist von psychischen Bedingungen abhängig. (Bin ich erregt, verstehe ich diese Ausführungen nicht.) Diese pragmatische Information aber kommt mir in Dosen, in Sprüngen zu und nicht kontinuierlich, sie ist also quantisiert wie beim Wirkungsquant oder einem Aha-Erlebnis. Das aber führt zu einer Unschärfe, die für die Beschreibung von Systemen allgemein zutrifft, weil Systeme überhaupt nur durch Systeme beschrieben werden können. Je aufwendiger nun die berechnende, deterministische Beschreibung wird, um so kleiner wird der Spielraum für die Einstellung zum Unberechenbaren. Und umgekehrt: Je spontaner die Wahrnehmung, desto größer die überraschenden Verhaltensänderungen. Würde man alles verstehen, würde nichts mehr auftreten. Von Lucadou schreibt dazu: »Wenn man nicht hinschaut, dann macht das System, was es will[23].« Trotzdem macht es nur in bestimmtem Rahmen, was es will: Wir hören nicht, daß Teller größer oder kleiner werden oder daß jemand plötzlich keine Ohren mehr hat. Und nach einzelnen Berichten kann man das Einsetzen einer Bewegung oder den Durchgang von etwas durch eine Wand sehr wohl beobachten. Nach Bender[24] kamen beim Rosenheimer Spuk von 1967/68 Schubladen vor den Augen des Physikers Professor Büchel selbsttätig aus den Schreibtischen. Doch ändert das nichts an der übrigen auffälligen Unauffälligkeit, die auch in Rosenheim das Bild bestimmte. Manipulationen andererseits lassen sich oft eindeutig nachweisen[25].

Doch gibt es Ähnliches oft in der Geschichte und im künstlerischen Bereich. Nicht einmal der Künstler selbst kann die Entstehung seines Werkes lückenlos verfolgen und interpretieren. Hier liegen Mehrdeutigkeiten und Appelle vor, die die Beziehung zu einer Sinnsphäre nahelegen. Wir dürfen gar nicht einmal von einer Erklärung sprechen: die Beschreibung ist selbst die Erklärung. Oder mehrere, auch voneinander abweichende Erklärungen sind in gleicher Weise gültig. Auch das ist beim Kunstwerk nicht anders. Die Beziehung zwischen Vorgang und Beobachter konstelliert die Ereignisse mit, wobei die Grenzen zwischen Materie und Information, zwischen Ereignissen, Gedanken und Gefühlen durchlässig werden. Ist es ein Wunder, daß sich an den Spuk Sagen, Märchen, Dichtungen und Aberglauben hängen?

Oscar Wildes Geist von Canterville lehrt ein Mädchen, das den Mut hat, ihm zu folgen, die letzten Geheimnisse des Lebens. In dieser erfundenen Geschichte rührt unversehens das Idiotische des Spuks an das Größte. Immer wieder will in Erzählungen ein Geist erlöst werden, und das poltergeistartige bucklige Männchen im Volkslied möchte, daß man für es betet. Bruno Grabinski sieht in den Erscheinungen Seelen im Fegefeuer am Werk[26]. Bender schreibt davon, daß die Hitze der Steine beim Steinhagel im 18. Jahrhundert damit erklärt wurde, daß sie aus der Hölle stammten. Entwickelt sich aber aus einem Spukbefallenen ein Medium, so kann man nicht ausschließlich von Krankheit sprechen. Eine Krise kann auch schöpferisch sein; auch Schamanen erleiden zumeist bei ihrer Berufung Krisen und bis ins Körperliche hineinreichende Krankheiten. Entscheidend ist, ob die Krise durchgestanden wird oder ob man in ihr verharrt.

Immerhin können wir an dieser Stelle – ungeachtet unserer religiösen Überzeugungen – wissenschaftlichen Parapsychologen danken, daß sie die um Jugendliche zentrierten Poltergeistfälle nüchtern und ohne Angst angingen und wohl deutlich diesseitige Konflikte als den häufigsten Kern ausmachten, sie damit entdämonisierten. (Was die Notwendigkeit einer Erlösung nur auf eine andere Ebene bringt.) Mit zum Schlimmsten, was geschehen kann, gehört es allemal, einen Menschen, eine Familie, ein Haus, wo Poltergeistphänomene auftreten, als etwas zu sehen, was mit dunklen Mächten im Bunde ist, Hexerei zu wittern und dergleichen.

Angst und Mut: Es will bisweilen so aussehen, als ob Spuk sich von Angst geradezu ernähre und seine Energie daraus bezöge. Gretha von Jeinsen berichtet in *Silhouetten*[27] von einem Spuk in ihrem Schweizer Haus am Bodensee, schweren Schritten, nächtlichem Rumoren:

»Indessen: als gar nichts mehr half und helfen wollte, entschloß ich mich zum äußersten Mittel, das sich von durchschlagendem Erfolg erwies: ich ergriff Luisens Holzpantinen und schleuderte sie mit erheblichem Stimmaufwand die Treppe hinauf, über deren Stufen sich die bewußten Schritte wiederum näherten, und ich verlangte Ruhe, ausdrücklich, und dies ein für allemal. Es half. Ich bin keineswegs davon überzeugt, daß der Geist meinen energischen Widerstand als einen Befehl hinnahm, denn dazu neigt er seiner Natur nach kaum, aber er mochte eingesehen haben, daß mit bloßem Erschrecken bei uns nichts auszurichten sei, und das nahm ihm das Vergnügen an der Sache. Also blieb er fort.«

Ich erinnere mich an eine schwere Depression 1980. Als der Patient sich widerstrebend bereit erklärt hatte, eine Klinik aufzusuchen und mehrere Freunde dazu ihre Wagen zur Verfügung hielten, fiel ein Auto nach dem anderen aus: eins hatte einen Unfall, beim zweiten ersoff der Motor, beim dritten brach die Benzinleitung. Erst eine sehr robuste Bekannte konnte ohne Schaden ihren Mercedes einsetzen. Das waren nicht einfach unbewußte Fehlhandlungen der Beteiligten. Die chinesische Schriftstellerin Maxine Ting

Hong Kingston beschreibt, wie ihre Mutter einmal eine Nacht in einem Spukzimmer verbrachte[28]. Sie lehnte es ab, sich einschüchtern zu lassen, und als in der Nacht ein haariges Wesen sie im Dunkeln auf das Bett preßt und von ihrer Gegenwehr nur stärker wird, bedroht und verspottet sie es, gibt keine Angst zu, nimmt die ausweglose Situation zur Gelegenheit für eine innere, initiatorische Reise, die gleichzeitig der Überlistung des Wesens dient, verbringt nach der inneren Uhr Jahre in diesem Zustand, während es im Raum vielleicht eine Stunde dauert: »Ich ließ nie ab zu wollen, daß sein Umfang kleiner werde, seine Haare sich zurückzogen, bis in der Morgendämmerung der sitzende Geist für eine Weile verschwand[29].« Später halfen ihr die anderen Frauen mit Spottgesängen. Der amerikanische Kultautor der Hippie-Generation, Charles Bukowski, berichtet in seinem Buch *Women*[30], wie nach einem Streit zwischen ihm und einer Freundin sein Volkswagen nur noch rückwärts fuhr, als er ihn anließ; er mochte anstellen, was er wollte. Es ging erst besser, nachdem er sich mit ihr ausgesöhnt hatte. Die jeweilige Technik, mit dem Spuk fertig zu werden, ist verschieden; entscheidend ist es nur, sich nicht einschüchtern zu lassen.

A. R. G. Owen schreibt in *Can We Explain the Poltergeist?*[31] von einem undifferenzierten psychischen Substratum, in dem eine Unregelmäßigkeit, die gelegentlich durch einen von der Norm abweichenden psychischen Zustand einer Person bewirkt wird, wie ein Kondensationskern wirkt. Daraus entstehen Differenzierungen, Abspaltungen, die ein gewisses psychisches Eigenleben entwickeln[32]. Ein solches Eigenleben ist prinzipiell nichts Ungewöhnliches. Künstler sprechen nicht selten davon, daß ihr Werk, ihre Romanfiguren noch während des Schreibens ein Eigenleben und eigene Gesetzmäßigkeiten entwickeln[33]. Diese Autonomie kann gleichzeitig wie ein Diktat und als ein eigenes Fortleben in der Rezeption des Kunstwerks verstanden werden. Bender sieht in dem Eigenleben der Erscheinung eine Analogie auch zum »anordnenden« Archetypus im Sinne von C. G. Jung; er ist in der Welt angesiedelt, wo Psychisches und Physisches nicht auseinandergehalten werden können, »er kann die äußere Welt einschließen, so daß der physische Aspekt eines Archetypus durch ein unbelebtes Objekt repräsentiert sein kann, das sich dann wie ein lebendes Wesen verhält[34]«.

Von hier aus ist es nicht schwer, den Theorien zu folgen, nach denen es sich bei Spukerscheinungen oft um abgespaltene Persönlichkeitsteile handelt, die unabhängig vom physischen Träger in dem psychophysischen Feld handeln. Den Gedanken einer Teilseele, eines verselbständigten Teils des Unbewußten eines Menschen, spricht auch Marie-Louise von Franz aufgrund eigener Beobachtungen in der Psychotherapie aus: Teilseelen eines Schizophrenen schienen plötzlich Spukphänomene in der Umgebung zu bewirken[35]. Die Beobachtung scheint für von Franz einen Hinweis darauf zu enthalten, weshalb »Geister« oder »Spukphänomene« sich so oft töricht, halb intelligent, halb sinnlos zu benehmen scheinen. Denken wir aber dabei an Spukzimmer und Spukhäuser, so mag sogar der Gedanke nicht abwegig erscheinen, daß solche Teilseelen sich über lange Zeit, selbst über den Tod hinaus, lebendig erhalten können. Als solche Teilseelen müssen dann aber auch Dinge wie Angst, Verzweiflung, aber auch eingefressene Gewohnheiten gesehen werden – dies besonders bei ortsgebundenem Spuk.

Sagen und Erlebnisberichte sind voll davon, daß es an Orten »umgeht«, wo jemand einen Mord oder Selbstmord begangen hat, so auch, als sei der Ort gleichsam »imprägniert«, als habe eine Angst, ein Schrecken, eine Verzweiflung sich verselbständigt. Auch wird in der Literatur, z. B. bei Mackenzie[36], immer wieder darauf hingewiesen, daß Spuk oder Geistererscheinungen – sie gehen immer wieder ineinander über – ganze Szenen und Umstände wiedergeben: das Anfahren von Wagen, Kleidung, Hunde, Chorgesang. Hier kann man oft Psychokinese und Geistererscheinungen nicht auseinanderhalten. Man denkt an das schreckliche Ende der englischen Königin Katherine Howard 1542, das sich in Hampton Court noch heute wiederholt, wie ich es von einer Zeugin 1968 erfuhr. Die Königin war gefangengenommen worden, nach einiger Zeit entkommen, um bei ihrem Gatten Heinrich VIII. um Gnade zu bitten; es war vergeblich, sie wurde wieder eingefangen. Ihre Schreie sollen an jedem Jahrestag zu hören sein, gelegentlich wird sie auch gesehen. Charles du Prel[37] spricht von einem »Monoideismus« von Geistern, die stur und meist unansprechbar nur ihrer eigenen, eingefressenen Gedankenwelt nachtrauern. Zwar handelt es sich dabei meist um trübsinnige Dinge, doch wird auch von einem bedeutenden Berliner Bildhauer berichtet, daß man noch einen oder zwei Tage nach seinem Tode 1964 Hämmern und Werken aus seinem Atelier in der Hochschule vernahm. Sagen und Spukgeschichten schreiben den Erscheinungen oft ein »Haften«, ein Bestehen auf Abmachungen, auf Schuld (nicht ausschließlich moralischer Art), auf Unerledigtem, auf Ritualen zu. So wird auch die Weiße Frau vielerorts mit einer Schuld in Verbindung gebracht, einer solchen, die an ihr begangen wurde oder die sie begangen hat. Und doch erscheint sie auch als Warnerin und Mahnerin, ja gelegentlich als Schutzgeist. Auch ein bekannter Wagnersänger berichtete 1983 von einer geheimnisvollen Frau auf seinem Schloß, die immer wieder unter spukartigen Nebenumständen erschien. Viele Menschen gewöhnen sich an den Spuk in ihrem Haus, leben mit ihm und geben ihm freundliche Spitznamen. Ich habe in meiner Arbeit über die Weiße Frau[11] die Frage aufgeworfen, ob sie nicht gar eine nur als Geist noch überlebende und so lange überlebensfähige Manifestation der alten Muttergottheit sei, wofür vieles zu sprechen scheint.

Eine weitere Möglichkeit besteht in dem Gedanken an feinstoffliche Elemente des Menschen, die sich selbständig machen. Auf dieser Basis mögen Lebende Spuk und Erscheinungen hervorrufen, verbunden mit einem »Austrittserlebnis«, einer »Seelenreise«. So berichtet Michael B. Sabom[38], der sich mit Erfahrungen in Todesnähe befaßt, von einem schwerverletzten Vietnam-Veteranen, der nach einer Explosion im Kriege 1969 ein autoskopisches Erlebnis hatte (also sich selbst leblos von oben am Boden liegen sah), daß ihm auch später solche Erlebnisse widerfuhren. Er liebte es, eine Nachbarin freundschaftlich damit aufzuziehen, daß er eines Tages mit ihr zusammen duschen werde. Tatsächlich machte er das auf einer seiner Seelenreisen wahr; und zwei Tage darauf sagte sie ihm, sie habe ihn bei sich gefühlt. Ähnliches mag auch dem norwegischen Vardögr-Phänomen zugrunde liegen

Auch heute noch wird in der Parapsychologie der Kampf zwischen Animisten und Spiritisten ausgefochten; während erstere paranormale Vorgänge an seelische Kräfte ausschließlich Lebender knüpfen und zuerst nach Erklärungen auf dieser Seite suchen, denken Spiritisten gerade bei Spuk gern an Einwirkungen von Geistern Verstorbener. Eine weitere Stufe ist dann der Glaube an die Aktivität von Geistern, Dämonen, Engeln, Teufeln, Göttern, obwohl auch deren Existenz gewiß ihre animistische Komponente hat. Methodisch ist es heute unerläßlich, soweit es eben geht, animistisch zu arbeiten. Wenn es möglich ist, den »Geist« eines Verstorbenen, der nie gelebt haben kann, synthetisch zu »erfinden« und sich mit ihm zu verständigen, wie es aus Kanada berichtet wird[39], dann bricht manche spiritistische Annahme zusammen. Dann werden viele Geister Verstorbener die kollektiven Fiktionen Lebender sein, kann theoretisch auch ein Spuk auf solchen gemeinsamen Leistungen beruhen (sie müssen ja nicht bewußt zustande kommen); dann ist es aber auch nicht auszuschließen, daß aus der Regensburger »Chopper«-Täuschung von 1982 sich tatsächlich eines Tages kraft Gruppendynamik und Gruppenseele ein echter Spuk hätte entwickeln *können*[40]. Eigenleben war schon genug da. Versuchen Medien, sich mit den angeblichen Geistern, die hinter allem stecken sollen, in Verbindung zu setzen, so besteht die Gefahr, daß sie Inhalte ihres eigenen Unterbewußten oder Erwartungen der Anwesenden in die Phänomene hineinprojizieren. Ein Exorzismus kann darüber hinaus allergrößten Schaden anrichten.

Nehmen wir nun Systemtheorie, Archetypus, Teilseele, Imprägnierung, Fiktion, Erzählungen, Erwartung zusammen, so ergibt sich ein Spektrum sehr verschiedener Möglichkeiten. Es widerspricht alles einander, sooft es sich ergänzt. Sollten Teilseelen oder Emotionen sich über den Tod hinaus erhalten können, wäre es ebenso ein Schlag für den Animismus, wie das kanadische »Philip«-Experiment einer für den Spiritismus ist. Eine Wissenschaft, die hier erklären will, muß sich selbst wandeln, muß Teil des Systems werden. Sie muß vielleicht auch mit Erkenntnis*stufen* rechnen, einer an Bewußtseinsvoraussetzungen gebundenen Erkenntnisfähigkeit. Da ist die seltsame Ähnlichkeit mit dem Schöpferischen. Und vom Yoga- und Zen-Training heißt es übereinstimmend, daß während bestimmter Phasen Spuk und andere paranormale Erscheinungen regelmäßig auftreten, die sich später verlieren und auch nicht beachtet werden sollen. Das bedeutet keine Leugnung, sondern ein Überwachsen[41]. Die Frage verliert an Interesse, so wie es kindliche Probleme und Streitereien für den Erwachsenen tun. Offensichtlich gibt es für Spuk keine einheitliche Formel. Die Einheit besteht eher in der Transformationsfähigkeit von Motiven und möglichen Erklärungen. Da geht Physisches in Psychisches, Psychisches in Physisches ein; besteht eine geheime Verwandtschaft von Fiktion und feinstofflichem Körper, wird Angst zum Kobold, lehrt das Narrenspiel die Weisheit. Mit am wichtigsten jedoch scheint mir zu sein, daß wir nicht unter allen Umständen Negatives und Destruktives zu sehen haben, sondern daß auch Tröstendes und Freundliches sich wie Spuk äußern kann.

Anmerkungen

1 An dieser Stelle mag man einwenden, es handle sich vielleicht um eine Schlafwandlerin, wie sie in Karikaturen dargestellt wird. Man kann aber auch umgekehrt fragen: Wie kommen Karikaturisten dazu, Schlafwandler mit ausgestreckten Armen zu zeichnen?

2 Siehe Anm. 8, darin: Hans Bender: *Neue Entwicklungen in der Spukforschung*, S. 377–385.

3 Bender berichtet ebenda dazu, daß er wie durch einen sinnvollen Zufall bei der Rückkehr aus Scherfede einen italienischen Artikel fand, in dem von ähnlichem Spuk 1972 auf Sardinien berichtet wurde. Während ich an diesem Artikel arbeite, lese ich im *Tagesspiegel* vom 13. September 1985 unter der Überschrift »›Pilgerort‹ in Lothringen« eine Notiz, nach der sich in Sierck-les-Bains bei Thionville an einer Hauswand ein nasser Fleck gebildet habe, der von Einheimischen als ein »Spiegelbild Jesu Christi« gedeutet werde.

4 *Erinnerungen, Träume, Gedanken von C. G. Jung.* Aufgezeichnet und herausgegeben von Aniela Jaffé. Zürich – Stuttgart 1963, S. 155 ff.

5 Ebd., S. 159.

6 Ebd., S. 370–373.

7 Fanny Moser: *Spuk in neuer Sicht*, in: Hans Bender (Hg.): *Parapsychologie: Entwicklung, Ergebnisse, Probleme.* Darmstadt 1966, S. 524–545.

[8] Fanny Moser: *Spuk. Ein Rätsel der Menschheit.* Mit Vorrede von Prof. C. G. Jung . . . hg. von Dipl.-Psych. E. Bauer. Olten – Freiburg 1977, S. 253–261.

[9] Lee B. Jennings: *Geister und Germanisten: Literarisch-parapsychologische Betrachtungen zum Fall Kerner-Mörike,* in: Eberhard Bauer (Hg.): *Psi und Psyche. Neue Forschungen zur Parapsychologie. Festschrift für Hans Bender.* Stuttgart 1974, S. 95–109.

[10] Aniela Jaffé: *Geistererscheinungen und Vorzeichen. Eine psychologische Deutung.* Olten – Freiburg ^{2}1978.

[11] Wilhelm Gauger: *Die Weiße Frau und der Kapuzenmann,* in: *Skarabaeus* III, 1984, 4, S. 55–67; IV, 1985, 5, S. 29–44.

[12] Frank Smyth: *Geister und Poltergeister.* Frankfurt – Berlin – Wien 1978; Peter Underwood: *A Gazetteer of British Ghosts.* London 1971; ders.: *Haunted London.* London 1973.

[13] Hans Bender: *Der Fall Bremen – Freiburg,* in: Fanny Moser: *Spuk. Ein Rätsel der Menschheit.* S. 358–360; Hans Bender und Johannes Mischo: *Das »Geständnis« des Heiner Scholz. Dokumentation zu einer Kontroverse um außergewöhnliche Vorgänge in Bremen-Vahr und Freiburg im Breisgau 1965/66,* in: *Zeitschrift für Parapsychologie und Grenzgebiete der Psychologie* XII, 1970, S. 10–25.

[14] William G. Roll: *The Poltergeist.* London 1972; ders.: *Kann man den Poltergeist mit dem Bandmaß fangen?* in: Lee B. Jennings: *Geister und Germanisten: Literarisch-parapsychologische Betrachtungen zum Fall Kerner-Mörike,* S. 169–186. Mit dem deutschen Wort »Poltergeist« meint man besonders in angelsächsischen Ländern eine Spukform, die sich vor allem durch Lärm und manchmal wie intelligent gesteuerte Belästigungen äußert. Sie dauert zwischen einigen Tagen oder Monaten, gelegentlich auch länger. Die Agenten sind meist weiblich. Im deutschen wissenschaftlichen Sprachgebrauch wird unter Spuk meistens ein Poltergeistphänomen verstanden.

[15] Aniela Jaffé: *Geistererscheinungen und Vorzeichen. Eine psychologische Deutung,* S. 193 ff.; mit Bezug auf T. Wereide: *Doppelgängererscheinungen in Norwegen,* in: *Neue Wissenschaft* VI, 10, Oktober 1946.

[16] Hans Bender: *Die Gleichförmigkeit von »Spuk«-Mustern,* in: *Zeitschrift für Parapsychologie und Grenzgebiete der Psychologie* XXI, 1979, 3/4, S. 133–139.

[17] Ebd., S. 134.

[18] Ebd.

[19] Douglas R. Hofstadter: *Gödel, Escher, Bach: ein Endloses Geflochtenes Band.* Stuttgart 1985, S. 739.

[20] Wilhelm Gauger: *Das Lückenphänomen,* in: *»Y«. Paranormale Welt, Wirklichkeit und Literatur.* Berlin 1980, S. 59–94.

[21] Ilya Prigogine; Isabelle Stengers: *Dialog mit der Natur. Neue Wege naturwissenschaftlichen Denkens.* München – Zürich 1981.

[22] Walter von Lucadou: *Der flüchtige Spuk*, in: *Zeitschrift für Parapsychologie und Grenzgebiete der Psychologie* XXIV, 1982, 1/2, S. 93–109.

[23] Ebd., S. 104.

[24] Hans Bender: *Spuk als wissenschaftliche Grenzfrage (Rosenheim)*, in: *Verborgene Wirklichkeit. Parapsychologie und Grenzgebiete der Psychologie*, hg. von Dipl.-Psych. Eberhard Bauer. Olten – Freiburg [2]1973, S. 45–52, 49.

[25] Fanny Moser: *Spuk. Ein Rätsel der Menschheit.* S. 253–261.

[26] Bruno Grabinski: *Spuk und Geistererscheinungen.* Graz – Wien – Altötting [4]1953.

[27] Gretha von Jeinsen: *Silhouetten. Eigenwillige Betrachtungen.* Pfullingen 1955, S. 198.

[28] Maxine Hong Kingston: *The Woman Warrior. Memoirs of a Girlhood Among Ghosts.* New York 1976; Harmondsworth 1977, S. 61 ff.

[29] Ebd., S. 73.

[30] Charles Bukowski: *Women.* Santa Barbara 1979, S. 45 f.

[31] A. R. G. Owen: *Can We Explain the Poltergeist?* New York 1964.

[32] Ebd., S. 313.

[33] Vgl. Wilhelm Gauger: *»A miracle of rare device« – Zur Frage der Selbstorganisation von Kunstwerken*, in: *Zeitschrift für Parapsychologie und Grenzgebiete der Psychologie* XXV, 1983, 1/2, S. 67–90; während der Arbeit wurde mir zugänglich: Lee B. Jennings: *The Anatomy of Spuk in two Tales of E. T. A. Hoffmann*, in: *Colloquia Germanica* XVII, 1984, 1/2, S. 60–78.

[34] Siehe Anm. 16, S. 137.

[35] Marie-Louise von Franz: *Zahl und Zeit.* Stuttgart 1970, S. 248.

[36] Andrew MacKenzie: *Apparitions and Ghosts.* London 1971.

[37] Charles du Prel: *Der Spiritismus.* Leipzig o. J.

[38] Michael B. Sabom: *Recollections of Death. A Medical Investigation.* London 1982, S. 169. Unter »Austrittserlebnissen« versteht man die vielfach berichteten Erfahrungen, daß jemand, vor allem im Schlaf oder bei Schocks, feststellt, daß er sich über oder neben seinem Körper aufhält, sich selbst von außen betrachtet, auch sich bewegen kann. Nach einer Fülle von Berichten ereignet sich Ähnliches auch vielfach an der Grenze zum Tode.

[39] Iris M. Owen, Margaret Sparrow: *Eine Gruppe erzeugt Philip. Das Abenteuer einer kollektiven Geisterbeschwörung. Die psychische Macht der Masse.* Mit einer Einführung von A. R. G. Owen. Freiburg 1979. Die Experimentatoren erfanden einen Geist, den eines englischen Landadeligen des 17. Jahrhunderts, dachten sich eine kitschige Biographie dazu aus, achteten bei alledem auf Unwahrscheinlichkeit im Ganzen wie im Detail, so daß ein solcher Geist trotz aller historischen Placierung nie hätte als Mensch gelebt haben können. Nach einigen Fehlschlägen gelang es tatsäch-

lich, sich mit diesem unwahrscheinlichen Wesen auf dem Wege des Tischrückens in Verbindung zu setzen. Es beantwortete Fragen durch Klopfzeichen, die aber nicht selten die Meinungen Anwesender bestätigten und anders lauten konnten, wenn bestimmte Personen der Runde fehlten.

40 Mehrere Monate lang wurden 1981/82 in einer Zahnarztpraxis bei Regensburg aus Waschbecken, dem Telefon, Steckdosen und Kloschüsseln Beleidigungen und Beschimpfungen von Patienten und Zahnarzt gehört, ohne daß man wußte, wie dies zustande kam. Der Fall beschäftigte die ganze Presse; der »Geist« wurde »Chopper« genannt. Später stellte sich heraus, daß alles vom Zahnarzt selbst und einer Helferin »getrickst« war, wobei man sich zuletzt von dem Spiel nicht mehr trennen konnte. Es war zu aufwendigen Untersuchungen auch durch Behörden gekommen und führte zu Gerichtsverfahren.

41 Günter Schüttler: *Die Erleuchtung im Zen-Buddhismus. Gespräche mit Zen-Meistern und psychopathologische Analyse.* Freiburg 1974.

Literatur

Barrett, W. F.: *Poltergeists, Old and New,* in: *Proceedings of the Society für Psychical Research* XV, 1911, S. 377–412.

Bender, Hans: *Moderne Spukforschung – ein Plädoyer für eine vorurteilsfreie Forschung,* in: John Beloff (Hg.): *Neue Wege der Parapsychologie.* Olten – Freiburg 1980, S. 175–199.

–: *Spuk – Täuschungen und Tatsachen,* in: Eberhard Bauer, Walter von Lucadou (Hg.): *Psi – was verbirgt sich dahinter?* Freiburg 1984.

–: *Spuk im Elsaß,* in: *Zeitschrift für Parapsychologie und Grenzgebiete der Psychologie* XXVI, 1984, 1/2/3/4, S. 65–80.

Bjerre, P.: *Spökerier.* Stockholm 1974.

Bonin, Werner F.: *Lexikon der Parapsychologie und ihrer Grenzgebiete.* Bern – München 1976.

Bozzano, Ernesto: *Die Spukphänomene.* Bamberg 1930.

Carrington, Hereward, und Nandor Fodor: *The Story of the Poltergeist Down the Centuries.* London 1953.

Flammarion, Camille: *Les maisons hantées.* Paris 1923.

Fodor, Nandor: *On the Trail of the Poltergeist.* London 1959.

Gauld, A., und A. D. Cornell: *Poltergeists.* London 1979.

Gehrts, Heino: *Das Mädchen von Orlach. Erlebnisse einer Besessenen.* Kassel 1966.

Helwig, Werner: *Spuk im Fürstentum Liechtenstein,* in: *Zeitschrift für Parapsychologie und Grenzgebiete der Psychologie* XXVI, 1984, 1/2/3/4, S. 81–88.

Hyslop, J. H.: *A Case of Poltergeist,* in: *Proceedings of the American Society for Psychical Research* VII, 14, 1913.

Karger, F., und G. Zicha: *Physikalische Untersuchung des Spukfalls in Rosenheim 1967,* in: *Zeitschrift für Parapsychologie und Grenzgebiete der Psychologie* XI, 1968, S. 113–131.

Kemmerich, Max: *Gespenster und Spuk.* Ludwigshafen 1921.

Mischo, Johannes: *Zur Persönlichkeitsstruktur psychokinetischer Medien,* in: *Zeitschrift für Parapsychologie und Grenzgebiete der Psychologie* XII, 1970, S. 10–25.

Playfair, Guy Lyon: *This House is Haunted. The Investigation of the Enfield Poltergeist.* London 1980, 1981.

Robbins, Rossell Hope: *The Encyclopedia of Witchcraft and Demonology.* New York 1959, 1972.

Rogo, D. Scott: *The Poltergeist Experience.* Harmondsworth 1979.

Roll, W. G.: *Der Poltergeist.* Freiburg 1976.

Sexauer, Hans: *Zur Phänomenologie und Psychologie des Spuks,* in: *Zeitschrift für Parapsychologie und Grenzgebiete der Psychologie* II, 1958/9, S. 104–126.

Taboas, M. A., und C. S. Alvarado: *Poltergeist Agents: A Review of Recent Research Trends and Conceptualizations,* in: *European Journal of Parapsychology* IV, 1981, S. 99–110.

Thurston, H.: *Poltergeister.* Luzern 1955.

Tizané, E.: *Sur la piste de l'homme inconnu.* Paris 1951.

Volmar, F. A.: *Berner Spuk und Mysteriöses aus dem Wallis.* Bern 1969.

Winterstein, Alfred: *Zur Psychoanalyse des Spuks,* in: *Neue Wissenschaft* XIV, 1966, 1/2, S. 37–49.

Wolman, B. B. (ed.): *Handbook of Parapsychology.* New York 1977.

Adolf Holl

Wassermannzeit!

Nach den Berechnungen von Arnold Graf Keyserling, Lehrbeauftragter an der Hochschule für Angewandte Kunst in Wien, hat die Wassermannzeit im Jahr 1962 begonnen und soll bis zum Jahr 4120 dauern. Die Umwälzungen, die sie bringen wird, werden laut Keyserling gewaltiger sein als alle Revolutionen der bekannten Geschichte.

Das ist auch die Auffassung des Physikers Fritjof Capra, dessen Buch »Wendezeit« ein Bestseller wurde. Ein weiterer Experte für Zeitalterkunde, Ken Wilber, sieht die Menschheit sogar an der Schwelle einer Weisheitskultur, die das Ich in überpersönliche Bereiche katapultieren wird.

Daß irgend etwas im Kommen war, konnte man bereits 1968 ahnen, dem Jahr des Höhepunkts der studentischen Unruhen. Damals wurde in den USA die Doktorarbeit eines gewissen Carlos Castaneda zum Millionenseller. Die Dissertation beschrieb die Begegnung des Autors mit einem alten Indianer, der ihn in den Gebrauch bestimmter Drogen einführte und ihm dadurch das Tor zu ungewöhnlichen Erlebniswelten aufstieß.

Das junge Publikum, das sich für Castaneda begeisterte, rauchte Marihuana, las die Bücher von Alan Watts über Zen-Buddhismus, lauschte der Musik von John Cage, demonstrierte gegen den Krieg in Vietnam und hielt das politische System der Vereinigten Staaten für ziemlich schwachsinnig. Im Jahr 1974, als »Zen und die Kunst, ein Motorrad zu warten« von Robert M. Pirsig erschien und Präsident Nixon zurücktreten mußte, kam auch den Dümmsten der Gedanke, daß es höchste Zeit für ein neues Zeitalter sei.

Die Pfarrer waren damals nicht zu beneiden. Wenn sie vom New Age nicht ganz an den Rand gedrängt werden wollten, mußten sie wohl oder übel ein paar Yogakurse besuchen, das tibetanische Totenbuch lesen und über Vollwertkost Bescheid wissen. Meditation, Esoterik und Biodynamik waren im neuen Zeitalter unentbehrlich. Nützlich waren Zitate aus den Schriften von C. G. Jung und Hermann Hesse. Weil die Pfarrer außerdem auch noch Konfirmationsunterricht erteilen und eine Sonntagspredigt vorbereiten mußten, war das neue Zeitalter für sie eher anstrengend.

Der Herbst 1985 brachte dem neuen Zeitalter einen Rückschlag. Mitte September verschwand eine gewisse Ma Anand Sheela, die Generalbevollmächtigte des indischen Lehrers Bhagwan Shree Rajneesh, gemeinsam mit einem Dutzend Führungskräften aus dem Hauptquartier der Bhagwaniten im US-Bundesstaat Oregon und leitete damit das Ende einer Religionsgemeinschaft ein, die eine halbe Million Anhänger gezählt hatte. Bhagwan mußte für ein Weilchen sogar ins Gefängnis, löste seinen Glaubensverein auf und pflegt seither seine Gesundheit.

Bhagwans Lehre, die einen Hauch von Dada in die ernsthafte Welt der Religion gebracht hatte, vermittelte das Feeling des New Age ganz hervorragend. Lebe im Hier und im Jetzt, lernten die Jüngerinnen und Jünger des Erleuchteten, streife dein Ich, dein Gewissen, deinen Verstand ab wie deine Schuhe vor dem Betreten der Meditationshalle.

Als es damit vorbei war, hatte auch der Enthusiasmus für das neue Zeitalter einen Knacks bekommen. Vielleicht war es ein wenig vorlaut gewesen, die Ankunft des Wassermanns in die Welt hinauszutrompeten. Vielleicht war das alte Zeitalter, das der Fische, noch nicht endgültig vorüber. Das Zeitalter der Fische, die letzten 2 000 Jahre, war bekanntlich vom Christentum bestimmt. Die Pfarrer atmeten ein wenig auf.

Aber so leicht unterzukriegen ist das Wassermanngefühl auch wiederum nicht. Die Industriebevölkerungen, in denen es gedeiht, ängstigen sich immer noch vor der Zerstörung der Erde durch die Errungenschaften der Technik, inklusive Atomwaffen. Immer noch wird die Fernsehkultur für viele zu einer Falle der Langeweile, aus der sie in neue Welten der Selbsterfahrung flüchten. Der spirituelle Markt, auf dem das Wassermannvolk einkauft, ist noch lange nicht gesättigt. Gefragt sind Schamanen mit einem Psychologiedoktorat und möglichst schnelle und billige Erleuchtungen.

Ein Stündchen heftiges Atmen zum Beispiel, Hyperventilation sagt man dazu, und schon gibt es transpersonale Erlebnisse, gibt es den Einstieg in frühere Inkarnationen. Das verspricht etwa der Universitätslehrer und Nervenarzt Stanislav Grof, einer der Trendsetter des New Age.

Angesichts der Vielfalt an Seelenarzneien, Geheimlehren und Übungen der Wassermannzeit wirkt die Kritik an ihr, ob von links kommend oder von rechts, aus aufgeklärtem Denken oder getragen von christlichem Ernst, irgendwie schwerfällig, vollbärtig, altmodisch, kopflastig. Die Wassermänner und -frauen möchten ihr Bewußtsein erweitern, auch ihr körperliches, während die belehrenden Stimmen unverdrossen ein Wissen verbreiten, das nur aus Büchern schöpft.

Wer gegen ozeanische Gefühle und ähnliche Entgrenzungsempfindungen Vorbehalte hat, wird in der Wassermannzeit wahrscheinlich auf dem trockenen sitzen.

1. Das Verschwinden der Fische

Eine bescheidene Selbstentgrenzung erlebte ich vor mehreren Jahren in der romanischen Kirche des Städtchens Innichen (Osttirol). Nach dem Schilaufen hatte ich am späten Nachmittag mit meiner Gesellschaft einen Bummel gemacht und war dabei in dem mächtigen Gotteshaus des Ortes gelandet. Da saß ich nun und blickte nach vorn, wo ein rotes Lichtlein die göttliche Gegenwart verkündete. Ich dachte an die Menschen, die mir am nächsten stehen, und dabei hatte ich allmählich das Gefühl, ich würde nach vorn und gleichzeitig leicht aufwärts gezogen. Meine Lieben waren jetzt in der gesamten Menschheitsfamilie aufgegangen, und die Zuversicht stellte sich ein, daß wir alle miteinander in guter Hut seien. So war das damals in Innichen.

Die Kirche von Innichen gehört ins Zeitalter der Fische. Ob man das astrologisch meint oder geschichtslogisch, ist in diesem Zusammenhang eher belanglos. Man denkt dabei an die letzten 2 000 Jahre, an das römische Imperium, an die deutschen Kaiser, an Christoph Columbus, an die Französische Revolution, an Hitler, mit dem Gefühl, etwas ginge zu Ende.

In der Kirche von Innichen hängt auch ein gotischer Christus, ein gekreuzigter. Der war, überall in Europa, lange Zeit hindurch die wichtigste Ikone, wie die Buddhafigur in Asien. Im Zeitalter der Fische hatten die Herrgottschnitzer genug Arbeit. Die zahllosen Kruzifixe erinnerten die Menschen an den Ernst der Religion. Im Fischezeitalter verstanden die Obrigkeiten in Glaubensangelegenheiten keinen Spaß.

Unter Kaiser Augustus ebenso wie unter Karl dem Großen, Elizabeth I. und Philipp II. unterschieden die Behörden zwischen erlaubter und unerlaubter Religion. Die unerlaubte Religion wurde Aberglaube oder Ketzerei genannt, ihre Ausübung unter Strafe gestellt. Besonders beliebt war die Verbrennung von Ketzern und Hexen bei lebendigem Leibe. Bevor der Scheiterhaufen angezündet wurde, hielten die Pfarrer den Verurteilten ein Kruzifix vor die Nase, um ihnen noch im letzten Moment die Gelegenheit zur Reue zu geben. Wenn ein Delinquent Reue zeigte, freuten sich die Pfarrer. Der Scheiterhaufen wurde trotzdem angezündet.

Die sprachliche Herkunft des Wortes »Aberglaube« ist unklar. Es genügt jedoch vollkommen, das »Aber« darin zu beachten, um den verächtlichen Beigeschmack, der dem Aberglauben anhaftet, vergessen zu können. Der verächtliche Beigeschmack ist das Ergebnis der behördlichen Religionspolitik, die alle ihr unerwünschten Frömmigkeitsformen mit Fleiß denunzierte, von dem Glauben an die Sterne bis zu den Regeln des Umgangs mit den Toten. Es ist denkbar, daß »Aberglaube« im Volksmund ursprünglich einen Widerstand gegen den obrigkeitlich verordneten Glauben ausdrückte, ein »Aber« gegen das Taufwasser, mit dem alle alten Götter weggespült werden sollten. Als das Fischezeitalter noch neu war, frisch und brutal, da stürmten eifrige Bischöfe an der Spitze ihres gläubigen Mobs in die Tempel des Heidentums. Deren Schatzkammern wurden geplündert, die heiligen Statuen zerschlagen, die Priester verprügelt. Zuletzt legten die Christen Feuer ins Dachgebälk der verhaßten Andachtsstätten ihrer Väter. Christliche Missionare wanderten bis in die entferntesten Gegenden des römischen Imperiums und machten den Stammesfürsten klar, was jetzt modern war, nämlich die Taufe der Bevölkerung. Letztere murrte gelegentlich gegen die Schnödigkeit des oktroyierten Glaubenswechsels, woraufhin der Missionar zur Axt griff und den nächsten heiligen Baum fällte.

Die jahrtausendealten Andachten, Sitten und Vorstellungswelten der mediterranen, germanischen und slawischen Völker ließen sich jedoch nicht so schnell beseitigen wie Tempel und Haine. Unter der Oberfläche des christlichen Bekenntnisses blieb das Unvordenkliche recht lebendig, unverwüstlich noch in entstelltester Gestalt. Gewußt wurde weiterhin, welche Geste gegen den bösen Blick half, in welcher Nacht die jungen Mädchen nackt um den Acker laufen mußten. Wahrsagekunst und Schadenzauber, Kräuterkunde und Warzenbesprechung blieben in Übung, offen oder heimlich, entsprechend dem Grad der Wachsamkeit seitens der Glaubenswächter.

Schärfer noch als das abergläubische Festhalten an bewährten Orientierungen waren die Vorbehalte der Gebildeten gegen den offiziellen Katechismus. An der Universität von Paris wurde bereits im 13. Jahrhundert gelehrt, daß die Theologie auf Fabeln beruhe, daß die Auferstehung des Fleisches der Vernunft widerspreche, daß die christliche Religion ein Hindernis für die Wissenschaft sei. Ärzte, Juristen, Bankiers, adelige Damen, Handwerksmeister, Literaten und Komponisten machten sich ihre eigenen Gedanken über Gott und die Welt, kritisierten Kaiser und Papst, sagten ein vielstimmiges Aber zum amtlichen Glauben.

Manchmal wurde der verordnete Glaube ganzen Bevölkerungen zu dumm, im katharischen Südfrankreich etwa oder im hussitischen Böhmen, was prompt zu militärischen Strafzügen führte. Als dann im letzten Viertel des Fischezeitalters halb Europa dem Papst Adieu sagte, verwandelte sich die erlaubte Religion eines Landes in die unerlaubte eines anderen, sobald man die Grenze überschritt. Die Absurdität dieser Situation wurde von den helleren Köpfen erkannt, und das Aber gegen den Glauben erklang immer kecker. Die Behörden sahen sich schließlich veranlaßt, die allgemeine Schulpflicht einzuführen, und bald lernte jedes Kind, daß die Welt nicht in sechs Tagen erschaffen worden war.

Für die Juden war das Fischezeitalter eine böse und lange Ewigkeit, deren Finale in die Gaskammern und die Verbrennungsöfen der Nazis führte. Mit der Proklamation des Judenstaates im Jahr 1948 fingen die Juden genau dort wiederum an, wo sie am Beginn des Fischezeitalters hatten aufhören müssen, mit einem Leben im eigenen Land. An einer Verlängerung des Fischezeitalters können die Juden nicht das geringste Interesse haben.

Tatsächlich war der Widerstand der Juden gegen den herrschenden Glauben des Fischezeitalters am beharrlichsten, wahrscheinlich schon deshalb, weil Jesus, den die Christen zum Gott gemacht hatten, Jude gewesen war. Daß sich ein paar meschuggene Juden wie Paulus dazu hinreißen ließen, einen jüdischen Volksprediger nach seinem gewaltsamen Tod an die Seite und damit an die Stelle Gottes zu setzen, mußte dem jüdischen Denken und Trachten ein Rätsel bleiben, und der Erfolg, den das Christentum hatte, erst recht.

Die jüdische Respektlosigkeit gegenüber dem morbiden Pomp einer Klagereligion, die dem Gekreuzigten in die brechenden Augen starrte, sprang nach ein paar Jahrhunderten auf einzelne Christen über. Um das Jahr 1000 lief ein Bauer mit Namen Leuthard aus der Champagne eines Tages in die nächste Kirche, riß ein Kruzifix aus seiner Verankerung und trat es mit Füßen.

Leuthard blieb nicht allein. Sein Widerwille gegen die Verehrung eines Sterbenden pflanzte sich fort, die Bischöfe mußten immer häufiger gegen die Schändung von Kruzifixen einschreiten.

Als die neue Ketzerei bereits ins Volk gedrungen war, hatte der kalabresische Abt Joachim von Fiori an einem Pfingstsonntag die Erleuchtung seines Lebens. Er erkannte, daß die Geschichte der Menschheit sieben Zeitalter durcheilen muß, deren letztes in Bälde beginnen sollte. Joachim nannte es »drittes Reich«, weil es die Herrschaften Gottvaters und seines Sohnes ablösen sollte.

Joachim war ein Experte für Zeitalterforschung. Er starb im Jahr 1202, und bald danach verurteilte ein Konzil seine Lehren. Das dritte Reich Joachims kam ohne Taufe und Abendmahl aus, die Priesterschaft wurde entbehrlich, ebenso der Krieg und das herkömmliche Familienleben. Joachim sah die Menschheit an der Schwelle einer friedlichen und freundlichen Zeit, unter dem Protektorat des Heiligen Geistes, der dritten göttlichen Person, dem zugesagten Tröster des Johannesevangeliums.

Joachim war der erste Zeitalterkundige, der für die neue Epoche einen festen Termin ausrechnete, nämlich das Jahr 1260.

Leider verstrich das Jahr 1260 ohne nennenswerte Vorkommnisse. Vielleicht hatte sich Joachim verrechnet, und das Jahr 1789 wäre der richtige Zeitpunkt gewesen, das Jahr der Revolution im Zeichen von Freiheit, Gleichheit, Brüderlichkeit.

Aber die Soldaten Napoleons, die in Rußland am Erfrieren waren, dachten mit Sicherheit nicht an ein neues Zeitalter. Auch die Soldaten Hitlers hatten andere Dinge im Kopf als das Dritte Reich, von dem die Nazis gerne redeten.

Im Jahr 1945 explodierten dann die ersten Atombomben, und damit begann tatsächlich ein neuer Abschnitt in der Geschichte der Menschheit. Die Zeit der Fische war abgelaufen.

In der Wassermannszene kommen deshalb die alten Strömungen gegen die Herrschaft der Fische recht munter an die Oberfläche, kunterbunt durcheinander: das Aber der Juden gegen den gekreuzigten Gott, das Aber der Gnostiker gegen die Schöpfung, das Aber der Bauern gegen die Abschaffung der Bräuche, das Aber der Mystiker gegen das Dogma. Was lange verpönt war, kommt wieder in Mode, von der Alchemie bis zur Magie, von der Astrologie bis zur Kabbala.

Gesucht werden keltische Kultplätze und die Tanzböden der Hexen, betrieben wird Geomantie und Kräuterheilkunde, erzählt werden Mythen, praktiziert wird Wahrsagekunst, geglaubt wird an Seelenwanderung und Wiedergeburt. Die sanfte Verschwörung im Zeitalter des Wassermanns – so der Titel eines einschlägigen Buches von Marilyn Ferguson – ist im vollen Gange. Gegen die Atomwaffen hat sie bislang noch kein Zaubermittel gefunden.

2. *Weniger Sauerstoff*

Am deutlichsten verkörpert sich die Bewußtseinsveränderung der letzten 25 Jahre in der Meditationsbewegung. In allen größeren Städten des Westens findet das Wassermannvolk ein reiches Angebot an Versenkungsübungen. Sie kommen zumeist aus Asien. Ihre gemeinsamen Merkmale hat der deutsche Soziologe Max Weber (gest. 1920) recht artig beschrieben: Erstens sind sie asozial im Sinn von ungesellig, weil der Meditierende die Beziehungen zu anderen Menschen unterbricht. Zweitens sind sie apolitisch, weil ihr Ziel im Nicht-Handeln liegt. Drittens machen sie apathisch, weil es in ihnen darum geht, von der Welt der Sinne und Leidenschaften loszukommen.

Was für indische Yogis und buddhistische Mönche gilt, muß allerdings nicht für heutige Sympathisanten der sanften Verschwörung des Wassermanns zutreffen. Gelegentlich bereiten sie sich durch eine kleine Meditationsübung auf den nächsten Protestmarsch gegen den Bau eines Kernkraftwerks vor.

Die größte internationale Bewegung auf dem Gebiet des Stillwerdens heißt »Transzendentale Meditation«, abgekürzt TM, und verfügt über Hunderte Filialen in den USA und Europa. Ein Einführungskurs ist bereits um 150 Dollar zu haben. Jeder TM-Adept bekommt ein sogenanntes Mantra zum persönlichen Gebrauch gesagt, das ist eine Lautkombination, die meist mit einem Nasal endigt, zum Beispiel »krim«. Durch oftmalige Wiederholung des Mantras in stillen Stunden gelangt man in einen Zustand tiefer Ruhe, sagen die TM-Lehrer. Sie haben herausgefunden, daß der Sauerstoffverbrauch während der TM um 16 Prozent geringer ist als im gewöhnlichen Wachbewußtsein.

Die Mantren sind gleichsam das Grundkapital des Gründers und Meisters der TM, Maharischi Mahesch Yogi, dessen genaues Alter geheimgehalten wird. Er stammt aus Zentralindien und lebte von 1940 bis 1953 mit seinem Lehrer Guru Dev, von dem er seinen speziellen Weg zum inneren Frieden lernte.

Das Rohmaterial der TM kann sich jedermann im nächsten Universitätsinstitut für Indologie beschaffen. Dort findet der wißbegierige lange Listen von Mantren. Sie stammen aus einer indischen Heilsbewegung des 6. nachchristlichen Jahrhunderts, dem sogenannten Tantrismus, in welchem das Murmeln bestimmter Silben während der Meditation eine wichtige Rolle spielt. Eine der gängigsten Formeln ist die Verbindung der Silbe »om« mit dem Dativ eines Götternamens. Wegen der großen Zahl der vorhandenen Götternamen lassen sich die Mantren beliebig variieren, und im Lauf der Zeit entstand ein Schatz wirksamer Mantren, der zunächst mündlich, später auch schriftlich weitergegeben wurde. Umgangssprachlich sind die Mantren längst bedeutungslos geworden, sie passen in kein indisches Idiom. Aus ihnen wählt und mischt der Experte jene Lautkombinationen, die seiner Erfahrung nach das Hinübergleiten in den Zustand der ruhevollen Entspannung erleichtern.

Die TM-Bewegung ist also eine modernisierte und vereinfachte Form des Mantra-Yoga. Daß die Mantren gut funktionieren, wird auch von kritischen Fachleuten nicht bestritten. Etliche hunderttausend Menschen begeben sich derzeit zweimal täglich für 20 Minuten in den sauerstoffarmen Zustand, als Anhänger der TM-Methode. Wenn alle Welt dies täte, meint Meister Maharischi, brauchten wir keine Angst vor dem Atomkrieg mehr zu haben.

Außerdem würde die Menschheit bei konsequenter Anwendung von TM weniger Sauerstoff verbrauchen, was sicherlich gut für die Luft wäre.

Der schlichteste Einstieg in ruhevolle Entspannungszustände wurde von dem deutschen Nervenarzt Johannes Heinrich Schultz (gest. 1970) ersonnen. Das »autogene Training«, das er entwickelte, entstand aus den Erkenntnissen der Hypnoseforschung. Viele Patienten von Schultz berichteten übereinstimmend, daß ihre erste Beobachtung an sich selbst während des Beginns der Hypnose ein Gefühl der Schwere und danach der Wärme in ihrem Schreibarm gewesen sei. Der entscheidende Einfall von Schultz bestand in dem Versuch, seine Patienten dazu zu bringen, sich selbst zum Schwere- und Wärmegefühl in ihren Extremitäten zu überreden. Im Jahr 1926 sprach Schultz erstmals öffentlich über seine neue Methode, vor der deutschen »Medizinischen Gesellschaft«. Er kritisierte die »Verhirnung« des westlichen Menschen und empfahl seine Übungen als einen Weg zur Wiederentdeckung des Körpers und der in ihm schlummernden Kräfte.

Heute kann jedermann mit der Hilfe einer Tonbandkassette autogen trainieren. In entspannter Haltung, im Sitzen oder Liegen, suggeriert er sich, daß sein Arm schwer wie Blei werde, daß er (oder sie) ganz ruhig sei. In späteren Übungen fügt er die Wärmeformel hinzu, bezieht dann den anderen Arm in die Entspannung ein und gelangt schließlich zum Herzen, indem er sich sagt, das Herz schlägt ruhig und kräftig. Nach zwanzig halbstündigen Übungen sind die Anfangsschwierigkeiten meist überwunden, das Gefühl wohliger Schlaffheit breitet sich von Armen und Beinen über Bauchregion und Brust bis zum Kopf aus, der Mensch entspannt sich in zehn Minuten vollkommen.

Unter Umständen bessern sich seine Herzbeschwerden, oder er ist ein Spitzensportler und braucht die Entkrampfung, oder er hat eine Neurose, oder er ist ein überarbeiteter Manager mit Herzbeschwerden und einer Neurose, der Sport betreibt, oder sie wurde von ihrem Mann verlassen, oder sie ist eine Primaballerina und zu nervös gewesen, hat einen Drogenentzug hinter sich, sucht den Sinn des Lebens, will sich selbst finden, langweilt sich an den Wochenenden. Ohne Grund nimmt niemand ein autogenes Training auf sich.

Wenn die Arbeitslosenraten weiterhin steigen, wird wahrscheinlich auch die Zahl der Kurse für autogenes Training zunehmen, damit die Freigesetzten beiderlei Geschlechts sich wenigstens ruhevoll entspannen lernen.

Autogenes Training und Transzendentale Meditation werden seit einiger Zeit von der einschlägigen Forschung dem weiten Feld der »veränderten Wachbewußtseinszustände« (altered states of consciousness) zugezählt, für die sich in der ersten Hälfte unseres Jahrhunderts fast nur die Psychiater interessierten. Ausgehend vom Seelenleben eines Bankbeamten als der Norm für zivilisiertes Verhalten, stuften sie alles, was davon abwich, als mehr oder weniger verrückt ein, die Verzückungen der Mystiker inbegriffen.

Aber die Wassermannzeit ging auch an den Bankbeamten nicht ganz spurlos vorbei. Die Labordroge LSD wurde in den sechziger Jahren von vielen netten jungen Leuten ausprobiert, und was sie dabei erlebten, war weitaus interessanter – und gefährlicher – als das herkömmliche Räuschlein.

Die Behörden reagierten darauf ähnlich nervös wie gegen Kaffee und Tabak im 17. Jahrhundert, mit strafrechtlichen Drogengesetzen. Daß man auch ohne pharmakologische Mittel das Bewußtsein verändern kann, war der Polizei gleichgültig. Die netten jungen Leute vergaßen daher das LSD und befreundeten sich mit Derwischekstasen und Schamanentrancen.

Inzwischen weiß man, daß alle veränderten Bewußtseinszustände, so verschieden im übrigen die Weisen des Zugangs zu ihnen sein mögen, ähnliche Erlebnisqualitäten vermitteln. Die Gefühle werden intensiver, Zeit und Raum werden anders wahrgenommen als im Alltagsbewußtsein, neue Körperempfindungen wie zum Beispiel Flugerlebnisse treten auf, das Auge sieht Gestalten einer anderen Wirklichkeit, Ich neigt zur Verschmelzung mit Nicht-Ich.
Kulturenvergleichende Studien haben gezeigt, daß in nahezu allen bekannten Gesellschaften der Menschheit ein Tor zur höheren Welt der veränderten Bewußtseinszustände offengehalten wurde, mit und ohne Unterstützung durch halluzinogene Substanzen. Letztere sind in über hundert Pflanzenarten enthalten, und ihre Verwendung ist wahrscheinlich so alt wie Pfeil und Bogen.
Als Prototyp aller Versenkung/Verzückung erscheint in der Kulturgeschichte eine Gestalt, die den ältesten Beruf verkörpert, kundig im Umgang mit den Kräften der Natur, den Krankheiten, den Verstorbenen. Sie läßt sich als Zauberin, Hexe und weise Frau ebenso antreffen wie als Medizinmann oder Schamane, und zwar bereits in jener Lebensform, die den Menschen eine Million Jahre hindurch genügt hat, der des Sammelns und Jagens. Viele Anzeichen sprechen dafür, daß unsere Vorfahren bereits in der Eiszeit ihre heiligen Männer und Frauen hatten, die im Trancezustand mit den Geistern der Toten redeten, in die Wipfel der Bäume flogen, auf dem Regenbogen ritten oder sich in eine Krähe verwandelten.
Sehr alt jedenfalls ist das Wissen, daß bestimmte Körperpositionen den Eintritt in außergewöhnliche Bewußtseinszustände begünstigen. In Indien beispielsweise hat man Statuetten von Männchen in der Yoga-Haltung ausgegraben, die vor 5 000 Jahren geformt wurden. Wenn man bedenkt, daß der Yoga-Sitz auch unter afrikanischen Wahrsagern beliebt ist, kann man sich eine ungefähre Vorstellung von seinem ursprünglichen Zweck machen.
Heute fährt man im eigenen Wagen zum Yogakurs.
Das erstaunliche Interesse an bewußtseinsverändernden Übungen in den Industriegesellschaften der Gegenwart ist keine flüchtige Mode. Seit einem Vierteljahrhundert, ausgehend von den USA, formiert sich in der Meditationsbewegung eine Gegenkultur, eine Alternative zur Arbeitsethik der letzten zweihundert Jahre. Seelische Territorien, die längst verlassen schienen, werden von neuem betreten und erforscht, ohne Armbanduhr und Terminkalender, von Hausfrauen und Programmierern, Buchhändlern und Chefsekretärinnen. Die erste Wirklichkeit, diejenige ihres industriellen Alltags, genügt diesen Zeitgenossen offenbar nicht; sie suchen eine zweite, buntere Welt.
Wer vom vielfältigen Angebot der Meditationstrainer verwirrt ist, kann sich den Zugang zur zweiten Wirklichkeit auf eine sehr billige Weise verschaffen. Eine Woche in einem möglichst stillen Feriendorf in den Bergen, bei Null-

diät, mit wenig Schlaf und ausgedehnten Spaziergängen ist der einfachste Trip in das Land der redenden Tiere, der silbernen Blumen, der vibrierenden Steine. Sollte ein Geist erscheinen, in welcher Gestalt immer, wird man vorsichtig bleiben. Geister sind selten klüger als der Briefträger.

3. Blaue Wunder, Verwandlung der Wirklichkeit

Die »Nora« von Henrik Ibsen, gedichtet vor hundert Jahren, sagt am Ende des Stückes, ehe der Vorhang fällt: Ich suche das Wunderbare! Nora sucht immer noch. Zur Zeit ihrer Geburt, beim Lärm der Dampfhämmer, klang ihr Wunsch noch recht schüchtern. Wie sollte er sich auch gegen alle die männlichen Errungenschaften durchsetzen, die auf Schienen dahinfuhren, Straßen beleuchteten, Epidemien besiegten, Feinde töteten, Wohnungen heizten. Als das Zeichen des Wassermanns am Ideenhimmel erschien, nach zwei schlimmen Weltkriegen, hatte Nora endgültig die Nase voll, als Hausfrau und Kanonenfutterproduzentin. Ihre Stimme gewann an Entschiedenheit. Die Frauen begannen munter zu werden, zuerst in den USA, später auch anderswo. Ohne sie gäbe es keine »sanfte Verschwörung« und kein Wassermannvolk. Die »Transformation«, von der sie sprechen, ist keine harte Parole; in ihr meldet sich die Sehnsucht alter Wundergeschichten nach einer glückhaften Verwandlung der Wirklichkeit.
Die Wunderseligkeit der Wassermannzeit nährt sich von Lesestoffen, in denen Vokabeln wie »ungewöhnlich«, »schwer faßbar«, »eigenartig«, »seltsam«, »geheimnisvoll«, »rätselhaft«, »unerklärlich« wie Lichtreklamen aufleuchten – blau gefärbte. Mehr und mehr Buchhandlungen richten Abteilungen für »Esoterik« ein, mit Hunderten von Büchern über Mystisches und Mythisches, Magisches und Metaphysisches, Merkwürdiges und Märchenhaftes. Wie schön dann, an einem regnerischen Sonntagnachmittag im Spätherbst einem uralten Tibetaner zu begegnen, bei einer Tasse sorgsam gebrauten Tees und glimmenden Räucherstäbchen, während man langsam Seite um Seite eines Bändchens über bislang geheimgehaltene Überlieferungen aus Lhasa und Umgebung liest. Ein Meister, sagt der Meister mit unergründlichem Lächeln, kann lediglich das Tor aufstoßen; was dahinter liegt, muß der Schüler schon selber sehen.
So spricht der erste Archetyp aus Wassermanns Wunderwelt, der Alte Weise ist es, wie Carl Gustav Jung (gest. 1961) ihn geschildert hat, und er macht ein Bürofräulein zur Pilgerin ins Übersinnliche, zur Erleuchteten vielleicht, wenn sie geduldig weiterliest. Er erscheint ihr als Kabbalist, Hopipriester, Rosenkreuzer. Raunt alte Weisheitslehren kunterbunt durcheinander, malt Druden-

füße auf den Boden. Womit er lockt, das ist allemal die Verwandlung der stumpfen und dumpfen Alltagsperson in eine Hüterin höheren Wissens. Das Wunderbare solcher Metamorphose wird von vielen spirituellen Autoritäten hervorgehoben, christlichen und buddhistischen, sie lehren das Warten auf jenen Augenblick, in dem alles anders wird.

Der zweite Archetyp kommt aus dem All, ist ein Sternenwesen und Weltraumgeschöpf, geschlechtslos und hyperintelligent. Die Spuren, die er während seiner Besuche auf Erden hinterlassen hat, sind in den Büchern Erich von Dänikens ausführlich beschrieben. Andere Literaturen handeln von den fliegenden Untertassen, komplett mit dokumentarischen Fotos in Schwarzweiß und Farbe, unter Berufung auf höchste militärische Stellen und die seltsamen Begebenheiten im sogenannten Bermuda-Dreieck. Daß draußen im Weltall vernunftbegabte Verwandte existieren könnten, haben Astrophysiker (wie Carl Sagan) nicht ausschließen mögen, und damit auch nicht die Begegnungen »wunderbarer Art«, die im Kino zum Massenerfolg wurden.

Der dritte Archetyp der imaginären Lesewelt ist nur noch körperlose Stimme aus einem Medium während der spiritistischen Sitzung, flutende Aura um nächtliche Erscheinungen, fortwirkender Fluch ums Grab des Pharaonen. Die Kräfte aus dem Lande der Toten erinnern von fern ans Menschliche, dem sie verbunden bleiben, sind aber so wesenlos wie die Berührung im dunklen Gang, den der Gast im Schloß ganz allein betrat. Im Wirkungsbereich der Jenseitigen ist das Wunderbare ein wenig unheimlich geworden und gewinnt eben daraus seinen aparten Reiz.

Alle Archetypen sind Oldies. Sie traten in den Gralsromanen des Mittelalters auf und in den Erzählungen von E. T. A. Hoffmann. Der phantastische Raum, den sie bevölkern, ist so alt wie die erzählende Literatur, und die gab es bereits zur Zeit Christi. Der Dauererfolg der Gestalten aus dem kollektiven Unbewußten kommt aus ihrem Geschick, den gewöhnlichen Lauf der Dinge vorübergehend zu durchkreuzen. Ob es ein Engel ist, der ins Kämmerlein der Jungfrau Maria tritt, oder ein Außerirdischer, der im Garten hinterm Reihenhaus landet, immer unterbricht der überraschende Besuch die Routine des Alltags. Als Zwerg oder Klopfgeist, Gespenst oder Schwarzmagier düpiert der Vertreter der zweiten Wirklichkeit den gesunden Menschenverstand, glückbringend, bedrohlich, mitunter auch schelmisch, und genau darin liegt die Pointe aller Nachrichten aus der Wunderwelt.

Im New Age ist das Wunderbare wissenschaftlich gestylt. Der Schamane mit Psychologiedoktorat gibt den Ton an, auch der Physikprofessor mit einer Schwäche für das Tao. Allemal muß, bei der Beschäftigung mit dem Außerirdischen oder Unterirdischen, ein wissenschaftlicher Kommentar mitgeliefert werden, aus der Astronomie oder Tiefenpsychologie.

Das geht deshalb ganz gut, weil manche Gemächer des heutigen wissenschaftlichen Gebäudes recht spärlich beleuchtet sind. Ein ziemlich dunkles Kapitel zum Beispiel ist die Wahrscheinlichkeitstheorie, deren Axiome für viele Disziplinen unentbehrlich geworden sind, von der Biochemie bis zur Ökonometrik. Sie beruhen auf einem Grundvorgang, von dem sich jedermann auf einfache Weise selbst überzeugen kann. Man werfe ein paar tausend Mal eine Münze und notiere die Anzahl der Kopf- und Zahlwürfe. Das Ergebnis wird nahezu ausgeglichen sein. Warum das so ist, weiß derzeit kein Mensch exakt zu sagen. Die »Wurzeln des Zufalls«, wie es Arthur Koestler formuliert hat, sind unerforscht.

Für derlei Rätselfragen haben die Transporteure der Wörter, die mit Trans, Meta, Extra, Para, Ultra, Praeter, Supra anfangen, ein feines Organ. Sie benützen die leiseste Verlegenheit der offiziellen Wissensverwalter, um dem Wunderbaren auf die Sprünge zu helfen, sei es in der Gestalt philippinischer Geistheiler oder unter Berufung auf die schwarzen Löcher im All.

Der wissenschaftliche Jargon, in dem auch die absonderlichsten Geschichten erzählt werden, wie eine Reportage aus dem Jenseits, im kühlen Ton des unbeteiligten Beobachters, ist nicht nur Frisur und Kostüm des Irrationalen. Die Pflicht zur Genauigkeit bestimmt den etablierten Gelehrten und den Liebhaber des Okkulten; sie begründet zwischen beiden eine diskrete Verwandtschaft, die sich in der Sprache niederschlägt, deren sich das New Age befleißigt. Das Irrationale kommt ebenso rechthaberisch daher wie die Wissenschaft. Es ist lediglich unverläßlicher.

In San Francisco, wo das Wassermanngefühl geboren wurde, fand Ende Januar 1974 ein besonderer Jahrmarkt statt, ein Mix aus Festival und Messe unter dem Motto der Bewußtseinserweiterung, Eintritt fünf Dollar. Die Besucher bekamen zunächst ein Flugblatt in die Hand gedrückt, das eine Welt der Wunder ankündigte: »Aikido, Kirliansche Fotografie, Pflanzenkunde, Psychosynthese, Holografie, Biorhythmus, liturgischer Gesang, Massage, Polaritätstherapie, Gestalttherapie, Traumkunde, Biofeedback, Mantras, Mandalas, Bioenergetik, Astrologie, Yoga, Tai Chi usw.« Auf der Hauptbühne spielten Bands wie »Cosmic Beam« und »Amazing Grace«, zu essen gab es ungeschälten Reis und Kräutertee. An die hundert Gurus, Therapeuten, Psychohelfer, Bewußtseinsforscher und Bewegungskünstler redeten auf das zwischen den Ständen herumschlendernde Publikum ein, verteilten Prospekte über Elektro-Akupunktur, Lernmaschinen für außersinnliche Wahrnehmung, Tarot. Es gab Seminare für intensive Gruppenerfahrungen »voller Vertrauen, Liebe, Sinnlichkeit, Zorn usw.«

Tausende kamen. Sie waren, schrieb ein Beobachter, wie Kinder im Zirkuszelt, voller Naivität und Wunderglauben. Warum soll man ihnen vorhalten,

daß sie mittlerweile älter geworden sind, skeptischer, angepaßter? Der Zirkus zieht fröhlich weiter, die Schausteller reisen von Land zu Land, zu Seminaren, Workshops, Symposien. Die Menschen, die von ihnen lernen wollen und ihre Bücher lesen, sind für den Militärdienst unbrauchbar, sie tanzen lieber in einer Vollmondnacht auf einer Waldlichtung Reigen.
Wenn sie außerdem, und auch das geschieht ab und zu, mit der Polizei zu tun bekommen, wegen Beteiligung an einer verbotenen Demonstration für die Indianer oder gegen die Apartheid, dann können sie ganz schnell ihre blauen Wunder erleben, ohne Esoterik. Die Grenzen des Glaubens an die Verwandelbarkeit der Wirklichkeit werden auch in demokratischen Ländern recht bald spürbar, sobald Nora ihr Puppenheim verläßt.

4. Wünsch dir was

Im deutschsprachigen Raum verkündete 1978 ein Büchlein unter dem Titel »Vulkantänze« den intellektuellen Schwenk in die Wassermannzeit. Herbert Röttgen, einer der beiden Verfasser, war damals ein linker Verleger in München, seit 1967. Er und sein Verlag sind immer noch da, mit einem Programm zwischen Mythos, Mystik und Metapolitik. Links ist das Programm schon lange nicht mehr.
Ebenfalls im Jahr 1978 erschien die »Traumzeit« von Hans Peter Duerr, einem jungen Ethnologen und Philosophen. Das Buch, eher Essay als Abhandlung, versehen mit einem wissenschaftlichen Apparat von beträchtlichem Umfang, diskutierte konzentriert und originell die Flüge der Hexen und ähnliche Formen des Außersichseins. Nach einem Jahr waren 20 000 Stück »Traumzeit« verkauft, und die Diskussion über die Beziehungen zwischen Wissenschaft und Irrationalität setzte viele Schreibmaschinen in Bewegung. Es gab insgesamt an die 170 Rezensionen der »Traumzeit«, was einem mittleren Erdbeben im Geistesleben entsprach. Duerr erhielt eine Postkarte von Carlos Castaneda und fuhr zum Sonnentanz der Cheyenne in Oklahoma, wo ihm ein Adler erschien. Er hat die Erscheinung nie interpretiert, was ihn von den Wellenreitern des New Age wohltuend unterscheidet.
Im Herbst 1982 schrieb mir ein Buchhändler des linken, alternativen Spektrums aus Dortmund, »daß die Trennung zwischen unserer Politik und unserem (fast geheim) zunehmenden Interesse an Mystik (welcher auch immer) schmerzhaft ist und wir sie überwinden wollen«. Kürzer läßt sich das Problem nicht ausdrücken.
Es ist, theoretisch jedenfalls, bislang unlösbar geblieben, und in der (europäi-

schen) Praxis gibt es nur wenige Beispiele von politisch sich einmischenden Mystikern und Mystikerinnen aus lang vergangenen Tagen.

Was das Wassermannvolk antreibt, ist die Revolte der Wünsche gegen den Drill und den Drall der Industrie, gegen die Öde ihrer Unterhaltungsmaschinen. Die Wünsche sind unbeirrbar. Sie fliegen nach Tibet und flattern im Wind wie Gebetsfahnen. Sie schlagen auf Gongs in uralten Tempeln. Sie brennen wie Kerzen vor Gnadenaltären. Sie irren durch Labyrinthe, fasten in Wüsten, reden mit wilden Tieren. Sie tanzen im Urwald und versinken im Meer, suchen Erleuchtung, zittern vor Geistern, knien vor Erscheinungen. Die Wünsche können nicht irren. Sie werden vom Zwergenvolk in den Berg eingeladen und köstlich bewirtet, zum Abschied beschenkt mit einem Sack voll goldenen Gerätes und faustgroßer Edelsteine. Wenn sie wieder ans Tageslicht kommen, sind sie hundert Jahre älter geworden, und aus dem Sack mit den Kostbarkeiten kriechen Kröten und Schlangen. Der kleine Schabernack macht den Wünschen überhaupt nichts aus, sie sind Kummer gewöhnt. Sie stecken die Nase in den Wind, sie heben die Flügel. Bis zum Jahr 4120 ist noch eine Menge Zeit.

Literatur

Capra, Fritjof: *Wendezeit.* Scherz Verlag 1983.

Castaneda, Carlos: *Die Lehren des Don Juan.* Fischer Taschenbuch Band 1457.

Duerr, Hans Peter: *Traumzeit.* Suhrkamp Edition Band 1345.

Ferguson, Marilyn: *Die sanfte Verschwörung. Persönliche und gesellschaftliche Transformation im Zeitalter des Wassermanns.* Knaur Taschenbuch Band 4123.

Grof, Stanislav: *Geburt, Tod und Transzendenz.* Kösel Verlag 1985.

Keyserling, Arnold: *Kriterien der Wassermannzeit,* in: *Die Rückkehr des Imaginären.* Trikont-Dianus Verlag 1981.

Koestler, Arthur: *Die Wurzeln des Zufalls.* Scherz Verlag 1972.

Pirsig, Robert M.: *Zen und die Kunst, ein Motorrad zu warten.* Fischer Taschenbuch Band 2020.

Röttgen, Herbert, und Florian Rabe: *Vulkantänze.* Trikont Verlag 1978.

Watts, Alan: *Die Illusion des Ich.* Kösel Verlag 1980.

Wilber, Ken: *Halbzeit der Evolution.* Scherz Verlag 1984.

Felicitas D. Goodman

Der Hauch im Spiegel

Geschichten von der anderen Wirklichkeit

Ich bin Verhaltenswissenschaftlerin, und zwar Kulturanthropologin. Seit 1968, also seit etlichen Jahren, bemühe ich mich darum, das Wesen der Ekstasis, des religiösen Ausnahmezustandes, zu erforschen. Meine Monographie über das Zungensprechen als ein Erlebnis in der Ekstasis ist über die Grenzen der Vereinigten Staaten hinaus bekannt geworden und dient heute in Kursen über Linguistik und der vergleichenden Religionspsychologie vielerorts als Textbuch[1]. Ich habe außerdem auch ein Buch über die Besessenheit geschrieben[2] und ein gelehrtes über das Religiöse im Kulturvergleich[3]. Im Laboratorium, jener Hochburg der »exakten« Wissenschaft, bin ich auch keine Unbekannte. Mit den Geräten im Phonetiklabor habe ich Lautmuster von verschiedenen Ausnahmezuständen untersucht, und ich weiß, wie anders die Nadel auf- und absteigt, wenn jemand in der Ekstasis spricht, als wenn er hypnotisiert wird, und wie das Muster aussieht, wenn zwei Menschen im Liebesakt stöhnen. Mit Medizinern zusammen habe ich 1982 in München erforscht, wie sich in der Ekstasis der Herzschlag, die Hirnströme und die Zusammensetzung des Blutes verändern. Das heißt also, daß ich versucht habe, Fragen über die religiöse Trance zu beantworten, von denen wir als im Westen ausgebildete und diesseits orientierte Wissenschaftler annehmen, daß sie berechtigt seien und zu aufschlußreichen neuen Erkenntnissen führen können. Es verlief auch alles recht befriedigend, und die Ergebnisse sind wohlgeborgen in der Fachliteratur aufgehoben. Aber dann geschah etwas Unvorhergesehenes.

Die Sache fing ganz unverfänglich und durchaus wissenschaftlich an. Meine Studenten wollten auch gerne einmal die religiöse Trance erleben, so wie ich sie in verschiedenen sogenannten Pfingstgemeinden beobachtet hatte. Da ich sie ja nicht zu irgendeiner Sekte bekehren wollte, arbeiteten wir eine Methode aus, die es ihnen möglich machen sollte, so etwas auch tatsächlich nachzuvollziehen, ohne daß sie dabei, wie das in den Pfingstgemeinden geglaubt wird, nun etwas mit dem Heiligen Geist zu tun bekamen. Das heißt, unsere Methode machte es ihnen möglich, die heiße Anregung der Verzückung zu erleben, das weiße Licht und anderes mehr zu sehen und das herrliche Wohl-

befinden nachher zu empfinden. Leider aber hatte jeder ein anderes Erlebnis, der eine dies, der andere das. Das kannte ich auch bei den Pfingstlern. Obgleich sie stets von der Gegenwart des Heiligen Geistes sprachen, konnten sie sich nicht darüber einig werden, in welcher Weise sie ihn erlebten. Mal kam er in der Besessenheit, dann wieder nur in der Ergriffenheit. Dem einen berieselte er die Schultern, dem anderen trat er durch den Magen ein, oder er stieg am Rückgrat hoch. Er schien ein recht inkonsequenter Geselle zu sein, wenig geeignet als Partner in einer wissenschaftlichen Untersuchung.
Um etwas sauberer arbeiten zu können, kam ich schließlich auf den Gedanken, meine Studenten dazu anzuleiten, bei den Ekstaseübungen bestimmte Körperhaltungen einzunehmen. In den Pfingstgemeinden, die ich kannte, gab es keine vorgeschriebene Haltung bei dem Gebet, das in die Verzückung führt. Einige hoben beide Arme, andere nur einen. Manche standen, andere knieten, hielten sich gerade oder lehnten sich vorwärts und taten die Hände auf den Boden. Um nicht wahllos beliebige Körperhaltungen auszuprobieren, wählte ich für unsere Tranceversuche solche, die in der Völkerkunde aus Holzschnitzereien, Tonfiguren, Zeichnungen und dergleichen bekannt sind und die bei verschiedenen nichtchristlichen religiösen Ritualen eingenommen werden. Und als nun meine Versuchsteilnehmer die Verzückung in solchen Haltungen erlebten, geschah etwas ganz Überraschendes und Geheimnisvolles. So, als hätten wir einen Zauberschlüssel gefunden, sprang plötzlich, und ohne daß irgendeiner von uns das erwartet hätte, die Tür zur anderen Wirklichkeit auf[4].
Was hat es nun auf sich mit der sogenannten anderen Wirklichkeit? Manche Leute verfallen in den Irrtum zu meinen, das sei der Himmel. Früher rechnete man auch noch die Hölle dazu, aber die ist heutzutage unmodern geworden. Doch es ist sogar fraglich, ob der Himmel überhaupt zu der anderen Wirklichkeit gehört, von der hier die Rede ist. So muß man eine ganze Reihe von schwierigen Bedingungen erfüllen, bevor man überhaupt in den Himmel hineingelassen wird. Vor allem muß man vorher sterben. Dadurch wird natürlich verhindert, daß man schon bei Lebzeiten davon Berichte schreibt. Man kann also nicht wissen, ob es da wirklich nur langweilige, auf Harfen klimpernde Engel gibt, weil man nämlich keine Augenzeugenberichte zu lesen bekommt. Die andere Wirklichkeit jedenfalls, in die meine Versuchsteilnehmer hineingeraten waren, ist nicht dem Himmel gleichzusetzen. Wie die Pygmäen im afrikanischen Urwald sagen, befindet sich die andere Wirklichkeit mit der gewöhnlichen am gleichen Ort, und ihre Ereignisse laufen auch zur gleichen Zeit ab. Sie ist der gewöhnlichen artverwandt, sie überschneidet sich mit ihr, aber sie ist gleichzeitig auch ganz anders, eine Welt des Zaubers und des Wunders, das Land, wo die Märchen auf den Bäumen wachsen und wo trotzdem alles wahr ist.

Nach den wenigen Nachrichten, die über den Himmel unter die Leute gekommen sind, scheint es zum Beispiel, daß es im Himmel kaum Tiere gibt, abgesehen vielleicht vom Heiligen Geist, der allerdings kaum unter die Tiere gezählt wird, auch wenn er in manchen Kirchen als Taube am Dachgewölbe gemalt ist. Das gleiche gilt von allem anderen, was da kreucht und fleucht, sowie auch von Pflanzen, Steinen, Flüssen und Meeren. Nichts, gar nichts davon soll es da oben geben gemäß der einzigen Autorität, die darüber von gewissen Leuten angeführt wird, nämlich der Bibel. Es muß ein ziemlich öder Platz sein.

Meine Teilnehmer jedoch lernten eine Welt kennen, wo sie etwa bei Fahrten in die Unterwelt nicht nur Feen und Zauberern, Zwergen mit langen Bärten und Indianern begegneten, sondern vor allem auch Tieren oder, besser gesagt, Geistern, die es vorziehen, sich in Tiergestalt zu kleiden. Da gab es Vögel, die sie mitnahmen in wildem Flug, Wildschweine, die sie säugten, oder sogar den heilkundigen Bären, der ihnen wohlmeinend den Kopf abriß, den sie dann irgendwo auf wunderliche Weise wieder erhielten. Sie schlossen Freundschaft mit Löwen, Spinnen und Rehen, und gelegentlich wurde es ihnen sogar erlaubt, so ein Tiergewand selbst anzuprobieren.

Ich sagte mit Vorbedacht, daß sich diese herrliche Welt, in der es lauter gleichgestellte Wesenheiten gibt und wo sich niemand etwas darauf einbilden kann, daß er aufrecht geht und eine Nase mitten im Gesicht hat, meinen Teilnehmern öffnete. Was mich anbelangt, so blieb ich lange Zeit als sachlich beobachtende Wissenschaftlerin in einigem Abstand vor der Wundertür stehen. Ich verschanzte mich hinter meinem Notizbuch und meinem Tonbandgerät und hütete mich, über die Schwelle zu treten. Es sollte eben alles wissenschaftlich bleiben. Bis dann ein Tiergeist sich auch meiner erbarmte und die Sache mit der Grille geschah. Das ist jetzt gerade sieben Jahre her.

1. Die Geschichte vom Grillengeistlein

Es war an einem heißen, sonnendurchtränkten Tag, wie die meisten Sommertage in der Wüste von Neumexiko, wo ich ein Landgut habe. Neumexiko ist recht verschieden von den übrigen Staaten der USA, nicht nur weil es dort so trocken ist, sondern auch, weil die indianischen Ureinwohner nicht vertrieben wurden und zum Teil heute noch in ihrem altangestammten Gebiet wohnen. Das ist sicher der Grund, warum die Landschaft dort eine ganz eigene vergeistigte Atmosphäre hat, die man auch dann spürt, wenn man nicht gerade Religionspsychologie zum Fach hat. Wie vielerorts in Neumexiko gibt es auch auf meinem rauhen und zerklüfteten Land Stellen, wo man ein Ge-

fühl hat wie in einem deutschen Wald: Wenn ich jetzt hier weitergehe und immer tiefer in das Gehölz hinein, dann komme ich sicher zum Hexenhaus. Kurz vor der Begegnung, die ich hier erzählen will, war es mir so gegangen. Ich war fast wie im Traum über einen Geröllhügel gelockt worden, immer weiter zwischen den Zwergtannen und Wacholderbüschen hindurch, und stand plötzlich vor einem Heiligtum, einem geheimnisvollen Muster von offenen Kreisen, das die »alten Leute« der Indianer hier vor einem Jahrtausend oder mehr als Treffpunkt für die Geister im Wüstensand geschaffen hatten. An diesem Tag nun hatte ich gerade von einem sehr lieben Menschen Abschied genommen. Es war mir bitter weh zumute, und das Herz war mir schwer und wurde immer schwerer, wie ich so langsam den Weg von der Pforte zum Haus zurückging. Ich trat ein, setzte mich verloren auf die Bank beim Tisch und ließ den Tränen freien Lauf.
Plötzlich erklang vom Gebälk der niederen Decke her ein silbernes Geläut wie von einer kleinen Glocke. Es war so volltönend, daß ich zuerst ganz unlogisch meinte, es müsse sich ein Vogel ins Haus verirrt haben, obgleich ich keinen Vogel kannte, der so ein Lied hatte. Ich wischte die Tränen ab, schaute umher, suchte überall, konnte aber nicht entdecken, wo das helle Läuten wohl herkam, das immer stärker wurde, so daß der Ton das ganze kleine Haus erfüllte. Das ist ja gar kein Vogel, dachte ich dann, das ist eine Grille! Aber so laut? Und dann sagte ich, einer plötzlichen Eingebung folgend: »Du, kleine Grille, es ist schon gut, ich bin ja gar nicht mehr traurig, und hab vielen Dank auch!« In dem Augenblick verstummte das silberne Läuten. Ich lauschte noch eine Weile, aber es hob nicht wieder an.
Mir war, als befände ich mich plötzlich in einer Kugel. Sie war durchsichtig, aber trennte mich doch von dem, was mich umgab. Ich ging aus dem Haus, aber es war nicht das Gehen wie sonst immer, eher ein leichtes Schweben, so als hätte ich etwas von meiner natürlichen Schwere eingebüßt. Und alles um mich herum war ganz still. Wie von ungefähr zog es mich hin zu dem alten Heiligtum mit seinen verwitterten Steinen. Ich setzte mich eine Weile davor und ließ mich durchwehen von dem Wüstenwind. Die Kugel hatte sich inzwischen sachte aufgelöst, obgleich ich gerne noch etwas in ihr verweilt wäre. Und als ich aufstand und mich zum Gehen wandte, lag plötzlich auf der Erde vor mir eine braune, flauschige Feder von der Art, von der die Indianer sagen, sie bringe den Segen der Geister.
Wegen der Feder, und es geschah auch noch einiges mehr, kam ich dann zu dem Schluß, die Grille sei eben nicht eigentlich eine Grille gewesen, sondern ein Bote der anderen Wirklichkeit, der mir so merkwürdig geläutet hatte, nicht nur, um mir Trost zu spenden, sondern auch damit ich begriff, daß ich mich nicht länger drücken durfte um den Eintritt in jene andere Welt. Ich

habe die Lehre beherzigt, und in den Jahren seither bin auch ich ein häufiger Gast in der jenseitigen Dimension geworden[5]. Sogar ein Krafttier hat sich mir als Helfer und Beschützer zugesellt. Aber von dem Mächtigen soll hier nicht die Rede sein. Die Grille – oder sollte ich lieber sagen, die Geistergrille oder besser noch, das Grillengeistlein – ist mir weiterhin treu geblieben, und hier und da, wenn ich niedergeschlagen und allein bin, läutet es mir zur Aufmunterung und zur Hilfe.
Einmal hat es sich dabei allerdings schwer überanstrengt. Meine Freunde, denen ich davon erzählt habe, kennen das Erlebnis als

2. *Die Geschichte von der heiseren Grille*

Dies trug sich im Januar 1985 zu, als ich zur Feldforschung bei einer Gemeinde der Pfingstlersekte in Yukatan (Mexiko) war. Man hatte mich eingeladen, eine Brüdergemeinde am andern Ende des weitläufigen Dorfes von Mayaindianern zu besuchen, die sich gerade einen neuen Tempel gebaut hatte. »Der Prediger mag es aber nicht, wenn sich jemand Notizen macht beim Gottesdienst«, wurde ich gewarnt. »Das sei Gott ungefällig.« Also ließ ich seufzend mein Heft daheim.
Das kleine, aus Stäben und Lehm aufgeführte Gotteshaus, das noch keine Fenster und Türen hatte, füllte sich bald bis auf den letzten Platz. Die meisten Leute, die kamen, kannten mich, bin ich doch ein seit vielen Jahren regelmäßig wiederkehrender Gast. Es war schon dunkel draußen, aber die tropische Hitze hatte noch nicht nachgelassen, und ich fühlte, wie mir der Schweiß unter dem weiten yukatekischen Baumwollkleid langsam den Rücken runterlief. Von draußen umlagerte das eintönige Surren der Tropeninsekten das Gebäude wie eine lastende Wolke. Ich wurde immer müder, und um nicht einzunicken, was natürlich alle in dem beschränkten Raum gleich gesehen hätten, fing ich an, mich auf dem unbequemen, schmalen Klappstuhl mal so und dann wieder etwas anders hinzusetzen, was allerdings wenig half. Ich klammerte mich an den Gedanken, daß nach den langen Gebeten und schleppenden Liedern ja bald die Predigt kommen würde, und vielleicht hatte der Prediger, den ich noch nicht kannte, etwas Interessantes zu sagen, das für meine Arbeit von Wert sein könnte.
Da wurde ich allerdings enttäuscht. Der Mann hatte nicht eine Spur von Genie und zitierte nur endlos die Bibel, und zwar immer wieder das Alte Testament, zu dem ich überdies kein sehr nahes Verhältnis habe, bis sich mir die Sinne zu verwirren drohten bei der ihm anscheinend lebenswichtigen Frage, wie viele Söhne Abraham wohl gehabt habe. Ich war so gelangweilt, daß es

mir in allen Gliedern weh tat. Mein Notizbuch, das mir sonst Hilfe bietet in solchen Lagen, weil ja niemand lesen kann, daß ich mich schriftlich in der frechsten Weise über langweilige Prediger lustig mache, lag meilenweit entfernt und unerreichbar in der Handtasche. Eine Stunde war schon vergangen, und noch war der Prediger zu keinem Schluß gekommen über die Söhne Abrahams. Ich wußte, wenn ich nicht bald Hilfe bekam, würde ich, um der Langeweile zu entkommen, einschlafen und womöglich vom Stuhl rutschen und damit mich und meine lieben Freunde, die mich mitgebracht hatten, unsterblich blamieren.

Es wäre natürlich eine nette Geschichte, wenn ich nun erzählen könnte, ich hätte in meiner Not meine Grille angerufen. So war es aber nicht. Das kam mir gar nicht in den Sinn, denn mein Grillengeistlein lebt doch in Neumexiko, Tausende von Meilen von Yukatan entfernt. Mit dem Mut der Verzweiflung und in der Hoffnung, dabei nicht vom Stuhl zu fallen, zog ich mich statt dessen in mich selbst zurück, wie die Schnecke ins Gehäuse, und machte eine jener Gedankenübungen, mit denen man sich, wenn man etwas Erfahrung hat, in eine leichte Verzückung wiegen kann. Es gelang mir auch. Ich spürte die Hitze nicht mehr, der Prediger war weit weg, und es schien mir, als sei ich daheim im Schatten einer Zwergtanne. Und dann fing plötzlich mein Grillengeistlein zu läuten an. Es läutete so laut, daß ich von den Söhnen Abrahams aber auch nicht eine Silbe mehr zu hören brauchte. Es schien links vom Prediger draußen unter der Fensteröffnung versteckt zu sitzen, und ich entsinne mich, daß ich mich wunderte, daß nicht alle dorthin schauten, weil es doch so laut und begeistert läutete. Der Prediger war mittlerweile von Abraham abgekommen und auf das beliebte Thema vom Ende der Welt übergegangen. Ich hatte ein Bruchteil davon mitbekommen, weil er in seiner Begeisterung über das Herannahen des Tausendjährigen Reiches so laut geworden war. Endlich ging ihm der Atem aus. Man merkte, er kam zum Ende. Und mein Grillengeistlein, das so tapfer und so lange draußen geläutet hatte, um mich zu beleben und zu stärken, war auch am Ende seiner Kraft! Sein Läuten setzte aus, dann versuchte es die Sache noch einmal, aber es war heiser geworden! Es brachte nur noch ein leicht versilbertes Krächzen hervor, dann verstummte es. Von draußen tönte nichts mehr herein als das gleichmäßige Gezirpe der Grashüpfer.

Nun soll man aber nicht meinen, daß in der anderen Wirklichkeit alles immer nur zart und freundlich hergeht. Es gibt da zwar keine bösen Geister, keinen Satan und dergleichen Gelichter, aber was dort lebt und webt, ist von wirkungsvollen Kraftfeldern umgeben, und wenn man unversehens in so ein Feld hineingerät, ohne die Spielregeln zu kennen, muß man unter Umständen ein peinliches Lehrgeld zahlen. So ging es mir, als ich einmal den Ameisen Steine wegnahm. Damit hat es folgende Bewandtnis.

3. Die Geschichte von den verstimmten Ameisen

Ich hatte auf meinem Land in Neumexiko einen Kurs abgehalten, und die Teilnehmer wollten sich Kürbisrasseln von der Art kaufen, wie ich sie bei dem Hervorrufen der Trance benutze. In einem vor allem für Touristen eingerichteten Laden fanden sie auch sehr schöne Rasseln, aber als wir sie daheim noch einmal ausprobierten, klangen sie flach und tonlos. Ich hatte den Verdacht, daß das an den Steinchen lag, mit denen sie versehen worden waren. Soll so eine Rassel gut klingen, darf sie nur Kieselchen von einem Ameisenhaufen enthalten. Sie geben der Rassel einen reinen, heiligen Ton, weil die Unterwelt, aus der die Ameisen sie holen, nicht von der Tätigkeit der Menschen verunreinigt ist. Wir machten die Rasseln auf, und meine Vermutung bestätigte sich. Sie enthielten krümeliges Geröll, Sand und sogar Zementbröckchen. Den Touristen, die die Rasseln nur als Reiseandenken mitnehmen, macht das weiter nichts aus. Aber für uns waren sie in dieser Form ungeeignet. Ich ging also zu einem großen Ameisenhaufen beim Haus und holte einen Becher voll Ameisensteinchen. Wir suchten die schönsten aus, zählten sie ab und füllten sie in die Kürbisse, und die so beseelten Rasseln klangen sofort hell und rein.

In der darauffolgenden Nacht wachte ich auf, weil mir die Hände ganz fürchterlich brannten und juckten. Ich kratzte sie, bis sie bluteten, aber es nützte nichts. Ich kühlte sie, so gut es ging, an dem Metallgestänge meines Feldbettes, aber viel geschlafen habe ich in dieser Nacht nicht. Ich dachte an eine Nervenentzündung. Wenn es nicht besser wurde, mußte ich wohl zum Arzt. Am Tag spürte ich allerdings nichts, und von den blutigen Stellen an den Händen war merkwürdigerweise nichts zu sehen. In der folgenden Nacht war die Qual noch schlimmer. Da fiel mir plötzlich ein, daß ich den Ameisen in rohester Weise, ohne Bitte und ohne Dankeschön, die Steinchen einfach gestohlen hatte. Die Ameisen gelten als mächtiges Geistervolk, vielleicht hatten sie mir das übelgenommen. Am nächsten Tag nahm ich also die übriggebliebenen Kiesel und eine Handvoll Maismehl, das die Geister mögen, und ging zu dem Ameisenhaufen, wo die Arbeiter gerade das Ausschlupfloch zugemacht hatten, weil ein Regen drohte. Ich entschuldigte mich höflich, bedankte mich für ihr Geschenk, gab die ungebrauchten Steinchen wieder zurück und spendete das Mehl, das ich mit meinem Hauch gesegnet hatte. Und siehe da, die Sache war erledigt: meine Hände haben nicht wieder gejuckt.

Wenn mit diesen Geschichten der Eindruck erweckt wird, daß die andere Wirklichkeit von der gewöhnlichen anscheinend gar nicht von einer säuberlichen Scheidewand getrennt sei, wie sich das doch eigentlich so gehöre, dann ist das ganz richtig. Die irrtümliche Vorstellung von einer dicken, oben mit

Stacheldraht abgesicherten Mauer zwischen den beiden Bereichen ist wohl von denen verbreitet worden, die aus unerfindlichen Gründen eben nicht wollen, daß unsereins einfach so hinüberwechselt, als sei das unser gutes Recht. Manchmal kann man sich da allerdings ein wenig verirren, weil es eben gar zu absonderlich ist, daß man mal hüben sein kann und dann wieder drüben. So ist es mir einmal in einem Museum ergangen.

4. Das Geschenk im Museum

Die School of American Research, ein Forschungsinstitut in Santa Fe, hatte mich um einen Vortrag gebeten. Im Anschluß daran führte man mich zusammen mit einigen anderen Gästen durch das private Museum des Instituts, das eine hervorragende Sammlung von indianischen Kunstgegenständen besitzt. Im ersten Saal war eine Unmenge herrlicher großer Tongefäße ausgestellt. Von diesem Saal aus ging rechts eine Tür ab, und als die anderen schon durchgegangen waren, sah ich links von der Tür noch ein Bord, aber nicht mit Gefäßen, sondern mit figürlichen Darstellungen, die in dieser Gegend sehr selten sind. Da ich immer nach neuen Körperhaltungen Ausschau halte, die wir vielleicht ausprobieren könnten, fiel mir dabei eine Männerfigur auf in einer Haltung, die ich noch nicht kannte. Das Figürchen war nur etwa eine Spanne hoch, aus gelblichem Ton mit ziegelroter Bemalung. Sie stand auf einem kleinen Sockel, der die Beschriftung trug »Rufen der Geister«. Ich schaute mir die Haltung genau an und fing an, sie abzuzeichnen, aber das junge Mädchen, das uns führte, wollte die Tür zumachen, also schrieb ich nur schnell etwas auf und kam auch nicht dazu, mir etwa eine Nummer zu merken. Wir haben die Haltung später auch des öfteren gemacht, und da wir schon wußten, was sie beinhaltet, merkten wir auch schnell, wie mächtig sie ist. Die Geister kommen wirklich in mannigfaltigster Form heran, wenn man sie in dieser Haltung ruft und wenn man, wie die Indianer sagen, »reinen Herzens« ist.

Im letzten Sommer nun wollte ich mir von dem Institut eine Aufnahme dieser kleinen Statue kaufen. Ich beschrieb der Frau am Telefon ganz genau, wo ich sie gesehen hatte und wie sie aussah, aber sie konnte sie nicht finden. Wir machten also einen Ausflug nach Santa Fe. Ich zeigte ihr die Stelle, aber da stand die kleine Figur nicht mehr. Statt dessen war eine andere am selben Platz, so groß, daß sie nur liegend ausgestellt werden konnte, und sie war nicht gelblich mit roter Bemalung, sondern grau mit schwarzer Zeichnung, allerdings in der mir schon bekannten Haltung. Einen Sockel mit Beschriftung gab es auch nirgends. Auf meine Bitte hin zeigte mir die Leiterin alle Dias der betreffenden Sammlung, aber mein kleiner Freund war nicht dabei. Und sie fand auch nirgends die Angabe, es handele sich um das Rufen der Geister. Es ist natürlich möglich, daß die Geister mich ein wenig frotzeln wollten. Sie haben manchmal einen etwas handfesten Sinn für Humor. Aber vielleicht handelte es sich um ein Geschenk, das sie mir da so ganz ohne Umstände aus ihrem Reich durch die dünne und zum Teil sogar löcherige Scheidewand herübergereicht haben.

Nicht immer geht das Werben von der anderen Seite aus. Es kann auch einmal andersherum gehen, und wenn dann Antwort kommt, ist das von überwältigender Liebeskraft.

5. Der gelbe Schmetterling

Diese Geschichte spielte sich vor einigen Jahren in der Salzburger Volkshochschule ab. Draußen lag Schnee an diesem Tag im April, und es rieselte weiter, als wir uns in dem großen Saal im Oberstock zu einer Übung versammelten. Als Körperhaltung hatte ich die des singenden Schamanen angesetzt. Sie ist noch heute bei den Indianern an der Nordwestküste von Nordamerika in Gebrauch, aber wir kennen sie auch von Mayastatuen aus Zentralamerika aus dem 7. Jahrhundert, und in einer Vitrine in dem Heraklionmuseum auf Kreta ist eine kleine Statue aus unserer eigenen Neusteinzeit ausgestellt, gut viertausend Jahre alt, die ebenso dasteht.

Es war eine recht große Gruppe, die sich im Saal versammelt hatte, mehr als dreißig Teilnehmer. Sie fingen an, zu meinem Rasseln leise zu singen, in einfachen, offenen Lauten, wobei sich die Stimmen unter der Einwirkung der Trance bald zu einem getragenen, immer lauter werdenden vielstimmigen Choral vereinigten. Ich hatte am Morgen dieses Tages in einem Buch über das Schamanentum geblättert, und es war mir eine Stelle aufgefallen, wo Vilmos Diószegi, ein ungarischer Folklorist, von seinem Besuch bei einem alten sibirischen Schamanen erzählt. Schwach und siech habe dieser auf seinem Lager gelegen und sei erst etwas zu sich gekommen, als Diószegi ihn über seine frühere schamanistische Tätigkeit befragte[6]. Als ich nun die Leute da vor mir schwanken und leicht zittern sah in der sich steigernden Trance und die Welle der Energie spürte, die auf mich zuströmte, kam mir plötzlich ein Gedanke. Wenn das, was ich da wahrnahm, irgendeine wie auch immer geartete Wirklichkeit hatte, sollte es doch eigentlich möglich sein, diese Kraft gewissermaßen geballt zur Heilung und zum Trost so einem alten Schamanen zuzusenden. Ich wandte mich an meinen mächtigen Geisterfreund und bat ihn, uns als Bote zu dienen. Ich dachte an die Umwelt eines solchen Schama-

nen, an die sibirische Tundra, die bellenden Hunde, sein schwarzes Zelt, und da geschah plötzlich etwas, was mir sonst nicht passiert: meine Rassel, die ich immer fest und sicher in der Hand halte, rutschte nach der linken Seite etwas ab. Aufgeschreckt und etwas verwirrt griff ich sie fester und rasselte weiter. Einige Minuten später geschah das gleiche noch einmal, aber nun nach rechts. Diesmal war ich vorbereitet und dachte mir, wir haben wohl wirklich etwas fortgeschickt, und nun kam es wie bei einem Echo wieder zurück.
Nach Beendigung der Übung setzten sich die Teilnehmer auf den Teppichboden, und ich bat, sie möchten etwas von ihren Erlebnissen erzählen. Das mache ich immer so, es ist das Material, das ich zur späteren Auswertung aufzeichne. Von dem Auftrag an meinen Freund sagte ich kein Sterbenswort. Das, dachte ich, war etwas ganz Privates, es ging niemanden was an. Es kamen Berichte darüber, wie heiß es einigen geworden war. Die Stimme habe sich verselbständigt, die Brustmuskeln hätten sich versteift, die Tränen seien gekommen, und das Herz habe stark geklopft – alles Beobachtungen, die ich schon zur Genüge kannte. Ich paßte nicht mehr ganz so scharf auf, hatte kurz auf den in der Dämmerung weiter fallenden Schnee geschaut, als zu meiner linken eine junge Frau zu sprechen anfing.
»Bei mir war eigentlich nichts Besonderes los«, sagte sie, »ich bin wohl ziemlich im gewöhnlichen Bewußtseinszustand geblieben. Und dann kam da plötzlich dieser ganz große gelbe Schmetterling und setzte sich mir hier auf den linken Oberarm, und ich konnte ganz genau fühlen, wie er liebevoll meinem Arm umklammerte.«
Das klang alles so einfach und alltäglich, daß ich scherzend erwiderte: »Ach so, und das war alles im gewöhnlichen Bewußtseinszustand!« Bis sich mir der Atem verschlug und mir die Tränen kamen: nicht nur war das, was wir gesandt hatten, empfangen worden, sondern man hatte uns auch einen Gruß zurückgeschickt.
Eine Woche später leitete ich einen Kurs beim Forum in Freiburg. Ich hatte den Einführungsvortrag gehalten, und wir hatten die erste Übung hinter uns. Die Fenster des Saales gehen nach vorne, und die ungeübten Teilnehmer waren durch das Straßengeräusch abgelenkt worden. Das war jedenfalls der Grund, mit dem ich mir ihre mangelnde Konzentration zu erklären versuchte. Oder hatte es an mir gelegen? Ich nahm mir vor, mich nach der Pause besser zusammenzunehmen. Wir machten wieder die Haltung des singenden Schamanen. Ich fing an zu rasseln. Gewöhnlich halte ich die Augen auf, weil ich die Teilnehmer beobachten will. Diesmal machte ich sie aber zu, um mich ganz besonders intensiv konzentrieren zu können. Kaum fing ich an zu rasseln, da geschah das Unerwartete. Wie vor einer Nebelwand sah ich einen alten Mann, nur den Oberkörper, wie mit einem goldenen Griffel gezeichnet.

Sein markantes Gesicht war ernst, nach innen gerichtet. Es zeigte mongolische Züge, mandelförmige Augen, hohe Wangenknochen. Sein Haar hing auf den verknüllten Kragen herab und wehte im Wind. Er schaute mich nicht an, sondern blickte himmelwärts, die Arme im Gebet gehoben. Wenn ich ihn nur lange genug sehe, damit ich mir alles merken kann, dachte ich verzweifelt, während ich krampfhaft bemüht war, den Rasselton gleichmäßig zu halten. Aber da war er schon wieder fort, und mir blieb nur jene zarte Süße, die gerne der Ekstasis folgt. Ich meine, ich weiß nun, wie der Absender des Schmetterlings aussieht. Ich habe oft Sehnsucht nach ihm, habe ihn aber nie wiedergesehen.
Zu guter Letzt möchte ich nun noch eine Geschichte erzählen, dazu angelegt, um gewisse vorgefaßte Meinungen darüber durcheinanderzuwirbeln, wie die Wirklichkeit vernünftigerweise eingerichtet sein sollte, auf der Kehrseite aber nicht ist.

6. Die Gäste aus Usbekistan

Vor etwa zwei Jahren fand ich in einem Kunstbuch die Abbildung von zwei buntbemalten kleinen Holzplatten, die eine stellte eine Frau dar, die andere einen Mann. Beide hatten die Arme in einer ganz besonderen Art auf die Brust gelegt, so daß ich mir sagte, das sei vielleicht eine rituelle Haltung für uns. Die Platten waren in einer Höhle in Neumexiko gefunden worden und stammten aus dem 7. Jahrhundert. Bald darauf schickte man mir aus Tennessee, also über tausend Meilen von Neumexiko entfernt, mehrere Abbildungen, darunter eine, die eine ebenfalls aus dem 7. Jahrhundert stammende aus Stein gemeißelte Frauengestalt zeigte, die die Arme in derselben Weise auf der Brust liegen hatte. Wieso die gleiche Haltung im selben Jahrhundert in Tennessee und in Neumexiko dargestellt worden ist, ist an sich schon ein Rätsel. Was mir aber zusätzlich auffiel war, daß in beiden Fällen die Beine nicht dargestellt waren. In einer rituellen Haltung ist alles wichtig, und wenn man nur die Armhaltung kennt und die des Kopfes und nicht weiß, was die Beine tun sollen, ist es schwer, etwas damit anzufangen.
Bei meiner nächsten Europareise nahm ich die Abbildungen aber trotzdem mit, um sie mit einigen begabten und erfahrenen Leuten in Österreich auszuprobieren. Da es viele stehende Haltungen gibt, schlug ich vor, sie sollten die Arme in der vorgeschriebenen Weise auf die Brust legen und einfach stehen. Dabei kam aber nicht viel raus. Einer jungen Frau wurde sogar leicht übel, und es taten ihr die Beine weh, es war klar, daß die Sache so nicht ging.
Die nächste Station meiner Reise war Budapest. Mein Gastgeber, der Völ-

kerkundler Mihály Hoppál, zeigte mir ein neues von ihm verlegtes Werk über den eurasischen Schamanismus. Leider hatte ich keine Zeit, es zu lesen, sah mir aber die Fotografien an, und zu meiner großen Überraschung stellte eine davon eine Schamanin dar in der Haltung, mit der wir uns in Österreich beschäftigt hatten. Sie hatte die Arme in der gleichen Weise auf die Brust gelegt, und siehe da, sie saß im Schneidersitz! Ich beschloß, die Haltung das nächste Mal in dieser Form zu machen.

Von den Vereinigten Staaten aus bestellte ich mir dann das Werk und hatte es endlich im Herbst in den Händen. Mit meiner Arbeitsgruppe war eine Sitzung geplant, da konnten wir sie gleich ausprobieren.

Am fraglichen Tag legte ich mich zum Mittagsschlaf hin, wachte aber sehr bald wieder auf mit dem sonderbaren Gefühl, nicht allein zu sein. Das ganze Zimmer schien gedrängt voll von freudigen Wesenheiten. Ich dachte mir, nun ja, irgendwelche Geister wissen halt, daß wir sie heute abend zitieren wollen, und sie sind in ihrer Freude darüber schon etwas früher eingetroffen. Kurz vor Ankunft der Gruppe nahm ich Hoppáls Buch zur Hand, um etwas über die Schamaninnen zu lesen, die ich auf den Fotografien gesehen hatte. Zu meinem Ärger konnte ich aber nicht rasch genug feststellen, welcher Artikel zu den Bildern gehörte. Ich ließ es also bleiben, und wir machten die Haltung, ohne daß wir irgend etwas Näheres darüber wußten.

Eine neue Haltung ist immer ein aufregendes Abenteuer. Es ist, als würde man in der Ekstasis in einen großen Raum geführt, in dem es eine ganze Menge von Dingen gibt. Erst wenn man hört, was die anderen berichten, merkt man, worauf es ankommt, und es formt sich eine Gesamtschau, so als habe man plötzlich ein einziges Kristall in der Hand, das nach allen Seiten funkelt. So ging es uns auch diesmal, wie unsere Berichte vielleicht auch dem Uneingeweihten anzudeuten vermögen:

– Belinda: Schon bei der Atemübung, bevor wir das Tonband mit den Rasseln angestellt hatten, habe ich dunkle, tanzende Gestalten gesehen. Dann merkte ich, daß ich sehr hoch oben war, ich bin geflogen, und die Erde war ganz weit unten. Dann war ich in einer Landschaft, sie war grün und braun, mit einem kleinen Teich, in dem sich eine ypsilonförmige Gestalt spiegelte, und ein kleiner Vogel flatterte durch die Zweige. An Stelle des Teiches war nun ein Nest mit drei Eiern, und der Vogel lud mich ein, mich auf das Nest zu setzen, das sei sehr wichtig. Ich tue es und fühle mich erfüllt. Es erscheint ein Totempfahl, und der Geist in dem Holz umarmt mich. Jenseits des Pfahles sind Tannenbäume und Schnee, eine Hand hält eine Feder und macht Zeichen im Schnee. Es kommt eine riesige Bärin, sie steht vor mir, und wir tanzen zusammen. Ich muß lachen, denn sie hebt mich hoch, so daß ich mich ganz leicht fühle. Wir setzen uns hin, sie umarmt mich von hinten, und wir

verschmelzen mit einem intensiven Glücksgefühl. Ich sehe die gewundenen Hörner eines Bergschafes, und mir wird sehr kalt.
– Elisabeth: Wir tragen unsere Tiermasken und tanzen. Wir haben lange wehende Gewänder an. Ein Vogel baut sein Nest in Belindas Hand. Zweige und Blätter wachsen aus ihr heraus, die Kraft des Lebens ist in ihr, sie wird zu einem herrlichen Baum. Sie tanzt auf ihren Wurzeln, wir tanzen zusammen, und ich bin glücklich. Ich schaue auf den Baum, die Sonne geht dahinter auf, und ich habe das Gefühl von Kraft.
– Judy: Bei der Atemübung bin ich ins Freie gegangen. Dann befand ich mich hoch oben und habe in das Zimmer hier hineingeschaut, aber es war leer. Mein Hirschgeist kam und hat mich durch einen Tunnel geführt. Auf der anderen Seite mündete er in eine hochgewölbte Höhle, wo einige Gestalten um ein Feuer saßen. Ich trete in das Feuer hinein und tanze. Dann gehe ich raus aus der Höhle, draußen regnet es, und ich bin ein Regentropfen, ich rieche die Erde, es war herrlich. Leider mußte ich dann wieder in meinen Körper zurück, das wollte ich gar nicht.
– Janet: Ich konnte fühlen, wie sich der Raum von Anfang an mit Energie füllte. Ich hatte die Energie zwischen den Händen, sie ist so stark, sie tut mir weh. Dann ist sie ein Maiskolben, der platzt, die Körner tanzen im Kreis. Ich sehe jede von uns im Leben, dann im Sterben, jede an einer anderen Stelle. Dann sind wir wieder hier im Zimmer, wir haben alle etwas mitgebracht, wir sind ein Kaleidoskop. Dann tauche ich unter und bin in einer Höhle von Kristall in strahlender Farbenpracht, bin im Wasser, fahre hinauf in die Luft, bis zu den Sternen, es ist immer noch die Energie da, so stark, daß ich meine, mein Körper kann sie nicht ertragen.
– Felicitas: Ich fliege durch eine dunkelblau leuchtende Welt, der Hintergrund ist nachtdunkel. Zu meiner Linken tauchen flache Bilder auf, weiß mit grauen Pockennarben, wie die Ansicht der Erde von einem Raumschiff aus. Ich bremse, will die Erde nicht verlassen, dann bin ich traurig, daß ich nicht mehr fliege. Damit versinkt alles, nur die namenlose Energie wiegt mich hin und her und läßt mich nicht los.
In diesem weit entfernten Zauberland des Lebensbaumes, der Wälder, der verschneiten Berge und glitzernden Höhlen war noch keine von uns gewesen, und wir bedauerten, daß wir nicht hatten entdecken können, welcher Art wohl die tanzende Energie war, die uns alle in ihre Gestalt gebracht hatte.
In der nächsten Nacht, kurz vorm Morgengrauen, hatte ich eine Vision. Vor einem leicht geröteten Hintergrund erschien eine Reihe von sonderbar geformten Masken. Sie waren weiß und rund, zart wie Papierballons, sahen aber aus wie Katzenköpfe, mit spitzen Ohren. Die Augen waren ausgeschnitten, und innen drin konnte man etwas wie dunkelgraue haarige Bälle sehen,

die keinen Augenblick stillstanden. Sehr nachdrücklich gaben sie mir mehrfach zu verstehen: »Wir lecken Blut, wir lecken Blut.«
Ich schrieb mir das Erlebnis auf, aber mit unserem Tranceerlebnis am Abend vorher schien es nichts zu tun zu haben.
Am Nachmittag wurde ich allerdings eines Besseren belehrt. Ich fand endlich in Hoppáls Buch den zu den Fotografien gehörenden Artikel. Er stammt von dem russischen Völkerkundler V. N. Basilov. Darin bespricht er eine Gruppe von Geistern, Tschiltan genannt, die in den Gebirgstälern von Usbekistan als Hilfsgeister der Schamaninnen bekannt sind und mit denen die Schamaninnen in seinen Fotografien in der Trance in Verbindung treten. Man denkt sie sich als junge Ritter oder als einundvierzig junge Mädchen. Ihre Fahne ist weiß, und die Schamaninnen schmieren das Blut des Opfertieres auf ihr Tamburin, weil die Tschiltan Blut lecken wollen.
Nun wußte ich, warum mein kleines Zimmer so voll gewesen war! Einundvierzig junge Mädchen – oder waren es junge Ritter? Die Überlieferung ist sich darüber nicht im klaren. Mir scheint es, ich habe in meiner Vision die Antwort auf die Frage schon vor dem Lesen des Artikels bekommen: die Tschiltan-Geister sind weibliche Ritter, daher die zarten weißen Helme in der Form von Katzenköpfen. Ob ich die Sache richtig verstanden habe, weiß ich natürlich nicht. Schade, daß ich nicht nach Usbekistan kann, um die Schamaninnen zu fragen, in welcher Form die Tschiltan-Geister ihnen erscheinen. Eins ist jedenfalls sicher, daß sich die Geister weder viel um räumliche Entfernung noch um zeitliche Reihenfolge gekümmert haben, die wir in der gewöhnlichen Wirklichkeit doch für so wichtig halten.
»Erzähl doch noch weiter«, sagten meine Freunde. Aber das geht jetzt nicht. Geschichten erzählt man nur im Winter, denn im Sommer arbeiten die Menschen und sollen die Geister ruhen lassen. Und der Winter ist nun vorbei. »Kommt im nächsten Winter wieder«, sagte ich. Wenn sich dann die große schwarze Wolke aus den mächtigen Regenbergen erhebt, wie es in einem alten Lied der Papagoindianer heißt, und aus ihrer Brust die zarten weißen Federn rupft und sie über das weite Land verstreut, dann ist es wieder an der Zeit, in der anderen Wirklichkeit einzukehren.

Anmerkungen

1 Felicitas D. Goodman: *Speaking in Tongues: A Cross-Cultural Study of Glossolalia.* Chicago 1972.

2 Dies.; *Anneliese Michel und ihre Dämonen.* Stein am Rhein, 1980.

[3] Dies.; *Ecstasy, Ritual, and Alternate Reality: Religion in a Pluralistic World.* Santa Fe 1986.

[4] Ein längerer Artikel von mir zur Forschung über Körperhaltungen erscheint demnächst unter dem Titel »Körperhaltung und die religiöse Trance, eine experimentelle Untersuchung« in der Zeitschrift *Unter dem Pflaster liegt der Strand.*

[5] Aus Hans Peter Duerrs *Traumzeit: Über die Grenzen zwischen Wildnis und Zivilisation* (Frankfurt am Main 1978) erfahren wir viel darüber, warum wir der anderen Wirklichkeit so entfremdet wurden. Mit der anderen Wirklichkeit erlebte Hans Peter Duerr ein sonderbares Abenteuer auf meinem Land in Neumexiko, und er erzählt davon in seinem kleinen Band *Satyrikon* (Berlin 1982). Imogen Segers Buch *Wenn die Geister wiederkehren* (Ullstein Taschenbuch 34 228) enthält viel Wissenswertes über die andere Wirklichkeit fremder Völker. Allerlei Nützliches steht auch in *Was ist Wirklichkeit: Vom Vergnügen, die Welt zu erkennen* (Stuttgart 1983).

[6] Die Begegnung zwischen dem ungarischen Ethnographen Diószegi und dem sibirischen Schamanen wird in dem Buch *Die Schamanen* (Köln 1983, Seite 14) von Hans Findeisen und Heino Gehrts erwähnt.

Wolfgang Reiter

Quantenspuk · Zumutungen an die Physik

Für E. W.

Fool Dost know the
difference, my boy,
between a bitter fool and
a sweet one?
Lear No, lad, teach me.

Shakespeare
The Tragedy of King Lear,
Act 1 Scene 4

Passage in Zfat

Es war vor ein paar Jahren. Ich hielt mich für einige Zeit in Israel auf und besuchte die im Norden des Landes gelegene Stadt Zfat, eine hoch über dem See Kineret gelegene Siedlung, die festungsgleich einen Hügel bekränzt.
Als nach der Vertreibung der Juden im Jahre 1492 aus Spanien viele der nach dem Osten Europas Flüchtenden auch Palästina erreichten und sich vornehmlich in Zfat niederließen, erlebte diese schon vordem bedeutende Stadt einen neuen Aufstieg als kulturelles und religiöses Zentrum des Judentums und wurde so im 15. und 16. Jahrhundert zum Herzen der jüdischen Mystik – der Kabbala, welche die spanischen Juden aus dem Land ihrer Vertreibung mitgebracht hatten. Noch heute erinnern daran die Lehr- und Bethäuser berühmter Rabbiner, und durch die engen Gassen der Stadt tönt noch ein Nachklang jener Zeit, als hier Rabbi Isaak Luria, der »Löwe«, die Schriften der Kabbala ausdeutete und Joseph Caro den Schulchan Aruch, den auch heute noch gültigen jüdischen Gesetzeskodex, verfaßte.
Es war ein heißer Sommermittag, und ich ging, die Sonne verfluchend, auf der den Hügel umzirkelnden Straße dem alten Stadtteil zu, als neben mir ein Lieferwagen anhielt und der fromm gekleidete junge Chauffeur mich nach der Uhrzeit fragte. Ich gab Auskunft, und der neben dem Fahrer sitzende, mit einem breitkrempigen Hut bedeckte ältere Mann bedankte sich mit einem lapidaren »Aha«.

Zur Zeit des Abendgebets wollte ich eines der alten Bethäuser aufsuchen, als mich auf dem Weg dorthin ein in einem Hauseingang stehender Mann ansprach. Es war der Beifahrer von mittag. Er fragte mich nach meinem Wohin, und als ich mich erklärt hatte, gab er mir zu verstehen, daß meine Absicht für mich keine Bedeutung hätte. Er habe auf mich, am Fenster stehend, schon längere Zeit gewartet, da er wußte, ich werde hier vorbeikommen. Wir wechselten einige Worte, worauf er mich bat, ins Haus zu treten, da er mit mir sprechen müsse. Der angrenzend an das schmale Vorhaus gelegene Raum war dämmerig und der das Zimmer in seiner Länge einnehmende Tisch noch übersät mit Hendelresten des vorangegangenen Abendessens. An den Wänden rundum hohe Schränke mit Büchern.

Es wurde ein sehr langes Gespräch. Und je dunkler der Raum mit fortschreitender Zeit wurde, desto mehr entfernte es sich von jener Weise, die eine alltägliche genannt wird. Sein Mittelpunkt verließ dabei in keinem Moment die alltäglichste Frage, die zu stellen ist: »Wie soll man leben?« Die Antwort, die er mir und sich selber gab, war für ihn vorgegeben: Die Thora ist der Weg. Der Raum der Spannung aber zwischen Frage und Antwort war in ein noch nie gesehenes Licht getaucht. Eine andere Art zu denken und zu leben wurde vor mir aufgetan und mir angeboten. Und ich fühlte – für jene damals kurze Zeit –, daß dies alles nur dann möglich ist (wird), wenn ich aus mir heraustrete, das bisher Gelebte und Gedachte zurücklasse an einem Ort, der dann der Vergangenheit angehört. Ich befand mich für die Zeit jenes Abends, jenes Gesprächs in einer – Passage.

Unser Gespräch endete, wie es begonnen hatte. Ohne Vorbereitung, ohne Übergang. Ich fragte ihn nach seinem Namen. Mordechai, antwortete er. Und wie kann ich dich wiedersehen, wollte ich wissen. »Wenn du mich wiedersehen willst, wirst du mich wiedersehen«, sagte er. Dann trennten wir uns.

Seitdem sind einige Jahre vergangen und die Unmittelbarkeit des Erfahrenen ist einer großen Distanz gewichen. Geblieben aber ist eine Art Unentscheidbarkeit; ein Erlebnis, das trotz seiner rationalen Auflösbarkeit ein Residuum des Unzugänglichen bewahrt. Das muß noch nicht Mystik sein.

Sofern bei dieser Begegnung in Zfat etwas berührt wurde, das sich meiner alltäglichen Erfahrung nicht eingliederte, so war doch eines klar: Die Konsequenz daraus verbleibt innerhalb dieser Welt, sie weist aus ihr nicht hinaus, sie verweist zurück.

Die Geschichte von Mordechai und dem Abend in Zfat muß offen bleiben, denn sie ist für mich noch nicht zu Ende gekommen. Ihre Erinnerung hier wird von einem Gegensatz bestimmt, den ich damals in Zfat stärker als je später verspürt hatte: den verschiedenen möglichen Interpretationen der Welt; jener komplexen Entscheidung darüber, was wir für wahr halten.

So werde ich mich nun für meine Überlegungen, welche Funktion die Naturwissenschaften für die Erklärung der Welt des Außeralltäglichen besitzen, an einem Rat orientieren, den Mose ben Maimon vor achthundert Jahren seinem Schüler R. Joseph ben Jehuda gegeben hat:
»Du warst aber *ratlos,* und die *Unruhe peinigte Dich* bereits, da Dich Dein edler Geist zur ›Erreichung deines Begehrens‹ antrieb. Ich aber bemühte mich unaufhörlich, Dich davon abzubringen und Dir dringend eine *methodische Aneignung* zu empfehlen, von dem Wunsche geleitet, daß Dir die *Wahrheit* auf *systematischem,* nicht aber auf *zufälligem Wege kund werde*[1].«

Unterschiedliche Erfahrungen

Ähnlich wie eine Leinwand der Grundierung bedarf, bevor die Farben aufgesetzt werden, erinnere ich mich meines Erlebnisses in Zfat, um vor diesem Hintergrund meine Auseinandersetzung mit dem Bereich des Außeralltäglichen und der Grenzerfahrungen transparent zu halten.
Was ich zur Frage nach einer »zweiten Wirklichkeit« hier vorbringen werde, sage ich als Naturwissenschaftler, genauer als Physiker, und bin daher auf die dadurch möglichen Aussagen begrenzt.
Ambiente und Umstände meiner Begegnung mit Mordechai hatten eine stark mystische Färbung, der man zu erliegen versucht sein konnte, wäre sie für den Inhalt des Gesprächs selbst nicht völlig belanglos gewesen. Das Gespräch betraf mich nicht als Physiker, obgleich ich in keinem Moment aufhörte, Physiker zu sein.
Die wissenschaftliche Profession beschränkt aber nicht zwangsläufig den Erfahrungshorizont, schon eher die für eine Erfahrung plausibel erscheinende Erklärung; aber auch hier sind die Grenzen nicht festgeschrieben.
Die Begegnung in Zfat als Chiffre für eine radikale Herausforderung soll auf eine Unversöhnbarkeit von Versuchen aufmerksam machen, das »Diesseits« mit einem wie immer gearteten »Jenseits« so sehr zu vermischen, bis das »Diesseits« im »Jenseits« (oder umgekehrt) aufgegangen ist und eine magisch gewordene Welt in einem magischen Bewußtsein kollabiert.
Meine Reflexionen wurden von der Beobachtung stimuliert, daß naturwissenschaftliche Theorievorstellungen häufig zur Erklärung wundersamer Erscheinungen dieser Welt herangezogen werden. Ein Gegenstand meiner Überlegungen ist das Gemenge aus naturwissenschaftlichen Erklärungen und außeralltäglichen Erfahrungen. Dieses kann insofern einen religiösen Charakter annehmen, als es auch verdeckten Heilserwartungen in säkularisierter Form entspricht. Meine Absicht ist es, dieses Gemenge auf seine Bestandteile

hin zu reduzieren. Dann wird sich Transzendenz nicht als spukendes »Diesseits« oder »Jenseits« verschachern lassen; die Naturwissenschaften werden als genereller, einheitsstiftender Erklärungsautomat mit Wahrheitsversicherung unbrauchbar geworden sein.

Somit werden meine Überlegungen zum Bereich der Grenzerfahrungen und des Außeralltäglichen von einer bewußten Unverbundenheit und Unverbindbarkeit von Alltäglichem und Außeralltäglichem geleitet sein, die sich auf keine dieser Felder des Lebens zu einem Ganzen fügenden Erklärung stützen können; schon gar auf keine Einheit stiftende Erklärung, die auf dem Boden des naturwissenschaftlichen Denkens beruht.

Wie kein anderer Wissenschaftler davor wurde zu Beginn der zwanziger Jahre Albert Einstein eine Figur des öffentlichen Interesses. Das damals entstandene Bild prägt bis heute das Klischee vom Physiker. Der Bau der Atombombe rückte es sodann in die Nähe eines Dr. Strangelove. Mit realen und repräsentativen Verhältnissen hat dies nur episodisch zu tun.

Das Gros der Physiker – vor allem die Experimentalphysiker wie ich auch – sind Menschen, die, nach einer die Phantasie meist nicht sonderlich beflügelnden Ausbildung, in universitären und industriellen Forschungslabors mit den altväterischen Tätigkeiten des Zählens, Messens und Wägens beschäftigt sind. Sie benutzen dazu allerdings die neuesten technischen Instrumente; Meßapparaturen großer Eleganz, schnelle Computer und Geräte zur Erzeugung exotischer Eigenschaften der Materie.

Obwohl noch immer wie die Zünfte organisiert, ist die Form ihrer Arbeit längst nicht mehr handwerklich, sondern orientiert sich zunehmend stärker an der industriellen Produktion. Wenn sie nicht bloß nachdenken, was vorkommt und zudem notwendig ist, sitzen sie vor Oszilloskopen und Terminals und beobachten das Antwortverhalten der »Natur« auf Fragen, die in einer Art von kollektivem Dialog innerhalb der *scientific community* als relevant und interessant formuliert worden sind.

Meist ist ihre Tätigkeit langweilig. Die Langeweile wird von einer ansteckenden Aufgeregtheit umhüllt, die nicht nur zur Aufrechterhaltung der Arbeitskraft beiträgt, sondern auch das Sozialprestige der sogenannten Spitzenforschung mitkonstituiert.

Ein recht wesentliches Charakteristikum der Arbeit der Physiker ist die aus ihrer Tätigkeit erwachsende Notwendigkeit, den Aussagen eine gewisse Allgemeinverbindlichkeit zu geben. Daß diese Forderung – mit Einschränkungen – auch erfüllt wird, basiert nicht so sehr auf einer freiwilligen und individuellen Angepaßtheit des einzelnen Wissenschaftlers an sein Metier. Zu vermuten ist darin vielmehr der soziale Ausdruck des Technikförmigen der der Physik zugrunde liegenden Denkform[2].

Mit solchem »Arbeitsethos« ist ein Skeptizismus verbunden, der – ohne auf die damit auch verbundenen Dogmatisierungstendenzen hier eingehen zu wollen – eine kühle Distanz zu den Dingen unserer Erfahrung bewahren hilft. Diese Distanz ist Ausdruck einer von der Sozialisation des Naturwissenschaftlers gleichermaßen wie von den naturwissenschaftlichen Methoden bestimmten Haltung.

Freilich gleichen sich unterschiedliche Erfahrungen nicht in ihrer Qualität. Meine Begegnung in Zfat wäre ohne Bedeutung für mich geblieben, hätte ich jene kühle Distanz eingenommen, die zum Pathos des Naturwissenschaftlers gehört. Distanz kann auch die Bedingung der Zerstörung von Erfahrung sein[3].

Die Haltung der Naturwissenschaften gegenüber der Außenwelt hat sich historisch als sehr durchsetzungsfähig und bis dato als weitgehend erfolgreich erwiesen. Mir ist sie in vielem sympathisch, und es gibt Gründe, diese Sympathie nicht einfach als internalisierte Berufsblindheit zu betrachten.

Der im Zusammenhang mit dieser Diskussion für mich sehr wichtige Faktor liegt im nichtdogmatischen Charakter naturwissenschaftlichen Denkens und Handelns. Damit meine ich, daß die Naturwissenschaften sowohl interner als auch externer Kritik und einer damit verbundenen Veränderung ihrer maßgeblichen Inhalte prinzipiell zugänglich sind.

Ein Motiv, sich mit dem Erscheinungsfeld des Außeralltäglichen auseinanderzusetzen, rührt allerdings aus einem keineswegs naturwissenschaftlichen Interesse an diesen Fragestellungen, sondern kommt »aus dem Bauch«: Es gibt ein Unbehagen, das in mir aufsteigt, wenn ich mit der Leichtgläubigkeit konfrontiert bin, die der »Welt des Blabla[4]« entgegengebracht wird. Eine Generation nach Ende der bis in die Details mit akribischer und wissenschaftlicher Rationalität geplanten und ausgetragenen größten Orgie der Irrationalität breitet sich Lust und Sehnsucht nach Un-Vernünftigem, Vor-Vernünftigem aus. Ich muß gestehen, daß mich bei dieser »Zeiterscheinung«, die ich sehr wohl im Zusammenhang mit dem Interesse an der Welt der Mysterien oder des Okkulten, der Visionen und Magie sehe, jene kühle Distanz verläßt, von der ich sprach.

Ideengeschichtlich läßt sich das Phänomen charakterisieren als ein neues Naturbewußtsein, als die Hinwendung zu urkulturellen Vorstellungen und Mythen, zu einem damit einhergehenden »Neuheidentum«, zur Welt der Mysterien und des Okkulten. Daß hier vielfältige ideelle Querverbindungen zur Alternativ- und Umweltbewegung im weitesten Sinne, aber auch zum Gedankengut des Nationalsozialismus bestehen, liegt auf der Hand.

Vielleicht wird man mich darauf hinweisen, daß Geschichte allenfalls als Farce wiederkehrt; doch bin ich mir da nicht so sicher.

Sind die Mythen tot? Eine rhetorische Frage. Sie sind es nicht; sie sind lebendig wie eh und je. So finden auch die Naturwissenschaften eine ihrer Aufgaben darin, mythologisches Wissen von wissenschaftlichem zu trennen. Das Pathos dieser Scheidearbeit der Naturwissenschaften liegt im Anspruch auf Wahrheit, den die Naturwissenschaften für sich reklamieren.
Aber ist diese naturwissenschaftliche Wahrheit nicht vielen allzu dürftig und vertrocknet? Gibt es nicht auch den Wunsch nach einer anderen, einer höheren Wahrheit, ja nach dem Paradies? Wurzelt der Beweggrund derer, die an die Wahrheit mythologischer Vorstellungen glauben, nicht darin, in einer anderen als dieser Welt leben zu wollen?
Letzthin machte ich in einem der Wiener Kaffeehäuser die Zufallsbekanntschaft einer jungen deutschen Schauspielerin, die mich nach einem kurzen Geplänkel über Möglichkeit und Unmöglichkeit von »Beziehungen« recht unvermittelt nach meinem Sternzeichen fragte. Ich war etwas unwillig über diese für mich ohne jeden erkennbaren Zusammenhang gestellte Frage und zierte mich zu antworten. Ohne zu zögern, sagte sie »Zwilling«, und sie war keineswegs überrascht, als ich ihr bestätigte, daß sie recht habe.
»Ich habe Angst«, sagte sie, »Angst, was morgen sein wird.« Deshalb konsultiere sie Astrologen zwischen München, Wien und Graz. Sie erzählte von den Fähigkeiten und vor allem von der prognostischen Kraft einzelner Sterndeuter, wie andere über ihre Ärzte oder Automechaniker berichten. Die Offenbarungen über eine nicht allzu ferne Zukunft wirkten als Entlastungsgriff für die Bewältigung des nächsten Tages. Sie besorgte sich Orientierungswissen.
Diese simple Einsicht wurde plötzlich unausweichlich, als die Schauspielerin so ganz ungeschützt von ihren Ängsten erzählte. Die zur Bewältigung des nächsten Tages notwendige Kraft, ja die Gleichgültigkeit dem eigenen Leben gegenüber, die dann ein ruhiges Handeln ermöglichte, wurde von der Sicherheit gespeist, mit der das Eintreten einer von den Sternen bestimmten Zukunft erwartet wurde.
Was soll hier ein – auch alle Feyerabendschen Einwände berücksichtigendes – Argumentieren über eine naturwissenschaftliche Basis der Astrologie, wenn schon die Form des naturwissenschaftlichen Wissens als dem astrologischen Orientierungswesen feindselig und zerstörerisch empfunden wird[5].
Zu den Astrologen ginge sie immer dann, wenn sie sich besonders mies fühle und nicht mehr weiter wüßte, sagte sie.

Die Grenzen der Welt

Es hieße einen wichtigen Stein in dem entstehenden Mosaik aus Beobachtungen, Erlebnissen und Reflexionen aussparen, würde ich nicht über Grenzen sprechen – und das auch deshalb, weil der Gegenstand unseres Überlegens nicht selten mit dem Ausdruck »Grenzwissenschaft(en)« bezeichnet wird.
Die »Grenzen der Welt« sind für die Physiker eine ganz zentrale Kategorie ihres Weltbilds. Die deutsche Sprache erlaubt es kaum, die unterschiedlichen Bedeutungen dieses Worts zu differenzieren, und so neigt das Deutsche zur Vermischung der Bedeutungen, die im Englischen durch die Wörter *frontier* und *limit* unterschieden werden. *Limit* bezeichnet eine Grenze, die nicht überschritten werden kann (oder darf). *Frontiers* hingegen fordern geradezu auf, in das jenseits liegende Unbekannte vorzudringen. Das ist die für die Physiker interessante Grenze; im Niemandsland, knapp jenseits des eigenen Territoriums, ist ihr bevorzugter Aufenthaltsort, und ihr Bestreben ist es, die Grenzpfähle, die das Bekannte vom Unbekannten trennen, immer weiter hinauszuschieben – hinaus ins Unbegrenzte *(unlimited).* Die neuere Wissenschaftstheorie hat diese Tätigkeiten periodisiert und »normale« Wissenschaft (Umackern des Grenzstreifens) von »revolutionärer« Wissenschaft (Eroberung und Kolonialisierung neuer Gebiete) unterschieden[6].
Es gibt auch einen Grenzabschnitt, der für die Expansion der Naturwissenschaften eine ganz untergeordnete Rolle spielt; ich will ihn die Militärgrenze der Wissenschaften nennen. Sie begrenzt jenes Gebiet der Wissenschaften, jenseits dessen die Para-, Pseudo-, Proto- oder Grenzwissenschaften liegen. Diese Grenze ist, seitdem die Naturwissenschaften ihre Herrschaft stabilisieren, relativ unverändert geblieben. Freilich gab es immer wieder kleinere Scharmützel an dieser Demarkationslinie, begleitet von unbedeutenden Grenzkorrekturen. Es war (und ist), als ob dieses Gebiet, wiewohl von exotischen Pflanzen bewachsen, auf die wissenschaftlichen Kolonisatoren keinen besonderen Reiz ausübte; auch sperren sich sporadische Versuche in dieser Richtung auf sonderbare Weise ihrer erprobten Kolonialverwaltung. Vielleicht hängt dies damit zusammen, daß die Bewohner jenseits der Militärgrenze ein wenig starrköpfig sind, chaotisch und unstrukturiert – insgesamt weniger »modern« als die Herrscher des Reichs der wissenschaftlichen Mitte. So oder ähnlich könnte man in einer Art metaphorischer Spielerei fortfahren, das Verhältnis von Naturwissenschaften und Parawissenschaften zu beschreiben, die rabiaten Aktionen von Physikern gegen die Parapsychologie[7] – oder die Hoffnungen mancher Parapsychologen, die anomalen Phänomene würden die Panzerung der Naturwissenschaften aufbrechen helfen[8]. Bevor ich mich diesem Verhältnis zuwende, noch einige Bemerkungen zur Physik.

Es ist eine durchaus nicht selbstverständliche Tatsache, daß in der Auseinandersetzung mit der »anderen Wirklichkeit«, den Spukerscheinungen, dem Satanismus, der Magie und der sogenannten »außersinnlichen Wahrnehmung« in der einschlägigen Literatur immer wieder auf die Naturwissenschaften und besonders die Physik Bezug genommen wird. Es ist nachgerade auffällig, mit welcher Intensität, ja Obsession naturwissenschaftliche Vorstellungen, Konzepte und Theorien insbesonders von den Aposteln einer Wendezeit und den Gurus von Esoterik und Grenzerfahrungen bemüht werden, ohne daß diese den dadurch hergestellten Zusammenhang aber je systematisch beleuchten[9]. Warum also diese Zumutungen an die Physik?

Telekinese, Telepathie, Spuk- und Marienerscheinungen sowie Geistheilungen betreffen Phänomene, für die Erklärungen noch ausstehen[10]. Eine Erklärung, die sich in unserer Zivilisation größter kollektiver Anerkennung erfreut, nennt man seit Beginn des 16. Jahrhunderts eine wissenschaftliche Erklärung – und meint damit eine naturwissenschaftliche, eine Erklärung auf dem Boden der Physik.

Gegenstand der Physik ist die Natur, die Sonne, die Luft, sind die Planeten, Flüssigkeiten, Metalle, kurz all jene Objekte, die wir außerhalb unseres eigenen Körpers wahrnehmen und die doch zu einem bestimmten Teil auch zu dessen Aufbau beitragen. Die für diese Objekte entwickelte Untersuchungsmethode ist das Experiment. Um unter künstlichen Bedingungen – den Laborbedingungen – die Veränderungen bestimmter Charakteristika untersuchen zu können, werden aus dem die Objekte konstituierenden Fluß der sich verändernden und miteinander verbundenen Ereignisse stabile Konfigurationen herausgeschnitten. Ein Experiment an einem der großen Elementarteilchenbeschleuniger zum Studium des Aufbaus der Materie unterscheidet sich in dieser Hinsicht nur durch seine Größe und Komplexität von den Experimenten Galileis, die zur Formulierung der Fallgesetze führten.

Diese kurze Darstellung der experimentellen Methode und des Gegenstandsbereichs der Physik soll zeigen, für welche Objekte und Phänomene und bezogen auf welche Bedingungen die Ansätze der Physik ihre Gültigkeit beweisen können. In der Sprache der Physik spricht man von Raum, von Teilchen und von Wechselwirkungen.

Physikalische Theorien sind immer Theorien einer Körperwelt und den zwischen den Körpern wirkenden Kräften (Wechselwirkungen). Diese Körperwelt gilt als zusammengesetzt aus Teilen = Teilchen, wobei die das Ganze bildende Summe der Teile ein schwerwiegendes Problem für die im wesentlichen linearen Vorstellungen der Physik darstellt. Denn wir beobachten, daß in bestimmten Bereichen der Wirklichkeit das Ganze einer Erscheinung nicht nur als die Summe ihrer Teile verstanden werden kann. Das gilt insbesondere für die belebte Natur, die Pflanzen, die Tiere und den Menschen.

Welchem Bereich der Wirklichkeit gehören nun die Erscheinungen der Esoterik an? Ohne den Phänomenbereich einzuengen, läßt sich sagen: Alle diese Erscheinungen sind an Personen gebunden. Ohne die Interaktion von Personen und/oder Dingen treten Phänomene nicht auf, die Gegenstand der Parapsychologie sind.

Elementarteilchen zählen heute quasi zu den sinnlichen Erfahrungen der uns umgebenden Körperwelt, selbst wenn sie eine nur in Bruchteilen einer Sekunde meßbare Lebensdauer haben und nur mit Hilfe von komplizierten Apparaten unserer Erfahrung zugänglich sind. Diese hochgradig vermittelte Erfahrung steht gewiß im Gegensatz zu einer »klassisch« zu nennenden sinnlichen Erfahrung, die sich auf eine unmittelbare Anschauung zu beziehen vermag. Trotzdem gehören Elementarteilchen heute zu unserer »Lebenswelt«, auch wenn wir sie nie gesehen haben. Zumindest die Physiker werden an dieser Situation nichts Außergewöhnliches finden. Elementarteilchen erfreuen sich also einer breiten und allgemeinen gesellschaftlichen Anerkennung, als Kategorie wie im einzelnen, vergleichbar den Engeln im Hochmittelalter.

Wie ist es nun in jenem Bereich, den wir vage mit dem Begriff der Außeralltäglichkeit zu benennen versuchen; mit all den vielfältigen Erfahrungen der Menschheit, die auf ganz unterschiedlichen Pfaden zugänglich sind? Zwei eigentümlich komplementäre Eigenschaften fallen dabei bald auf: einerseits die erstaunliche Hartnäckigkeit dieses Menschheitswissens über die Zeiten hinweg und andererseits ein ebenso erstaunlich hartnäckiger Mangel an Evidenzen für die behaupteten Phänomene.

Der Mangel an Evidenzen für eine esoterische Welt, der die Aufmerksamkeit und das Mißtrauen des Naturwissenschaftlers als erste Reaktion weckt, läßt sich jedoch nicht auf der Ebene der Positivität naturwissenschaftlicher Fakten auflösen; er reicht über eine inner-naturwissenschaftliche Begründung hinaus und verweist auf den gesellschaftlichen Charakter dieses Wissens.

Die Welt wurde entzaubert, und mit dieser Entzauberung zog sich jene andere Welt in ihr noch verbliebene Nischen, die die Aufklärung nicht auszuräuchern vermochte, zurück. Mit dem Begriff der »Entzauberung der Welt«, den Max Weber prägte, wird auf den historischen Zusammenhang zwischen dem Aufkommen der neuzeitlichen Naturwissenschaft und dem langsamen Verblassen von Evidenzen einer »anderen Welt« aufmerksam gemacht. Freilich sind die Naturwissenschaften da nur ein, wenn auch sehr wichtiger Faktor einer gesellschaftlichen Gesamtsituation, die eine Art struktureller Feindseligkeit gegenüber allem Esoterischen und Jenseitigen entwickelt hat.

Die Physik kreiert mit Hilfe ihrer »Philosophie« und Methoden die Phänomene, die sie beschreibt. Für die Kreation parapsychischer Phänomene ist sie offensichtlich schlecht geeignet, mehr noch, sie zerstört oder verhindert zumindest ihr Auftreten: Die Erscheinungen jener »anderen Welt« sind auffallend flüchtig, ja entziehen sich bei Anwendung naturwissenschaftlicher Methoden ihrer Epiphanie (zuletzt habe ich allerdings implizit vorausgesetzt, daß parapsychologische Phänomene eventuell existieren).

Mit der Erfindung neuzeitlicher Naturwissenschaften ist von der Aufklärung bis in unsere Zeit her eine Veränderung des Alltagsverständnisses der Welt einhergegangen, die sich in scheinbar so simplen Entscheidungen darüber manifestiert, welche Dinge der Welt als »wirklich« und welche als »nicht-wirklich« zu betrachten sind. »Wirklich« ist die Rückseite des Mondes, ein Stein, seit der Jahrhundertwende das Atom usw.; »nicht-wirklich« sind Hexen, Spuk, der Kontakt mit Toten usw. Das bedeutet, daß aus dem (wissenschaftlichen) Wissen über die Welt eine ganz bestimmte Kategorie von Vorstellungen und Phänomenen durch einen Prozeß der Erkenntniszurichtung ausgeblendet wurde[11]. Die Erkenntnis der Natur ist durch die Natur der Erkenntnisinstrumente bestimmt, und sie hat darin auch ihre Grenzen. Beim Diskutieren der Parapsychologie ist es nützlich, sich dies ins Gedächtnis zu rufen.

Ein ebenso wichtiger Aspekt zum Verständnis der Rolle der Naturwissenschaften in der Welt des Paranormalen ist die Leitbildfunktion der Physik. In den vergangenen dreihundert Jahren sind die Naturwissenschaften zur dominanten Wissensform geworden, die Physik zur Leitwissenschaft und Krone der Wissenschaften. Ihr Wissen ist Königswissen, ihr Weg der Königsweg zur Erkenntnis[12].

Hat man sich mit diesen wissenschaftshistorischen, erkenntnistheoretischen und wissenssoziologischen Gegebenheiten vertraut gemacht, mag es etwas weniger verwundern, daß die Parapsychologie einem inneren und äußeren Druck ausgesetzt ist, ihre Erklärungsmuster nach dem Modell der Physik zu organisieren. Inneren Druck nenne ich die Tatsache, daß zur Durchsetzung ihrer Anerkennung als einer (Natur-)Wissenschaft angesichts der Leitbildfunktion der Physik sich jede Parawissenschaft gezwungen sieht, naturwissenschaftliche Begriffe und Konzepte in sich aufzunehmen, sich zu formalisieren und zu mathematisieren. Die soziale Anerkennung bzw. deren Verweigerung stellt den äußeren Druck dar[13].

Physik als Teufel und Beelzebub

Bei den bisherigen Überlegungen bin ich von der Tatsache einer sehr weitgehenden Verwendung physikalischer Vorstellungen und Theorien im Zusammenhang mit den Grenzbereichen der Erfahrung ausgegangen und habe plausibel zu machen versucht, welche Rolle die Physik als Erkenntnismodell einnimmt. Wie breit gefächert dieser Bereich tatsächlich ist, wird an der ganz selbstverständlichen Verwendung von Begriffen wie Kraft, Feld, Strahlung oder Energie deutlich, die sowohl der Alltagssprache als auch der Sprache der Physik angehören, in fast jeder Beschreibung paranormaler Phänomene verwendet werden und durch das Mitschwingen ihrer physikalischen Bedeutungen einen mehr als metaphorischen Erklärungswert suggerieren. Ein umfassendes Flottieren von Begriffen und Theorieversatzstücken beobachtet man bei Autoren wie Capra, Zukav oder Ferguson und den Vor- und Nachläufern eines End- und Wendezeit-Booms, sofern sie sich auf die Gesamtheit des neuzeitlich-naturwissenschaftlichen Paradigmas beziehen[14].

»Die verborgene Wirklichkeit scheint mir das stärkste, wissenschaftlich begründbare Gegengewicht zu sein, das die mechanistische, sinnentleerte Reduktion von Mensch und Schöpfung aufzuheben vermag[15].« Dieses von Hans Bender formulierte Motiv zur Beschäftigung mit »der sich im Paranormalen äußernden ›Wirklichkeit der Seele‹ mit wissenschaftlichen Methoden[16]« faßt auf einprägsame Weise jene diffusen Wünsche zusammen, deren Erfüllung heute in Grenzüberschreitungen des Bewußtseins und der Kultur, in einer »Grauzone zwischen Wissenschaft und Aberglauben[17]« gesucht werden.

Die Beschäftigung mit paranormalen Phänomenen sah sich schon immer dem Vorwurf ausgesetzt, unwillentlich oder willentlich das Geschäft der Täuschung und des Betrugs zu fördern. Auf die »geradezu archetypischen Beziehungen zwischen Täuschung und Betrug und paranormalen Phänomenen[18]« ist verschiedentlich hingewiesen worden[19]; sie soll hier nur als ein wichtiges Charakteristikum des Paranormalen erinnert werden, da die Täuschungs- und Betrugsproblematik die wissenschaftliche Beschäftigung mit diesem Erscheinungsbereich wesentlich mitkonstituiert.

Freilich ist hinzuzufügen, daß Täuschung und Betrug nicht allein die Parapsychologie heimsuchen, sondern ein ebenso vertrauter Begleiter der Naturwissenschaften sind. Während aber Täuschung und Betrug im Bereich der Naturwissenschaften sich in der Regel nur kurz der Aufdeckung zu entziehen vermögen, weshalb sie in der Einschätzung der Verläßlichkeit von Ergebnissen keine wesentliche Rolle spielen, ist die Voreingenommenheit gegenüber paranormalen Phänomenen davon doch stark geprägt.

Sollte da nicht eine wissenschaftliche Bearbeitung der Welt des Paranormalen die gewünschte Sicherheit schaffen? Sicherheit nämlich, die nicht nur das Daten- und Faktenwissen einschließt, sondern auch dem Sicherheitsbedürfnis jener entgegenkommt, die sich von einer Natur/Welt bedroht fühlen, insofern sie nicht erklärbar ist. Die Verwissenschaftlichung der Parapsychologie wäre dementsprechend ein (später) Akt der »Entzauberung der Welt«, womit auch die Furcht, ja Angst verschwände, die die Welt des Paranormalen noch immer begleitet, wie die oft eigenartig emotionell gefärbte Abwehr dieses Bereichs vermuten läßt.
Die behauptete Bedeutung einer »verborgenen Wirklichkeit« und paranormaler Phänomene für unsere Befindlichkeit in der Welt im allgemeinen und die Konzepte der Physik im besonderen erzwingt geradezu ein Streben nach Gewißheit. Wieder steht die Physik dafür Modell. Dieser Zusammenhang ist ein weiterer Grund dafür, daß die Parapsychologie naturwissenschaftliche Verfahren und Methoden verwendet, ihr empirisch gewonnenes Material auch theoretisch bearbeitet und Modellvorstellungen zu entwickeln versucht, die experimentell wiederum überprüfbar sein sollten und als Leitfaden für weitere experimentelle Fragestellungen zu dienen hätten.
Daß diese Forderung legitim und auf dem Boden der Physik einzulösen ist, entspringt nicht der arroganten Attitüde der Physiker, sondern der Behauptung der Parapsychologen selbst, wonach die Grundvoraussetzungen der Physik einer Revision zu unterziehen wären, sollten sich Paraphänomene eindeutig beweisen lassen. Genannt werden hier die grundlegenden Vorstellungen der Physik von Raum, Zeit und Kausalität[20].
Neben der behaupteten Relevanz für die Konzepte der Physik erregen natürlich auch die bizarren Widersprüche zwischen den Erfahrungen der Alltagswelt und den Phänomenen der Parawelt die Aufmerksamkeit. Nimmt man die Existenz bestimmter Paraphänomene wie etwa Psychokinese oder Telepathie als gegeben an, so werden vielleicht sogar so wichtige gesellschaftliche Konventionen wie die vom autonom handelnden Subjekt relativiert. Wie ernst solche Überlegungen genommen werden, zeigen Diskussionen über daraus eventuell ableitbare Konsequenzen für die Rechtssicherheit[21].
Betrachtet man den wissenschaftlichen Zugang zur Natur als in seinem Erkenntnisinteresse dem instrumentellen Handeln verpflichtete Auseinandersetzung mit der Natur, so gewinnt auch eine naturwissenschaftliche Parapsychologie diese Bedeutung. Diese macht, ebenso wie die Physik, bestimmte Bereiche der Natur dem instrumentellen Handeln verfügbar. Die sich auf paranormales »Wissen« beziehenden Handlungen finden daher recht häufig in einem fließenden Bereich zwischen magischer Praxis und »technischer Handlung« statt[22]. Der vor-technische Charakter des Zaubers gewinnt eine techni-

sche Komponente hinzu, die den Eigenschaften des naturwissenschaftlichen Experiments entspricht: Reproduzierbarkeit und Intersubjektivität.
Der Verfügbarkeit über paranormale Effekte scheinen aber recht enge Grenzen gesetzt: Eines der wenigen übereinstimmenden und überzeugenden Resultate der Parapsychologie ist die Feststellung der Flüchtigkeit und Unzuverlässigkeit paranormaler Phänomene und Fähigkeiten. Es ist fraglich, ob PSI-Phänomene und -Fähigkeiten im Sinne instrumentellen Handelns zur Verfügung stehen oder durch (noch?) nicht bekannte Faktoren so stark eingeschränkt werden, daß zumindest beim derzeitigen Stand des Wissens »die wissenschaftliche Parapsychologie bisher keine Aussagen über die notwendigen und hinreichenden Bedingungen für das Auftreten der von ihr untersuchten Phänomene machen kann[23]«.
Fraglich ist daher weiters, ob eine naturwissenschaftliche Fundierung des paranormalen Phänomenbereichs überhaupt möglich ist. Eine naturwissenschaftliche Bearbeitung von Phänomenen bedingt gerade die Formulierung von Aussagen über notwendige und hinreichende Bedingungen für deren Auftreten, von Aussagen also, daß »dann und nur dann« ein bestimmtes Ereignis usw. eintreten werde. Die Möglichkeit einer solchen Aussage ist aber eng an die Reproduzierbarkeit, die Wiederholbarkeit eines Ereignisses geknüpft. Anderenfalls hat man es mit beliebigen unkorrelierten Einzelphänomenen zu tun, die sich einer naturwissenschaftlichen Betrachtung zuletzt entziehen[24].
Zu diesen vielleicht allzu hochfliegenden Einwänden gesellt sich eine Grundschwierigkeit der wissenschaftlichen Parapsychologie: eine auch nach hundert Jahren wissenschaftlicher Auseinandersetzung[25] mit der »zweiten Wirklichkeit« recht dürftige Faktenbasis. »Wenn die Parapsychologie Wissenschaft, und zwar empirische Wissenschaft, sein und bleiben will, kann sie sich diesen Zustand« – nämlich »... nichtüberprüfbare Spekulation, die allzu häufig mit wissenschaftlicher Theorienbildung verwechselt wird[26]« zu sein (Einfügung des Autors) – »nicht mehr lange leisten. Ihre Theorien müssen – wie diejenigen anderer Wissenschaften auch – auf einer soliden Faktenbasis beruhen. Diese Basis ist aber heute noch sehr schmal, was zu größter Vorsicht und Zurückhaltung Anlaß geben sollte[27].«

Der Quantenspuk

Gehört es nicht zu den Begleitumständen krisenhafter gesellschaftlicher Erscheinungen, daß das Esoterische und Okkulte eine Hausse erlebt? Wer sind die Spekulanten an der Börse der intellektuellen Moden, und womit spekulieren sie?

Es sind die Angst, die Verunsicherung, der gute Wille, die Gutgläubigkeit, die Langeweile und die unzureichenden Kenntnisse, auf die in diesem Geschäft gesetzt werden können. Und zu guter Letzt wird die Autoritätsgläubigkeit der Menschen vor den Karren ihres Unbewußten gespannt.
Ich habe vorher zu zeigen versucht, warum die Parawissenschaften ihren wissenschaftlichen Charakter am besten dort beweisen können, wo sie sich dem naturwissenschaftlichen Paradigma anschließen. Als einen wesentlichen Grund dafür habe ich die Leitbildfunktion der Physik als Erkenntnismodus angeführt. Daraus resultiert als zentrale Frage, ob Grenzerfahrungen ein naturwissenschaftlicher Zugang überhaupt adäquat sei. Ich habe dazu Zweifel geäußert, die auch in der parapsychologischen Forschung antizipiert sind und in theoretischen Versuchen zur Erklärung der Interaktion von psychischen und physischen Systemen ihren Ausdruck finden – bisher, wie mir scheint, mit wenig Erfolg[28].
Eine Vielzahl von Problemen der internen methodischen und theoretischen Auseinandersetzung in der Parapsychologie muß hier offen bleiben, besonders solche einer detaillierten Behandlung der Quantentheorie, die ein recht fruchtbarer Nährboden für spekulatives Denken ist[29]. C. F. von Weizsäcker, der gegenüber Ansichten durchaus aufgeschlossen ist, »die Quantentheorie könnte einen ... Zugang zum psychischen Hintergrund der Welt eröffnen«, warnt jedoch nichtsdestoweniger vor einer kurzschlüssigen Übertragung naturwissenschaftlicher Vorstellungen und Methoden. Er schreibt: »Von der Quantentheorie her wäre zu fragen, ob konsequente theoretische Modelle solcher Erfahrungen schon ernstlich erwogen worden sind. Denn es ist nicht mühelos zu erkennen, was man dabei suchen soll. Manches spricht dafür, daß z. B. die breit angelegten parapsychologischen Untersuchungen einen wenig aussichtsreichen Weg verfolgen. Sie wollen die gesuchten Phänomene empirisch-wissenschaftlich objektivieren. Diese Methode dürfte aber am ehesten Phänomene im Sinne der klassischen Physik erzeugen; es ist leicht möglich, daß sie die Vorbedingungen der realen seelischen Vorgänge im Untergrund der Welt gerade zum Verschwinden bringen. ... Wissenschaftlich betriebene Parapsychologie nimmt daher leicht die Gestalt methodisch produzierten Aberglaubens an[30].«
Wahrhaft frei von solchen Skrupel sind die Couturiers der intellektuellen Moden, die Jongleure einer Gelegenheitsvernunft. Sie kennen die Stimmung im »Untergrund der Welt« und sind auf Wirkung aus, deren Ingredienzen ich vorhin exemplarisch aufgezählt habe. Diese leicht tonisierende Melange ist heute ein weitverbreitetes geistiges Lieblingsgetränk vieler gebildeter Mittelklasse-Bürger der westlichen Hemisphäre.
Zur Illustration dessen, wogegen ich hier polemisiere, sei willkürlich ein Arti-

kel aus einer relativ verbreiteten Publikation herausgegriffen[31]. Zum Thema »Transpersonale Psychologie« wird dort ausgeführt: »Freilich mehren sich die kritischen Stimmen, die vor einer atomaren und auch geistigen Selbstzerstörung warnen, ganz im Sinne Einsteins, der meinte: ›... ein neuer Denktypus ist unentbehrlich, wenn die Menschheit fortleben und sich höher entwikkeln soll.‹ Ob jedoch die beschränkten westlichen Psychologiesysteme die Voraussetzung bieten, um unser Denken und Handeln in umfassendere Bahnen zu lenken, ist mehr als zweifelhaft.«
Einstein, der Philosoph; Einstein, der große Physiker! Der geneigte Leser erfährt zwar nicht, was Einstein sich 1946, ein Jahr nach Hiroshima, unter einem »neuen Denktypus« vorgestellt hat, aber der Zusammenhang suggeriert, daß der gute Onkel Einstein mit den alten, schelmischen Kinderaugen schon damals an die »Transpersonale Psychologie« gedacht hatte[32]. Nicht weniger als sechs Physiker (Goethe nicht mitgezählt!) werden in diesem Artikel als Zeugen für irgendeine »neue Wissenschaft vom Menschen« aufgerufen[33]. Kein Hinweis auf die zeitlebens schmerzliche Kontroverse zwischen Einstein und Niels Bohr um die komplexen und ideologiebefrachteten Interpretationsanstrengungen zur Quantentheorie, die ja de facto den Hintergrund darstellen dafür, daß die beiden großen Figuren der Physik dieses Jahrhunderts ins Credo der Esoteriker gelangen[34]. David Bohm wird taxfrei zum »Relativitätsphysiker« ernannt, wahrscheinlich deshalb, weil er hauptsächlich über Probleme der Quantentheorie publizierte, und zur Quantenphysik wird unkommentiert die doch recht weitreichende Aussage getroffen, daß nach ihr nun »alle Beobachtung eine Funktion des Bewußtseins« sei[35]. Was soll sich ein mit der Interpretationsgeschichte der Quantentheorie nicht vertrauter Leser darunter vorstellen?
Niels Bohr sprach immer wieder von der Notwendigkeit, den Beobachter in die Überlegungen zur Deutung der Quantentheorie einzubinden. Daraus entstand bei manchen Physikern – und noch mehr bei Nicht-Physikern – der irrige Eindruck, »Bohr behaupte eine Anwendung der Quantentheorie auf das Bewußtsein[36]«. Die sich an ein Gedankenexperiment Eugene Wigners[37] anschließende Kontroverse zur Frage, ob die Welt aus Objekten bestehe, deren Existenz unabhängig vom menschlichen Bewußtsein sei, ist aufgrund der derzeit vorliegenden experimentellen Befunde, extrem vorsichtig formuliert, als unentschieden zu bezeichnen. C. F. von Weizsäcker behauptet in seiner Darstellung zu einem systematischen »Aufbau der Physik« immerhin, er sehe keinen der Quantentheorie immanenten Grund gegen ihre Anwendung auf das Bewußtsein[38].
Der Ansatzpunkt, warum die Quantentheorie ins parapsychologische Gerede kommt, ist die Theorie des quantenmechanischen Meßprozesses. Für die

Quantentheorie, die Theorie der elementaren Bausteine der Materie und ihrer Wechselwirkungen, gilt nicht mehr das naive Verhältnis von Beobachter und Beobachtungsgegenstand wie in der klassischen Physik makroskopischer Objekte. Wann eine Beobachtung, wann ein Meßprozeß zum Abschluß kommt, ist nun genau jenes Problem, durch dessen Hintertür das Bewußtsein in den Vorgang einer physikalischen Messung insofern Eingang findet, als von bestimmten Interpreten der Quantentheorie angenommen wird, daß der Meßprozeß erst durch einen Bewußtseinsakt seinen Abschluß findet. Auf Basis dieser Interpretation kann man nun freilich eine Verzahnung von Bewußtsein und Meßobjekt unterstellen. Damit ist das Tor für den Quantenspuk aufgetan.

Eine Verschiebung des Schnitts zwischen Meßobjekt, Meßapparat und Beobachter über den Beobachter selbst hinweg würde – gemäß dieser Interpretation seiner Rolle in der Quantentheorie – den Beobachter in den Stand versetzen, Einfluß auf das Meßobjekt selbst zu nehmen. Das Mißverständnis bei der Verwendung quantentheoretischer Konzepte in der Parapsychologie, die sich auf die Theorie des Meßprozesses beziehen, liegt nun genau darin, daß die *erkenntnistheoretische* Einbeziehung des Beobachters, die von der Quantentheorie vollzogen wird, mit einer *gegenständlichen Beschreibung* des Beobachters in eins geworfen wird. Der Beobachter aber wird »bei der Beschreibung des Experiments nicht mitbeschrieben[39]«; es kommt auf ihn, ganz im Gegensatz zur Parapsychologie, als *empirisches* Subjekt auch gar nicht an. Aus diesem Grund halte ich alle Anstrengungen einer quantentheoretischen Fundierung von PSI-Phänomenen für Vitzliputzli-Gerede. Eine Quantentheorie des Subjekts ist auch nicht im entferntesten formuliert. Über die je spezifischen Hirnvorgänge, die unser Bewußtsein ausmachen, als *Phänomene*[40] physikalische Aussagen zu treffen bzw. eine derartige Aussage im Rahmen physikalischer Vorstellungen für möglich zu halten, scheint mir doch das Problem der Selbstwahrnehmung, ja das der Möglichkeit von Erkenntnis überhaupt negieren zu wollen. Die Möglichkeit einer Aussage über das Bewußtsein als einem Phänomen wäre aber eine Voraussetzung für eine derartige Theorie.

Im Rahmen der Diskussion der Wirkmächtigkeit der Physik haben wir ein Motiv, das die Denkweise der Physiker stark prägt, noch unerwähnt gelassen: das Streben nach einem einheitlichen Weltbild. Dies schließt auf seiten der Physiker die Anwendung der Physik auf biologische Systeme und, in konsequenter Fortsetzung, auch aufs Bewußtsein mit ein. Hier soll es aber nicht um eine Kritik des Physikalismus, eines reduktionistischen Universalismus gehen; viel bedeutsamer für den hier behandelten Zusammenhang von Phänomenen und Erklärungen ist die Tatsache, daß der Zugang zu den Er-

scheinungen durch die jeweils dominante Denkweise beeinflußt bzw. bestimmt wird. So wird verstehbar, warum die Götter, Engel, Kobolde und Dämonen (fast) außer Mode sind und die Residuen der Vorzeit einer rationalen Epoche sich nun der neuen Wissenschaft, das heißt den Naturwissenschaften, zu beugen haben; in diesem Triumphzug schleppen die Physiker alles mit sich, was sich ihnen ergeben mußte.
Zufolge dessen, was wir früher die Leitbildfunktion der Physik nannten, setzen sich die Parapsychologen auf die süßen Leimruten alternativer Interpretationen der Quantentheorie, offensichtlich ohne zu bemerken, daß die Übernahme lediglich einer bestimmten Deutungsvariante die Theorie selbst für die Forschungsarbeit noch nicht fruchtbar, das heißt operativ, macht. Als Vogelfänger agierende Physiker, für die Fritjof Capra über die engen Grenzen des professionellen Diskurses hinaus als Beispiel stehen mag, machen die in die neuzeitliche Denkweise eingebaute Hegemonie des naturwissenschaftlichen Paradigmas für ihre »neue Wissenschaft vom Menschen« nutzbar. Dieser hegemoniale Ausgangspunkt läßt den millenarischen und neobiedermeierlichen Eifer suspekt erscheinen, der aus der Überwindung des cartesianisch-newtonschen Weltbilds im Verein mit einer Synthese von östlicher Mystik und »westlicher Quantentheorie« eine neue und noch nie geschaute Harmonie von Mensch und Natur ableiten will.
Die Privatreligionen, die sich den jüngst entdeckten Parallelen zwischen Physik und Mystik verdanken und die Aufhebung der Trennung von Ich und Welt verkünden, sprechen die Sehnsucht gesellschaftlich atomisierter Menschen an, von Widersprüchen befreit in Harmonie zu leben. Mit dieser Sehnsucht wucherten die falschen Propheten allemal.

Die Sphinx

Was der deutsche Papst der Parapsychologen, Hans Bender, exemplarisch als Wunsch formuliert, nämlich »die mechanistische, sinnentleerte Reduktion von Mensch und Schöpfung aufzuheben«, indem man sich der Erforschung »der verborgenen Wirklichkeit« widmet, ist naturwissenschaftlich nicht einlösbar. Der »psychische Hintergrund der Welt« (C. F. von Weizsäcker), das Jenseits, die esoterische Welt oder wie auch immer die Namen einer transzendenten Wirklichkeit, der Mystik, Magie oder Metaphysik lauten mögen, wird Vordergrund, Diesseits, Alltag, wäre jener Hintergrund einer naturwissenschaftlichen Bearbeitung zugänglich. Es ist eine unüberbietbare und für manche vielleicht traurige Tatsache, daß alles Jenseitige sich einer wissenschaftlichen, also »diesseitigen« Erklärung radikal entzieht, ja niemals auch nur

Gegenstand einer solchen Erwägung zu werden vermag. Alles, was einer wissenschaftlichen Erklärung sich beugt, ist diesseitig, ist Welt im banalen Sprachgebrauch des Alltags. Die für manche »sinnentleerte Reduktion von Mensch und Schöpfung« vermag ihre Auflösung jedenfalls nicht in der Erforschung einer »verborgenen Wirklichkeit« finden; sie ist jenseits der Physik.

Wenn man die bisherigen Ergebnisse der Parapsychologie kritisch betrachtet, hat sich die »verborgene Wirklichkeit« einer wissenschaftlichen Erfassung entzogen. Die Gründe dafür versuchten wir darzulegen. – Das aber bedeutet, daß das Jenseits *schweigt,* sobald eine wissenschaftliche Frage gestellt wird. Antworten auf naturwissenschaftliche Fragen sind nur von einer im gleichen Maße wie die Natur differenzierten Wirklichkeit zu erwarten. Das Jenseits aber ist für die Physik (und vielleicht nicht nur für sie) *leer.* Sollte es jemals sinnvolle Antworten der Naturwissenschaften auf naturwissenschaftliche Fragen von Parapsychologen geben, werden diese jedenfalls nicht aus dem »Bereich des Übernatürlichen« kommen, sondern ebenso »natürlich«, das heißt »diesseitig« sein wie jedes andere naturwissenschaftliche Faktum auch. Eine wissenschaftliche Parapsychologie, wenn es sie geben kann, entzieht dem Gegenstand ihrer Untersuchung gerade das, worum es vielen zu tun ist: den versuchten Beweis einer anderen Wirklichkeit, einer *zweiten Wirklichkeit* außerhalb der Welt, in die wir geboren werden und in der wir sterben.

Anmerkungen

1 Mose ben Maimon an R. Joseph ben Jehuda. In: *Mose ben Maimon, Führer der Unschlüssigen.* Ins Deutsche übertragen und mit erklärenden Anmerkungen versehen von Dr. Adolf Weiss. Band 1, S. 2. Leipzig 1923 (Hervorhebungen des Autors).

2 »Die neuzeitliche Physik ist nicht deshalb Experimentalphysik, weil sie Apparaturen zur Befragung der Natur ansetzt, sondern umgekehrt: weil die Physik, und zwar schon als reine Theorie, die Natur darauf hin stellt, sich als einen vorausberechenbaren Zusammenhang von Kräften darzustellen, deshalb wird das Experiment bestellt, nämlich zur Befragung, ob sich die so gestellte Natur und wie sie sich meldet.« M. Heidegger: *Die Frage nach der Technik.* Pfullingen 1963, S. 21.

3 »Hier liegt der schwache Punkt für die Positivisten und die berufsmäßigen Atheisten, die sich beglückt fühlen durch das Bewußtsein, die Welt erfolgreich nicht nur entgöttert, sondern auch ›entwundert‹ zu haben. Das Schöne ist, daß wir uns mit der Anerkennung des ›Wunders‹ bescheiden müssen, ohne daß es einen legitimen Weg darüber hinaus gäbe. Dies muß ich ausdrücklich hinzufügen, damit Sie nicht denken, ich sei – geschwächt durch das Alter – eine Beute der Pfaffen geworden.«

A. Einstein in einem Brief an M. Solovine; zit. nach Yehuda Elkana: *Anthropologie der Erkenntnis. Die Entwicklung des Wissens als episches Theater einer listigen Vernunft.* Frankfurt am Main 1986, S. 228.

4 Joseph Agassi: *Flüchtige Funken in der Welt des Blabla. Kritische Bemerkungen zu H. P. Duerrs Traumzeit,* in: *Der Wissenschaftler und das Irrationale.* Hg. von H. P. Duerr, Frankfurt am Main 1981. Band 1, S. 351.

5 In dem kleinen Sprechstück *Über die Methode. Ein Dialog* macht sich Paul Feyerabend über die Inkompetenz seines fiktiven Gesprächspartners – eines kritisch-rationalistischen Popanz – in Sachen Astrologie lustig und zeigt, daß die Kritik der Naturwissenschaften an der Astrologie oftmals nicht einmal auf dem Niveau des eigenen Faches steht, geschweige denn über Kenntnisse der Astrologie verfügt. »Warum behandelt man die Astrologie mit einer Strenge, die man in ›der Wissenschaft‹ selbst nie anwendet? Weil man sie für eine Häresie hält – und bei Häresien hört die Rationalität auf.« Dieser gewichtige Einwand Feyerabends gegen eine vorschnelle ›wissenschaftliche‹ Kritik an der Astrologie berührt unser Argument nicht, da nicht ihre ›Wissenschaftlichkeit‹ interessiert, sondern ihre magische Kraft als Lebenshilfe. P. Feyerabend: *Über die Methode. Ein Dialog,* in: *Voraussetzungen und Grenzen der Wissenschaft.* Hg. von G. Radnitzky und G. Andersson. Tübingen 1981, S. 175.

6 Thomas S. Kuhn: *Die Struktur wissenschaftlicher Revolutionen.* Frankfurt am Main 1973.

7 Eine ausführliche Darstellung dazu und Literaturhinweise finden sich in Theodore und W. Teed Rockwell: *Die Achillesferse der Wissenschaft: die Wissenschaftler,* in: *Der Wissenschaftler und das Irrationale.* Hg. von H. P. Duerr, Frankfurt am Main 1981. Band 2, S. 334.

8 Eberhard Bauer, Klaus Kornwachs, Walter v. Lucadou: *Vom Widerstand gegen das Paranormale,* in: *Der Wissenschaftler und das Irrationale.* Hg. von H. P. Duerr. Frankfurt am Main 1981, Band 2, S. 353.

9 Die Form der Darstellung ist dabei nicht das naturwissenschaftliche Argument, sondern der Verweis auf Ähnlichkeiten, Analogien und die Andeutung von Zusammenhängen, die dem Leser das Gefühl des Abenteuerlichen und Unbegreiflichen (Paradoxen) vermitteln.

10 Für »Out-of-Body Experiences« (OBE) favorisiert die englische Psychologin Susan J. Blackmore eine psychologische Erklärung, die sich einer breiteren Theorie der »altered states of consciousness (ASC)« eingliedern sollte. Auf Vorstellungen einer Trennung von Körper und Seele, eine Aura u. ä wird zugunsten des Ansatzes verzichtet, daß OBE ein Produkt »of memory and imagination« ist, »and during the OBE one's imagination is more vividley experienced than it is in everyday life«. Susan J. Blackmore: *Beyond the Body. An Investigation of Out-of-Body Experiences.* London 1982, S. 243. Dieses Buch wurde im Auftrag der Society of Psychic Research herausgegeben.

[11] Die »Entzauberung der Welt« war jedoch nie total. Der Beginn der neuzeitlichen Naturwissenschaft zeigt noch in der Figur Isaac Newtons eine Koexistenz der neuen naturwissenschaftlichen Philosophie und der ihr vorausgehenden Naturphilosophie. Newton war gleichermaßen Theologe, Alchimist und Physiker.

So, wie im 17. Jahrhundert die Galilei-Kopernikus-Bacon-Newtonsche Wende die »Entzauberung der Welt« einläutete, wird auf Basis der Physik des 20. Jahrhunderts, die als eine radikale Absage an das mechanistische Weltbild interpretiert wird, neuerdings eine »Wendezeit« proklamiert und nach der »Wiederverzauberung der Welt« gerufen. Vor einem schwachen Jahrzehnt noch wäre solchen Versuchen gegenüber argumentiert worden, daß sie die Dialektik zwischen Basis- und Überbauphänomenen nicht zu vermitteln vermögen und eine Veränderung der gesellschaftlichen Praxis – wie sie etwa F. Capra fordert – lediglich von der Veränderung des Überbaus her begründen wollen. Vgl. dazu F. Capra: *Wendezeit.* Bern - München - Wien 1985; und M. Berman: *The Reenchantment of the World.* Ithaca - New York 1981.

[12] In scheinbarer Abkehr von der Leitbildfunktion der Physik beteuert Fritjof Capra: »Wenn wir nunmehr die Metapher von der Welt als Maschine hinter uns lassen, müssen wir auch den Gedanken aufgeben, die Physik sei die Grundlage aller Naturwissenschaften« (F. Capra, ebd., S. 103). Was Capra jedoch tatsächlich anbietet, ist eine modernisierte Façon des alten Hutes. »Das Weltbild der modernen Physik ist ein Systembild und steht im Einklang mit Systemanschauungen, die zur Zeit in anderen Wissensgebieten aufkommen, obgleich die von den anderen Disziplinen studierten Phänomene im allgemeinen anderer Art sind und andere Vorstellungen erfordern« (F. Capra, ebd., S. 103). Die alte Cartesianische Physik wird vom Podest gestoßen, um durch Capras Lieblingsidee einer Verschmelzung »der Theorien von Chew und Bohm« ersetzt zu werden. Diese werden »von der Mehrheit der Physiker noch nicht akzeptiert«; er aber halte sie »für philosophisch bedeutsam«. Capras Pech ist dabei freilich, daß physikalische Theorien von Physikern hauptsächlich an ihrer physikalischen und weniger an ihrer philosophischen Relevanz geprüft werden. Dies gilt insbesondere für Capras von Chew entlehnte »boots trap«-Theorie, die bei Capra gleich zu einer »Boots-trap-Philosophie« wird; sie hat heute, trotz gegenteiliger Rettungsversuche Capras, im Rahmen neuerer Elementarteilchentheorien nur eine geringe Bedeutung.

[13] Dieser Tatbestand wird von der Wissenschaftssoziologie eingehend untersucht; er ist nicht nur für die Parawissenschaften symptomatisch, sondern gilt auch für »physikferne« Naturwissenschaften. Vgl. dazu *Counter-Movements in the Sciences.* H. Nowotny and H. Rose (eds.): *Sociology of Sciences Yearbook,* Vol. III. Dordrecht - Boston - London 1979.

[14] F. Capra, a. a. O.; G. Zukav: *The Dancing Wu Li Masters. An Overview of the New Physics.* Dungay - Suffolk 1980; M. Ferguson: *Die sanfte Verschwörung.* München o. J.

15 H. Bender im Gespräch mit J. Mischo, in: E. Bauer, W. v. Lucadou: *Spektrum der Parapsychologie.* Freiburg im Breisgau 1983, S. 25.

16 Ebd., S. 25.

17 *Grenzerfahrungen.* Hg. von der »psychologie heute«-redaktion. Weinheim und Basel 1985, S. 6.

18 E. Bauer, K. Kornwachs, W. v. Lucadou, a. a. O., Band 2, S. 363.

19 Vgl. dazu W. v. Lucadou: *Der flüchtige Spuk,* in: *Spektrum der Parapsychologie,* a. a. O., S. 150 und passim.

20 E. Bauer, K. Kornwachs, W. v. Lucadou, a. a. O., Band 2, S. 363.

21 Ebd., S. 353 und S. 365.

22 Man denke z. B. an das Pendel oder die Wünschelrute, deren Anwendung vom Suchen der Wahrheit bis zum Suchen von Wasser und Wasserleichen reicht.

23 E. Bauer, K. Kornwachs, W. v. Lucadou, a. a. O., S. 365.

24 »Ich behaupte nicht, daß das Reproduzierbare an und für sich selbst wichtiger ist als das Einmalige, aber ich behaupte, daß das wesentlich Einmalige sich der Behandlung durch die naturwissenschaftliche Methode entzieht.« W. Pauli: *Aufsätze über Physik und Erkenntnistheorie.* Braunschweig 1981, S. 94.

25 Die »Society for Psychic Research«, die erste wissenschaftliche Vereinigung, die sich dem Ziel einer systematischen Erforschung des Parabereichs widmete, wurde 1882 gegründet.

26 U. Timm: *Was wissen wir eigentlich über Psi-Phänomene?* In: E. Bauer, W. v. Lucadou, a. a. O., S. 224.

27 Ebd., S. 224.

28 Vgl. dazu: *Neue Wege der Parapsychologie.* Hg. von John Beloff. Olten und Freiburg im Breisgau 1980.

29 L. Oteri (Ed.): *Quantum Physics and Parapsychology.* Parapsychology Foundation, New York 1975.

30 Carl Friedrich von Weizsäcker: *Aufbau der Physik.* München - Wien 1985.

31 Holger Kalweit: *Transpersonale Psychologie. Das Paradox ist unser Barometer für Erleuchtung,* in: *Grenzerfahrungen,* a. a. O., S. 49. Das Einstein-Zitat findet sich in *New York Times,* 25. Mai 1946, S. 13.

32 In einer anderen Äußerung Einsteins aus dem Jahre 1946 heißt es: »Unzählige Zungen verkünden seit geraumer Zeit, daß sich die Gesellschaft im Zustand der Krise befindet und daß ihre Stabilität ernsthaft erschüttert sei. ... Nach meiner Überzeugung gibt es nur einen Weg zur Beseitigung dieser schweren Übel, nämlich die Etablierung der sozialistischen Wirtschaft, vereint mit einer auf soziale Ziele gerichteten

Erziehung...« A. Einstein: *Aus meinen späten Jahren.* Stuttgart 1977, S. 188 und 195.

33 N. Bohr, C. F. v. Weizsäcker, E. Schrödinger, A. Einstein (alle mit Foto), D. Bohm, F. Capra (ohne Foto).

34 Einstein war der Ansicht, daß die Quantenmechanik zwar konsistent, aber unvollständig sei, das heißt, die Realität der Atome nicht vollständig beschreibe. Diese mit Einsteins Realitätsbegriff eng verknüpfte Aussage wird heute von der Mehrzahl der Physiker nicht geteilt, während die »Kopenhagener Deutung« der Quantenmechanik durch Bohr und seine Schüler akzeptiert ist. Vgl. dazu A. Einstein, B. Podolsky and N. Rosen: *Can Quantum-Mechanical Description Of Reality Be Considered Complete?* In: *Physical Review,* 47, 777 (1935); Niels Bohr: *Discussions with Einstein on Epistemological Problems in Atomic Physics,* in: P. A. Schilpp (ed.): *Albert Einstein, Philosopher Scientist.* New York 1957. Eine sehr gute Darstellung dieses die parapsychologische Literatur durchgeisternden Problems findet man auch in Abraham Pais: *»Subtle is the Lord...«. The Science and Life of Albert Einstein.* Oxford University Press 1982.

35 Holger Kalweit, a. a. O., S. 55.

36 Carl Friedrich von Weizsäcker, a. a. O., S. 543.

37 E. Wigner: *Remarks on the mind-body question,* in: I. J. Good (ed.): *The Scientist speculates.* London 1961.

38 Carl Friedrich von Weizsäcker, a. a. O., S. 543 und S. 620 passim.

39 Ebd., S. 530.

40 Als Phänomen bezeichnen wir, im Anschluß an Niels Bohrs Antwort auf Einsteins Arbeit aus dem Jahr 1935 (siehe Anm. 34), nicht isolierte Sinneswahrnehmungen, sondern »das verständliche Ganze einer *Situation,* in deren Rahmen Sinneseindrücke erst eine mitteilbare Bedeutung bekommen«. Carl Friedrich von Weizsäcker, ebd., S. 508. Dieser Phänomenbegriff umfaßt *sinnliche* Wahrnehmung an *begrifflich* interpretierten *realen* Gegenständen in seiner Gesamtheit.

Werner Zurfluh

Außerkörperlichkeit

1. An den Grenzen einer vernünftigen Fragestellung

Gewisse Erzählungen sind unterhaltsam und lustig, andere hingegen irgendwie unangenehm. Man möchte das Gehörte schnell vergessen und die auftauchenden Ahnungen wieder verscheuchen. Hatten sich nicht früher schon – damals auf der Schwelle zum Erwachsenendasein – gewisse Dinge als völlig unbrauchbar erwiesen? Da gab es doch Erlebnisse, die niemand zu schätzen, zu verstehen oder gar zu erklären wußte. Im Gegenteil, faßte man sich ein Herz, um davon zu erzählen, wußten es die Eltern, Verwandten und Lehrer besser. Was war mit den schrecklichen Geistern, die ins Zimmer krochen oder in der Ecke standen? Es gab sie nicht! Und das unergründlich schwarze Loch, in das man nach dem abendlichen Schlafengehen plötzlich hinunterfiel, war ein bloßes Hirngespinst. Die rasenden Flüge über wunderschöne Hügel und Berge waren bloß eine symbolische Umsetzung kindlicher Wünsche. Falls man trotz allem von solchen Dingen zu erzählen wagte, stieß man auf Ablehnung. »Das sind bloß Träume! Das ist unvernünftig, märchenhaft und ein Ausdruck kindlicher Ängste und Vorstellungen«, sagten die Erwachsenen und gingen kopfschüttelnd zur Tagesordnung über.
Man sollte nicht allzu voreilig urteilen und etwas geringschätzen, was man aus eigener Anschauung weder kennt noch in seinen Auswirkungen einzuschätzen vermag. Denn die größten Kostbarkeiten sind oft im Unscheinbarsten und Banalsten verborgen. Vieles scheint unbrauchbar und erweist sich erst bei genauerer Betrachtung als frag*würdig*, als wertvoll und als echte Bereicherung der eigenen und der gesellschaftlichen Lebensmöglichkeiten. Dies gilt auch für die Zeitspanne, die mit dem Einschlafen beginnt und dem Erwachen endet. Sie wird normalerweise kaum beachtet. Man ist eher froh, sie möglichst problemlos hinter sich gebracht zu haben, und sagt dann: »Glücklicherweise konnte ich sofort einschlafen!« Und jene, die voller Unruhe und Sorgen sind, werden jeweils am Morgen erleichtert feststellen, daß sie die Nacht traumlos durchschlafen haben. Nur den Kindern wünscht man beim Zubettgehen »süße Träume«, ohne sich dabei konkret für die Traumerleb-

nisse zu interessieren. »Gut geträumt haben« ist einfach gleichbedeutend mit »gut geschlafen haben«.
Gerade die zum Schlaf hinführende Phase, der sogenannte hypnagogische Zustand, birgt eine Fülle von Überraschungen. Als Kind können sich viele in dieser Zeit ihr »eigenes Kino« machen und sogar wunderbare Musik hören. Auch bei den Erwachsenen – mögen sie noch so »bodenständig« und aufgeklärt sein – zittern an manchen Abenden beim Einschlafen nebelhafte Lichtflecke im leeren Raum ohne Horizont hinter den geschlossenen Lidern. Manchmal platzen auch wolkenartige Farbfelder auf und wandern in ständiger Umwandlung langsam verblassend in eine bodenlose Tiefe. Das genaue Hinsehen ist anstrengend und verscheucht irgendwie den Schlaf. Das vergessende Hinübergleiten ist weitaus bequemer und angenehmer. – Doch plötzlich zuckt ein greller Blitz durch die Schwärze. Ein gewaltiges Dröhnen zerreißt einem schier den Kopf, und ruckartig fliegt der Körper in die Höhe. Mit einem Schlag ist man hellwach und spürt gleichzeitig den Aufprall im Bett. Alle Körperglieder zucken, das Herz schlägt schneller, und man schnappt nach Luft. Von der anderen Bettseite wird dann die besorgte Frage nach dem Befinden laut. Es wird kaum jemanden geben, der dies nicht schon selbst in einer mehr oder weniger dramatischen Form erlebt hätte.
Nun gibt es im Umfeld der Phänomene, die beim Einschlafen und im Schlaf auftreten, eine besonders eindrückliche Erfahrung. Sie steht hier im Mittelpunkt, denn sie verlangt letztlich eine Besinnung auf die Frage nach den Begrenzungen der Lebensmöglichkeiten. Es handelt sich um die Außerkörperlichkeit, die auch als Ausleibigkeit, Exteriorisation, Astralwandern, Seelenflug, magische Spaltung oder als körperunabhängige, ekstatische Existenz bezeichnet wird. Dieses Erlebnis führt an die Grenzen der Vernunft. Wer die Außerkörperlichkeit mit allen Folgeerscheinungen *selbst* erlebt, dem wird schlagartig klar, daß es sich bei diesem Zustand um eine Art Weiterführung von harmlosen Erlebnissen handeln könnte, die ab und zu beim Einschlafen auftreten. Das Erschrecken beim plötzlichen »Durch-das-Bett-Hinunterfallen« oder das unerwartete mit »Blitz und Donnerschlag Aus-dem-Bett-hochgerissen-Werden« findet mit einemmal im außerkörperlichen Zustand seine Fortsetzung. Davon zeugt nicht nur der Vergleich mit den im Freundes- und Bekanntenkreis bei Gelegenheit vorgebrachten »harmlosen« Einschlaferlebnissen, sondern auch die sorgfältige Beobachtung der nach dem Zubettgehen auftretenden Phänomene. Zu diesen Erscheinungen gehört das beunruhigende Gefühl des Vibrierens – als würde das Bett von einem Riesen durchgeschüttelt. Oder die befremdlichen Doppelkörperempfindungen – man fühlt sich schwer und leicht zugleich, im Bett und gleichzeitig über dem Bett schwebend. Viele werden bei diesen Empfindungen etwas vorschnell ihre

Meinung äußern und von einer Depersonalisation, gar von einer beginnenden Psychose oder einem schizophrenen Schub sprechen. Und dann gibt es noch die unangenehmen Hitzewallungen, die befremdlichsten Geräusche und das grauenhafte Gefühl, von Geisterhand berührt zu werden. Diese Dinge sind, vom Erleben her betrachtet, zunächst einfach unerklärlich und beängstigend. Man weiß nicht so recht, was man mit ihnen anfangen soll. Und man kommt meistens nicht auf den Gedanken, daß sie mit dem zu tun haben könnten, was andere aus eigener Anschauung als Sterbeerfahrung und außerkörperliches Erleben kennen. Meines Erachtens gehören all diese Erfahrungsformen zu einer seit jeher und bei allen Völkern bekannten menschlichen Existenzweise – zur Außerkörperlichkeit.

Leider wissen diejenigen, die davon überzeugt sind, mit beiden Beinen im Alltag zu stehen, von der Erfahrungsmöglichkeit »außerkörperlicher Zustand« nicht das geringste. Von einer intensiven Vorbereitung auf dieses Erlebnis kann überhaupt keine Rede sein. Demzufolge geschieht der Wechsel in den außerkörperlichen Zustand – falls er trotz aller Unwissenheit, Zurückhaltung oder Skepsis stattfinden sollte – beinahe ausnahmslos *ohne* bewußte Beteiligung eines selbstkritischen Ichs. Denn wer könnte unter den gegebenen Voraussetzungen in dieser außerordentlichen Situation schon »kaltblütig« und besonnen genug sein, die besondere Lage kritisch einzuschätzen und distanziert zu beobachten? Bei den spontan oder durch einen Schock ausgelösten Erlebnissen geschieht nämlich alles viel zu schnell und zu unerwartet. Alle Gefühle sind beteiligt, und die »Ausgetretenen« werden oft von ihren Emotionen und all dem, was sie glaubten, erfolgreich verdrängt zu haben, geradezu überschwemmt. Wenn der Austritt zudem noch ruckartig abläuft und von grellen Lichterscheinungen, lauten Geräuschen und unangenehmen Körperempfindungen begleitet wird, ist es kaum möglich, den Zustand als »normal« zu empfinden oder gar beizubehalten. Zu groß ist der Schreck, zu ungewohnt sind die Begleiterscheinungen, und zu unbekannt ist das Ereignis als solches. Man weiß es nicht oder scheint es zumindest vergessen zu haben, daß es diese Erfahrungsmöglichkeit auch bei uns und für uns selbst gibt. Wenn wir deshalb von Trance, Ekstase, mystischer Verzückung, schamanischen Reisen und märchenhaften Seelenfahrten hören, glauben wir doch nie und nimmer daran, daß diese Erfahrungsbereiche – wie das Essen und Trinken – einfach zum menschlichen Leben gehören. Können wir also als vernünftige und verständige Menschen – wenn wir nicht einmal wissen, worum es genau geht – überhaupt nach solchen Erfahrungen fragen?

2. Die »chinesisch« anmutende Betrachtung des eigenen Körpers von außen

Die außerkörperliche Erfahrung beginnt manchmal ganz undramatisch. Sie wird dann – wie dies bei vielen Sterbeerlebnissen der Fall ist – durch eine Phase eingeleitet, *in der man sich selbst sehen kann*[1]. In meiner Jugend erlebte ich dies folgendermaßen: Ich erwachte grundlos mitten in der Nacht und war hellwach – keineswegs schläfrig oder gar benommen, wie dies eigentlich hätte sein sollen. Also stand ich auf und ging die paar Schritte bis zum Fenster, um ein bißchen rauszuschauen. Schließlich wollte ich wieder zu Bett gehen, denn es war noch früh – viel zu früh, um definitiv aufzustehen. Aber da lag jemand in meinem Bett! Das konnte doch nicht sein! Nach dem ersten Schreck schaute ich genauer hin. Ich war es selbst, der da unter der Decke lag!
Damals, das war etwa um das Jahr 1960 herum, wußte ich nichts über die Außerkörperlichkeit und deren Begleiterscheinungen. Niemand hatte mir davon erzählt. Und als fünfzehnjähriger Gymnasiast hatte ich weder Kenntnisse der Volkskunde noch der Religionsgeschichte. Sonst wäre es mir gelungen, das Erlebnis einzuordnen und vor allem die Erwachsenen daraufhin anzusprechen. In der parapsychologischen Literatur hätte ich Parallelen finden können, aber mit derartig obskuren Büchern wollte ich mich nicht beschäftigen. So dauerte es einige Jahre, bis ich mir der Tragweite meines Erlebens bewußt wurde und merkte, daß es sozusagen allem zuwiderlief, was akzeptiert und toleriert wurde. Auch die Tiefenpsychologie, mit der ich mich später intensiv beschäftigte, bot keine Erklärung. Und in der Psychiatrie wurde diese Art von Erleben sogar als krankhaft und gefährlich eingestuft. Unter diesen Umständen dauerte es ziemlich lange, bis ich die außerkörperliche Erfahrung gefühlsmäßig und gedanklich einigermaßen verarbeiten konnte. Schließlich empfand ich es als normal, den außerkörperlichen Zustand mehrmals pro Monat zu erleben – und ich begann mich zu wundern, weshalb andere ein solches Aufheben von dieser Sache machen und sogar von einem Ereignis sprechen, das sich »An den Grenzen dieser Welt« abspielt.
Der Anblick der eigenen Person von außerhalb ist allerdings zunächst einfach nur eine *gefühlsmäßige Gewißheit.* Sie erinnert einen an die Tatsache der physischen Existenz und damit an den Sachverhalt des Vorhandenseins eines materiellen Leibes, welcher vom Ich tagsüber im Alltag »besetzt« gehalten wird. Umgekehrt betrachtet widerspricht bei uns – wohlgemerkt einer Gesellschaft, die sich zum Christentum bekennt und an die »Auferstehung« glaubt – das Vorhandensein eines zweiten Leibes den gewohnheitsmäßigen Vorstellungen von dem, was Materie zu sein hat. Wer jedoch als *im*materielles Wesen die eigene Person in Form eines im Bett liegenden Körpers wiederer-

kennt, darf von einer ganz bestimmten Erfahrungsgewißheit sprechen. Daß unter diesen Umständen beispielsweise gewisse Bibelworte schlagartig anders verstanden werden, ist eine logische Folge des Erlebens. Der Glaube wird im wahrsten Sinn des Wortes lebendig, denn die theologische Spekulation verwandelt sich auf diese Weise in eine praktische religiöse Erfahrung. – »Nun könnte einer fragen: Wie stehen die Toten auf? Mit was für einem Leibe werden sie kommen?« (1 Kor 15,35) »Wenn es einen irdischen Leib gibt, gibt es auch einen geistigen« (1 Kor 15,45), sagt Paulus, und nach dem außerkörperlichen Zustand denkt man sofort daran, diese Aussage und die des zweiten Korintherbriefes in bezug auf die Sehnsucht nach der »Überkleidung mit der himmlischen Behausung« (2 Kor 5,2) auf die wohl menschlichste aller menschlichen Erlebnismöglichkeiten – die Außerkörperlichkeit – zu beziehen.

Auch außerhalb der christlichen Welt gibt es deutliche und ausführliche Hinweise auf die *Kunst der Herstellung des »himmlischen Körpers«* und seiner Ablösung vom irdischen Leib. Beispielsweise in der chinesischen Schrift *Tai I Gin Hua Dsung Dschi,* die von Richard Wilhelm übersetzt wurde. Doch weshalb sollten wir dieses Buch lesen, wenn wir doch schon beim Lesen der Bibel Verständnisschwierigkeiten haben? In dieser Schrift mit dem deutschen Titel *Das Geheimnis der goldenen Blüte*[2] geht es doch um etwas noch Fremdartigeres und Exotischeres – um die »Goldblume des Großen Einen« und das »Sammeln des Lichtes«. Das kann natürlich viel heißen und auf mancherlei – z. B. psychologische – Art verstanden werden. Im Hinblick auf das Erlebnis der Außerkörperlichkeit bekommt der Text aber eine überraschende Aktualität. Auf einer der Tuschezeichnungen, welche die chinesischen Erläuterungen illustrieren, ist nämlich zu sehen, wie sich ein zweiter Körper, ein »subtiler Leib«, von einem in tiefer Meditation versunkenen Manne ablöst. Speziell dieses Bild ist dazu geeignet, an Erfahrungen ähnlicher Art zu erinnern. Die Darstellung spricht für den, der die Außerkörperlichkeit aus eigener Anschauung kennt, eine leicht verständliche Sprache. Bei einer ernsthaften Auseinandersetzung mit dem Text erscheint die chinesische Schrift sogar als Widerspiegelung der Schwierigkeiten und Mühen im Zusammenhang mit der willentlich durchgeführten Ablösung des Zweitkörpers und der Erschließung des damit verbundenen Erfahrungsbereiches. Die alten Chinesen haben uns mit dem *Geheimnis der goldenen Blüte* ein wunderbares Lehrstück für die bei der Außerkörperlichkeit unbedingt notwendige Stabilisierung des Ich-Bewußtseins und die damit einhergehende Ganzwerdung des Menschen in die Hand gegeben[3]. Gleichzeitig haben sie uns eine lehrreiche Ergänzung zur christlichen Auffassung des Auferstehungsleibes hinterlassen.

In der Lehre der *Goldenen Blüte* bedeutet Bewußtwerdung die Manifestation

des *Großen Einen.* Diese Bewußtwerdung geht wie selbstverständlich einher mit der Erzeugung des »diamantenen Leibes«. Dieser Leib ist unvergänglich, denn er wird in ein Jenseits der Grenzen der Welt, aus der heraus er mitgestaltet wurde, hineingeboren. Es ist allerdings ohne persönlichen Erfahrungshintergrund nicht leicht, die in dieser und in anderen chinesischen Schriften zum Ausdruck kommende Geisteshaltung nachzuvollziehen. Uns fehlt zur gerechten Beurteilung der angesprochenen Gegebenheiten die *praktische* Erfahrung. Und gerade die ist für das Verständnis derartiger Texte von ausschlaggebender Bedeutung. Wenn die eigene Person aber von derartigen Erlebnisdimensionen ferngehalten wird, kommt es auch in bezug auf die *Theoriebildung* zu einer enormen Verarmung. Gewisse Ausdrucksformen des Menschlichen werden sogar *undenkbar* und nicht mehr nachvollziehbar. In der Folge entstehen philosophische Hürden, die es unmöglich machen, irgendein Weltbild, das in einer anderen Geisteshaltung wurzelt, mitsamt seinen Erfahrungsformen zu verstehen oder gar zu akzeptieren.
Aber ist denn das Erlebnis der Ablösung bei uns wirklich so unbekannt, wie es den Anschein hat? Oder sind wir wegen der offensichtlich bestehenden Unverträglichkeit zum »schulischen Wissen« und zur »Vernunft des Alltags« einfach zu eingeschüchtert, um zu dem stehen zu können, was wir selbst erlebt haben? Den meisten macht es schon Mühe, wenn es darum geht, den Wechsel vom innerkörperlichen in den außerkörperlichen Zustand wenigstens als Erfahrungs-*Möglichkeit* zu akzeptieren. Die Hüter der Schulweisheit und jene, die zu wissen vorgeben, was wissenschaftlich heißt, fordern statt dessen *Beweise.* Selbst bemühen sie sich keineswegs darum, die betreffende Erfahrung Wirklichkeit werden zu lassen. Sie sind vielmehr der festen Überzeugung, daß die persönliche Erfahrung die objektive Wahrheitssuche verunmöglicht und – schlimmer noch – ihrem Ruf als Wissenschaftler schadet. Diese Leute *hören* zwar, daß es die Außerkörperlichkeit als Erfahrung gibt, weigern sich aber, ihr Weltbild zu ändern und die »ekstatische Möglichkeit« des Menschseins zu realisieren. Und wenn sie ein Buch wie *Das Geheimnis der goldenen Blüte* lesen, wird ihnen »natürlich« der Text wahrhaft »chinesisch« vorkommen müssen.

3. Die Einfachheit des außerkörperlichen Erlebens ist außerordentlich komplex

Das Erlebnis der Ablösung vom physischen Leib ist sehr eindrücklich – wenigstens die ersten paar Male. Allerdings ist ein Ereignis, das man zuvor noch niemals selbst erfahren hat, immer etwas Außergewöhnliches, ja geradezu Sensationelles. Mit der Zeit und den Wiederholungen geht die erste

überschwengliche Begeisterung verloren. Sylvan Muldoon bedauerte letzten Endes aufgrund der Vielzahl *seiner* außerkörperlichen Erfahrungen und den sich daraus ergebenden Schlußfolgerungen in bezug auf den Nachtodeszustand, »daß mit dem Tode nicht alles zu Ende« sei, und sagte: »Ich möchte, daß der Tod einen langen und traumlosen Schlaf brächte. Aber ach, meine Erfahrungen haben mir überzeugend bewiesen, daß das Wort ›Staub bist du, und zu Staub sollst du werden!‹ nicht für die Seele geschrieben worden ist[4].«
Es wundert mich nicht, daß Muldoon, der sozusagen Nacht für Nacht einen Austritt erlebt hat und dann beinahe ausnahmslos im außerkörperlichen Zustand im Bereich der eigenen vier Wände verblieb, die Sache mit der Zeit enorm langweilig fand. Möglicherweise ist seine Äußerung im Hinblick auf die Unerfahrenheit und Befangenheit vieler seiner Leser auch *nur* ironisch gemeint. Die Sache wird nämlich zu einem phantastischen geistigen Abenteuer, falls jemand furchtlos genug ist, aus dem Gefängnis der selbstgemauerten und anerzogenen Abschirmung auszubrechen und seine »Schlafzimmermentalität« zu überwinden. Wer allerdings konsequent tiefer in den Erfahrungsbereich der Außerkörperlichkeit vorstoßen möchte, wird merken, daß sich sein *Denken und Fühlen* ändern müssen. Dazu bedarf es dann einer ernsthaften Auseinandersetzung mit sich selbst *und* mit dem Weltbild und den damit verbundenen Wertmaßstäben und Beurteilungskriterien. Selbsterkenntnis erfordert eine gehörige Portion Mut – und einen Arbeitsaufwand, der stets größer ist, als man sich das zu Beginn vorstellt. Davor schrecken viele »instinktiv« zurück. Woher sollte man auch die dafür notwendige Zeit nehmen? Und weshalb sollte man aufgrund einer Sache, die unabsehbare Folgen haben könnte, das bisher Erreichte in Frage stellen? Was wird geschehen, wenn sich plötzlich das Leben und die Welt, in der man seinen Alltag verbringt, total verändern?
Die Tatsache, daß sich eine Erfahrung wie die Außerkörperlichkeit relativ problemlos wiedererleben läßt und bei vielen Völkern bekannt ist, dürfte nachdenklich stimmen. Es ist doch irgendwie ernüchternd, daß es Erfahrungsbereiche gibt, die *wir* bloß aufgrund unseres vorwiegend *materialistischen* Weltbildes als außergewöhnlich bezeichnen. Bei anderen Völkern mit einem Weltbild, das den Alltag nur als *Teil* der Wirklichkeit begreift, ist die Außerkörperlichkeit – wie das Sterben – einfach ein Bestandteil des Menschseins. Der Alltag erscheint in einem ganz anderen Licht. Er ist durchscheinend für andere Dimensionen der Wirklichkeit! Dies verleiht dem Menschen eine Würde, die weit über das hinausreicht, was sich geldwertmäßig ausdrükken läßt.
Der multidimensionale Charakter des menschlichen Wesens wurde insbesondere im vorderasiatischen und asiatischen Raum – im Mittelalter auch in

Europa – mehrfach in philosophisch-religiösen Schriften beschrieben. Gleichzeitig wurden diese Vorstellungen *praktisch* – z. B. durch Yoga, Meditation oder Herzensgebet – verwirklicht. Die Philosophen und Geistlichen in unseren Breitengraden verheddern sich dagegen *vor* jeder Praxis bereits in den Fallstricken von Theorie, Begriffssystem und konfessioneller Bindung. Dabei ließe sich die spirituelle Dimension der Außerkörperlichkeit gefühlsmäßig und intuitiv – und mit kindlichem Gemüt – leicht »begreifen«. *Ohne* persönliche Erfahrung wird man jedoch früher oder später an den Schwierigkeiten der begrifflichen Erfassung und der Unvereinbarkeit dieser weitverbreiteten Erfahrung mit dem gängigen Weltbild scheitern. Während nun den einen die Praxis mangelt, haben bzw. hatten andere – beispielsweise die Hexen – Probleme mit der Theorie und dem herrschenden Weltbild und ihren institutionellen Vertretern. Die Klugen unter den Magiern, Alchemisten, Mystikern und Esoterikern waren zeitweise gut beraten, ihre Kunst entweder nur im geheimen oder ausschließlich unter der Führung eines offiziell beglaubigten Vertreters einer anerkannten Institution auszuüben. Heute wird die Verantwortung für außergewöhnliche Erfahrungen den Psychotherapeuten, Psychiatern, Geistlichen, Parapsychologen, Kursleitern und – leider allzu oft – gewissen Sektenführern übertragen. Ob diese auf einem Gebiet als fachkompetent zu betrachten sind, wo es ihnen selber an *eigener* Erfahrung mangelt, überlasse ich dem Urteil des Lesers.
Carl du Prel hat in seinem kleinen Artikel *Das Mysterium des Astralkörpers* im Jahre 1886 eine geschichtliche Studie vorgelegt, in welcher er zeigt, daß die begriffliche Fassung und die Erklärung des Phänomens der Außerkörperlichkeit nicht immer geglückt und vor allem ziemlich komplex ist[5]. Es läßt sich auch heutzutage nicht übersehen, daß die Erfahrung des Austritts die »offiziellen« Denker weiterhin in arge Verlegenheit bringt. Daran wird sich erst etwas ändern, wenn – endlich – das theoretische Denken *über* die Sache mit der *persönlichen Erfahrung* verbunden wird.

4. Was kümmert sich das Leben um Grenzen!

Dem Leben ist es egal, ob irgend jemand irgendwelche Lebenserscheinungen objektivieren und erklären kann, denn das Leben braucht für sein Sein kein Haben, also keine Theorien und Weltanschauungen. Im Gegenteil, es wird durch theoretische Setzungen und dogmatische Äußerungen eingeengt. Mit Theorien, die zu Dogmen verabsolutiert wurden, kann und darf niemand mehr spielerisch umgehen. Manche klammern sich zum Unglück ihrer Mitmenschen und der Natur mit tödlichem Ernst an konfessionell und politisch

festgelegte Wahrheiten. Sie betrachten diese als absolut und alleinseligmachend und glauben, *ihre* Wahrheit mit allen Mitteln gegen den Fluß des Lebendigen *behaupten* und *verteidigen* zu müssen. Sterben und Tod werden zu Erzfeinden der menschlichen Existenz, denn jede Art von Wandel muß einer auf Beharrung und Konstanz festgelegten Anschauung als Zerfall erscheinen. Gegen diesen sucht man mit allen Mitteln anzugehen – es wird restauriert und konserviert. Leider sind es nicht die kulturellen Werte, sondern die persönlichen Vorurteile, Gewohnheiten und Lebensanschauungen, die mit besonderer Sorgfalt gehegt und gepflegt werden. Auf diese Weise wird der Mensch zur maskenhaft starren Persönlichkeit mit abgegrenzten Wesenszügen – und es ist ihm nicht gestattet, den vorgegebenen Rahmen willkürlich zu sprengen. Mit einer derartigen Lebenseinstellung wird es kaum möglich sein, in einer außergewöhnlichen Situation gelassen zu bleiben und diese nicht als explosiv und zerstörerisch aufzufassen.
Erst mit der lebendigen Erfahrung – im hier zur Sprache kommenden Fall ist es die Außerkörperlichkeit – zerreißen die Schleier des Alltäglichen und *mit* ihnen die Schleier des Geheimnisvollen. Dies geschieht ganz ohne theoretisches Dazutun. Wer nun die Außerkörperlichkeit vor den Blicken der profanen Welt verbergen will, blockiert und vernichtet damit die »ekstatischen« Möglichkeiten des Menschseins. Angesichts des atomaren Vernichtungspotentials betrachte ich jene, die aus der Außerkörperlichkeit eine Geheimniskrämerei und Schulungsfrage machen, als Menschenverächter und Zyniker. Wenn nämlich aus dieser selbstverständlichen menschlichen Möglichkeit eine Angelegenheit nur für Eingeweihte, Meisterschüler und besonders Begabte gemacht wird, müssen es sich die selbsternannten Meister in Anbetracht der tatsächlichen Verbreitung dieser Erfahrung gefallen lassen, als Hochstapler entlarvt zu werden. Bei der Außerkörperlichkeit handelt es sich eben *nicht* um eine neue Offenbarung, die denjenigen, der sie »preisgibt«, zum Übermenschen macht. Gustav Meyrink, der Verfasser des *Golems* und anderer esoterischer Romane, schrieb zu diesem Thema bereits im Jahre 1927:

»Ich selbst habe viele sonst sehr ernste und wertvolle Menschen getroffen, die mir unterm Siegel der Verschwiegenheit von angeblich tiefsten Geheimnissen Mitteilung machten, die ihnen von dem oder jenem ›großen Führer‹ anvertraut worden seien, und wenn ich ihnen dann Bücher vorwies, in denen dasselbe viel gründlicher längst gedruckt steht, fanden sie sofort die danebenschießende Beschönigung: Ach, das Buch kennt der ›Meister‹ sicherlich nicht – er liest überhaupt keine Bücher. Fragt man dann weiter: ›Was *kann* denn der Meister?‹, so bekommt man zu hören: ›Er kann *natürlich* riesig viel, nur – darf er's nicht zeigen.‹ ... Zum Beispiel: ›Er kann *austreten!*‹ ... Es ist damit *ein bewußtes Verlassen des Leibes* gemeint. Das Geheimnis, wie man das bewerkstelligen kann, war nicht nur der Hauptinhalt der antiken Mysterien ..., sondern es bildet die Basis, auf der der praktische Okkultismus des Altertums wie auch zum Teil der Neuzeit fußt[6].«

»Astralwanderungen sind keine Gabe für einige auserwählte Menschen; jeder Mensch hat verborgene Kräfte zu seiner Verfügung, die lediglich richtig genutzt werden müssen[7].« Und diese Nutzung liegt nicht in den Händen von Geschäftemachern, sondern in der Verantwortung eines jeden einzelnen Menschen. Daran erinnert letztlich und glücklicherweise das unabwendbare Ereignis des physischen Todes. Das *Memento mori,* das Sich-Erinnern an den Tod, wird deshalb stets zu einer Rückbesinnung auf die Möglichkeiten, die das Menschsein in sich birgt. Eine ganze Reihe von Organisationen mag von der Sehnsucht nach dem eigenen Menschsein profitieren und ein Vermögen damit machen. Im Hinblick auf die Außerkörperlichkeit ist es zum Beispiel die *Eckankar-Gruppe,* »die in den sechziger Jahren von Paul Twitchell in Kalifornien gegründet wurde. ... Die Bewegung verspricht, jeden Anfänger gegen eine Gebühr in der Kosmologie des Kults und in den Methoden der Astralprojektion zu schulen[8].« Diese Methoden sind jedoch wesentlicher Bestandteil vieler traditioneller Lehren. Mit anderen Worten, sie sind elementar und leicht zugänglich. Man braucht somit nicht Unsummen von Geld auszugeben und sich zudem einem Weltbild zu verschreiben, das in Gestalt einer Institution Machtansprüche stellt und verlangt, sich den Vorstellungen einer bestimmten Person zu unterwerfen. Es genügen die sorgfältige Beachtung der nächtlichen Erfahrungen und die begleitende Lektüre jener Bücher, die in diesem Artikel genannt wurden. Für die Schulung der *Technik* des Austritts ist vor allem das Buch von D. Scott Rogo *Reisen in die unsterbliche Dimension* geeignet[9].

5. Die geringfügig mächtigen Hindernisse auf dem Weg zum eigenen Erleben

Die Tatsache, daß das Ich im außerkörperlichen Zustand über seine Situation genau Bescheid weiß und besonnen bleibt, macht die Bewußtwerdung der Grundannahmen erforderlich, aus denen sich das Selbstverständnis des Ichs ableitet. Denn die Grundlage für die Anschauung und das Urteilsvermögen besteht aus erfahrungsfernen Voraussetzungen, die weder ausdrücklich aufgewiesen noch in Frage gestellt werden. In ihrer Gesamtheit bilden sie ein Grundgerüst, das als »Weltbild« bezeichnet wird. Dieses Weltbild ist für die persönlich bevorzugte *Lebensart* und die möglichen *Wechselwirkungen* mit der Umwelt von ausschlaggebender Bedeutung. Falls das Ich also in irgendeiner Situation bewußtseinskontinuierlich bleibt und über die normale Stabilität und Koordinationsfähigkeit verfügt, ist es aus Gründen der Ehrlichkeit und der Wertschätzung gegenüber dem Lebendigen dazu verpflichtet, einer erkenntnistheoretischen Fragestellung nachzugehen. Der »Zustand« des Ichs spielt dabei keine Rolle, denn es geht unter allen Umständen und in erster Linie um die Abklärung der Motivationen, die dem Handeln zugrunde liegen, das heißt um eine ethische Fragestellung – und gleichzeitig um die Frage nach den Voraussetzungen, die zu bestimmten Einsichten, *Erkenntnissen* und letztlich eben zum Handeln führen. Schließlich sind es stets die *nicht* in Frage gestellten und als selbstverständlich vorausgesetzten Grundannahmen, welche die praktischen Erfahrungsmöglichkeiten und das Leben im allgemeinen begrenzen.

Die Frage eines älteren Mannes, der über zehn Jahre in Indien gelebt hatte, mag dies verdeutlichen. Dieser Mann erzählte mir nach einem Vortrag, er habe die Außerkörperlichkeit in Indien sehr oft – beinahe jede Nacht – erlebt. Von dem Tage an, als er jedoch wieder nach Europa zurückkehrte, war es mit der Außerkörperlichkeit vorbei. »Woran mag das liegen?« fragte er mich. – Es liegt am *Weltbild.* Das Weltbild bestimmt die Dimension des Erlebens. Es begrenzt auf eine prinzipielle Art und Weise die Erkenntnis- und die Erfahrungsmöglichkeiten. Die Inder haben aber eine andere Lebenseinstellung als die Europäer. Dies ist eine banale Feststellung, doch die Folgen sind enorm. So wird im gesamten asiatischen Raum die Außerkörperlichkeit im allgemeinen als *selbstverständlich* aufgefaßt. Niemand wird daran gehindert, sie zu erleben – im Gegenteil, der weltanschauliche Hintergrund des Hinduismus und des Buddhismus fördert geradezu die Einsicht in die Relativität des Alltags und die Multidimensionalität des Erlebens. Im Gegensatz dazu ist das Weltbild, in dessen Rahmen wir erzogen wurden, »materialistisch bodenständig« und »alltagsorientiert«. Die nichtalltägliche und nichtmaterielle Erlebnisdimension wird von vornherein – gewissermaßen a priori – abgelehnt. In letzter Konsequenz *muß* mit dem Einschlafen die Mauer des Nichtwissens hochgezogen werden. Dies führt zur Bewußtlosigkeit, mit Hilfe derer das Nichtalltägliche prinzipiell vom Alltäglichen abgetrennt bleibt. Diese selbstauferlegte Grenzziehung hat fatale Auswirkungen, denn sie konstruiert unter anderem neben dem Bewußsein ein Unbewußtes und neben dem Diesseits ein Jenseits. Der Mensch aber wird gezwungenermaßen mit der einen Seite des Gegensatzpaares identisch, nämlich der, die tagsüber in der Zeit zwischen dem morgendlichen Erwachen und dem abendlichen Einschlafen mit Händen greifbar ist. Er wird folglich vergeblich versuchen, sich seine Individualität über die Einschlafphase oder gar über die Grablegung hinaus zu bewahren. Denn diese Möglichkeit ist weder *vorgesehen,* noch wird auf sie *hingear-*

beitet. Ein Weltbild, in dessen Gefüge die Gegensätze nicht nur konstruiert, sondern sogar zementiert werden, eignet sich überhaupt nicht für die Erschließung sogenannter »spiritueller« Bereiche. Es führt vielmehr zur Eindimensionalität im Alltag und zur Lebensuntauglichkeit in der Nacht, denn der Mensch wird in bezug auf den nächtlichen Erfahrungsbereich unmündig und letztlich unfähig, ein *bewußtes Schlafen* – und damit den außerkörperlichen Zustand – herbeizuführen.

Diese Einsichten sind wenig schmeichelhaft für die »seelisch-geistige« Kultur einer Gesellschaft, die sich rühmt, aufgeklärt und zivilisiert zu sein. Es ist nicht nur unangenehm, sondern sogar erschreckend und beschämend, zu erkennen, daß die scheinbar vorhandenen und als absolut geltenden Grenzen bloß das gemeinsame Machwerk einer Gesellschaft sind, in welcher der materielle Besitz und der persönliche Profit mehr gelten als das vertrauensvolle Hinhören auf die tatsächliche Fülle menschlicher Erfahrungsmöglichkeiten.

Die Aussage des Tibeters *Gampopa,* der im Jahre 1153 starb, scheint zeitlich und räumlich weit von dem entfernt zu sein, was in unserer Gesellschaft als wertvoll erachtet wird: Gampopa lernte von seinem Lehrer Milarepa, daß eine Lehre aus dem *eigenen Inneren* hervorbrechen muß und nicht mittels Auswendiglernen schulmäßig übernommen werden kann[10]. Die Frage aber, *wen* man bei Unklarheiten und im Zweifelsfalle fragen soll, ließe sich leicht mit den Worten eines anderen Tibeters, *Dam-pa,* beantworten: »Der beste Freund und Führer ist dein eigener geistiger Bereich. Das Belehrende, das deine Zweifel zerstreuen kann, wird mit Sicherheit aus deiner persönlichen geistigen Erfahrung herauswachsen! An zweiter Stelle ist die Schrift, die Tradition maßgeblich. ... Und erst an letzter Stelle kommt eines jener menschlichen Wesen als Freund und Führer in Frage, das dir seine Ratschläge anbieten und verkaufen will[11]!«

Je öfter ein Ereignis geschieht und je mehr Menschen es erleben, desto unabhängiger wird der Einzelmensch von Schulmeinungen. Die Einsichten werden vertieft, und die Erkenntnis wird umfassender und komplexer. Die Dinge werden dadurch nicht komplizierter, sondern erscheinen vielschichtiger und differenzierter. Sie fügen sich für das Ich, das im Wach- und im Schlafzustand des physischen Körpers bewußt bleibt, zu einem unauflösbaren Wechselwirkungssystem zusammen. In diesem Gesamtgefüge sind die einzelnen Teile, zu denen auch das bewußtseinskontinuierliche und verantwortungsbewußte Ich gehört, so miteinander verknüpft, daß sich daraus als Ganzes die *Wirklichkeit* ergibt[12]. Auch der nächtliche Bereich *ist* ein Bestandteil dieser Wirklichkeit, die einen Tag von *vierundzwanzig* Stunden umfaßt. Der Alltag wird durch das bewußte Erleben anderer Raum-Zeit-Dimensionen natürlich relativiert und seiner Ausschließlichkeit beraubt. Zudem verändert besonders die Erfahrung der Außerkörperlichkeit den Glauben an das, was als persönliche, familiäre und gesellschaftliche Wirklichkeit ausgegeben wird. Erzählte aber niemand von der Außerkörperlichkeit und niemand von seiner Sterbeerfahrung, könnten derartige Erlebnisse anonym, exotisch und paranormal im Sinne des Abnormen bleiben. Wenn aber viele Menschen trotz aller Widerstände seitens der Institutionen und Schulmeinungen beginnen, von Erfahrungsformen zu sprechen, die einander offensichtlich trotz aller individuellen Unterschiede ähnlich[13] sind und sich entgegen aller Versuche nicht in den Rahmen des Alltäglichen einpassen lassen, wird sich vieles ändern müssen. Beispielsweise und nicht zuletzt das Verständnis von dem, was wir bisher als die Grenzen dieser Welt bezeichnet haben!

6. *Die abgesteckten Grenzen lösen sich auf*

Die Zeiten haben sich geändert. Themen, die vor wenigen Jahrzehnten ausnahmslos im engsten Kreise von Gleichgesinnten und unter vorgehaltener Hand behandelt wurden, tauchen wie Korken in bewegtem Wasser an den unterschiedlichsten Orten auf. Die öffentliche Meinung ändert sich in bezug auf Erlebnisse wie Außerkörperlichkeit und Sterbeerfahrungen. Würde dieser Prozeß nicht durch entsprechende Veröffentlichungen und Erzählungen weiter vorangetrieben, gäbe es nach wie vor in der Mehrzahl nur solche Personen, »die durch ihre psychischen Erlebnisse beunruhigt sind und befürchten, krank zu werden; sie verstehen diese Dinge nicht, und erkundigen sie sich in ihrem Bekanntenkreis, so können sie die richtige Aufklärung in der Regel auch nicht erlangen[14].« Die Ernsthaftigkeit und die Ausdauer, die es braucht, um die angesprochenen Erfahrungsbereiche zu erschließen und mit dem Alltag zu einer Einheit zu verbinden, kommen jedoch kaum zum Ausdruck. Manchmal bieten Autoren Patentrezepte an, und es gibt Kursangebote, die den Eindruck erwecken, der Teilnehmer könne an einem einzigen Wochenende zum »Astralwanderer« werden. Derartige Angebote bewirken eher die Errichtung neuer Grenzen und führen nur wieder zum Opportunismus, denn der außerkörperliche Erfahrungsbereich wird ohne Einbezug des Alltags zu einer Angelegenheit nur für Leute mit »besonderem Karma«. Der Begriff »Karma« wird dabei wiederum aus einem Weltbild heraus verstanden, das deterministisch und linear ist. Für dieses Weltbild sind Schicksalsbestimmtheit und Zielgerichtetheit die zentralen Pfeiler für das eigene Lebensverständnis. Die Erkenntnis, daß sich Grenzen immer nur dort befinden, wo wir sie selbst errichten, ist *undenkbar* – und von einer ehrlichen Akzeptierung der eigenen Voraussetzungen im Hinblick auf mögliche, bewußt vollzogene und

vertrauensvoll kooperative Wechselwirkungen kann keine Rede sein. Statt dessen kommt es einerseits zu einer weiteren Verfestigung der Gegensätze, zu Fatalismus und Opportunismus, und andererseits zur Ausbildung von Legenden und Geschichtchen, in denen sich tatsächlich Erfahrenes kaum mehr von den Ausschmückungen und Unterschiebungen unterscheiden läßt.
Die praktische Seite der erkenntnistheoretischen Erläuterungen im vorhergehenden Abschnitt sei an zwei Beispielen aufgezeigt. Als erstes gibt es da die scheinbar nur den »Eingeweihten« zugängliche »magische Fähigkeit« des *Unsichtbarmachens,* von dem alle Zauberbücher voll sind. Im alten Faustbuch findet sich eine Erzählung, in der berichtet wird, »wie Faust mit drei in Wittenberg studierenden jungen Grafen nach München auf die Hochzeit des Herzogs von Bayern fährt. Die drei Grafen hatten Lust gezeigt, den Festlichkeiten beizuwohnen, worauf sich Faust mit ihnen auf seinen Mantel stellt, Beschwörungen murmelt und durch die Luft nach München fährt[15].« Ohne eigenes Erleben wird es nun kaum gelingen, die in dieser Legende dargestellte Erfahrung einigermaßen zutreffend einzuschätzen. Daß es sich hier nämlich um eine Außerkörperlichkeit handeln könnte, bei der eine Gruppe und nicht nur eine einzelne Person erlebnismäßig beteiligt ist, läßt sich ohne eigenen Erfahrungshintergrund nicht erkennen. Und bei einem Beharren auf den Positionen des herkömmlichen Weltbildes wird dieser Bericht im Hinblick auf die Intersubjektivität weder diskutiert noch objektiviert werden können.
Für das Verständnis des zweiten Beispieles ist zunächst nochmals festzuhalten, daß es ohne eigenes Erleben und ohne Akzeptierung der Berichte von Menschen, welche die Außerkörperlichkeit selbst erlebt haben, enorm schwierig ist, den außerkörperlichen Zustand in gewissen Erzählungen überhaupt als solchen zu erkennen. Dieses Unvermögen wird anhand jener Märchen offensichtlich, in denen die Bewußtseinskontinuität des Helden oder der Heldin »eigentlich« mit aller nur wünschenswerten Deutlichkeit zum Ausdruck kommt, weil von ihnen gesagt wird, daß sie sich hinlegten, ohne einzuschlafen, oder daß sie sich »jenseits des Endes der Welt« an einen *alltäglichen* Sachverhalt erinnern. Wir aber pflegen vor dem Hintergrund unseres Weltbildes diese Dinge als »Märchen« zu bezeichnen und meinen, diese Geschichten seien ausschließlich für Kinder. In einer Erzählung aus Madschame, einer Landschaft am Kilimandscharo, »gehen drei Mädchen Holz sammeln und kauen dabei die Wurzeln einer Wildpflanze. Sie kommen an einen Felsblock und bewundern ihn: er sei ebenso schön wie der, auf dem der Vater seinen Tabak schnitzelt. Zwei von ihnen zerschneiden nun eine Wurzel, die dritte tut's nicht. Als die drei mit ihren Holzbündeln zurückkehren, gehen jene ohne weiteres an dem Stein vorüber. Doch als die dritte her-

ankommt, die von ihren Wurzeln nichts hatte hergeben wollen, schwillt der Stein so riesig an, daß sie nicht mehr weiterkommt[16].«
Diese afrikanische Geschichte wird wie viele »Klappfelsenberichte«, Zaubermärchen und Mythen *nicht* als Beschreibung einer außerkörperlichen Erfahrung aufgefaßt – wie käme man auch dazu. Wird jedoch das Konzept der Außerkörperlichkeit zur Anwendung gebracht, wird erkennbar, daß speziell bei der Rückkehr – und nicht nur beim Austritt und während des außerkörperlichen Zustandes – gewisse Probleme auftreten, die mit der Stabilisierung der Kontinuität des Ich-Bewußtseins, den Auswirkungen des Weltbildes und der Umsetzung der persönlichen Vorstellungen und Wünsche zu tun haben. Daß sich diese Schwierigkeiten bildhaft z. B. in der Gestalt von Klappfelsen, Tunnels, Nebelbänken und Steilküsten ausdrücken, ist weniger eine Frage der Symboldeutung, sondern eine des Verhaltens des *bewußten* Ichs in einer solchen Situation.
Wie ließe sich aber ohne persönliche Erfahrung die hier skizzierte Betrachtungsweise nachvollziehen? Vielleicht durch die wohlwollende Bereitschaft, die Möglichkeit der außerkörperlichen Existenz wenigstens als Erfahrungsgewißheit für andere *und* als Erfahrungsmöglichkeit für einen selbst zu akzeptieren. Wer dagegen *vor* jedem persönlichen Erleben Beweise fordert, wird sich – wie später einmal beim Sterben und angesichts des Todes – damit abzufinden haben, von außen keine geliefert zu bekommen. Spätestens *nach* dem ersten Austritt wird man vor der unabwendbaren Tatsache der Außerkörperlichkeit stehen. Sie wird sich dann weder wegerklären noch umdeuten lassen. Damit einem in diesem Moment die Erkenntnis, außerkörperlich weiterexistieren zu können, etwas leichter fällt, ist es wichtig, einmal etwas von dieser Möglichkeit gehört zu haben. Um aber in diesem Zustand möglichst lange bei Bewußtsein zu bleiben, sollte man etwas darüber wissen und den Zustand aus eigener Erfahrung kennen. Sonst verbleibt man innerhalb der selbsterrichteten Grenzen – mit und ohne Bewußtseinsverlust.

Anmerkungen

1 Michael Sabom bezeichnet diese Phase als *autoskopisch* (Michael Sabom: *Erinnerungen an den Tod.* München 1982, S. 47).

2 Richard Wilhelm und Carl Gustav Jung: *Das Geheimnis der goldenen Blüte: Ein chinesisches Lebensbuch.* Zürich (1929) 1965.

3 Was hier in einem Satz gesagt wird, bedarf einer sehr differenzierten Betrachtung.

Diese *ist* von den Verfassern des Textes der *Goldenen Blüte* vorgelegt worden. Die in dieser Schrift zum Ausdruck kommende Lehre vom *Lichtkreislauf* läßt sich nicht durch eine psychologische Betrachtungsweise erschöpfend erfassen oder gar erklären, weil es nicht nur um eine »coincidentia oppositorum«, um eine Vereinigung der Gegensätze, geht, sondern auch um die Umwandlung der Finsternis zu Licht und um den *Kreislauf des Lichtes*, um die Kontinuität des Ich-Bewußtseins bzw. der Bewußtheit in allen Sphären.

[4] Sylvan J. Muldoon und Hereward Carrington: *Die Aussendung des Astralkörpers.* Freiburg im Breisgau [2]1973, S. 420.

[5] Carl du Prel: *Das Mysterium des Astralkörpers – eine geschichtliche Studie,* in: *Sphinx, Monatsschrift für die geschichtliche und experimentale Begründung der übersinnlichen Weltanschauung auf monistischer Grundlage,* hg. von J. U. Hübbe-Schleiden, Band 1, März 1886 (Gera). Abgedruckt in: Paul A. Zemp (Hg.): *Blütenlese aus Sphinx.* Interlaken 1982, S. 43–67.

[6] Gustav Meyrink: *Hochstapler der Mystik,* in: Eduard Frank (Hg.): *Gustav Meyrink: Das Haus zur letzten Latern.* München (1927) 1973, S. 361 f.

[7] Sylvan J. Muldoon, a. a. O., S. 425.

[8] D. Scott Rogo: *Reisen in die unsterbliche Dimension – Ein 8-Schritte-Führer für Astralreisen.* München (1983) 1985.

[9] Ich selbst habe im Artikel *Außerkörperlich durch die Löcher des Netzes fliegen* (in: Hans Peter Duerr [Hg.]: *Der Wissenschaftler und das Irrationale,* Band 1. Frankfurt am Main 1981, S. 473–504), im Buch *Quellen der Nacht: Neue Dimensionen der Selbsterfahrung* (Interlaken 1983) und im kleinen Büchlein *Märchen als Schlüssel zu den Quellen der Nacht* (Geesthacht [1984] [2]1986) die weltanschaulichen und erkenntnistheoretischen Aspekte in bezug auf die Ablösung und die Existenz um außerkörperlichen Zustand zur Sprache gebracht.

[10] Vgl. S. K. Ramachandra Rao: *Tibetan Tantrik Tradition.* New Dehli 1977, S. 87 f.

[11] S. K. Ramachandra Rao: *Tibetan Meditation.* New Dehli 1979, S. 103 (Übersetzung und Auslassung von mir).

[12] Mit der erkenntnistheoretischen Seite dieser Auffassung beschäftigt sich der *radikale Konstruktivismus.* Hierzu vgl. den von Paul Watzlawick herausgegebenen und kommentierten Sammelband *Die erfundene Wirklichkeit. Wie wissen wir, was wir zu wissen glauben? Beiträge zum Konstruktivismus.* München (1984) [2]1985.

[13] Über die *Ähnlichkeit* einer Erfahrungsform wie der Außerkörperlichkeit geben vor allem jene Sammelwerke Auskunft, in denen Dutzende von Erlebnissen *verschiedener* Personen, die sich gegenseitig nicht gekannt haben, zusammengestellt sind. Robert Crookall hat mehrere Bände zu diesem Thema herausgegeben, von denen ich an dieser Stelle nur den Titel *Out-of-the-Body Experiences: A fourth Analysis* (New York 1970) nenne.

[14] Karl E. Müller in der Einführung zu Joé Snell: *Der Dienst der Engel diesseits und jenseits. Erlebnisse einer Krankenschwester* (Bietigheim o. J., S. 4).

[15] Carl Kiesewetter: *Faust in der Geschichte und Tradition, mit besonderer Berücksichtigung des occulten Phänomenalismus und des mittelalterlichen Zauberwesens.* Hildesheim (1893) 1978, S. 215.

[16] Heino Gehrts: *Die Klappfelsen,* in: Jürgen Janning und Heino Gehrts (Hg.): *Die Welt im Märchen.* Rheine 1984, S. 92–122, S. 113 f.

Literatur

Arnold-Forster, Mary: *Studies in Dreams.* London 1921.

Crookall, Robert, z. B.: *The Study and Practice of Astral Projection: The Definitive Survey on Out-of-the-Body Experiences.* Secaucas, New Jersey (1960) [2pb]1977.

Fischer, Reinhard: *Raumfahrt der Seele.* Freiburg im Breisgau 1975.

Fox, Oliver (Hugh Callaway): *Astral Projection.* New Hyde Park, New York (1920, 1938) 1962.

Green, Celia: *Out-of-the-Body Experiences.* In: *Proceedings of the Institute of Psychophysical Research,* Vol 2/1968, Oxford, London 1968.

Hampe, Johann Christoph: *Sterben ist doch ganz anders.* Stuttgart [2]1975.

Jankovich, Stefan von: *Ich war klinisch tot: Der Tod – mein schönstes Erlebnis.* München & Engelberg 1984.

Lischka, Alfred: *Erlebnisse jenseits der Schwelle.* Interlaken 1979.

Monroe, Robert: *Der Mann mit den zwei Leben* (Journeys Out of the Body). Interlaken (1971) [3]1983.

Moody, Raymond A.: *Leben nach dem Tod.* Reinbek bei Hamburg (1975) 1977.

Muldoon, Sylvan J., und Hereward Carrington: *Die Aussendung des Astralkörpers* (The Projection of Astral Body). Freiburg im Breisgau (1929) [2]1973.

Ritchie, George G.: *Rückkehr von Morgen.* Marburg an der Lahn (o. J.) [3]1983.

Sabom, Michael: *Erinnerung an den Tod.* München 1982.

Waelti, Ernst R.: *Der dritte Kreis des Wissens.* Interlaken 1983.

Yram (Marcel Louis Forhan): *Practical Astral Projection* (Le Médecin de l'Ame). New York (o. J.) [3]1977.

Zurfluh, Werner: *Quellen der Nacht.* Interlaken 1983.

Peter Strasser

Das Diesseits des Jenseits

Als Adolf Holl mich aufforderte, einen Beitrag zu einen Sammelband über »Grenzerfahrungen« zu schreiben, da dachte ich zunächst an eine Satire. Ihr Titel hätte sein sollen: »Der Übersinnliche«. Und der Leser, der den etwas faden Eindruck gehabt hätte, einen ähnlichen Titel schon in prominenterem Zusammenhang gehört zu haben, wäre natürlich nicht falsch gelegen. Doch sind nicht ebenso alle die neuesten und selbstverständlich unglaublichsten Einsichten ins Noch-nie-Geschaute der Abklatsch des Abklatsches der Spinnereien von vorgestern? Meine Satire hätte also von einem Menschen gehandelt, dem andauernd über-, außer-, hinter- und unterirdische Dinge zustoßen, und zwar mit dem lakonischen, aber folgerichtigen Effekt, daß dieser Mensch sich an das Unglaublichste gewöhnt, so wie er sich an die Löcher in seinen Zähnen und die Schuppen in seinen Haaren gewöhnt hat.
Die Satire blieb ungeschrieben. Denn die Aneinanderreihung der unglaublichsten Dinge wird in der Erzählung fast ebenso schnell langweilig wie im wirklichen Leben – ein Umstand, über den die professionellen Geisterseher nicht weniger ein leidvolles Lied singen können als die Verfasser von hochkarätig spirituellem Schrifttum oder die Drehbuchteams der technikintensivsten *Starwar*-Serie aller TV-Zeiten.
Ich dachte mir also: Warum soll ich nicht über die Langeweile schreiben, die einen beim Ausblick oder Einblick in andere Welten rasch überfällt? Über die Gründe für solch frappierende Langeweile? Wohlgemerkt, mich interessieren in diesem Zusammenhang nicht Leute mit einer metaphysischen Elefantenhaut. Ich habe einen Freund, der – ich habe es selber gesehen – im Kino einschlief, als Friedkins *Exorzist* gespielt wurde! (Bei diesem Film verteilten diverse Sekten im Kinofoyer Zettel, auf denen der Zuschauer informiert wurde, welche Telefonnummer er zu wählen hätte, falls ihm nach Besichtigung des Streifens in der Nacht der Teufel erschiene...) Nein, mich interessieren in diesem Zusammenhang Leute wie ich, Leute, die ein beträchtliches Interesse an – und bisweilen beträchtliche Angst vor – »Mysteriösem« haben.

1

Da ich aus einer spiritistisch bemühten Familie komme, nimmt es nicht wunder, daß ich zumindest einmal eine »Grenzerfahrung« machte:
In einer mir sehr vertrauten Umgebung begann es unter der Zeugenschaft eines mir sehr vertrauten Menschen in einem Nachtkästchen plötzlich zu klopfen. Es begann laut und deutlich zu klopfen, ohne Hast, aber auch ohne jeden ersichtlichen Grund. Ich erschrak einigermaßen. Als jedoch das mysteriöse Klopfen eine Zeitlang vorhielt, beruhigte ich mich wieder. Die Erkenntnis stand fest: Bei dem Klopfgeräusch-Erzeuger mußte es sich um einen sogenannten Klopfgeist handeln oder um einen Geist – vielleicht des erst jüngst verstorbenen nahen Verwandten –, dessen Wesensmetier zwar nicht die Erzeugung von Geräuschen war, der indes hier und jetzt angelegentlich klopfte. Der Geist hörte bald wieder auf (zuletzt hatte man sein gemessenes Tun schon kaum mehr beachtet), und falls ich heute gefragt würde, ob mir jenes Erlebnis *das Tor zu einer anderen Welt* aufgetan habe, würde ich antworten: *Wenn ja, dann war diese mir nun aufgetane, mir bisher unbekannte Welt ein Teil der Welt, die ich schon kannte.*
Es gibt viele Leute, die Gespenster nur halb so interessant fänden, wenn sie ganz und gar von unserer Welt wären. Von unserer Welt ist zum Beispiel der Holzwurm. Er hätte es, recht betrachtet, auch sein können, der in dem erwähnten Nachtkästchen rumorte. Jedenfalls war dies eine Hypothese, die in meiner Familie erörtert wurde; um dann freilich aus Gründen, an die ich mich nicht mehr entsinne, verworfen zu werden. Später, nachdem ich schon viele Nachrichten über das düster-bunte Treiben der Gespenster zur Kenntnis genommen hatte, wurde mir klar, daß ihr Renommee auf einer Voraussetzung beruht, die sie niemals einzulösen vermögen – auf der Voraussetzung nämlich, sie seien Künder einer anderen Welt als der unseren.
Die andere Welt: das wäre nicht eine Welt in der Welt, ein bisher unbekannter Kontinent oder eine verborgene Dimension unserer eigenen Wirklichkeit, sondern das wäre: *die transzendente Welt.* Doch was heißt das?
Einer Meinung zufolge, die schon seit jeher von vielen Theologen vertreten wird, gilt: *Die transzendente Welt läßt sich weder vorstellen noch denken.*
Daraus folgt, daß uns kein Geistwesen jemals einen Funken Information über das *Jenseits* zukommen lassen kann. Und daraus folgt natürlich auch, daß kein Mann Gottes imstande ist, uns über Himmel und Hölle etwas zu lehren. Man kann, selbst wenn man inständig möchte, nicht leugnen: Sofern sich über die Transzendenz nichts aussagen läßt, vermögen weder die unautorisierten Stimmen der Gespenster noch die autorisierten Stimmen der heiligen Kirche unseren religiösen Wissensdurst zu stillen.

Aber weil unsere Sehnsucht, einen Blick über das Diesseits hinaus zu tun, sehr groß und sehr tief ist – hängt doch der ganze Sinn unseres Lebens davon ab, daß es nicht unbeweglich in sich selber ruht: als ein Dasein von abgrundschwarzer Banalität –, weil also unsere Jenseitssehnsucht an die Wurzeln der Sinnhaftigkeit unseres Daseins rührt, werden wir immer wieder nach Mitteln suchen, die uns ein Tor zur wirklich anderen, zur transzendenten Welt aufschließen. Indes, derlei Mittel gibt es nicht, und zwar deshalb, weil alle Verbildlichung, ja selbst alles In-Begriffe-Fassen des Transzendenten dieses zu einem Teil *unserer* Welt macht und es hierdurch *vernichtet.*

Die letzten spektakulären Bücher betreffend das »Tor zum Jenseits«, die zu lesen ich Gelegenheit hatte, waren die eines gewissen Dr. Moody. Darin berichten Leute, die schon einmal klinisch tot waren, über ihre Erlebnisse während der Zeit ihres unechten Gestorbenseins. Sie berichten, wie um sie herum alles hell wurde und sie, häufig begleitet von einem Engelsschemen, durch eine Art Tunnel glitten, an dessen Ende eine Art Lichtgestalt – Jesus? – ihnen die Hand entgegenstreckte; sie berichten, wie sie glücklicher denn je in ihrem Leben waren (freilich gilt das laut Dr. Moodys Forschungsergebnissen nicht für Menschen, die selber Hand an sich legten).

Die in Dr. Moodys Büchern beschlossene Theophysik schien mir einigermaßen liberal: Wenn es die Hölle gibt, dann steht sie leer, fast leer; vielleicht, daß die Selbstmörder dort schmoren, wer weiß? Aber die Aufstiegsvisionen, die Hoffnung und Freude bringen sollten, erzeugten in mir bloß ein Gemisch aus Langeweile und Widerwillen. Und ich rede nur deshalb von mir selber, weil ich glaube, daß meinem Sentiment eine Wahrheit innewohnte, die es verdient, ausgedrückt zu werden; sie lautet: *Jede Vorstellung eines Lebens nach dem Tode, handle es sich nun um eine bilderreiche Vision oder um eine postmortale Utopie in abstrakter Begrifflichkeit, verfehlt ihr Ziel, das darin besteht, uns ein Dasein in der Transzendenz verständlich zu machen.*

Was Dr. Moodys Scheintote erlebten, war ja nichts als ein kleines wundersames Bewußtseinsabenteuer, worin Figuren auftauchten, die dem Christen wohlvertraut sind: Engelsgestalten als Begleiter auf der Himmelsreise, Jesus als Lichtgestalt ... Für viele Menschen scheint hier alles davon abzuhängen, ob das Wundersame bloß Ausgeburt einer Gehirnverwirrung oder aber Realität ist. War Jesus den klinisch Toten tatsächlich vors innere Auge getreten?

Die Frage ist deshalb so wichtig, weil mit ihr eine andere sehr eng zusammenhängt: Haben hier endliche Wesen, die an der Grenze des Todes standen, tatsächlich *erfahren,* wie es ist, die Grenze zur wahrhaft anderen Welt, das heißt zu jener, die nicht die unsere ist, zu überschreiten? *Sind hier Menschen sehenden inneren Auges im Tor zur Transzendenz gestanden?*

Doch diese Frage – da bin ich mir ziemlich sicher – mißversteht ihr eigenes

Problem von Grund auf. Sie ist noch ganz angesiedelt im Banne der wunderbaren kindlichen Sehnsucht, das Leben nach dem Tode möge dem Leben im Leben ähnlich sein, nur viel, viel schöner, bedürfnisloser, friedvoller.
Im Bannkreis solcher Sehnsucht gibt es nicht wirklich einen Tod; und es gibt nicht wirklich ein Jenseits. Es gibt *eine* Welt, deren Sphären (das Reich der Lebenden und das Reich der Lebenden-nach-dem-Tode) zwar relativ und zeitlich getrennt, sich aber nichtsdestotrotz wesensverwandt sind. Für diese Art seinsmäßiger Wesensverwandtschaft hat das Christentum das gewaltige Bild von der Auferstehung der Toten am Ende der Zeiten überliefert. Allerdings wird das Problem des Todes erst in dem Augenblick zu einem Problem der Transzendenz, in dem das Jenseits nicht mehr als ein *innerweltliches* Jenseits-der-Lebensgrenze gedacht wird, das heißt als etwas, was sich mit den uns bekannten Ausdrücken beschreiben und wovon sich ein realistisches Bild geben läßt, sondern *gedacht wird als dasjenige, was sich nicht mehr denken (und folglich auch nicht vorstellen oder sinnvoll aussagen) läßt.*

2

Aber ist es richtig, das Jenseits als das zu denken, was sich nicht denken läßt? Ich finde es gar nicht abwegig, die Frage derart naiv zu formulieren, denn es waren sehr elementare Beunruhigungen, die uns zur Vorstellung einer Transzendenz, eines undenkbaren Jenseits-der-Welt nötigten.
Einen wichtigen, vielleicht den wichtigsten Punkt hat Ludwig Wittgenstein im *Tractatus logico-philosophicus* unter der Satznummer 6.4312 folgendermaßen zum Ausdruck gebracht: »Die zeitliche Unsterblichkeit der Seele des Menschen, das heißt also ihr ewiges Fortleben nach dem Tode, ist nicht nur auf keine Weise verbürgt, sondern vor allem leistet diese Annahme gar nicht das, was man immer mit ihr erreichen wollte. Wird denn dadurch ein Rätsel gelöst, daß ich ewig fortlebe? Ist denn dieses ewige Leben dann nicht ebenso rätselhaft wie das gegenwärtige? Die Lösung des Rätsels des Lebens in Raum und Zeit liegt *außerhalb* von Raum und Zeit.«
Natürlich ist einer der vitalsten Impulse, weswegen sich die Menschen an die Idee eines Lebens nach dem Tode klammern, das Grauen vor dem Erlöschen ihres Bewußtseins, vor der Rückkehr in die ewige Nacht, aus der wir kommen. Doch – um es pointiert zu sagen – das Leben nach dem Tode beseitigt nicht das *Problem* des Lebens, sondern prolongiert es in alle Ewigkeit. Ein Leben nach dem Tode wäre bloß ein Teil des Rätsels, zu dessen Lösung es ersonnen wurde. Dieses Rätsel besteht darin, daß überhaupt etwas ist und nicht vielmehr nichts. Mein Grauen vor dem Tod ist nicht einfach eine Funktion

biologischer Lebensantriebe; es ist vielmehr eine Folge des Gefühls, daß ich auf eine für mich unfaßbare Weise *bedingt* bin.
Ich rede nicht davon, daß ich ohne mein Gehirn, mein Nervensystem, mein Fleisch und mein Blut, meine Knochen, die Samenzellen meiner Eltern und last but not least die Evolution des Kosmos und des Lebens keine Existenz besäße. Gewiß, dies alles ist schon für sich betrachtet merkwürdig genug. Aber das im eigentlichen Sinne *Unheimliche* rührt doch daher, daß ich Teil einer Kette bin, deren Ende ich nicht sehen kann.
Setze ich vor den Beginn des Universums, das unter anderem mich hervorgebracht hat, einen Beginn des Beginns, dann ist dieser nicht Abschluß, sondern wiederum bloß Teil der Kette. Naturwissenschaftliche Laien pflegen auf die Erklärung, am Anfang der Welt stehe der Big Bang, der »Urknall«, mit der Frage zu reagieren: Und was war vorher? Die Antwort, wonach diese Frage naturwissenschaftlich sinnlos sei, verstärkt freilich nur das Gefühl *blinder* Bedingtheit: *Da ist etwas »hinter« der Kette, das sich nicht mehr sinnvoll in Worte fassen, aussprechen läßt . . .*
In Agnostikerkreisen ist folgende Frage beliebt: Und wenn »hinter« der Kette nichts mehr ist, wenn die Kette schon ganz und gar alles ist? *Wie sollte man beweisen können, daß es sich anders verhält?*
Der Witz der Frage ist natürlich, daß sich hier kein Beweis führen läßt. Wäre nämlich die erste Ursache erfahrungswissenschaftlich belegbar, dann wäre sie, was sie nicht sein darf: ein Glied der Kette – das erste Glied, so wie dem Stande des heutigen Wissens gemäß der Urknall am Anfang der Kette aller Weltvorkommnisse steht. Der Beweis der ersten Ursache, des »unbewegten Bewegers«, der transzendenten Wirkinstanz dürfte also jedenfalls keinen erfahrungswissenschaftlichen Charakter haben; er müßte rein logischer oder, was immer das ist, suprawissenschaftlicher Art sein. Doch die Suche nach einem solchen Beweis muß ergebnislos bleiben.
»Rein logisch« läßt sich Gott nicht beweisen, und zwar aus Gründen, die unterdessen jedem Logikstudenten im ersten Studiensemester bestens vertraut sind: logisch-wahre Sätze im strengen Sinn (wie z. B. »Gott ist Gott« oder »Wenn Gott existiert, dann existiert er«) haben überhaupt keinen informativen Gehalt, weswegen aus ihnen niemals irgendeine informative Behauptung und schon gar nicht der Satz der Sätze »Gott existiert« gewonnen werden kann. Und was »Beweise« suprawissenschaftlicher Art angeht, etwa Beweise aufgrund einer mystischen Teilhabe am Göttlichen oder einer Offenbarung Gottes, so haben sie samt und sonders einen gravierenden Nachteil: sie erscheinen als zwingend immer nur denjenigen, die sie führen, also den mystisch Entrückten, den vom Heiligen Geist Inspirierten usw., alle anderen hingegen können an sie glauben oder auch nicht, ganz nach Belieben.

Das Eigenartige am agnostischen Manöver ist jedoch, daß es im Gegensatz zu dem, was es vordergründig bezweckt – nämlich unsere Seele vor der Gottesfrage zur Ruhe kommen zu lassen –, in uns das Gefühl, blind Bedingte zu sein, anstachelt. Tatsächlich gibt es kein Erkennen über die Welt hinaus; indes, daß wir *dies* erkennen können, läßt uns in den Bannkreis der Transzendenz eintreten! *Wir werden zu metaphysisch Beunruhigten in dem Moment, da wir erfassen, daß wir metaphysisch blind sind.*
Deshalb waren Dr. Moodys Recherchen nicht weniger vergeblich als die Gespensterforschung, die Spukwissenschaft, auch die im engeren Sinne religiösen Spurensicherungen insgesamt. Sie alle laborieren an dem grundlegenden Mangel, die Transzendenz zu *verinnerweltlichen;* sie alle machen die Transzendenz zu einem Glied der Kette, die uns gefangenhält und Diesseits heißt.

3

»*Wie* die Welt ist, ist für das Höhere vollkommen gleichgültig. Gott offenbart sich nicht *in* der Welt.
Die Tatsachen gehören alle nur zur Aufgabe, nicht zur Lösung.
Nicht *wie* die Welt ist, ist das Mystische, sondern *daß* sie ist.
Die Anschauung der Welt sub specie aeterni ist ihre Anschauung als begrenztes Ganzes. Das Gefühl der Welt als begrenztes Ganzes ist das mystische.«
Aus den zitierten Sätzen des *Tractatus logico-philosophicus* geht hervor, daß Wittgenstein eine verstandesorientierte Einstellung zum Mystischen hatte. »Das Gefühl der Welt als begrenztes Ganzes« ist die Folge einer mißlingenden Erkenntnisbemühung, nämlich des Versuchs, ein Jenseits der Welt zu denken, das nicht selbst wiederum ein Teil der Welt wäre. In solchem Mißlingen und durch es hindurch *zeigt* sich die Transzendenz als *begrifflose Abwesenheit,* als das Unheimliche schlechthin, als das, was wir uns prinzipiell nicht anverwandeln und worin wir uns prinzipiell nicht einrichten können. Allerdings handelt es sich hierbei keineswegs um die einzige Form, in der Transzendenz »erscheint«. Ist es denn nicht oft das Wie der Dinge, kraft dessen eigentümlicher Präsenz sie aufblitzt? Und zwar nicht durch abstrakten Verweis des Wie aufs Daß, sondern: *Videmus nunc per speculum in aenigmate, tunc autem facie ad faciem. – »Wir sehen nämlich jetzt durch einen Spiegel, im Rätsel, dann aber von Angesicht zu Angesicht.«*
Diese Worte des hl. Paulus an die Korinther (1 Kor 13, 12) nimmt Huizinga in seiner Studie über den *Herbst des Mittelalters* zum Anlaß für eine schöne Betrachtung:
»Man übersah [im Mittelalter] niemals, daß jedes Ding ohne Sinn sein würde,

wenn seine Bedeutung sich in seiner unmittelbaren Funktion und Erscheinungsform erschöpfte, daß alle Dinge ein gutes Stück in die jenseitige Welt hineinragen. Solches Wissen ist auch uns als unformuliertes Gefühl noch jeden Augenblick vertraut, wenn etwa das Geräusch des Regens auf den Blättern der Bäume oder der Schein der Lampe über dem Tisch in einer stillen Stunde hindurchdringt zu einer tieferen Wahrnehmung als der alltäglichen, die dem praktischen Denken und Handeln dient. Sie mag bisweilen in der krankhaften Form einer Zwangsvorstellung auftreten, der die Dinge wie von einer drohenden persönlichen Bedeutung oder von einem Rätsel schwanger erscheinen, das man kennen müßte und nicht kennen kann. Häufiger aber wird sie uns mit der ruhigen und stärkenden Gewißheit erfüllen, daß auch unser eigenes Leben in jenen geheimnisvollen Sinn des Universums verwoben ist.«

Huizingas Formulierungen sind sehr konventionell und eben deshalb auf eine interessante Weise irreführend. Denn jenes mystische Gewahrwerden einer rätselhaften Bedeutung, eines geheimnisvollen Sinns der Dinge, jenes Gewahrwerden, das stets nur im konkreten Wie der Dinge wurzelt (im besonderen Geräusch des Regens auf den Blättern der Bäume, im eigenartig stillen Schein der Lampe über dem Tisch, an dem ich sitze und schreibe), hat sein Wesen gerade in einem *Abrücken der Dinge aus dem Bedeutungen-Geflecht.* Es ist dann, als ob wir zu vergessen begännen, was wir über die Dinge wußten, ja, als ob sich in uns die Begriffe verlören, mittels derer wir die Dinge im Bewußtsein erfaßten. Der kontemplative Mechanismus, der laut Huizinga an den Dingen eine außergewöhnliche, unauslotbare und letztlich unausdrückbare Tiefe des Sinns erscheinen läßt, stellt in Wahrheit *die Dinge vom Sinn frei.* In der Kontemplation »erfahren« wir den Vorschein der Sinnleere als Ahnung höchster Bedeutungsfülle.

Das klingt paradox.

Doch ist es eine Folge der alltäglichen Ausstaffierung der Welt mit sprachlich vermitteltem Sinn und praktisch vermittelter Bedeutung, eine Folge des Begreifens, Erkennens und zweckrationalen Handelns, daß wir an den Dingen etwas zu suchen beginnen, was sich in ihnen nicht finden läßt: eine unbedingte Antwort nach dem Wozu unseres Daseins und des Seins der Welt.

Es gibt eine Antwort, und diese ist das *Schweigen.*

Das Schweigen aber ist für uns Lebende keine Lösung. Denn das Schweigen im strengen metaphysischen Sinne – und nur darum kann es hier gehen – schließt den *Tod des Subjekts* ein, den Tod der intelligiblen Instanz, die (wie rudimentär auch immer) vorstellt, denkt und begreift. Die Lösung, nach der wir streben, ist eine Lösung mit Subjekt; eine Lösung, die gedacht und ausgesprochen werden kann. Indes, eine solche Lösung existiert nicht.

Es existiert nur eine seltsame Bewegung im Gewahrwerden der Dinge, wo-

durch die Fragen, die uns quälen, nicht wirklich und definitiv bedeutungslos werden, *aber anheben, es zu sein.* Wir sinken nicht ab in die tote Zone des Schweigens, aber wir sinken – bis dahin, wo die Dinge, und noch die unscheinbarsten, in sehr stiller Schönheit und Pracht erglänzen:
Es ist der *Vorschein* der Fraglosigkeit, den wir als Subjekte kraft des *Wie* der Dinge zu gewahren vermögen; und dies ist der Vorschein der Antwort, die es für uns als Lebende, als Subjekte, *nicht* gibt.
So fällt es keineswegs schwer zu verstehen, warum eine Form der Sinnentrücktheit uns anmutet als Erfüllungsort des Sinns.

4

Doch eben das seltsame Phänomen, das uns in gewisser Weise von der Qual des irreduzibel gesplitterten Sinns befreit, kettet uns umgekehrt an ihn. Indem wir die Sinnferne der Dinge als Erfüllungsort des Sinns gewahren, wollen wir die Wunden der Endlichkeit auf intelligiblem Wege schließen. Wir versuchen, wenn auch vergeblich, den Zusammenhang der Dinge als in sich geschlossenes Zeichengewebe zu lesen, dessen Verweisungszentrum das Heilige ist.
Wittgensteins Satz »*Wie* die Welt ist, ist für das Höhere vollkommen gleichgültig« muß als intellektuelle Reaktion auf die Vergeblichkeit aller Versuche, das Sosein der Welt zu rechtfertigen, das heißt auf das Scheitern jedweder Theodizee, gewertet werden. Nur der Gott, der für das Wie der Welt keine Verantwortung trägt, ist unschuldig.
Ein solcher Gott aber ist mehr als ein Deus absconditus: es geht nicht mehr einfach um die Abwesenheit, die Verborgenheit Gottes; es geht um Gottes wahnwitzige Gleichgültigkeit gegenüber seiner Schöpfung und seinen Geschöpfen. Um dieser Gleichgültigkeit willen brauchte Gott nicht gedacht zu werden – der Urknall wäre vollkommen ausreichend.
Denn nicht nur, daß der Urknall uns über viele erfahrungswissenschaftliche Pfade schließlich zu uns selbst führt, läßt er uns an der grandiosen Sinnlosigkeit des ganzen universalen Geschehens verzweifeln wie der Gott, der das alles erschuf, um dann das alles zu vergessen.
Wenn Gott ernsthaft gedacht wird, dann muß er als *Schlüssel des Sinns* gedacht werden. Dies jedoch heißt, daß alles Endliche bloß ein Zeichen, ein Symbol ist, welches erst *im Gesamtzusammenhang entschlüsselt* werden kann und dann eine Botschaft offenbart, die über das Endliche hinausreicht – ins Unsagbare: die Transzendenz.
Man macht sich heute kaum noch eine Vorstellung, in welch umfassender

Weise der mittelalterliche Geist danach trachtete, die ganze Welt, Natur und Geschichte, als ein Sinnganzes zu erfassen, dessen Bedeutungszentrum das Heilige ist. Zu diesem Zweck mußten die Dinge als Zeichen begriffen und in ein Gewebe von Zeichen hineinverwoben werden.

Beispielsweise: Weiße und rote Rosen blühen zwischen Dornen, so wie Jungfrauen und Märtyrer herrlich zwischen ihren Verfolgern erstrahlen; die Walnuß kann Christus bedeuten, denn der süße Kern bedeutet die göttliche Natur, die fleischige äußere Schale die menschliche Natur und die holzige Schale dazwischen das Kreuz; und erst die Pyramiden symbolischer Verweisungen, die durch Zahlengleichklänge entstehen! – simpel noch, daß die zwölf Monate die zwölf Apostel, die vier Jahreszeiten die Evangelisten und das ganze Jahr Christus bedeutet...

Diese wenigen Beispiele, die ich Huizinga entnehme, geben immerhin eine vage Vorstellung davon, wie das symbolische Denken den Dingen eine Tiefe verleihen möchte, die sie schließlich in die jenseitige Welt hinüberreichen läßt. Aber je umfassender und reichhaltiger der symbolische Gesamtzusammenhang wird, um so profaner, innerweltlicher wird auch das Heilige und um so mechanischer des Rätsels Lösung, *bis schließlich das Rätsel hinterm erstarrten Sinngefüge verschwindet.*

Bemühen wir noch einmal Huizinga:

»›Videmus nunc per speculum in aenigmate.‹ Man wußte, daß man in ein Rätsel sah, und dennoch hat man danach getrachtet, die Bilder im Spiegel zu unterscheiden, hat Bilder durch Bilder erklärt und Spiegel gegenüber Spiegel gesetzt. Da lag nun die ganze Welt, Bild geworden, in selbständigen Figuren. ... Das Denken selbst konnte nun zur Ruhe gehen: die Vorstellung von der Welt war so unbeweglich, so starr geworden wie eine Kathedrale, die im Mondlicht schläft.«

Die Verbilderung des Heiligen führt dazu, daß es sich nicht bloß in der Welt »zeigt« oder »offenbart«, sondern schließlich in ihr *verliert.* Es lädt sich zusehends mit irdischen Qualitäten auf. Und so reichen zum Schluß die Dinge nur mehr insofern in die Transzendenz hinein, als jene ein Popanz, eine Verdoppelung des Diesseits ist.

Damit erleidet der Gesamtsinn der Dinge, um dessentwillen der ganze symbolische Zauber veranstaltet wurde, gleichsam einen Gravitationskollaps. Der Sinn der Welt, der nicht über sie hinausführt, ist keiner. Sein In-sich-selber-Kreiseln ist das quälende Inbild der Gefängniswelt, *der Immanenz, aus der kein Weg fortführt, hinaus in die Freiheit ohne Namen.*

5

Der Symbolismus spielt in unserer Kultur keine nennenswerte Rolle mehr, jedenfalls keine, die sich mit seiner Funktion im europäischen Mittelalter vergleichen ließe. Aber die Sehnsucht nach Transzendenz lebt fort. Wenn wir nach dem Medium suchen, worin sie sich heutzutage in *vergleichbar* populärer und suggestiver Form äußert wie einst im Symbolismus, dann müssen wir uns in jenen Bastardregionen umsehen, die unter dem Deckbegriff *Fantasy* die Kassen der Kulturindustrie zum Klingeln bringen.

Fantasy ist mehr als das, was es gegenwärtig vage umschreibt; es ist integrierender Bestandteil einer Welt, die an die Stelle des Zeichens, das, auf die Ewigkeit eingerichtet, ins Transzendente weist, die Sprengkraft der Superlative und der Geschwindigkeiten setzt. Fantasy ist *das* Imaginationsgenre einer sich immer stärker beschleunigenden Kultur, in der das Drunter-und-Drüber die Fessel der Immanenz sprengen soll. Das Sehnsuchtsziel sind dabei die Grenzen der Welt.

Es geht nicht um beliebige Grenzen, es geht um eine Grenze besonderer Art, nämlich *die Grenze, die sich nicht überschreiten läßt,* jedenfalls unüberschreitbar ist für Herrn und Frau Jedermann. Es ist die *Super*-Grenze, auf die sich die Wahnsinnspower von Superman richtet.

Der Superlativismus ist die dummkindisch, die verstockt und blind gewordene Form einer überaus kindlich-schönen Hoffnung – der Hoffnung, die Welt, wie sie ist, hinter sich zu lassen, was zunächst bloß heißt, ihrer tiefsten Lebensfülle dadurch teilhaftig zu werden, daß man sehr, sehr weit fortgeht und dies makellos tut.

Wie viele Helden meiner Kindheit mußten fort und fort gehen, bis ans Ende der Welt, um Unbeschreibliches zu gewinnen: die Liebe der Frau, die sie verehrten, und damit auch, nach all den Erschlagenen, die ihre Wege säumten, die Liebe zur Welt. Mein Bild der Erlösung ist durch dieses unlösbare Ineinander von beschreibbarer Gewalt und unbeschreibbarer Entrücktheit aus dem Gewaltenkreis des Bisher und Bis-Dann, des Hienieden, bestimmt. Und ich bin keine Ausnahme. Vielmehr ist uns Abendländern, die wir metaphysisch und moralisch geprägt sind durch kleinasiatische Mystik und altgriechischen Rationalismus, durch judäische Hiobsbereitschaft und christlichen Barmherzigkeitswillen samt dazugehöriger Daseinsneurasthenie, kein anderes Bild der Erlösung greifbar.

Wir laufen um und um im Bannkreis von Gewalt und Transzendenz.

Indem die Helden meiner Kindheit der *Ferne* zustreben, einer radikalen, ursprünglichen Ferne, nähern sie sich der absoluten Grenze – der Grenzen, die unüberschreitbar ist. Tausend Abenteuer müssen bestanden, die zauberkräftigen Bösewichte hingemetzelt, die feuerspeienden Drachen zerstückelt werden, auf daß die Grenze, die sich immerfort entfernt wie das Wasser vorm Munde des Tantalus, näherrücke; die Grenze, die das Böse, Endliche, die Scheiße und den Tod von der Liebe trennt – der Liebe, in deren Schoß alles gut würde, ohne am Gewaltstachel der erpreßten Versöhnung zu laborieren. Es gibt ein unschuldiges Glück, das dieses Gutwerden kennt; doch stets nur kennt in der Verlustperspektive des Erwachsenseins. *Es gibt das Gutwerden bloß als Schon-Verlorenes.*

So gesehen, verstehe ich die *Super*-Mentalität unserer Zeit als den kulturindustriell myriadenfach genährten, doch immerfort mißlingenden Wunsch, das Ungreifbare greifbar zu machen. Die Monstren, die Superman der Reihe nach abschlachtet, und zwar derart, daß es die hellste Freude ist, sind dunkle Schatten vor dem langbeinigen Supergirl im knackigen NASA-Overall.

Aber was, wenn die Schatten erst vom Erdboden hinweggelasert sind? Was dann?

Der Super-Fick!

Also schön und gut, doch *das* kann es nicht gewesen sein, weswegen gemordet werden mußte, das hätte sich auch billiger haben lassen, oder?

In diesem Ewig-unbefriedigt-Bleiben (= Ewig-unbefriedet-Bleiben) auf jeder Stufe des Hinangezogenwerdens durch das Ewig-Weibliche des Fantasy-Kosmos, dem supergeilen Supergirl, wirkt der mystische Impuls weiter, lebt die Sehnsucht fort nach dem Überschreiten der Grenze, die unüberschreitbar ist.

Wenn ich die Helden meiner Kindheit mit den Fantasy-Akteuren von heute vergleiche, dann fällt mir vor allem eines auf: Die Bilder, die einst die Ahnung eines Unbedingten, Absoluten wachhielten, indem sie auf prekäre Weise die Grenze, die sich nicht überschreiten läßt, symbolisierten, verschwinden aus den Storys. Statt dessen explodiert das Phantastische.

Damit einher geht eine bisher unbekannte Beschleunigung der Erzählzeit. Mit dem Gewimmel seltsamster Geschöpfe, Dinge und Szenarien wird der Handlungsablauf rasend, bis hin zu einer Regie, die gerade das Unglaublichste in Schnittsequenzen präsentiert, welche nahe an der Wahrnehmungsschwelle liegen. An sich ist diese Technik altbekannt (Schreck und Grausen in der Kunst sind ja oft durch nichts weiter bedingt als die ultrakurze Sichtbarkeit eines Phänomens); aber immer definierte diese Technik einen Grenzfall des Erzähllaufes, niemals dessen Prinzip. In einem bestimmten Sinne ist das nun anders:

Einst hatten die wichtigsten Grenzmetaphern ihr Leben, ihre Kraft aus den miteinander verzahnten Bilderkreisen um Liebe und Tod bezogen. Doch die Liebe und der Tod, die ich meine, sind kaum noch mit dem gleichzusetzen, was heute so heißt. Liebe und Tod – es ist selbstverständlich, daß hier von beidem die Rede nur ist als heroische Vorkommnisse in einer dem Alltag ent-

hobenen Welt, einer Welt der Aventiuren und Passionen –, Liebe und Tod waren Grenzvorstellungen par excellence, so daß sie letztlich sogar in eins gesetzt werden konnten.
Die Vollendung der Liebe ist die Vollendung des Todes. Die unüberschreitbare Grenze wird überschritten, die Welt als begrenztes Ganzes verlassen. Man ist am paradoxen Ort der Erlösung: *des Schweigens, das höchstes Sehnsuchtsziel nur sein kann durch das Beredtsein, durch das Leben und die Gewalt hindurch.*
Deshalb sind die Helden, insofern sie Pilger auf dem Wege der Liebe und des Todes sind, zugleich auch Wanderer im Endlichen, deren Seele sich nach dem Licht der Grenze verzehrt, die allem Endlichen unerreichbar ist.
Doch die heroischen Ideale von Liebe und Tod haben bereits lange ihre Kraft verloren, ja sie sind unserer Kultur wesensfremd geworden. Und natürlich waren schon die Helden meiner Kindheit, selbst wenn sie Siegfried oder Lanzelot hießen, vor allem vom Typ des Old Shatterhand, das heißt *Aktionisten.* So aber war es vielleicht zu allen Zeiten. Die Austreibung von Liebe und Tod aus unserer Kultur wird denn auch vollends sichtbar erst im Übergang vom Helden des Kindes zu dem des Erwachsenen. Es gibt da nämlich keine Bewegung der Idealisierung oder Verinnerlichung mehr; Superman bleibt Superman – der makellos reine Akteur mit Irrsinnspower und Irrsinnsdrive, fast eine Ewigkeitsgestalt, fast ...
Seiner traditionsmächtigen Darstellungsmedien verlustig gegangen, muß sich der mystische Impuls ganz ans Phantastische ausliefern. Was früher ein unsägliches Hereinleuchten in die Welt war, erfahrbar nur als das, was sich nicht sagen läßt, und eben deshalb Einspruch gegen das Gefängnis der Innerweltlichkeit, wird nun *imitiert* durch das Mysteriöse, Noch-nie-Gesehene, Absolut-Phantastische – durch das Fantasy-Universum.
Aber dessen ganzes Inventar besteht aus Versatzstücken des Hienieden. Aus welcher unendlich fernen Galaxie die Aliens kommen mögen, wie unendlich seltsam ihr Aussehen, ihr Verhalten sein mag, diesseitige Wesen sind sie allesamt. Ja, ihre Fremdheit, die uns gerade wegführen soll aus dem Bannkreis des Hienieden, befestigt ihn. Denn gerade im Unverständlichen und Sinnlosen zeigt sich die Wahrheit des Diesseitigen, wird offenbar die Nacht des Lichtes, das reiner Geist, reiner Sinn und reine Bedeutung, absolute Transparenz und absolutes Leben wäre.
So erklärt sich das Rasendwerden des Fantasy-Inventars. Im Augenblick seines Erscheinens hat es sich schon verbraucht. Systematisch verfehlt es die Funktion der Entgrenzung. Deren Utopie existiert in der total gewordenen Immanenz bloß nach als *Furor des Verschwindens:*
Die Anschauung der Welt als sich selbst verschlingende ist die rasend und also blicklos gewordene Anschauung der Welt sub specie aeternitatis.

Rocque Lobo

Intuitive Erfahrung

Die Benennung eines Ereignisses als Zufall erscheint mir eine strikte Konsequenz des Denkens in Kausalzusammenhängen zu sein: »Wenn A, dann auch B« oder »A, dann und nur dann, wenn auch B«. Es gilt hier jedoch, nicht diese Sätze der formalen Logik in Frage zu stellen, sondern zu zeigen, daß sie nur dort gelten, wo man sich geeinigt hat, daß sie in einer gewissen Struktur unserer Erfahrung von Zeit eingebettet sind, nämlich derjenigen der linearen Zeit[1].

Beheimatet in unserer Erfahrung der Umwelt im Wachzustand ist die lineare Zeiterfahrung eine höchst nützliche, da sie uns durch die empirische Korrektur anhand der Bezugspunkte, welche unsere Sinne in der Umwelt findet, mit Treffsicherheit überprüfen läßt, ob das, was wir planen und tun, in dem auf dieser Schiene laufenden Zug der Zeit so oder anders ankommen wird oder auch nicht. Entbehren wir ihrer, können wir uns in dieser Welt kaum orientieren, geschweige denn handeln.

Doch im Alltag gibt es zahlreiche Beispiele, welche uns zeigen, daß wir in Momenten der Verunsicherung diese empirischen Bezugspunkte verlieren. Wir greifen dann nach Mitteln, um sie wiederzugewinnen. Diese sind von zweierlei Art:

- die Erhöhung des Informationsflusses und die daraus resultierende Kalkulation der Situation, Berechnung der Erfolgs- oder Mißerfolgschancen und Geringhaltung der Zufallsquote

oder

- das Sich-auf-die-eigene-Intuition-Verlassen.

Im ersten Fall wird der Zufall durch die Dichte der »eingespeisten« und »verarbeiteten Information« möglichst gering gehalten. Im effizienten Management und in den Trainingsprogrammen für junge Menschen, die im Beruf erfolgreich sein wollen, wird den Menschen beigebracht, wie sie sich der verunsichernden Momente künftiger unbekannter Situationen durch Beobachtung der Kausalitätsschienen jedes einzelnen Faktors entledigen können, um auf diese Weise ihren eigenen Erfolg zu programmieren. In 99 Prozent der Fälle hat derjenige, der so arbeitet, Erfolg. Der Zufall ist unbedeutend. Man kalkuliert ihn ein. Wenn eine von hundert Personen auf diese Weise Mißerfolg hat, tut es der Methode keinen Abbruch; derjenige, den dieser Zufall trifft, ist höchstens sehr unglücklich.

Es gibt jedoch in zunehmendem Maße Menschen, die an einer solchen Vorgehensweise teils aus Bequemlichkeit, teils wegen der zunehmenden Komplexität der Faktoren, welche die heutigen Situationen bedingen, zweifeln. Sie versuchen, sich rein auf ihre Intuition zu verlassen, und werden öfter enttäuscht, als ihnen lieb ist. Das Wort »intuitive Erfahrung« im Mund solcher Menschen wirkt daher wie ein Synonym für »Zufall«, »Unkontrolliertheit«, »Zerfahrenheit« und »Ineffizienz«.

Doch dieser Art ist nicht die intuitive Erfahrung, über die ich sprechen möchte. Vielmehr ist sie die innere Gewißheit, in welcher eine Zeitraffung oder -dehnung wie im Traum vorgenommen wird: Eine unendlich lange Geschichte kann in einem Augenblick erlebt werden, eine unendlich kurze Handlung eine »Ewigkeit« zum Vollzug auf sich warten lassen. Der Traum ist die Zeit der Dissoziation zwischen Wahrnehmen und Handeln. Er ist vom Bewußtsein des erlebenden menschlichen Körpers her keine »empirische Zeit«. Doch wendet auch hier unsere körperliche Existenz die Verknüpfung von Ursache und Wirkung so, als spielte sie mit den einzelnen Situationen der Handelnden in der Umwelt, um durch dieses Probehandeln eine brauchbare Lösung der Alltagsprobleme zu erhalten. Der Traum vermag dies zu tun, weil er uns in die Zeit der Dissoziation von Wahrnehmung und Handeln versetzt. In dieser Zeit ist für das Bewußtsein des Erlebenden das, was wahrgenommen wird, zugleich real wie auch irreal. Es ist real, indem ich vom Körper her im Augenblick des Traumes weiß, daß ich das, was ich wahrnehme, nur im Traum wahrnehme. In der Zeit der Dissoziation von Handeln und Wahrnehmen stecken damit zwei Möglichkeiten:

– Erstens können wir uns durch das Neuordnen von Handlungsstrategien in unserer Umwelt neu orientieren lernen, bevor wir handeln. Es geschieht eine gewisse Umweltbewältigung.

– Und dann können wir auch vom Körper her uns selber über die Realität oder Irrealität einer Situation, in welcher wir im Wachzustand die Orientierung verloren haben, Rechenschaft geben.

Es scheint dies der Grund zu sein, warum der Traumzustand von denjenigen gesucht wird, welche die Bezugspunkte für ihre Sinne verloren haben und einen neuen Standort suchen. Hier spielt der Zufall eher die umgekehrte Rolle als im Wachzustand. Es ist eben hier der Zufall, wenn der Traum mit der Wirklichkeit übereinstimmt. Doch können wir annehmen, daß unser Körper auch dies wissen muß und es auch uns vermitteln könnte, wenn wir ihn anhörten. Die Schulung der intuitiven Erfahrung setzt hier an. Sie ist auf die Sammlung von ebenso vielen Informationseinheiten über den Zugang des Körpers zur Wirklichkeit angewiesen, wie die Berechnung einer Situation auf der Verarbeitung von Informationen durch unseren Intellekt im Wachzustand basiert. Dies bedeutet, daß ein Mensch, der den Traumzustand bewußt erzeugen kann, auch bewußt erlebt und befähigt ist, zu entscheiden, welche Handlung »phantastisch« und welche letztendlich real ist oder sein wird. Dies ist der Schlüssel zu den vielen Koinzidenzen oder zufälligen Übereinstimmungen zwischen geträumten Situationen und realen, welche die Überraschungen des Lebens ausmachen.

Intuitive Erfahrung als »wahre Erfahrung« versucht daher, die größtmögliche Zufuhr an Information und ihre bestmögliche Verarbeitung für den Erlebenden zu bewerkstelligen. Da sie über zwei Zugänge zur Zeit – über den Traum und über den Wachzustand – verfügt, ist der Zufall sowohl von der assoziativen emotionalen Seite wie von der intellektuellen, logisch diskursiven Seite ausgeschaltet, und es ist daher schwierig, sie zu erschüttern und den Erlebenden zu verunsichern.

Menschen, die verunsichert sind, bewegen sich aufeinander zu, um sich in ihren Meinungen abzustimmen. Jeder Student der Sozialwissenschaften weiß vom Phänomen der Konvergenz der Meinungen zu berichten, in welchem weit auseinanderliegende Meinungen zum selben Thema sich aufeinander zu bewegen, sobald die Vertreter dieser Meinungen die Gelegenheit haben festzustellen, daß es in ihrer Gruppe tatsächlich weit auseinandergehende Meinungen gibt.

Dagegen gibt es auch das Phänomen der Divergenz in einer Gruppe oder des Zerfalls der Norm, nach welchem die einzelnen Mitglieder sich bisher gerichtet hatten. Besonders deutlich kommt dies in Reisegruppen zum Vorschein. Konfrontiert mit der Andersartigkeit fremder Kulturen, desintegrieren diese Gruppen, die einzelnen Mitglieder werden plötzlich emotional, und man bezichtigt sie der Regression in kindliche Verhaltensweisen. Dies ist der andere Zugang, den die Verunsicherung zu unserem Zeitempfinden hat.

Es scheint hier, daß die Situationen unserer Umwelt sich auf zweierlei Weise verunsichernd auf uns auswirken können, intellektuell wie emotional. Die intellektuelle Verunsicherung spornt uns an, mehr zu tun, um mehr Information zu verarbeiten. Ein Schüler, der einige Tage vor der Schulaufgabe feststellt, daß er große Wissenslücken hat, weiß, daß er sich anstrengen muß, will er sie schließen. Die emotionale Verunsicherung dagegen versetzt uns in eine Stimmungslage, in welcher wir Ärger, Zorn, Niedergeschlagenheit oder schlichtwegs Unentschlossenheit erfahren.

Da wir heute wissen, daß unsere intellektuelle Tätigkeit in der linken Hälfte unseres Gehirns repräsentiert ist und die emotionale in der rechten, können wir daraus schließen, daß intellektuelle Verunsicherung auch in der linken Gehirnhälfte repräsentiert ist, während emotionale Verunsicherung sich auf die rechte auswirkt[2].

Demnach müßte die Erfahrung von Zeit in einer verunsichernden Situation mit der Erfahrung von Druck, Anstrengung und Antrieb zur Informationsbewältigung auch in der linken Gehirnhälfte stärker repräsentiert sein als in der rechten. Und umgekehrt wird die Erfahrung von emotionaler Wallung im Erlebenden um so stärker sein, je mehr die Situation in der rechten Gehirnhälfte repräsentiert ist.

Wir wissen heute, daß die linke Gehirnhälfte eine größere Schmerztoleranz im Vergleich zur rechten Gehirnhälfte hat. Dies bedeutet, daß Schmerzen, welche man in der rechten Körperhälfte spürt, wesentlich stärker sein können als Schmerzen, welche wir in der linken Körperhälfte spüren, bevor sie uns beunruhigen; denn die rechte Körperhälfte hat ihre Repräsentanz in der linken Gehirnhälfte und umgekehrt[3].

Verunsicherung ist eine Art Vorwegnahme von Schmerzen und je nachdem, wo sie in unserem Körper stärker repräsentiert ist, kann sie die Schmerztoleranz erhöhen oder erniedrigen.

In einer Situation etwa, in welcher der Erlebende klar seinen Weg vor sich sieht und sich mitten im Kampf zur Bewältigung der Schwierigkeiten befindet, kann er eine starke Verletzung erleben und sie dennoch erst spüren, bis er die »Zeit« dafür hat, den Schmerz zuzulassen. Hier ist die Dominanz der Erfahrung der linken Gehirnhälfte im Spiel. Sie schraubt sozusagen die Schmerztoleranz so hoch, daß sie die Verletzung eine Zeitlang vom »Bewußtsein des Leibes« fernhalten kann, bis das nötige Ziel ihres Strebens erreicht ist. Wenn ein Sturm die Insassen eines Bootes überrascht, sehen sie – wenn sie mit solchen verunsichernden Situationen vertraut sind – die Gefahr klar vor sich. Sie wissen auch, was zu tun ist, um sie zu bewältigen, und haben »keine Zeit für Zimperlichkeit«.

Doch dort, wo die Verunsicherung dieselben Menschen emotional und nicht intellektuell trifft, sind sie oft ratlos. Da haben die kleinsten Störungen eine sehr starke Repräsentanz im Gehirn und lösen womöglich starke Schmerzen aus. Besonders deutlich ist dies zu sehen an »starken Männern«, die nach dem Tode ihrer Ehefrauen einen Herzinfarkt erlitten haben. Es scheint hier zwar die Kehrseite oder kleingehaltene Seite ihrer Persönlichkeit plötzlich in Erscheinung zu treten. Sei scheinen auf der einen Seite ihre Probleme bisher durch Berechnung, Informationssichtung und bewußte Verarbeitung sehr erfolgreich bewältigt zu haben. Was hinter den Kulissen geschah, davon wußten nur ihre Ehefrauen zu berichten; den nur sie hatten es erfahren. Der starke Mann draußen ließ sich zu Hause gehen, bemuttern und pflegen. Zwei

Gehirne in ihren Köpfen? Oder die Repräsentanz zweier Zeitstrukturen in einem Gehirn?
Die ostasiatische meditative Tradition scheint sehr gut über die Links-rechts-Problematik unseres Gehirns und unserer darin repräsentierten Erfahrung der Wirklichkeit Bescheid zu wissen. Sie beschreibt verschiedene »Empfindungswege« des Leibes[4], in welchen die Regelkreise »Sinnesrezeptoren – Gehirn – innere Organe – Handlungsorgane« sich durch Merkmale des Körpers für das Bewußtsein des Erlebenden zeigen. Sie ordnet diesen Empfindungswegen jeweils die Erfahrung der rechten oder der linken Seite des Körpers zu, bündelt sie an bestimmten Knotenpunkten im Rückenmark und führt sie lianenartig in den Bereich des Gehirns. Die Hauptströme dieser Empfindungen sind gekennzeichnet durch Merkmale der Erfahrung, wie sie im Wach- oder Schlafzustand gemacht werden. Bezogen auf diese Empfindungswege ist intuitive Erfahrung, auch Siddhi genannt[4], die Erfahrung des Gleichgewichts zwischen dem Wach- und dem Schlafzustand. Sie kann einem nicht durch Zufall zuteil werden, da sie im doppelten Sinn des Wortes davon lebt, daß sie eben den Zufall ausschaltet. Dort – mit anderen Worten – wo sowohl die emotionale wie die intellektuelle Verunsicherung behoben ist, dort wird sie dem Erlebenden zuteil. Man ist geneigt zu glauben, daß man diese Art von Erfahrung erarbeiten könnte. Allein diese Vermutung läßt ersichtlich werden, wie sehr wir nur mit den Wegen der linken Gehirnhälfte vertraut sind und wie wenig wir von der Logik der Affekte, wie sie in der rechten Hirnhälfte repräsentiert ist, verstehen.
In den ostasiatischen Leitfäden zur Meditation wird diese »Logik der Affekte« neben der »Logik des Intellekts« jeweils erläutert. In den Yoga-Sutras des Patañjāli finden wir die intuitive Erfahrung als die Erfahrung des Yoga schlechthin bezeichnet[5]. Sie ist eine Erfahrung, in welcher die Gewißheit über ihre Wahrheit nicht schwankt, weil sie zutiefst im Wesen des Erlebenden selber gründet. Was die Schwankungen verursacht – und diese verunsichern den Erlebenden –, sind die logischen Bewegungen des Intellekts und der Affekte. Diese logischen Bewegungen werden für den Intellekt als gültiges Wesen, Irrtum, Vorstellung, Schlaf und Gedächtnis bezeichnet. Jede dieser Bewegungen des Intellekts wird weiter definiert, und es fällt auf, daß sie alle, weil sie als Ursache nicht schmerzhafter Schwankungen bezeichnet werden, dem »Situationskreis« der Erfahrung der rechten Körperhälfte und damit auch der linken Gehirnhälfte sowohl im Wach- wie im Schlafzustand zuzuordnen sind. Dem gegenüber werden fünf weitere schmerzhafte Kategorien benannt, die dem Situationskreis der rechten Hirnhälfte und der linken Körperhälfte eher entsprechen. Es ist zuerst die Kategorie der »Nacht der Sinne«, gekennzeichnet durch Unwissenheit und Unlust an der Erfahrung

der Umwelt und durch Langeweile. Die weiteren Kategorien sind Ichsucht, Zwietracht, ein Drang nach dem Erleben und Befangenheit in der Spirale von Bedürfnissen und ihrer Befriedigung und zuletzt die Wallung und Unruhe des Blutes, die jede emotionale Regung begleitet[6].

Die intuitive Erfahrung in Yoga ist gekennzeichnet durch die Stillegung der Schwankungen von beiden Seiten des Körpers und damit auch des Gehirns. Es ist um dieser Erfahrung willen, daß der Übende es regelmäßig auf sich nimmt, ohne Rücksicht auf die jeweilige Situation, ihre Repräsentation in seinem Leib und in seinem Kopf und die Störung des Gleichgewichts seiner inneren Zeit durch sie hindurch zu beobachten. Findet er zum Ermöglichungsgrund seines eigenen Daseins zurück, so findet er auch sein eigenes Dasein, sein eigenes Wesen, denn diese fallen ineinander zusammen[7]. In Yoga spricht man vom Einswerden von Jivatman oder dem »individuellen Zusammenhalt« mit dem Paramatman oder »kosmischen Zusammenhalt«. Wird dieses Einswerden dem Erlebenden oder Übenden zuteil, so ist seine Erfahrung wahr, und alles, was sich aus ihr ableiten läßt, wird wahr und real.

Damit jedoch diese Art der Erfahrung nicht der willkürlichen Deutung preisgegeben werden sollte, haben die alten Meister Asiens ihre Erfahrung mit den Merkmalen des Körpers, die sie kennzeichnen, festgehalten. Wenn man ihre Texte liest, so merkt man, daß sie den Optativ für die Verben oder Tätigkeitswörter verwenden. Sie sagen damit: »Wenn du diese Erfahrung machst, möge sie begleitet sein von diesen Erscheinungen in den Augen, in den Ohren, in den Gliedmaßen, im Geschmack, in der Haut usw.« Oft wird diese Satzkonstruktion übersehen, und man übersetzt ungenau: »Tue dies, und dir wird die intuitive Erfahrung zuteil.« Diese Art der Übersetzung selber zeigt, wie stark die Dominanz der linken Hälfte unseres Gehirns auf allen Gebieten ist. Oft fragen sich abendländische Gelehrte, ob es nötig ist, sich mit den körperlichen Abläufen auseinanderzusetzen, um zur intuitiven Erfahrung auf dem Höhepunkt des Yoga zu gelangen. Wenn wir einige dieser Prozesse genauer anschauen, so werden wir verstehen, warum dies nötig ist.

Nehmen wir als Beispiel die Tätigkeit der Augen. In Yoga finden wir die Beschreibung eines Tests der Augen während der Meditation, der als Traṭāka bezeichnet wird[8]. In diesem Test beobachtet der Übende, ob er in der Lage ist, ohne zu blinzeln oder die Augen aufzuschlagen, den Blick auf einen Punkt zu fixieren, bis die Tränen fließen. Wer diese Übung regelmäßig auf sich nimmt, wird beobachten, wie der Tränenreflex seinen Kopf und Hals entspannt. Eingebettet in einer Sitzhaltung, in welcher die Arme und Beine auch völlig weich, warm und frei von Flucht- und Kampfreflexen sind und der Rumpf stark und lebendig ist, hat diese Übung der Augen einen starken Einfluß auf die Emotionalität und damit auch auf die Tätigkeit der rechten

Gehirnhälfte. Man weiß, daß die Augen in kognitiven Prozessen z. B. beim Lesen oder beim Entziffern von unbekannten Zeichen kleine Sprünge von Bruchteilen einer Sekunde machen. Diese Sprünge nennt man Sakkaden. Man weiß, daß die kleinsten solcher Zeiteinheiten, in welchen das Auge beim Gegenstand verweilt, nicht kleiner als 0,2 Sekunden sein dürfen. Es ist nicht möglich, etwas sinnvoll und lückenlos zu lesen, wenn man diese Grenzen unterschreitet. Darüber hinaus jedoch ist die Zahl der Sakkaden pro Zeile größer, je schwieriger der Text oder die Zeichensprache, die es zu entziffern gilt, ist. Verunsicherung kann sich mit anderen Worten hier durch eine Verlängerung der Dauer der einzelnen Fixationen bemerkbar machen. Bei der Traṭāka-Übung macht sich diese kognitive Tätigkeit, die eine Aktivität der linken Gehirnhälfte ist, als Starrheit in den Augen bemerkbar. Die Augen werden hart und fühlen sich unter Druck. Der Augeninnendruck steigt. Beobachten wir dies, so können wir versuchen, die Zahl der Gedanken, die im »Inneren des Gehirns« ablaufen, zu reduzieren, dem Gegenstand mit mehr Zuneigung und Hingabe entgegenzugehen, ihn mit uns sprechen zu lassen, um das starre Fixieren der Augen zu vermeiden. Mit der Abnahme dieser Starrheit und der Zunahme der Sakkaden und ihrer Sprünge geht ein Gefühl der Erleichterung Hand in Hand. Diese kann jedoch ernüchtert werden durch das Einsetzen des Tränenreflexes, welcher bei einer kognitiv-entspannten Lage die emotionale Seite unserer Persönlichkeit auf den Plan rufen kann. Sollten wir jedoch den Augeninnendruck nicht zurücknehmen und die kognitive Tätigkeit nicht herunterschrauben können, so fließen zwar nach einiger Zeit des Starrens die Tränen, doch wird dies lediglich ein »mechanischer, technischer Vorgang«, der ohne jegliche Relevanz für unser Gefühlsleben bleibt.

Doch dort, wo die emotionale Seite unseres Gehirns angesprochen wird, kann auch diese durch Angst, Furcht, Ärger, Ekel u. a. verunsichert werden. Eine solche Verunsicherung macht sich in der Tendenz der Augen bemerkbar, sich nach links zu bewegen[9]. Dies wird durch die Tätigkeit der rechten Hirnhälfte verursacht. Erst bei der Überwindung dieser Tendenz hat der Übende ein tiefes Gefühl der Entspannung im Bauch und Becken. Die Augen sind zentriert, weich und entspannt, die Stirn kühl und der Kopf sehr konzentriert.

Dies ist die Ausgangslage für die intuitive Erfahrung. In den Händen zeigt sie sich durch die Bereitschaft des Kopfes, die unbeholfenen Bewegungen der ungeübten Seite (meist der linken Hand) geduldig zu beobachten. In den Beinen kommt sie durch Gelassenheit zum Ausdruck. Man kann im Lotossitz verharren, ohne daß die Muskeln der Beine aus Flucht- oder Kampfreflex, Angst oder Überforderung sich straffen, um uns fortzutragen, dorthin, wo wir mehr Ruhe und Zeit fänden, um die Situation zu sichten und uns einzubringen.

Es ist, als würde die Repräsentanz der Sozietät in unserem Körper hinterfragt, unsere latenten Einstellungen zur eigenen Leistung und zu jener unserer Mitmenschen. Verzagtheit oder auch Ungeduld macht sich im Kontrast der Tätigkeit der linken und der rechten Hand bemerkbar. Der Ausgleich zwischen ihnen zeigt sich als innere Stille, die man mit der glatten Fläche eines ruhigen Sees vergleicht, in der die Umgebung sich spiegeln kann.
In diesem Spiegel kommt die Wirklichkeit der intuitiven Erfahrung zum Tragen. Der Übende richtet jeden ihm von Bedeutung erscheinenden Wunsch während der Ausatmung an sein eigenes Herz, und während der Einatmung bittet er, daß sein Herz ihm diesen Wunsch erfülle. Die Zeit der Ausatmung ist die Zeit der Ruhe für das Herz, seine Zeit der Fülle, in welcher es schön eingebettet hinter dem Brustbein im Brustkorb sich anschmiegt und schläft; die Zeit der Einatmung ist die Zeit der Arbeit für das Herz, seine Zeit der Leere, in welcher es den Unterdruck im Brustkorb spürt, der die Außenluft einströmen läßt. Wenn die Arbeit zuviel Raum im Leben eines Menschen einnimmt und er die letzten Reserven seiner Kraft ausschöpft, so wird sein Herz ihm keinen Wunsch mehr in der Zeit seiner Leere gewähren können. Dies wird er erfahren in einem starken Gefühl der Unsicherheit und der inneren Unruhe. Eventuell begleitet ein Flattern im Herzen und im Bereich der Gedärme diese Gefühle. Umgekehrt jedoch beschert das Herz dem Erlebenden ein Gefühl tiefer innerer Zufriedenheit und Sicherheit in dem Augenblick, in dem es ihm aus der Fülle seiner Zeit einen Wunsch gewähren kann.
Die intuitive Erfahrung der ostasiatischen meditativen Tradition basiert auf diesen und weiteren Beobachtungen der körperlichen Aktivität zur Ausschaltung von Fehleinschätzungen anhand zufälliger Koinzidenzen. Wer jedoch solche Koinzidenzen während der hingebungsvollen Übung in Meditation erlebt, weiß, daß sie keine Zufälle mehr sind. Dies weiß er aber nicht nur kognitiv, sondern und in der Hauptsache emotional.
Dieser Aufsatz selber ist das Ergebnis eines solchen »Ausschaltens von Zufällen«, das in eine »Koinzidenz« auslief. Ich hatte vom Herausgeber dieses Bandes einen Brief erhalten, in welchem er mich bat, einen Beitrag zum Rahmenthema des Buches *Die zweite Wirklichkeit* zu leisten. Ich fühlte mich innerlich der Sache nicht gewachsen und ließ den Brief einige Tage liegen. War es der Zufall oder war es die Koinzidenz auf einer anderen Ebene, die meine Frau eines Abends vor dem Einschlafen das Buch *Der Wissenschaftler und das Irrationale* in die Hand nehmen ließ? Sie schlug auf und las den Beitrag der Herausgebers dieses Bandes, Adolf Holl, der dort unter dem Titel »Hoc est enim corpus meum« erschienen war[10]. Meine Frau machte mich, da ich in der Nähe saß und in einem anderen Buch las, auf ihre Lektüre aufmerksam. Ich fragte sie, ob sie wußte, daß ich vor einigen Tagen einen Brief

von Herrn Holl erhalten hätte. Sie hatte davon keine Ahnung. Ich holte daraufhin den Brief hervor und zeigte ihn ihr.

Ich bin weit davon entfernt, dieser Episode die geringste Bedeutung beizumessen. Dennoch steht sie in einer Reihe solcher Koinzidenzen, die es nicht mehr als Zufall erscheinen lassen, daß ich ausgerechnet durch sie dazu bewegt wurde, mich zum Thema »intuitive Erfahrung« zu äußern.

Ich möchte hier von einer zweiten Geschichte berichten, die nicht weniger erstaunlich war Ich fuhr im Jahr 1982 mit einer Gruppe interessierter Mitarbeiterinnen und Mitarbeiter zu einem ayurvedischen Krankenhaus nach Boradi in Indien. Unterwegs erfuhr ich, daß eine der Sozialarbeiterinnen sich einer Rückführungstherapie bei Thorwald Detlefsen in München unterziehe. Da ich damals nichts von solchen Rückführungen hielt (heute ebenfalls diesen Dingen skeptisch bis ablehnend gegenüberstehe), machte ich mir einen Spaß daraus, ihr zu berichten, daß sie in Indien erst »ihre wahre Seele« wiederfinden würde. Ich sagte ihr, daß sie die »intrigante Frau des großen Moghul-Kaisers Jahangir« gewesen sei. Ihr Name damals sei Nur Jahān gewesen. Ich lästerte sogar über die Bandbreite der Namen, die während der Rückführungen auftauchten, und meinte, daß sie auffallenderweise immer nur auf prominente Leute der Vergangenheit hinwiesen, Könige, Offiziere, Generäle, Bischöfe, Päpste usw. In dieser illustren Reihe bot ich ihr an, mich als Wiederverkörperung ihres damaligen Leibarztes Vaidya ... einzureihen. Die Reisegesellschaft belustigte sich über diese Ausführungen, und auch die angesprochene Sozialarbeiterin nahm alles mit Humor.

Auf dem Rückweg von Boradi nach Nasik, ausgerechnet zu einem Zeitpunkt, zu welchem keiner der Reisenden einen Zwischenaufenthalt machen wollte – die Hälfte der Gruppe fühlte sich erschöpft und krank – zwang uns unser Fahrer zu einem kurzen Besuch in einem sogenannten Museum in Dhule. Das als Museum bezeichnete Gebäude enthielt allerdings kaum etwas Sehenswertes. Es war jedoch dem Fahrer offensichtlich nahegelegt worden, dort Rast zu machen, und um uns zu entschädigen, rannte jemand los, um Tee und Biskuits zu holen, damit wir doch noch vom »Museum« Kenntnis nähmen. Ein alter Mann kam schließlich herbei und zeigte uns das wichtigste Manuskript, das vor kurzem von diesem Museum entdeckt und veröffentlicht wurde. Ich saß in diesem Augenblick der Sozialarbeiterin gegenüber, und der alte Mann reichte mir das Buch herüber. Er sagte, es sei eine Schrift des Arztes am Hof des Moghul-Kaisers Jahangir. Ich las die Überschrift: »Yoga cintamaṇi«. Das ist wohl alles, was ich, bis ich diesen Artikel anfing, mit dieser Lektüre zu tun hatte. Jetzt habe ich sie wieder in die Hand genommen und festgestellt, daß sie schwer zu lesen ist.

Die Sozialarbeiterin nahm triumphierend meine Verlegenheit zur Kenntnis

und sagte: »Die Zeit wird kommen; du wirst die Wahrheit der Seelenwanderung akzeptieren.« Weit davon entfernt, diese platte, volkstümliche Philosophie zu akzeptieren, sehe ich mich heute eher von etwas anderem fasziniert: vom Einbruch des Traumes und des Phantastischen in die Alltagsrealität. Dies beobachte ich oft an jenen Stellen im täglichen Kampf, an welchen die Berechnung und die diskursive Logik in eine Sackgasse geraten sind. Es läßt sich aus meiner Selbst-Beobachtung nur ein Zusammenhang feststellen: Vor jedem solchen Ereignis war ich an einem Punkt in meiner Kalkulation und Berechnung des Künftigen angelangt, der mir buchstäblich »Kopf- oder Bauchschmerzen« bereitete. Es waren immer Momente starker Verunsicherung. Die Art von Ereignissen, von welchen ich bisher berichtet habe, gaben dem Gesamtgeschehen eine phantastische überraschende Wende zum Positiven hin. Ich will nicht leugnen, daß an jenen Stellen des Lebens, an welchen ich mich sehr sicher fühlte, die Verunsicherung ebenso phantastisch und unerwartet einbrach, um mich offensichtlich an die »andere Wirklichkeit« zu erinnern.
Wenn ich aus alldem bisher eines über die Zielsetzung des Yoga verstanden habe, dann dieses: die Wachsamkeit beider Hirnhemisphären zu pflegen bedeutet, Yoga im traditionellen Sinn zu üben. Die Versuchung, eine »Metaphysik der Vorsehung« oder der »Reinkarnation« anhand solcher Erfahrungen aufzustellen, ist eben eine parasitäre, volkstümliche Blüte, die sich an den reinen Stamm ostasiatischer Meditation und Mystik festgeklammert hat. Die »Logik der rechten Gehirnhälfte« ist ähnlich der »Logik des Traumes« phantastisch, assoziativ, aber doch nichtsdestoweniger real. Es steht niemandem an, diese in die Gefilde der »Logik der linken Gehirnhälfte« überzuführen, mit ihrer klaren Analytik und Diskursivität. Auch umgekehrt ist der Weg von der Diskursivität in die »Logik der Affekte« nicht geöffnet. Vielleicht ist es banal, zu betonen, daß dort jedoch, wo ein Konflikt zwischen beiden besteht, psychogene Krankheit sich anbahnt, und dort, wo beide »Logiken« in sich als schlüssig bejaht werden, eine glückliche, kreative Persönlichkeit sich als Träger beider zeigt. Über diesen Umweg bin ich zum Verständnis dessen gekommen, was als Selbst (Ātman) bezeichnet wird. Es ist der Ort, an dem ich als Subjekt vor mich selber trete, mit keinem Zweck im Hinterkopf handle und mein Dasein schlichtweg sich aus sich selber heraus gründen lasse. In diesem und aus diesem Ort heraus entsteht intuitive Erfahrung, und dieser Ort ist, ob lebensbejahend oder verunsichernd und bedrohend, immer wahr.

Es gibt Erfahrungen im Leben, deren Wirklichkeit niemand leugnen kann. Allein deswegen, weil sie »wahr« sind, meinen die meisten von uns, daß sie in das Netz des Denkens in zwangskausalen Zusammenhängen eingefangen und auf dem Seziertisch der Rationalität zerlegt werden können.

Daß die Rationalität selber auf weiten Strecken unseres Erlebens nicht repräsentiert ist, haben wir fast aus unserem Bewußtsein vertrieben: der Inhalt unserer Träume ist dem Seziermesser der Analyse erlegen, und der Akt des Träumens selber wird durch Maschinenschrift tomographisch oder elektroencephalographisch für uns lesbar gemacht. Das einzige, das diesem weitgespannten Netz aus den unendlich vielen Maschen von Ursache und Wirkung entschlüpft, ist das menschliche Subjekt, das im Augenblick des Träumens weiß, daß es träumt, und dies nicht durch die Tätigkeit seiner Ratio, sondern durch das »Bewußtsein seines Körpers«. Der Körper weiß, daß er träumt. Unter normalen Umständen versucht er nämlich nicht, das im Traum Erlebte auch in eine Handlung umzusetzen. Die Dissoziation zwischen Wahrnehmung und Handlung ist charakteristisch für die Zeit des Träumens.

Von diesem Blickwinkel her betrachtet, hat der Körper eine Art von Wissen über die »Zeit der kausalen Verknüpfungen der empirischen Realität« und über die »Zeit der Dissoziation von Wahrnehmung und Handeln in dieser Realität«. Das Subjekt kann sich dieses Wissens bedienen, wenn es mit dem eigenen Körper in Kontakt tritt und sich »zutiefst verkörpert« erlebt.

Intuitives Wissen dieser Art ist das Ziel jeder Verkörperung. Der Körper des Menschen ist der Ort, an welchem dieser als lebendiges Subjekt in Kontakt und Austausch mit der Umwelt tritt. Er tut dies im Tiefschlaf, im Traum und im Wachzustand, und er überblickt damit große Zeiträume, in welchen er plant und seine Kraft auch intuitiv einschätzt und einsetzt.

Im Umgang mit dem Körper ist heute ein veraltetes Idiom wiederbelebt worden. Man spricht von Körperbeherrschung, wenn man die Kunststücke vieler Akrobaten aus Asien mit der Motorik des Leibes sieht. Stellt man sich dabei die Frage, wer wen beherrscht, so ertappt man sich bei Assoziationsketten, die sich um Worte wie Disziplin, Abhärtung, Ertüchtigung und Überwindung der Trägheit gruppieren. Es geht eine Faszination von der Grazilität, Anmut und Unbekümmertheit aus, mit welcher diese Artisten mit ihrem Körper umgehen. Man will diese Künste auch lernen.

Die Absicht der meisten Aspiranten tritt dabei offen zutage: der Körper soll erforscht werden. Er soll seine Wissensschätze abgeben, damit der Aspirant Macht über seine Zeit und damit über seine Zukunft gewinnt. Es scheint, als ob die Rationalität den Kampf mit dem Körper erneut aufgenommen hat und sich der Methoden Asiens bedienen möchte, um diesen vollkommen zu unterwerfen.

Die intuitive Erfahrung wird gesucht um dieser Macht willen. Allein auf dem Weg zu ihr hin entdeckt der Machthungrige, daß sie ihm so lange nicht zuteil wird, bis er sich in den Grundfesten seiner Existenz erschüttern läßt. In die-

sem »paradoxen Geschehen« entdeckt er sich selber: Er ging hinaus, sein Leben in den Griff zu bekommen, und dieses hat nun ihn im Griff.
Darin erst Gelassenheit und Ruhe finden bedeutet akzeptieren, daß es Ereignisse gibt, die real sind, aber keiner Erklärung bedürfen und gegen jede solche sich behaupten. Allein dies aus der Tiefe des Inneren – nicht aus Kapitulation vor der formalen Logik, sondern an ihrer Grenze angelangt – zu bejahen, bedeutet, die Wahrheit intuitiver Erfahrung zu erleben und sein Dasein auf ihr aufzubauen.

Anmerkungen

[1] In den letzten Jahren steht das Thema »Zeit« in vielen Zusammenhängen erneut im Mittelpunkt der Debatte. Nicht nur in medizinischer Hinsicht hat man viel dazu beigetragen, unsere Erfahrung von Zeit präziser zu umkreisen. Sogar wissenssoziologisch wird das Problem aufgeworfen, warum wir die jeweilige Frage nach dem Wesen der Zeit in einer bestimmten Situation, in einer bestimmten Gesellschaft, so und nicht anders stellen. Auf zwei wichtige Werke zu dieser Problematik sei hingewiesen: *Schriften der Carl Friedrich von Siemens Stiftung,* hg. von Anton Peisl und A. Mohler, Band 6; *»die Zeit«,* München – Wien 1983; N. Elias: *Über die Zeit; Arbeiten zur Wissenssoziologie II.* Hg. von Michael Schröter, Frankfurt am Main 1984.

[2] Wir denken hier an eine Verknüpfung der Thesen von E. Pöppel und der von W. Larbig, wie sie auf dem 1. Symposion für Integriertes Psychosomatisches Gesundheitstraining in München im März 1986 vertreten wurden; vgl. auch dazu E. Pöppel: *Grenzen des Bewußtseins, über Wirklichkeit und Welterfahrung.* Stuttgart 1985, S. 126 f.; W. Larbig: *Schmerz.* Stuttgart 1982.

[3] Nicht uninteressant ist auch diesbezüglich der Unterschied zwischen Frauen und Männern, auf welchen E. Pöppel hinweist. Ob dies Gründe in der Sozialisation der Geschlechter hat, sei dahingestellt; vgl. E. Pöppel: *Lust und Schmerz.* Berlin 1982, S. 136 ff.

[4] A. Avalon hatte als einer der ersten Europäer versucht, die sehr verschlüsselten Texte des Yoga für die abendländische Wissenschaft zu erschließen. Lesenswert sind seine beiden Bücher zu diesem Thema, wenn auch seine Ansichten in vielerlei Hinsicht nicht mehr dem neuesten Stand der Forschung entsprechen. A. Avalon: *Die Schlangenkraft,* Weilheim 1961. Ders.: *Shakti und Shakta.* Weilheim 1962.

[5] Die meisten modernen Übersetzungen der Yoga-Sutras geben nicht den ursprünglichen Sinn wieder. Es empfiehlt sich daher, sie kritisch zu lesen. Wenn hier auf die Übersetzung von B. Bäumer hingewiesen wird, dann nur deswegen, weil in ihr zumindest die Bemühung zum Vorschein kommt, einen Text der »phänomenologisch« zu lesen ist, nicht mit »metaphysischen Vorzeichen« zu verunstalten. Diese Überset-

zung ist in: *Die Wurzeln des Yoga, die Yoga-Sutren des Patanjali,* mit einem Kommentar von P. Y. Deshpande, Bern – München – Wien ²1977, zu finden.

6 Hier versuche ich eine Anpassung der Begrifflichkeit der Yoga-Sutras an die Begrifflichkeit der heutigen Psychosomatischen Medizin, wie sie bei Th. v. Uexküll im *Lehrbuch der Psychosomatischen Medizin,* München – Wien – Baltimore ²1981, zu finden ist.

7 Hierin ist die Philosophie M. Heideggers, wie sie in seinem Werk *Sein und Zeit* (Tübingen 1967) erläutert wird, als Grundlage verwendet worden, um die »mystische Erfahrung« in Yoga zu erhellen.

8 *Die Gheraṇḍa-Saṁhitā,* Urtext und Übersetzung durch Pai Bahadur Srisa Chandra Vasu. New Delhi 1975, S. 10 ff.

9 Vgl. dazu die von G. Schwartz in der Yale-Universität unternommenen Versuche, in G. E. Schwartz, R. A. Davidson, F. Maer: *Right hemisphere lateralisation for emotion in the human brain: Interactions with cognition,* in: *Science* 190 (1975), S. 286 ff.

10 A. Holl: *Hoc est enim corpus meum,* in: *Der Wissenschaftler und das Irrationale,* hg. von H. P. Duerr. Frankfurt am Main 1981, S. 530 ff.

Agehananda Bharati

Esoterisches Wissen

Für Menschen mit geringer semantischer Sensitivität scheint das Wort »esoterisch« nur seine Wörterbuch-Bedeutung zu besitzen, nämlich der Gegensatz oder das Gegenstück von »exoterisch« zu sein. Allerdings ist eine derartige Anschauungsweise sowohl simpel als auch, wenigstens im Sinne meiner folgenden Darlegungen, kontraproduktiv. In den Sprachen der westlichen Welt hat der Ausdruck »esoterisch« zu Ende des zweiten Jahrtausends der christlichen Zeitrechnung eine eher abschätzige Bedeutung, das Wort »exoterisch« dagegen nicht, außer es wird von jenen verwendet, die sich mit dem Esoterischen identifizieren bzw. denen dieses Etikett aufgeklebt wird. Ich spreche hier selbstverständlich von religiösem Kontext, da Leser dieses Buches sich wohl kaum mit allgemeinen Anwendungen des Begriffes wie esoterische Kunst oder esoterisches Handwerk befassen werden. So etwa mögen die Gegensätze zwischen exoterischer Musik (von Verdi, Mendelssohn, Weber bis zu dem, was man in den USA »Pops« nennt) und esoterischer Musik (Bach, Purcell oder vielleicht Stockhausen) oder zwischen klassischer (exoterischer) Physik und Kernphysik hochinteressante Themen sein. Unser Thema aber sind sie hier nicht. Im religiösen Zusammenhang steht das Exoterische für die kirchlich institutionalisierte und etablierte Religion, die vorbildliche Frömmigkeit in modernen Gesellschaftsformen, rechtschaffene Lebensführung, verbunden mit einer allgemeinen Gleichgültigkeit, wenn nicht Mißtrauen gegenüber den eigentlichen religiösen Inhalten: dem Theologischen, Philosophischen und Mystischen. »Ich bin areligiös«, ist die gängige zeitgenössische Feststellung des europäisch/amerikanischen (Stadt-)Menschen. Es ist dies eine Art Umschreibung für die konventionelle Bürgerreligion oder auch eine vulgär-exoterische Aussage. »Jesus liebt mich, weil es so in der Bibel geschrieben steht« ist eben schlicht und einfach exoterisch. Alles andere jedoch im Kosmos des religiösen Diskurses ist esoterisch: Kulte, Sekten, spirituelle, kosmologische und experimentalreligiöse Sonderheiten, einschließlich des Yoga und damit verwandter Wege sowie die Ansichten, die die Ausübenden von diesen spirituellen und physischen Wegen selbst haben. Bei alledem müssen wir uns aber des Problems der Juxtapositionen bewußt bleiben: unter all

den mehr oder minder bekannten indischen und ganz allgemein asiatischen Traditionen und Techniken wird Yoga, einschließlich Hatha-Yoga, die Yoga-Sutras des Patanjali und die anderen bekannten und relativ leicht zugänglichen Schulen der Kontemplation dann exoterisch, wenn man sie etwa mit tantrischen oder eros-bezogenen Yoga-Wegen vergleicht. Nur die Letztgenannten erscheinen bei einem derartigen Vergleich als wahrhaft esoterisch.
Wie immer aber diese etwas pedantische Unterscheidung auch getroffen wird, sind doch Esoteriker und Exoteriker, wenn man sie als solche bezeichnen kann, bestrebt, ihre jeweilige Lehre für sich selbst und gegen die anderen abzugrenzen. Die organisierte Religion, der exoterische Pastor, Priester, Rabbiner, Geistliche, Mullah, Pundit oder Bettelmönch (Bhiksku) – sie alle würzen ihre Predigten mit scharfen Zurückweisungen von Häresien, von Schulen, die außerhalb stehende Gruppen repräsentieren und daher als das ominöse, gefährliche oder schlicht marginale, widerwärtige »Andere« betrachtet werden.
Somit ist jegliche Häresie per definitionem exoterisch – die Grenze zwischen dem Esoterischen und dem Exoterischen ist immer in Bewegung und ständig umstritten. Einst war das »Reden in Zungen« eine Sache der ungebildeten, armen schwarzen Randgruppen in den Baptistenkirchen vergangener Tage; heute ist dieses Phänomen nicht nur akzeptiert, es wird sogar hoch geschätzt. Wilde und kapriziöse Regionalgottheiten Indiens haben sich im Laufe der Zeit zu hohen Gottverkörperungen der Hindu-»Amtskirche« gewandelt. Alle diese Wandlungen und Verschiebungen sind Ausdruck eines universellen, permanenten Umwertungsprozesses.
Hiezu finden wir auch Parallelen in der nichtreligiösen Welt. »Abgelehntes Wissen« ist esoterisches Wissen, da die Hüter der Wissenschaft definieren, was legitime Forschung ist und was nicht[1]. Der esoterische Naturheilkundige, Chiropraktiker (bei uns im Volksmund »Beindlrichter« genannt) oder Phrenologe sehen ihrerseits in der offiziellen Medizin und *ihren* Jüngern oft das Böse, Verwerfliche und Perverse. Natürlich ist es mit dem religiösen Esoteriker ähnlich. Die Priesterschaft, das kirchliche Establishment sind für ihn die Vermarkter des Exoterischen. Die Amtskirchen betrachtet er als gemeine Travestien des ursprünglichen tiefen Wissens, eines verborgenen, vergessenen Wissens, das nur noch ihm selbst, dem esoterischen Sucher, zugänglich ist. Oder aber er sieht sie, schlimmer noch, im Bunde mit dem Teufel und allen Mächten der Finsternis.
Nehmen wir dies als gegebene Tatsache, so will es scheinen, als könne es keine Brücke zwischen den beiden Lagern geben. Sicherlich kam es immer wieder zu Vermittlungsversuchen und Kompromißvorschlägen, doch war ihnen kein dauernder Erfolg beschieden, da keines der beiden Lager einen

Schiedsrichter akzeptiert, der nicht in ihrer jeweiligen Sprache spricht. Nur zu gerne klärt der Soziologe, Anthropologe oder Religionsgeschichtler die Streitparteien darüber auf, wie die Dinge wirklich liegen, doch keiner hört auf ihn. Auf beiden Seiten ist die Gefühlsbesetzung so stark, daß jeglicher vernünftige Erklärungsversuch als »Feindpropaganda« zurückgewiesen wird. Dazu kommt noch, daß der analytisch beobachtende Wissenschaftler bis vor kurzem seinen eigenen Standpunkt für unzweifelbar objektiv hielt und die Forderung aufstellte, er, der Beobachter, müsse völlig leidenschaftslos und unparteiisch bleiben. Allmählich aber scheint mir neuerdings Licht in das Dunkel zu dringen: Die Hermeneutik, erst kürzlich aus Deutschland und Frankreich nach den Vereinigten Staaten verpflanzt und von den Sozialwissenschaften zunehmend auch in der übrigen englischsprachigen Welt angenommen, könnte gut zur Überbrückung der Kluft zwischen dem Exoterischen und dem Esoterischen beitragen.
Grundsätzlich und kurz gesagt, hat der hermeneutische Sozialwissenschaftler dem Anspruch auf völlige Objektivität bewußt abgeschworen. Nicht etwa, weil diese unmöglich oder unerreichbar ist, denn darum geht es gar nicht, sondern weil wir allmählich einsehen, daß ein tieferes Verständnis eines menschlichen Gegenstandes, menschlicher Ideen, menschlichen Wollens gar nicht gelingen kann, ohne selbst Teil davon zu sein. Der hermeneutische Forscher oder Beobachter deklariert seine axiomatischen Annahmen am Beginn seines Forschens. Er selbst ist Exoteriker oder Esoteriker in den religiösen Belangen, die er untersucht und beschreibt, indem er – von seiner eigenen Warte aus – eine Situation als exoterisch oder esoterisch betrachtet. All das paßt sehr gut zu jenem allgemeinen wissenschaftlichen Leitbild, das so kennzeichnend einen Bestandteil der »Physik nach Einstein« bildet, wonach der Beobachter und sein Instrumentarium in den beobachteten Gegenstand eindringen und diesen verändern, und das die verhaßten Strukturen der traditionellen Dichotomie von Subjekt und Objekt über den Haufen wirft.
Diese zugegebenermaßen trockenen Eingangserwägungen führen uns aber schon mitten in unser Problem: Was *ist* nun eigentlich »esoterische Erkenntnis«? Für *wen* ist eine Wissensart esoterisch? Bei der möglichen Beantwortung dieser Fragen kommt derzeit von etwas überraschender und unwahrscheinlicher Seite Schützenhilfe, nämlich vom Dekonstruktivismus, der sich als eine weit allgemeiner anwendbare Methodik erweist, als sein Begründer Jacques Derrida ursprünglich im Sinn hatte. Vor wenigen Jahrzehnten – und völlig ohne Zusammenhang mit Derridas Denken und Werk – hat bereits Paul Feyerabend in seiner Schrift *Wider den Methodenzwang*[2] gezeigt, wie bei wirklich fruchtbarer Forschungsarbeit *alles erlaubt* ist oder doch erlaubt sein sollte. Er vertrat die Auffassung, daß Forscher jegliche zur Verfügung ste-

hende Hilfe nicht nur nicht ablehnen dürfen, sondern diese Hilfe sogar suchen müssen, und zwar ohne Rücksicht auf ihre Herkunft von Hexen, Wahrsagern, Schamanen, seltsamen Heiligen, Zauberern, Wünschelrutengängern und »Hellsichtigen« jedweder Art. Daneben sollten sie sich freilich auch des Rates, wenngleich nicht der Zustimmung ihrer Fachkollegen versichern.

Paul Feyerabend begann seine wissenschaftliche Laufbahn wohl als Schüler Sir Karl Poppers, lehnte aber später die Theorien seines ursprünglichen Lehrmeisters ab und wurde schließlich sogar zu einem der einflußreichsten intellektuellen Gegner Poppers. Er verwarf Poppers pedantisches Falsifikationsprinzip als gültiges Kriterium echter Wissenschaftlichkeit, vor allem aber Poppers *Logik der wissenschaftlichen Forschung*, wobei er – erfolgreich wie mir scheint – darlegte, daß Poppers Modell durchaus nicht repräsentativ für die Art ist, in der Forscher ihr Entdeckungs- und Beweiswerk vollbringen. Feyerabend war zunächst übrigens Astronom. Er bewies, daß alle, aber schon wirklich alle, Galilei und Newton eingeschlossen, zu ihren weltbewegenden Schlüssen durchaus auch mit einer Mischung nichtsystematischer Bemühungen gelangt waren, deren keine im Popperschen Sinne einwandfrei war.

Wir haben nun all diese heterogenen Voraussetzungen dargestellt. Wie stellt sich aber nun der Autor, diese seltsame Mischung aus Anthropologe, Philosoph und Mönch, zu der im vorliegenden Beitrag gestellten Frage, was esoterisches Wissen ist? Was sollen wir denn mit T. M. (Transcendental Meditation), mit Rajneesh (dessen Namen man in Wien wie »Reinisch« ausspricht und der überhaupt kürzlich abgesetzt wurde), mit Guru Maharaj, dem 35jährigen heiligen Jüngling, und mit all den anderen Gurus und Swamis anfangen, die heutzutage – im Osten wie im Westen – an allen Ecken herumstehen? Oder – um auch auf die eher makabere Seite des Phänomens einzugehen – mit dem Reverend Jim Jones und seinem katastrophalen Experiment Jonestown in Guyana? Was aber auch mit der seriösen lebendigen Tradition mystischer Schau? Und was tun wir mit Behauptungen jener, die – wie Timothy Leary und Alpert-Ramdass – Grenzgänger zwischen Wissenschaft und Mystik sind und dabei auf beiden Seiten ein gewisses Maß an Legitimität geltend machen können? Sie haben uns gelehrt, es gäbe durch Drogen ausgelöste Abkürzungswege zur Weisheit und Ewigkeit. Sosehr auch die Angehörigen solcher Lehren durch Justiz und Amtskirche abgelehnt und oft sogar verfolgt werden, kann doch kein Zweifel daran bestehen, daß der Gebrauch psychotomimetischer Drogen tatsächlich ein akzeptierter Bestandteil zahlreicher Hochreligionen war. Noch heute ist er ein Teil religiöser Stammesriten bei einigen Gruppen von Indianern. Und wie steht es mit der International Society of Krishna Consciousness (den »Hare-Krishna-Leuten«, die den einzigen Stamm dieser Welt bilden, der sich für ständig auf den internationalen Flugplätzen niedergelassen hat)? Gleichgültig, wie lästig sie auch den exoterischen wie esoterischen Passagieren auf diesen Flugplätzen fallen mögen, stehen sie doch völlig auf dem Boden der Hindu-Überlieferung, wenngleich auch nur als Randgruppe.

Sie alle erklären sich eindeutig im Besitz esoterischen Wissens, das sie an ihre Anhänger weitergeben – eines Wissens, das sie nicht nur von den Unwissenden, sondern auch von der Hierarchie und den Bekennern der Amtskirche deutlich trennt.

Ich selbst definiere »esoterisches Wissen« als holistische Intuition oder Erleuchtung, die sämtliche anderen Formen des Allgemeinwissens, der wissenschaftlichen, theologischen oder sonstigen Erkenntnis und Information deklassiert, ersetzt und als überholt erscheinen läßt. Dieses Wissen ist subjektiv, obwohl es in einem utopischen, auf Jahrtausende bezogenen Denken als inter-subjektiv und potentiell objektiv betrachtet wird.

Die Aussage aller Esoteriker läuft auf folgendes hinaus: »Entweder alle müssen unser Wissen teilen, oder...« Die hier zu ergänzende Drohung umspannt den ganzen Bereich von hoffnungsloser Ignoranz bis zur Katastrophe und Vernichtung, je nach dem Predigerstil und der Rhetorik der Verkünder.

Der Grundanspruch, der für alle Künder esoterischer Wissensarten charakteristisch und ihnen folglich gemeinsam ist, liegt in der Behauptung, *privilegierte Information* zu besitzen. In der Tat ist dieses Element des Esoterischen entscheidend. Mit dem Begriff »privilegierte Information« meine ich jegliche Information, die – angeblich oder tatsächlich – durch keine der dem Uneingeweihten oder der breiten Öffentlichkeit auf wissenschaftlichem Wege oder auf dem Wege der Vernunft zugänglichen Methoden erlangt werden kann, daß heißt also: ein Wissen, das zur totalen Emanzipation von allen empirischen Sachzwängen führt. In dieser Definition hebe ich die Qualifikation »angeblich oder tatsächlich« aus gutem Grunde hervor: Denn angeblich, so *behauptet* der Esoteriker, könne man durch exoterische Methoden nicht zu jenem radikal erlösenden Wissensstand gelangen. Andererseits sage ich »tatsächlich«, weil es wahrscheinlich *tatsächlich* unmöglich ist, auf irgendeinem der bekannten exoterischen Wege einen Zustand zu erreichen, der intuitiv als irreversibel und als absolut vollkommen empfunden wird, und zwar unabhängig von der Überzeugung des Esoterikers, daß dies unmöglich sei. Dies fällt in den Bereich von Vorgängen, die tatsächlich wahr sein können, auch wenn sie durch die apologetischen Bemühungen ihrer Verfechter dem kritischen Betrachter suspekt erscheinen. So etwa kann es tatsächlich wahr sein (bisher wissen wir es eben noch nicht, oder wir werden es vielleicht nie mit absoluter Sicherheit wissen usw.), daß der Sozialismus das Allheilmittel für

alle gesellschaftlichen Mißstände ist, und zwar *trotz* der Behauptung der Sozialisten, daß dies so sein müsse.
Dieses Wissen, so behaupten die Verkünder, bringt die Vision und die Verwirklichung aller heilkündenden Versprechungen der anerkannten großen Religionsgemeinschaften hervor. Mit anderen Worten: wenn die Rabbiner, Priester, Pastoren, wenn die Swamis und Mullahs über ihren besonderen Heils- und Erlösungsweg sprechen, und wenn die ursprünglichen Gründer der Großreligionen, die zu ihrer Zeit Esoteriker waren, damals vom verklärten Ende ihrer Heilssuche und der ihrer Jünger predigten, so setzt der Esoteriker heute in dieser Partitur den Kontrapunkt, indem er die souveräne Gültigkeit seiner Intuition und seines Vorgehens allen anderen theologischen Strategien gegenüber hervorhebt.
Der gemeinsame Anspruch auf privilegiertes Wissen bildet daher ein starkes Band zwischen dem Guru, dem Schamanen, den Magiern, dem *Brujo* usw. und all ihren Anhängern. Auch über Weltmeere und Äonen hinweg, so behaupten sie, sind sie in unsichtbarer Form untereinander verbunden. Dieses gemeinsame Band trennt sie von den frommen Herden und ihren offiziellen Manipulatoren.
Die Weisheit des Hirten, das Wissen des »edlen Wilden« – all das erregt im Kreise der Esoteriker wohlwollend-anerkennendes Nicken, gleichgültig, ob es wirklich eine gemeinsame Basis mit ihnen gibt oder nicht. Für den Esoteriker ist das völlig unbedeutend, da esoterisches Wissen gleichermaßen eklektisch wie ökumenisch ist, und zwar nicht durch irgendein intellektuelles oder ethisches Postulat – etwa in der Art, wie dies heutzutage reformierte Kirchen in den Vereinigten Staaten tun –, sondern eben durch jene schwer beschreibbare »privilegierte Information«, die den Hirten der Amtskirchen und ihren Schäflein nicht zugänglich ist.
Wir kommen nun auf die faszinierendste und gleichzeitig bisher am wenigsten erforschte Eigenheit der Träger und Künder esoterischen Wissens zu sprechen, nämlich auf ihre ausnahmslose Ablehnung und Geringschätzung jeglicher von einem Uneingeweihten vorgenommenen Artikulierung oder Formulierung des doxologischen Inhaltes von esoterischem Wissen. Dies ist durchaus nicht auf eine psychologische oder philosophische Identifizierung von Wissen und Erfahrung zurückzuführen, etwa in dem Sinne, daß man über letztere keine gültigen Aussagen machen könne – eine durchaus gängige und völlig orthodoxe Auffassung religiöser Überlieferungen in Indien und auch anderswo –, sondern vielmehr eine starke emotionelle Abwehr gegen jegliche Art exoterischer Einmischung.
Während ich dies schreibe, sitze ich an dem herrlichen Strand von Goa in Indien. Dieses Paradies ist seit den sechziger Jahren ein internationales Zen-

trum der Hippies, ja Goa ist heute vielleicht ihre einzige, letzte Enklave. Hunderte von jungen und nicht mehr ganz jungen Leuten schwärmen hier Tag und Nacht herum: Australier, Deutsche, Amerikaner, Franzosen – alles, nur keine Inder. Viele von ihnen stolzieren in bleicher oder sonnengebräunter Nacktheit herum. Sie verkörpern eine Art atavistischer Rückkehr in die sechziger Jahre, während die anderen ihrer Generation längst wieder in die Arbeits- und Konsumgesellschaft mit ihren geregelten Bürostunden zurückgekehrt sind. Um mit den Worten eines alten Studentenliedes zu sprechen: »Sie zogen mit gesenktem Blick in das Philisterland zurück. O jerum, jerum, jerum, o quae mutatio rerum.« In der vergangenen Nacht kam es in einem nahegelegenen Dorf zu einer ekstatisch wilden Party mit allem Drum und Dran: Elektronenmusik, stroboskopischen Flackerlichtern, LSD, Marihuana, Wein und raffiniert-aufgeklärtem Sex. Um etwa drei Uhr früh erwachte ich von dem Spektakel. Eben als ich mich anschickte, meine allmorgendliche Schwimmtour im Meer zu absolvieren, kam ich noch mit zwei jungen Schweizern ins Gespräch, die durch den Genuß von LSD offenbar noch ziemlich high waren. Einer der beiden war ein »Käser« (mir war diese Berufsbezeichnung vorher noch nie zu Ohren gekommen), der andere, soweit ich mich erinnern kann, Kassier in einer Basler Bank. Dieser letztere sprach voll Begeisterung über die wunderbare Elektronik-Computer-LSD-Gott-Schiwa-Psylociba-Pilz-Einheit-alles-Seienden-Erfahrung, die kosmische Erschließung aller Existenz, darüber (wörtlich) »sich selbst der Natur ganz zu öffnen«, über das »Einssein mit dem Ozean und der Luft«. All das war die Hippiesprache der sechziger Jahre – ganz frisch, neu und unbekümmert eben erst heute früh in Goa verkündet und mir auf Schwyzertütsch vorgetragen. Und alles das war selbstverständlich esoterisches Wissen reinsten Wassers. Als ich nun versuchte, eine Art Amicus-Curiae-Version einer hinduistischen Bestätigung dieser Erfahrungen zu geben, sozusagen einen einfachen theologischen Kommentar dessen, was sie über ihre Erfahrung berichtet hatten, wurden beide erst einsilbig, dann schweigsam und, innerhalb nur weniger Minuten, eindeutig feindselig. Nach dem nun folgenden, etwa halbstündigen Gespräch dämmerte es mir schließlich: dies war eine Situation, die ich in den letzten dreißig Jahren immer wieder erlebt hatte – die gleiche Feindseligkeit, die gleiche Zurückweisung und das gleiche Frostig-Werden einer vorher durchaus angenehmen zwischenmenschlichen Kontaktnahme. Jegliche Art der Formulierung, jede theologische, metaphysische, philosophische oder auch nur ganz einfach beschreibende Aussage – nicht nur oppositioneller, sondern auch die esoterische Haltung voll unterstützender Art, die esoterisch-religiöse Interpretation psychedelischer Erfahrungen eingeschlossen, stempelt den Sprecher und seine Aussage bereits *ipso facto* zum exoterischen Feind. Ja mehr noch: nach der psycho-pharmakologischen Schablone neigen Menschen der judeo-christlichen Tradition dazu, den Exoteriker zu verteufeln oder zu dämonisieren, und zwar um so mehr, je besser ihr Informationsstand ist. Ob dies nun aus einem Gefühl der Bedrohung durch die bloße Überzahl der Exoteriker heraus geschieht, mit der sich der Esoteriker konfrontiert sieht, oder ob es für diese sonderbare Reaktion vielleicht andere Gründe gibt, ist zwar sicherlich von psychologischem Interesse, doch geht es mir hier um anderes. Gestatten Sie mir, im folgenden wörtlich zu zitieren, was ich am Strand in Goa, zugegebenermaßen ohne Wissen meiner Schweizer Informanten (eine sonst bei normalen »Field Interviews« unübliche Vorgangsweise), aufgezeichnet habe: »Es gibt bei solchen Partys böse, Schwarze Magie und Schwingungen, gegen die man sich abschirmen muß. Es gibt hier Weiße und Schwarze Magie, und das ist hier immer schon g'si (das heißt *geseit*, schweizerisch für »gewesen«); die Schwarze Magie will uns erst stören, dann verstören, dann zerstören.«

Hatte er das irgendwann auswendig gelernt, oder war das seine spontane Ausdrucksweise? Wie dem auch sei, es bildet für meine These ein gutes Beispiel. Es ging für mich mittlerweile klar und deutlich daraus hervor, daß meine eigene konstruktivistische vedantische Aussage mich für meinen Gesprächspartner zu einem Teil der dämonisch-diabolischen Bedrohung machte, von der sich die beiden und ihre Freunde umgeben sahen. Dies mag freilich ein judeo-christlicher Sonderfall gewesen sein, doch da die Suche nach esoterischem Wissen heutzutage im Osten wie im Westen starken Auftrieb hat, scheint mir, daß wir hier auf einen wichtigen Faktor stoßen: daß nämlich die esoterische Erfahrung zurückgewiesen wird, sobald sie in irgendeiner theologischen oder philosophischen Terminologie ausgedrückt wird – egal ob diese Terminologie nun aus der kulturellen Ökologie einer Situation (in diesem Fall Indien) kommt oder dieser fremd ist. Dies nicht etwa, weil die Formulierung weltlich ist, sondern weil sie als anti-esoterisch, als feindlich und als diabolisch aufgefaßt wird.

Nun kann man den Teufel aus allen möglichen Gründen verabscheuen, aber sicherlich nicht, weil er exoterisch ist. Wer nach esoterischem Wissen sucht, wird durch andersartige Esoterik weit mehr beunruhigt und verunsichert als durch die etablierte exoterische Szene. Gegen diese hat er ja bereits sein wohlgeübtes und routinemäßiges »Anti-Dogma«.

Weiters kann die gleiche Aktivität oder die gleiche Ideologie esoterisch oder exoterisch sein, wobei dies lediglich vom Gesichtspunkt des Betrachters abhängt. In Indien ist zum Beispiel Sexualität an sich nicht exoterisch, ebensowenig wie in den meisten anderen Teilen der Welt. Sexualität im religiösen Kontext dagegen ist in Indien esoterisch. Der gesamte tantrische Komplex[3], das heißt die erotisierten Formen hinduistischer und buddhistischer Meditationstechniken, der die Suche nach spiritueller Vollkommenheit auf eine Art Abkürzer zum Erlösung bringenden Ende, wird von den führenden Persönlichkeiten des institutionalisierten Hinduismus und Buddhismus mit tiefem Mißtrauen betrachtet, argwöhnisch, ja oft sogar mit Furcht und Haß. Ganz abgesehen aber vom tantrischen *engagé*, sozusagen dem hindu-buddhistischen Esoteriker par excellence, müssen so öffentliche Personen wie etwa die Tempelpriester der Göttin Minakschi (Meenakshi) in Madurai (Südindien) und von anderen mächtigen Göttinnen in diesem Teil der Welt als Teil ihrer priesterlichen Aufgabe mit ihren Frauen sexuell aktiv sein, einfach damit sie des *Shakti*-Prinzips teilhaftig werden, also der dynamischen Kraft der weiblichen Verkörperung der Gottheit.

Im südindischen Ritualbereich ist das durchaus nicht esoterisch. In Nordindien dagegen ist eine solche rituelle Tätigkeit entweder unbekannt, oder aber sie würde, wo sie dennoch bekannt ist, für verdächtig und esoterisch gelten, daß heißt auf religiöse »privilegierte Information« einer Art gegründet, die der einfache Gläubige in anderen Teilen des indischen Subkontinents einfach nicht besitzt, vielleicht auch gar nicht besitzen will.

Die Reaktion der modernen Hindu-Öffentlichkeit auf die Unzahl drastischer, eindeutiger, aber wunderschöner erotischer Skulpturen an und in den uralten Tempeln überall im Lande ist vielschichtig. Mahatma Gandhi, der beispielgebende Hindu-Exoteriker unseres Zeitalters, sagte einmal über diese Tempelbauten und ihren Schmuck: »Hätte ich die Macht dazu, ich würde sie niederreißen lassen.« Für den Alltagshindu sind diese Plastiken eher peinlich und verwirrend. Der Gedanke, daß das Geschlechtliche nicht nur im Tempel Eingang findet, sondern sogar einen wesentlichen Teil von dessen Ausgestaltung und Zierde bildet, ist für ihn ein Greuel. Die dem esoterischen Tantra zugrundeliegende Vorstellung, daß erotische Handlungen im Rahmen gewisser Rituale zu esoterischem Wissen und zum spirituellen Heil führen können, steht in radikalem Gegensatz zur höchst puritanischen und antierotischen Kultur der heutigen offiziellen Hindu-Welt. Und doch ist der Begriff der Gottheit als hermaphroditisch die Grundlage aller Tantrik. Die göttliche Grundlage der Dichotomie zwischen männlichem und weiblichem Prinzip wird entweder in solchen hermaphroditischen Darstellungen oder in der Wiedergabe koitaler Szenen repräsentiert bzw. auch von Menschen in einem komplizierten und raffinierten Ritual ausgeführt und so in die menschliche Situation übertragen. Aus diesen Gründen ist in Indien Tantrik mit dem Esoterischen so gut wie gleichbedeutend, und deshalb bedeutet hier entsprechendes tantrisches Wissen gleichzeitig den höchsten Grad esoterischer Kenntnisse.

Wir haben es hier vermutlich mit dem besten und handfestesten Beispiel für esoterisches Wissen überhaupt zu tun: Nicht nur führt tantrisches Wissen zum *Summun Bonum,* nämlich zum Ende der Wiedergeburt und damit nach indischer Auffassung auch zum Ende der Unwissenheit, sondern es verleiht auch *Siddhis,* also okkulte Kräfte, sozusagen als Nebenprodukt auf dem Weg zu so erhabenem Ziel. Dies läßt sich leicht dadurch beweisen, daß Tantrik, der Tantriker usw. im einfachen hinduistischen Volksbewußtsein ebenso wie in den Städten tatsächlich die Bedeutung von Hexerei, Zauber, Beschwörung, magische Heilung, Orakelspruch und was sonst noch alles hat. Wenn man in Indien das Wort »Tantra« oder eine seiner Zusammensetzungen in unbefangener Weise vor einem nicht aus Wissenschaftlern oder Eingeweihten bestehenden Forum gebraucht, so ruft es nur die oben genannten Konnotationen hervor, die gleichzeitig furchteinflößend und faszinierend sind, und nur diese sind dem einfachen Volk bekannt, einfach weil es der übliche Sprachgebrauch so will. Der wahrhaft esoterische Aspekt, wobei wahrhaft hier im Sinne von »den Kennern bewußt« zu verstehen ist, ist bei der Bevölkerung entweder gar nicht oder nur höchst vage bekannt. Soviel wir wissen, war dies immer und überall schon so.

Sie sollten versuchen, die folgende erstaunliche Parallele intuitiv zu erfassen: Eben jene Fähigkeiten, seien sie nun hilfreich oder böse, die von der Mehrzahl aller Hindus abgelehnt werden, sind wesentlicher Bestandteil esoterischen Wissens auf der ganzen Welt, ebenso wie die Klischeevorstellungen, die Außenstehende von ihnen haben. So etwa hat die Geschichte des mittelalterlichen Christentums mit ihrer Verfolgung der Häretiker ihre Wurzeln in einer frühen christlichen Ablehnung der »Anderen«, jener, die an ihrem Anspruch auf einen besonderen Zugang zur Offenbarung festhielten und des halb als gefährliche Außenseiter angesehen wurden. Nicht nur glauben Häretiker Falsches, nicht nur pflegen sie Teile eines gefährlichen Wissens mit seinen gespenstischen Nebenerscheinungen – Okkultismus, Hexerei und Zauber –, sondern Häretiker sind darüber hinaus auch noch sexuell pervertiert! Ebenso, wo der orthodoxe Hinduismus und Buddhismus die Tantrik wegen ihrer tatsächlichen oder behaupteten sexuellen Aspekte ablehnt, hat auch das Christentum vor der Aufklärung Häretiker ausgestoßen und Schmach und Schande auf sie gehäuft. Die umgangssprachlichen englischen Ausdrücke »buggery« für Homosexualität und »bugger« und für Homosexuelle stammen nicht, wie allgemein angenommen wird, von »bugger«, das heißt Pflug, sondern von *Les Boûgres,* also von jenen frühchristlichen *Bulgaren*gemeinden Osteuropas, die stark vom manichäischen Dualismus geprägt waren.

Nun ist aber die Einheit des männlich-weiblichen Prinzips in einer göttlichen Vereinigung, die in die strukturierte menschliche Situation übertragen wird, mit der sehr puritanischen, penibleh Prüderie moderner Hindus unvereinbar.

Völlig analog hiezu finden wir in der westlichen Welt eine Situation, in der religiöse Außenseiter, die sich als Besitzer und Verbreiter esoterischen Wissens verstehen, als potentielle Verführer und Verderber der Jugend an Leib und Seele gebrandmarkt werden. Ohne diese Anspielung auf sexuelle Verworfenheit nämlich würde es den Vertretern der staatstragenden Institutionen nicht gelingen, in breiten Kreisen der Bevölkerung Unterstützung zu finden. Schließlich bedient sich ja das gesamte Abendland in seiner traditionell fälschlichen Vorstellung vom rätselhaften Orient immer wieder der Klischeerequisiten wie Bordelle, Harems, Lustknaben als Sexualsklaven alternder Männer, kurz all jener Stereotypien, die Edward Sa'id in seinem bedeutenden Werk *Orientalism* so witzig und treffend angeprangert hat[5]. Ich selbst konnte bei zu vielen von einander unabhängigen Gelegenheiten, als daß es sich dabei noch um statistisch bedeutungslose Zufälle handeln könnte, folgendes beobachten: Amerikanische Ärzte, angesehene Mitglieder der mächtigen American Medical Association (AMA), also der gewichtigsten exoterischen Körperschaft der Medizin in den USA, ergingen sich in nicht näher definierten Andeutungen über irgendwelche merkwürdige Sexualauffassungen, die sich auf Personen bezogen, die dem breiten Spektrum abseits stehender, inoffizieller Praktiker holistischer Medizin angehören – Chiropraktiker, Osteopathen, Naturheiler und homöopathischer Ärzte, also Personen, die esoterisches Wissen zu besitzen behaupten oder denen solches Wissen zugeschrieben wird.
Es ist eine erwiesene Tatsache, daß die Chiropraktiker in den USA meinen, alle menschlichen Erkrankungen seien auf Dislozierungen der Wirbelsäule zurückzuführen. Ihre Beweise für eine so radikale Behauptung sind meist so formuliert, daß sie seltsam und mystisch klingen. Ich will den Vertretern der offiziellen und akzeptierten Medizin in Amerika gerne zugestehen, daß zahlreiche Praktiker der holistischen Medizin ihre Theorien – und vermutlich auch ihre Diagnose und Behandlung – auf privilegierter Information aufbauen, also auf ein Wissen intuitiver Art, das sich im Rahmen eines herkömmlichen Medizinstudiums nicht erwerben läßt. Aber auch hier wieder ist derzeit, Mitte der achtziger Jahre, die Grenze zwischen Esoterischem und Exoterischem schwer abzustecken. Angesichts der mehr oder minder widerstrebenden Akzeptanz psychosomatischer Syndrome und der mehr als nur beiläufigen Faszination, mit der Ärzte und Chirurgen sich nun mit philippinischen Eingriffen und Geisterheilungen befassen, also mit Praktiken, die noch in den sechziger Jahren belächelt, abgelehnt und verboten wurden, kommt man aus dem Staunen kaum heraus. Während der vergangenen vier oder fünf Jahre habe ich bemerkt, daß in verschiedenen Medizinhäusern, also in Gebäuden, in denen mehrere Mediziner und Spezialisten zusammen ihre Or-

dinationen haben, in einer Reihe von amerikanischen Städten nun auch Chiropraktiker und Osteopathen ihre Praxis unterhalten und auf den Orientierungstafeln auch gemeinsam mit ihren konventionelleren Kollegen genannt werden.

Mutatis mutandis sind nun auch Hexen in den Städten Nordamerikas recht populär, und in den Großstädten finden sich Hexenkirchen im Branchenverzeichnis der Telefonbücher. Das gleiche gilt für die Scientology-Gruppen des kürzlich verstorbenen Ron Hubbard, für die Aquarius-Gesellschaften, Yoga- und Meditationszentren und eine ganze Reihe anderer esoterischer Gruppierungen, die in den sechziger Jahren, als alle anerkannten Religionsgemeinschaften (Katholiken, Presbyterianer, Lutheraner, Jüdisch-Reformierte usw.) schon ihre eigenen Seiten im Telefonbuch hatten, noch unter dem Stichwort »Kirchen, andere« zu finden waren. Mit anderen Worten: Esoterische Gruppen waren damals noch klein, und man gestand ihnen im Vergleich zu den diversen Amtskirchen nur wenig Raum und Beachtung zu. In manchen Städten konnten sich damals Chiropraktiker unter ihrer Berufsbezeichnung gar nicht im Telefonverzeichnis eintragen lassen, und für Astrologen gilt dies in vielen Städten selbst heute noch. Es entbehrt nicht einer gewissen Ironie, daß also eine »Hexenkirche« im öffentlichen Telefonbuch eingetragen sein darf, Astrologen und Wahrsager dagegen nicht – eine Tatsache, die sich wohl kaum mit der Freiheit der Religionsausübung und dem »First Constitutional Amendment« (einer Ergänzung des Staatsgrundgesetzes zu diesem Thema) vereinbaren läßt, um die die Amerikaner soviel Wind machen und worüber hier so viel und so fanatisch geredet wird, daß sich selbst die Gebildeten in anderen Ländern nur lächelnd wundern können. Ich vermute, daß, könnte man die Astrologen dazu bringen, sich als Religionsgemeinschaft zu deklarieren, auch sie offiziell erlaubt und akzeptiert würden, was sich in diesem merkwürdigen Land eben in der Aufnahme ins Branchenverzeichnis manifestiert.

Psychedelische Drogen bilden einen wesentlichen Bestandteil der weltweiten esoterischen Tradition, und zwar, wie ich glaube, ausnahmslos. Gordon R. Wasson, dieser großartige Mykophile, vertritt die Auffassung, die Einbeziehung von Drogen in das Ritual sei der gemeinsame Nenner aller esoterischen Systeme[5]. Andererseits wird Cannabis in Form von Ganja und Charas in großen Mengen und – wenigstens noch vor kurzem – völlig unbefangen in vielen Bevölkerungsschichten Nord- und Zentralindiens und in Nepal genossen, ohne die geringste esoterische Bedeutung oder Absicht. In den vergangenen Jahren aber ist die Ablehnung offizieller Stellen gegen den Gebrauch psychedelischer Drogen aus der westlichen Welt auch in Südasien eingesikkert, ebenso wie Jeans, Coca-Cola, Rockmusik und andere aus den USA stammende Scheußlichkeiten auch. Der Grund für die negative Einstellung von Staatsgewalt und breiter Öffentlichkeit gegen psychotomimetische Drogen – ich spreche hier nicht von Suchtgiften wie Kokain, Heroin, Alkohol oder Nikotin – in der westlichen Welt im allgemeinen scheint mir nicht in gesichertem medizinischem Wissen oder gesundheitsbezogenen Überlegungen zu bestehen, auch wenn das eine wie das andere als Vorwand für diese Ablehnung herhalten muß. Diese endemische öffentliche Angst vor psychedelischen Drogen bezieht ihre Kraft vielmehr aus dem alten abendländischen Mythos: daß nämlich der Leib des Menschen gewissermaßen Eigentum des Königs oder der Obrigkeit sei. Es wird nicht übel vermerkt, wenn sich ein wackerer Ire sinnlos betrinkt, denn Betrunkene appellieren an unser Mitleid und unsere Hilfsbereitschaft. Sie sind arm, kindisch, abhängig und somit manipulier- und kalkulierbar. Aber das vedische *Soma,* Trank der Götter, oder das LSD von heute, nebst anderen Drogen wie Meskalin, Psilocybin oder »Ecstasy« drohen den Konsumierenden unabhängig, autonom, zu machen. Sie verändern seine Prioritäten: Könige und Generäle, Priester und Minister, Rathäuser und sogar die Aktienbörse werden trivial, komisch, nicht länger ernst zu nehmend – und das ist gefährlich für die Könige und die Inhaber der Positionen exoterischer Kontrolle. Einige ernsthafte Untersuchungen, die in den USA während der vergangenen zwei Jahrzehnte durchgeführt wurden, überzeugten mich. Man gelangte dabei zu dem Ergebnis, daß Bier, Schnaps und Tabak weitaus gefährlicher, weitaus riskanter für die Gesundheit ihrer Konsumenten und die sie umgebenden Menschen seien als die alkalinen Psychedelika wie Cannabis, LSD und Meskalin. Letztere führen zweifellos alle zur Gewöhnung – aber das trifft schließlich auch auf Sex und den häufigen Besuch der Oper zu, da beides lustvolle Betätigungen für ihre Liebhaber darstellen. Sie machen jedoch keineswegs süchtig; denn das charakteristische an der Sucht ist das Auftreten von Ausfallserscheinungen bei Absetzen der jeweiligen Droge. Meines Erachtens ist vieles, was über die esoterischen Parameter der psychedelischen Substanzen gesagt und geschrieben wird, ohne Zweifel reiner Unsinn, die meisten Schriften solcher Fachleute wie Timothy Leary oder Alpert-Ramdass eingeschlossen. Doch liegt dies nicht an der Sache selbst; das heißt, daß gewisse Substanzen Erfahrungszustände auslösen können, die Teil etablierter esoterischer Traditionen innerhalb der Religionen sind. Das psychedelische Unsinnsgeschwätz der sechziger Jahre und auch später ist jedoch auf die ideologischen und politischen Positionen seiner Verbreiter zurückzuführen. Leary und Ramdass wollten einen Gegenpol im Rahmen einer feindlichen, traditionsgebundenen Gesellschaft bilden, die sie umgab und von der sie bekämpft wurden. Ganz anders liegt der Fall, wo Drogen wesentlicher Bestandteil einer religiösen Praxis in einer vollkommen kongenialen Umwelt waren, nämlich der *Soma*-Komplex der Veden oder der

Pejotekult vieler amerikanischer Indianerstämme. In gewissem Maße gilt dies auch für den Cannabisgebrauch mancher Sufi-Orden in der islamischen Welt, obwohl auch hier tatsächlich eine kräftige ideologische Gegenströmung am Werk war und immer noch ist, nämlich die *Ulema,* die Institution der offiziellen islamischen Theologen. Wenn Sufis von höchstem, daß heißt esoterischem Wissen, von den erhabensten Stufen der Annäherung an Allahs Wege und an Allah selbst und von deren Wahrnehmung sprechen, schimpft und wettert die *Ulema;* und wo sie an der Macht ist, tötet sie, wie der Fall des iranischen Sufis Al-Hallaq im Mittelalter zeigt. Als er die Wahrheit erkannte, erhob er sich auf dem Marktplatz und sprach die berühmten Worte *an'al haqq,* »Ich bin das Gesetz«, worauf er auf der Stelle gepfählt wurde.
Im Christentum des Mittelalters waren die deutschen Mystiker ein markantes Beispiel. Meister Eckhardt starb im Verlies seines bayrischen Klosters, eingekerkert wegen seiner als beinahe häretisch empfundenen Ansichten. Seine deutschsprachigen Bücher wurden auf den Index gesetzt, die in lateinischer Sprache dagegen nicht. Vielleicht schrieb er, interessanterweise, Exoterika in der amtlichen Kirchensprache und Esoterika in der Landessprache und folgte damit der weltweiten mystischen Tradition, die immer der Sprache des Volkes verbunden war als ein besseres Ausdrucksmittel für das Heilige, Geheimnisvolle als die Sprache der Gelehrten.
Angelus Silesius, der zweite große deutsche Mystiker, schrieb in seinem *Cherubinischen Wandersmann:* »Fünf Stufen sind in Gott – Knecht, Sohn, Freund, Braut, Gemahl – wer weiterschritt *verwird,* und weiß nichts mehr von Zahl.« Dies wurde von christlichen Neo-Mystikern unterschiedlich interpretiert, darunter auch Thomas Merton. Dieser war ein esoterischer Trappistenmönch, der in Asien verstarb, zweifellos auf der Suche nach privilegierter Information, die innerhalb der Gemarkungen des klösterlichen Katholizismus nicht zu finden war.
In allen diesen Schriften finden wir offene oder versteckte Hinweise auf Erfahrungen erotischen Charakters, oder besser: der Erotik nachgebildeten Erfahrungen, die auf spirituelle Vereinigung, *visio beatifica,* hinzielen. Traditionsverhaftete christliche Leser dieser Texte betrachteten all das selbstverständlich als metaphorisch, ebenso wie traditionsverhaftete sunnitische oder schiitische Moslems dies in bezug auf die höchst ekstatischen, psychedelischen und/oder erotisierten Aussagen der Naqshbandi-Heiligen, des Khwaja Nizzamuddin und vieler anderer indischer, iranischer und türkischer Esoteriker tun würden.
All das bestätigt ein kulturüberschreitendes, gut dokumentiertes Muster: esoterische Aussagen, Beschreibungen, Empfehlungen von Mystikern und Heiligen identifizieren und etablieren, wenn sie wörtlich genommen werden, ihre

Autoren als »praktizierende Esoteriker«; metaphorische Lesart ordnet sie nichtesoterischen traditionellen Religionen zu. Nehmen wir das Hohe Lied des Salomon, das kaum jemals Teil des judeo-christlichen Gottesdienstes ist, weder in der Kirche noch in der Synagoge. Doch ist es in hohem Maße Gegenstand zentraler Kontemplation im wörtlichen, nichtmetaphorischen Sinn bei solchen Randgruppen wie den Chassidim und den Leibovizern, die natürlich die bekanntesten modernen jüdischen Esoteriker sind.

Wie steht es mit den okkulten Kräften, die auf die Menschen so faszinierend wirken? Die *Siddhis* der indischen Traditionen werden bewundert, gefürchtet, abgelehnt, erforscht und begierig gesucht – in Indien ebenso wie natürlich auch in viel kleineren und weniger augenfälligen Teilen der westlichen Gesellschaft. Alle diese früheren Stimmen im Westen waren verstummt, unterdrückt und ausgelöscht durch die europäischen Hexenverfolgungen des Mittelalters und die Hexenprozesse Amerikas jüngeren Datums, unter denen Salem taurige Berühmtheit erlangte. Erst Theosophie, Anthroposophie und andere -sophien ließen sie wiederstehen und verliehen ihnen ohne Zweifel einen Mantel der Respektabiliät. Neben den Hexen gibt es die verschiedensten Zauberer, Aquarier und Kultanhänger, Mystagogen verschiedenster Art, die nun alle, besonders in Amerika, »in« sind.
Wollen wir zu analytischen Zwecken irgendein System, irgendeinen gemeinsamen Nenner für all dies finden, so müssen wir bedenken, daß innerhalb der esoterischen Struktur alle diese Interessen einem endgültigen, unumstößlichen, heilversprechenden Wissen untergeordnet sind. Dies gilt in gewissem Sinne für alle religiösen Traditionen. So etwa könnte man vom Christentum sagen, der Himmel werde von guten Christen exoterisch erstrebt, aber das gleiche gilt für eine gesunde, stabile, moralische Gesellschaft, in der die Leute ihre Arbeit verrichten, ihre Steuern zahlen und sich bemühen, nicht mit ihres Nächsten Weib zu schlafen.
Auf esoterische Weise erstreben den Himmel Mystiker, Heilige und andere Hierophanten, die sich nicht – oder nicht mehr – um bürgerliche Tugenden scheren. Die Aggressiveren unter ihnen mögen diese Tugenden vielleicht völlig ablehnen und unterstreichen dies durch bizarres Verhalten. Die tibetanische Hagiologie ist überreich an verrückten Lamas, und die am meisten esoterische unter allen Schulen des tibetanischen Buddhismus nennt sich selbst die »Verrückte Überlieferung«. Aber andererseits wären natürlich weder Jesus Christus noch Franz von Assisi geeignete Kandidaten für Diners und Zusammenkünfte der Oberschicht, und ihre Aufnahme in einen guten Country Club wäre äußerst fraglich. Die »Jesus Freaks«, die Uranthianer und die ganze Menge der utopisch-chiliastischen Bewegungen, die sich in den sechzi-

ger Jahren von Kalifornien aus über den Rest der Welt ausbreiteten, wären zweifellos mit ihrer Extravaganz in Kleidung und Frisur, in Aussehen und Betragen den großen esoterischen Religionsgründern näher gestanden als den Pastoren und Pfarrern an den sauberen Plätzen ihrer städtischen und weltläufigen Gemeinden.

Wir dürfen hier jedoch nicht die wachsende und potentiell mächtige Anzahl »Wiedergeborener Christen« in Amerika und zweifellos auch in anderen Teilen des Westens einschließen, da sie sich den traditionellen Religionen anpassen, obwohl sie sich von ihnen distanzieren und obwohl der Anstoß vieler dieser plötzlichen Offenbarungsbekehrungen gewisse esoterische Merkmale besitzt. Ein »wiedergeborener Christ« zu werden bedeutet tatsächlich den Erwerb privilegierter Information, durch Gnade oder wie auch immer, die dem offiziellen Klerus und seinen Gemeinden nicht zugänglich ist. Hört man die im Fernsehen verbreiteten, mit geschickten Werbekniffen hochgejubelten homiletischen Darbietungen eines Jerry Falwell oder des nun schon leicht überholten Billy Graham, so fällt einem auf, daß sich auch in diesen Predigten ein gerüttelt Maß an tatsächlicher oder vorgeblicher privilegierter Information findet, und zwar gewürzt durch allerlei Geschimpfe auf das Sinnliche, Intellektuelle, Liberale *und* Dämonische.

Sathya Sai Baba ist der berühmteste, mächtigste Meister des religiösen »Power-Trip« im heutigen Indien. Seine Lehre ist schlicht und stark vereinfachend, aber sein Status ist ganz offenkundig der eines esoterischen Magiers, eines hohen Schamanen, eines Mannes, der privilegierte Information besitzt und weitergibt. Mit einer Anhängerschaft von schätzungsweise zehn Millionen kontrolliert er ein gewaltiges Vermögen und hat, im Gegensatz zu Rajneesh, seine Basis vor allem in Indien und nur verhältnismäßig wenig ausländische Anhänger. Sein Ruhm gründet sich fast ausschließlich auf seine *Siddhis*, seine okkulten Kräfte, die von seinen Anhängern bezeugt und von neutralen, ja sogar feindlich gesinnten Beobachtern bestätigt wurden. Er materialisiert große Mengen von *Vibhuti* (heilige Asche) und verteilt sie mit seinen aus leeren Ärmeln herausragenden Händen buchstäblich an Tausende von Menschen. Nicht nur *in situ*, sondern auch *in distans*. Dr. Sam Weiss, ein erfolgreicher Psychiater in San Diego, Kalifornien, berichtete mir, daß jeden Morgen aus dem Bild Sai Babas, das er anbetet, *Vibhuti* käme, und Weiss glaubt auch, daß Sai Baba ihm alle seine Patienten schicke: »Ich bin ein Bettler«, sagte Weiss zu mir und fuhr in seinem Mercedes 600 davon. Solche Reaktionen bei den Wohlhabenden, Mächtigen und Einflußreichen sind ganz typisch. Dr. Bhagavantam, ein hervorragender Atomphysiker, der einmal den Auftrag hatte, spaltbares Material aus den USA für die von der indischen Regierung unterstützte Forschung zu kaufen, war Sai Babas vertrautester Jünger (mittlerweile hat er Sai Baba verlassen, ein Fall von »Abnützung«, der natürlich auch recht häufig vorkommt). Bhagvantam sagte, wenn er Sai Baba anblickte, sah er in Wahrheit Shiva, die höchste Gottheit im Pantheon des Hinduismus. Zusätzlich zu der Routinearbeit des Herbeizauberns und Verteilens von *Vibhuti* erschafft, materialisiert und verteilt Sai Baba an seine Anhänger Dinge wie Seiko-Uhren, Goldringe und anderen Schmuck; er grub auch eine kostbare Ikone des elefantenköpfigen Gottes Ganesha am Meeresstrand aus, indem er sich mit seinen Jüngern auf diesen Punkt konzentrierte – ein Ort, an dem er noch nie gewesen war. Für seine Anhänger ist er nicht nur die übliche Gottverkörperung, sondern er *ist* Gott. Einige seiner Anhänger, die mir dies sagten, waren Physiker, Ärzte, Rechtsanwälte und gutsituierte Industrielle mit internationalen Verbindungen. Er stützt diesen Glauben ganz offen, und nicht nur, indem er bescheiden das Gegenteil behauptet, sondern durch wiederholte, wörtliche Bestätigung seiner Göttlichkeit, in Rede wie in Druck, mit Millionen von Postkarten, die sein Bild tragen. Er trägt einen Afro-Haarschnitt – ich habe nie begriffen, wie er es fertigbrachte, krauses, in die Höhe stehendes Haar zu bekommen, südindische Brahmanen haben ausnahmslos glattes Haar. Auf Trinidad, Westindien, wo ein beträchtlicher Teil der Bevölkerung indischer Herkunft ist, hängt seine Ikone oder sein Bild in elegant eingerichteten Häusern in Port of Spain. Die Einwohner afrikanischer Herkunft sind bei seinem Anblick verwirrt und wütend und glauben, die Hindus versuchten sie auf irgendeine Weise zum Narren zu halten. Zwischen diesen beiden Volksgruppen in der Karibik besteht eine weite Kluft gegenseitigen Nichtverstehens und intensiver Abneigung.

P. C. Sorcar war Indiens berühmtester Bühnenmagier, ohne jeden esoterischen Anspruch auf privilegierte Information. Er war ein Künstler und wollte als solcher gewertet werden. Sein Sohn, der das Handwerk bei seinem Vater gelernt hatte, besuchte Sai Babas Landsitz in Puttaparthi, Südindien, ohne jemandem zu sagen, wer er sei. Als Sai Baba ihm das übliche *Vibhuti* aus dem Nichts gab, produzierte Sorcar die doppelte Menge und überreichte sie Sai Baba. Sorcar wurde von stämmigen Wächtern unter Anwendung von Gewalt hinausgeworfen und davor gewarnt, sich je wieder blicken zu lassen. Sorcar bewertet in einem darauf folgenden Interview Sai Babas *Vibhuti*-Zauberei als dilettantische Bühnenmagie – was natürlich den Gläubigen durchaus nicht behagte. Es gab noch einige andere Versuche einer Kritik an Hindu-Esoterika, Marke Sai Baba. Der Präsident einer größeren indischen Universität, ein Psychiater, schlug ganz bescheiden vor, er würde gerne Sai Babas okkulte Kräfte mit Hilfe etablierter wissenschaftlicher Methoden prüfen – Sai Baba ließ ausrichten, *er spreche nicht zu Hunden.* Jede Art versuchter Kritik, ja sogar jede Art neutraler Analyse Sai Babas und seiner Werke be-

wirkt einen Aufschrei bei seinen Anhängern – Provinzgouverneuren, Universitätsprofessoren und ganz gewöhnlichen Millionären.
Der formlose Hinauswurf Sorcars zeigte, was anscheinend immer wieder in solchen Fällen geschieht: eine Art paramilitärischer Polizeitruppe der Anhänger wendet körperliche Gewalt an, um den entlarvten exoterischen Feind in Schach zu halten. Es besteht deutlich eine direkte Verbindung zwischen esoterischem Gehaben und dem Gebrauch von Gewalt zum Schutz des esoterischen Führers. Jonestown in Guyana war natürlich der offenkundigste und schrecklichste Fall, aber ich habe Berichte über gebrochene Schädel und Knochen geprüft, die neugierigen Außenseitern oder abtrünnigen Dissidenten in vielen Gruppen, die esoterisches Wissen und Belehrung für sich in Anspruch nehmen, zugefügt wurden, z. B. Guru Maharaj, die Hare Krishnas, und erst kürzlich Rajneesh und seine nun vertriebene Truppe in Oregon. Ich glaube, es gibt hier eine strukturelle Parallele zu allen esoterischen Orden jeglicher Art. So etwa war Bad Tölz die Ordensburg der SS im Dritten Reich, und paramilitärische Ausbildung prägt einen Geist der fanatischen und auf Befehl gewaltsamen Tat.
Von den vielen eindrucksvollen Sprichwörtern, die ich am Akademischen Gymnasium in Wien lernte, hat sich eines tief in mein Gedächtnis eingegraben: *mundus vult decipi* – die Welt will betrogen sein. Vor ein paar Jahren ereignete sich bei der *Aquarian Foundation Church* in Seattle, Washington, folgendes. Die Aquarian Foundation ist im Branchenverzeichnis dieser Stadt unter dem Stichwort »Kirchen« angeführt. Sie ist ein Spiritistenzentrum, und Reverend Keith Rinehardt war ihr »Führer« (der gängige amerikanische Ausdruck für jeden Geistlichen, Pastor oder Priester in den offiziellen Kirchen). Er veranstaltete ein »Tablet-reading«, das heißt, er übermittelte mit geschlossenen Augen Nachrichten von Geistern an das Publikum und vom Publikum an die Geister. Während der Kaffeepause dachte der Reverend offenbar, die ganze Versammlung hätte sich auf Kaffee und Kuchen in einen Nebenraum begeben. Eine kleine alte Dame blieb jedoch in der ersten Reihe sitzen. Da er sich allein glaubte, zog Rinehardt seine Spiegel und andere Utensilien unter dem Tischtuch hervor, um sie neu zu ordnen. In diesem Augenblick bemerkt er zu seinem Schrecken die kleine alte Dame. Sie aber sagte: »Regen Sie sich nicht auf, Reverend Keith. Ich habe alles gesehen, aber ich werde nichts sagen.« Dieser Vorfall spricht Bände. Die Sehnsucht nach privilegierter Information, das Verlangen, sich innerhalb des Zauberkreises esoterischen Wissens zu befinden, hebt regelrecht Erfahrungen des gesunden Menschenverstandes auf, die die Behauptungen des jeweiligen esoterischen Wissenden widerlegen würden. *Mundus vult decipi.* Das muß der Grund für die Tatsache sein, daß esoterisch Bekehrte Scheuklappen tragen,

die sie daran hindern, die tönernen Füße ihrer Gurus, ihrer Führer zu sehen. Doch es ist eine *Erklärung* für ein Syndrom, das Nichtbekehrte immer wieder in Erstaunen setzt: wie nämlich völlig normale, vernünftige und oft auch erstaunlich intelligente Menschen beharren, das Echte wie auch das Betrügerische zu akzeptieren, ohne dabei imstande zu sein, zwischen den beiden zu unterscheiden. Gänzlich *erklärt* freilich ist dieses verbreitete Verhaltensmuster nicht. Wir kennen die Gründe einfach nicht – oder jedenfalls noch nicht. Sie charismatischen Kräften zuzuschreiben und dergleichen ist reine Tautologie. Wir wissen, daß es Charisma ist, aber wie und warum wirkt es? Für den Verhaltensforscher – und der Autor dieser Zeilen hält sich für einen solchen – muß die Tatsache genügen, daß es Korrelationen zwischen kontraintuitiven Ereignissen gibt. Kausale, jenen der Physik vergleichbare Erklärungen gibt es nicht. Identische Handlungen und identische Äußerungen sind für den Esoteriker von tiefer Bedeutung erfüllt, wenn der Handelnde oder sich Äußernde ein bona fide esoterisch Wissender ist (wie etwa im Falle des Reverend Rinehardt). Ist er es nicht, werden sie als bedeutungslos, störend, ja vielleicht sogar als feindselig empfunden (wie im Falle des Zauberkünstlers Sorcar). Die verborgene Bedeutung des Esoterischen muß als geheimnisvoller Hinweis, als rätselhafte Unterweisung oder als Mahnung in Richtung auf den höchsten Zustand heilbringender Freiheit und Emanzipation erkannt werden.

Somit ist esoterisches Wissen auch nicht Wissen in irgendeinem Sinn, der in den Lexika europäischer Sprache erklärt wird. Denn ob es *to know, savoir, wissen* oder *kennen* heißt, die syntaktische Bedingung bleibt doch die einer transitiven Regel: Es muß ein Subjekt und ein Objekt geben. In diesem Sinne heißt »wissen« *etwas* wissen, selbst wenn dieses Etwas nicht oder nur umschrieben ausgedrückt wird, wie etwa in Sätzen wie »ich weiß« (das heißt als Anwort auf irgendeinen Vorschlag oder eine Anregung). Andererseits sind wir bei Aussage »ich weiß es« (im Sinne von »ich fühle es«, »ich habe so das Gefühl« oder »ich habe das unheimliche Gefühl«) mit etwas konfrontiert, das eindeutig an das Esoterische grenzt. Das Wesentliche liegt jedoch darin, daß esoterisches Wissen nicht Wissen im Sinne von Subjekt/Objekt oder Wissender/Gewußtes ist.

Wir müssen hier unsere Zuflucht zu den Sprachüberlieferungen Indiens nehmen. Die Wurzel *jñā* (stammverwandt mit *gno-know-ken-kennen*) wird mit »wissen« übersetzt, und das dazugehörige Hauptwort mit »Wissen«, da es in den westlichen Sprachen wirklich keine andere Wahl gibt. Und tatsächlich hat *jñā* in der Umgangssprache Indiens eben diese gewohnte Subjekt/Prädikat-Funktion. Im Sprachgebrauch der alten Überlieferungen, des Religiösen, aber auch im unmittelbar esoterischen Sprachgebrauch jedoch erweist sich, daß *jñā* (normalerweise »wissen«) eigentlich »sein« heißt. Dies hat nichts mit einer Dialektik zwischen »sein« und »werden« zu tun – das wäre bloß ein typisch westliches Gesellschaftsspiel. Diese Gleichsetzung von »wissen« und »sein« ist zutiefst indisch. Sollten irgendwelche Mystiker in anderen Teilen der Welt zu ähnlichen Formulierungen gelangt sein, so mag dies auf eine Art universeller menschlicher Erfahrungsbasis hindeuten. In den kanonischen Upanishaden findet sich ein auf unsere Fragestellung bezogenes *obiter dictum: jnataram ko vijaniyat* (»Wer kann den Kenner kennen?«). Dabei handelt es sich um eine rein theoretische Frage, die nur mit »niemand« richtig zu beantworten ist. Die Bedeutung dieser entscheidenden Frage ist, daß niemand den Kenner (Wissenden) kennen kann, da der Akt des (Er-)Kennens das Subjekt jedesmal um einen Schritt entfernt, sozusagen in Form eines unabänderlichen, systeminhärenten *regressus ad infinitum.* Die Quintessenz der monistischen Tradition Indiens, die sowohl die angesehenste als auch am meisten esoterische und elitäre ist, liegt darin, daß der letztlich Erkennende, der nicht zum Objekt werden kann, das ist, was wir in Wahrheit *sind.* Sämtliche Erfahrungen, einschließlich aller Erkenntnisse und Wissensakte, gleichgültig, wie erhaben sie auch sein mögen, erweisen sich letztlich als irrig, flüchtig oder illusorisch. Hier ist esoterisches Wissen in seiner Vollendung die völlige Identifizierung mit der höchsten und letzten Wahrheit: es ist das intuitive Wissen um die unabänderliche und irreversible Einheit. Nicht etwa im blassen christlichen Sinne, daß der Mensch als Ebenbild Gottes geschaffen sei, sondern ganz im Gegenteil, daß der Mensch überhaupt nicht geschaffen, sondern bereits von Anbeginn das Eine, Absolute ist. Das klingt reichlich einfach, ist aber außerordentlich schwer nachzuvollziehen. In dieser spezifisch indischen Situation ist also der Pfad des Esoterikers ein elitärer, und es wird diesbezüglich weder Bescheidenheit noch Demut zur Schau getragen. Es geht bei diesem Pfad um die Suche nach der vergessenen Einheit, dem Eins-Sein mit dem Höchsten. Rituelle Handlungen, religiös-philosophisches Denken und Gespräch – all das sind im Auge des Inders bloß exoterische Vorgänge. Ihre Vollzieher sind die Brahmanen und Pandits, also Exoteriker *per definitionem.* Der Mönch, der oder die charismatische Heilige, Menschen, die über theologische und philosophische Bildung verfügen oder auch nicht, sie sind die esoterisch Wissenden par excellence, und sie sind es auch, die schon seit den Tagen des Buddha oder noch früher im Mittelpunkt indischer Verehrung stehen.

So weit, so gut. Damit wäre alles recht schön gesagt, ginge es hier nicht um die Frage einer kritischen Bewertung des Gesamtproblems esoterischen Wissens. Meine bisherigen Ausführungen waren mehr oder minder ein *»emischer* Diskurs«, um es in der Fachsprache der Anthropologen auszudrücken, bzw.

folgten sie einer *emischen* Strategie; das heißt, es wurden Erklärungen verwendet, die aus der Sicht von Gläubigen, Kulturträgern und jenen, die sich mit einem bestimmten Kulturrahmen identifizieren, anstatt diesen zu analysieren, sinnvoll sind. Aussagen über esoterisches Wissen, die von Esoterikern selbst gemacht werden, sind zwangsläufig werbend und apologetisch. Eine analytische Strategie, die für den Gläubigen oder Kulturträger nicht notwendigerweise sinnvoll ist, wohl aber, so hoffe ich, für meine kritischen Kollegen, nennen die Anthropologen eine *etische* Strategie. Die Annahme etwa, »Gott ist der Schöpfer des Himmels und der Erde und allen Lebens usw.«, sei eine »judeo-christlich-islamische Aussage«, ist beschreibend, analytisch, *etisch*. Sie ist wissenschaftlich, denn sie kann theoretisch *falsifiziert* werden. Daß Gott der Schöpfer usw. ist, kann theoretisch nicht falsifiziert werden und ist daher auch nicht wissenschaftlich. Darauf läuft die Kernthese hinaus, die Sir Karl Popper bereits vor einem halben Jahrhundert aufgestellt hat. In diesem Sinne ist das Verbalisieren von Religion *emisch*, das Gespräch *über* Religion dagegen *etisch*. Religiöse Aussagen sind nicht falsifizierbar. Man kann sie nur akzeptieren (glauben) oder ablehnen (nicht glauben). Aussagen über Religion können selbstverständlich falsifiziert werden, da es sich um empirische Aussagen handelt. Über esoterisches Wissen als Suchender oder als Verbreiter solchen Wissens zu sprechen ist *emisch*, über Suchende nach esoterischem Wissen, ihre Persönlichkeit, ihre Motivationen, ihre »Rekrutierung« usw. zu sprechen ist *etisch*. *Etisch* läßt sich das, was hier über esoterisches Wissen gesagt wurde, sehr kurz zusammenfassen und ist in dieser Form für den Esoteriker zweifellos scheußlich, völlig inakzeptabel, feindlich oder dämonisch. Den Dialog, oder besser gesagt: die vielen Formen des Streitgesprächs zwischen den esoterischen und exoterischen Religionen, einschließlich der niedrigsten Schmähungen und Anschuldigungen, die zwischen den Streitparteien ausgetauscht werden, nehmen beide ohne viel Aufhebens hin, da dies eine inhärente, lange gepflogene Routine in der Welt der Sprecher für das Heilige ist. Die Art der *etischen* Analyse aber, die ich nun hier im abschließenden Teil meines Essays vorschlage, wird entweder überhaupt nicht verstanden, oder sie ist *sowohl* für die Anhänger der esoterischen *als auch* für die der amtlichen Religionen so erschreckend, daß weder die einen noch die anderen ihr ernsthaft entgegentreten können. Der Kern meiner *etischen* Kritik des esoterischen Wissens und aller Hilfsmechanismen, die dem Streben nach solchem Wissen dienen, ist eine sehr einfach These, die ich bereits in einem Buch ausführlicher dargestellt habe[6]: Mystische oder auch jedwede andere esoterische Erfahrung verleiht ihrem Inhalt keinerlei ontologische Wahrheit, noch überträgt derartige Erfahrung irgendeine existentielle Seinsberechtigung auf ihren Inhalt. Einfacher und einleuchtender ausgedrückt: Aus der Tatsache (und hier müssen wir selbstverständlich den Hierophanten Glauben schenken), daß Moses den Engel sah und Gott im Dornenbusch sprechen hörte, folgt nicht, daß Gott existiert; aus der Tatsache, daß Theresa von Avila Jesus erblickte, folgt nicht, daß Jesus existiert; aus der Tatsache, daß der Yogin Shiva, Krishna oder die Mutter-Gottheit (Kali, Durga) sieht, folgt nicht, daß Shiva, Krishna oder die Göttin existieren; aus der Tatsache, daß der Buddha Nirwana erfuhr, folgt nicht, daß es ein Ding oder einen Zustand wie Nirwana auch gibt. Gott, Jesus, Shiva, Krishna, die Göttin und Nirwana *mögen* wohl *existieren,* doch läßt sich dies *nicht* aus einer der genannten Erfahrungen *folgern.* Keine dieser Erfahrungen stellt einen ontologischen Beweis dar. Was diese Erfahrungen tatsächlich beweisen, ist jedoch, daß manche Menschen – ob wir sie nun auserwählt, gesegnet, begnadet, verflucht oder was sonst immer nennen – ungewöhnliche persönliche Erfahrungen von so intensiver Art haben, daß sie völlig sicher sind, diese seien tatsächlich das Erleben eines göttlichen Wesens und nicht bloß eine Halluzination oder ein Phantasiegespinst. Mit anderen Worten: Für diese Menschen – und der Schreiber dieser Zeilen zählt sich zu ihnen – besitzen solche Erlebnisse und Erfahrungen die gleiche Sicherheit und den gleichen Wirklichkeitsgrad wie die Erlebnisse der gewöhnlichen Sinneswelt, etwa der Anblick eines Baumes oder Bauwerkes oder das Anhören einer Oper. Doch die meisten dieser Menschen – und zu diesen gehört der Autor *nicht,* sonst wäre dieser Beitrag wohl nie geschrieben worden – können den Gedanken nicht akzeptieren, daß diese besonderen Erlebnisse und Erfahrungen – ob sie sich nun spontan ergeben haben oder aber durch verschiedenartige, schwierige Meditationstechniken, Lustversagungen oder Askese usw. hervorgebracht wurden – *keine* existentielle Bedeutung wie etwa der Anblick eines Berges oder das Anhören eines Vortrages haben, da existentielle oder ontologische Wahrheit eben just den Inhalt dessen bedeutet, was durch einfache Sinneserfahrung wahrgenommen und reflektiert wird. Und damit kommen wir zum letzten und entscheidenden Punkt, nämlich daß Echtheit oder Unechtheit eines oder einer esoterisch Wissenden nicht davon abhängen, ob seine oder ihre Erfahrung von *ontologischer Gültigkeit* ist, in dem Sinne, wie es im vorliegenden Essay dargestellt wurde. Vielmehr definiert sich Echtheit daher, ob er oder sie ein esoterisches Erlebnis tatsächlich *hat* oder *gehabt hat.* Unechtheit dagegen ist das Fehlen solcher Erlebnisse bzw. deren bloße Erfindung oder, noch häufiger, die Erfindung von Ausschmückungen und Übertreibungen, die in keinem wesentlichen Zusammenhang zur Erfahrung selbst stehen. Und dies spiegelt selbstverständlich meine axiomatische These wider: ohne esoterischen Bezugsrahmen, innerhalb dessen diese Erfahrungen geprüft werden müssen oder innerhalb dessen sie zumindest überprüft werden *können,* gibt es kein echtes esoterisches Wissen. Es gibt keinen Ur-Erfinder oder Ur-Entdecker des Esoterischen. Der Zauber*lehrling*, wie das Wort schon sagt, muß einen Zauber*meister* haben. Und das besagt, daß es tatsächlich echtes Zutagetreten esoterischen Wissens gibt, oder, um es etwas radikaler und substantivisch auszudrücken: es gibt in der Tat echtes esoterisches Wissen, doch darf dies nicht nach seinen Aussagen über unsere Welt definiert werden, da viele dieser Aussagen barer Unsinn sind. Es muß vielmehr danach definiert werden, was es in der *inneren Welt* des Wissenden, und damit auch bei seinen Schülern und Anhängern, bewirkt. Es ist, wie in amerikanischer Kollege und Psychiater einmal zu mir sagte, völlig unwichtig, ob Gott heute (oder jemals) zu den Menschen spricht. Wichtig ist nur, was er ihnen sagt. Oder, wie ich es ausdrücke: wovon sie überzeugt sind, daß er es zu ihnen gesagt hat.

Anmerkungen

1 Die bisher tiefschürfendste diesbezügliche Untersuchung ist das von Roy Wallis herausgegebene Buch *On the Margins of Science: The social construction of rejected knowledge.* University of Keele 1979.

2 Paul A. Feyerabend: *Wider den Methodenzwang.* Frankfurt am Main 1976.

3 Siehe auch mein Buch: *Die Tantra-Tradition.* Freiburg im Breisgau 1977.

4 Edward Sa'id: *Orientalism.* New York 1979.

5 Gordon R. Wasson: *Soma – Divine Mushroom of Immortality.* Den Haag 1968.

6 Siehe auch mein Buch: *The Light at the Center: Context and Pretext of Modern Mysticism.* Santa Barbara 1976.

Rudolf Schermann

Marienerscheinungen

1. Erscheinung und Erkenntnis

»Mein Gott! Ich habe ein dummes und krankes Mädchen ... und zu all dem kommt sie auch noch und hat Visionen!« Ausruf von Frau Louise Casterot, verehelichte Soubirous, angesichts der Behauptung ihrer Tochter Bernadette, ihr sei in einer Grotte bei Lourdes ein »Fräulein« mit Rosenkranz erschienen.

Spontane Reaktion einer französischen Hausfrau ländlichen Zuschnitts, Mitte des 19. Jahrhunderts, vom Weltbild der Aufklärung gestreift, nach dem normal ist, was man sehen, messen und tasten kann, abnormal, was man zu sehen, messen und tasten meint. »Dumm, krank, visionär« klingt wie eine Steigerung; die Begriffe sind austauschbar, der Visionär ist so ziemlich genau der Gegenspieler des fortschrittlichen Wissenschaftlers und aufgeklärten Geistes, dessen Wirklichkeitsverständnis an den Grenzen des Sichtbaren und Meßbaren endet.

Was nicht in das Korsett dieses Wirklichkeitsverständnisses paßt, wird zur Seite geschoben, lächerlich gemacht, übergangen, verdrängt, negiert. Für ihre Visionen erntet Bernadette folglich Schimpf und Spott, verbale Tiefschläge und veritable Ohrfeigen. Man klassifiziert ihre Erzählungen als Weibergeschwätz, Lügen und Übertreibungen, obwohl sie stets beharrlich betont, daß sie ihre Erlebnisse niemandem aufzuschwätzen trachtet: »Sie [die Dame] hat mir nicht gesagt, es anderen einzureden.«

Was war geschehen?

»Das erstemal, als ich bei der Grotte war«, so Bernadette, »ging ich mit zwei kleinen Mädchen Holz sammeln. Als wir zur Mühle kamen, fragte ich sie, ob sie sehen wollten, wo das Wasser der Mühle mit dem Gave zusammenfließt. Sie sagten ja. So folgten wir dem Mühlbach. Und als wir ankamen, befanden wir uns vor einer Grotte. Da wir nicht mehr weitergehen konnten, begannen meine beiden Gefährtinnen das Wasser zu überqueren, das sich vor der Grotte befand. Ich war also allein auf der anderen Seite. Ich habe die beiden anderen gefragt, ob sie mir helfen wollen, einige Steine ins Wasser zu werfen, um zu sehen, ob ich es, ohne die Schuhe auszuziehen, überqueren könnte. Sie sagten mir, ich solle es so machen wie sie, wenn ich herüber wollte. Ich ging etwas weiter, um zu sehen, ob ich ohne Schuhe hinüber könnte. Ich konnte es nicht. So kehrte ich bis vor die Grotte zurück, um meine Schuhe auszuziehen. Als ich damit begann, vernahm ich ein Geräusch. Ich sah, daß sich die Bäume gar nicht bewegten. Ich fuhr fort, meine Schuhe auszuziehen. Ich hörte dasselbe Geräusch, wie einen Windstoß. Ich hob meinen Kopf und schaute zur Grotte. Ich sah eine weißgekleidete Dame. Sie trug ein weißes Kleid mit einem blauen Gürtel und hatte auf jedem Fuß eine gelbe Rose in der Farbe ihres Rosenkranzes. Als ich dies gesehen hatte, rieb ich mir die Augen. Ich glaubte mich zu täuschen. Ich griff mit meiner Hand in meine Tasche und fand meinen Rosenkranz. Ich wollte das Kreuzzeichen machen, aber ich konnte meine Hand nicht bis zur Stirne bringen. Sie fiel mir herunter. Die Erscheinung machte das Kreuzzeichen. Hierauf zitterte meine Hand. Ich versuchte es zu machen, und ich konnte es. Ich nahm meinen Rosenkranz. Die Erscheinung ließ die Perlen des ihren schnell durch ihre Finger gleiten, aber sie bewegte nicht die Lippen. Als ich meinen Rosenkranz beendet hatte, verschwand die Erscheinung auf einmal. Ich fragte die beiden anderen Kleinen, ob sie nichts gesehen hätten, sie sagten mir: Nein. Sie fragten mich, was das gewesen sei, ich müsse es ihnen sagen. Hierauf sagte ich ihnen, daß ich eine in Weiß gekleidete Dame gesehen hatte, daß ich aber nicht wisse, wer das war und daß sie es nicht weitersagen dürften. Danach sagten sie mir, daß ich nicht mehr nach hier zurückkommen sollte. Ich sagte ihnen: Nein. Ich ging aber am Sonntag wieder dorthin, weil ich mich innerlich dazu gedrängt fühlte.

Meine Mutter hatte mir verboten, dorthin zu gehen; nach dem Hochamt gingen die zwei anderen Kleinen und ich nochmals Mutter fragen. Sie wollte es nicht. Sie sagte mir, daß sie fürchte, ich fiele ins Wasser.

Sie fürchtete, daß ich nicht mehr wiederkäme, um der Vesper beizuwohnen. Ich versprach ihr, da zu sein. Hierauf gab sie mir die Erlaubnis zu gehen; ich hatte in der Pfarrei eine kleine Flasche Weihwasser geholt, um die Erscheinung damit zu besprengen, wenn ich sie bei der Grotte sehen würde. Ich sah sie tatsächlich. Als ich sie mit dem Weihwasser besprengte, lächelte sie mir zu und neigte den Kopf.

Sie sprach mit mir erst das dritte Mal. Sie fragte mich, ob ich dorthin vierzehn Tage lang kommen wollte. Ich antwortete mit: Ja[1].«

Tatsächlich geht Bernadette zwei Wochen lang immer wieder zum Ort der Erscheinung, weil sie sich auch weiterhin innerlich dazu gedrängt fühlt.

Als sie aufgrund einer Weisung der »Dame« dem Ortspfarrer Peyramale den Wunsch übermittelt, man möge am Ort der Erscheinung eine Kapelle errichten, fragte der Pfarrer ironisch:

»Hast du Geld, um diese Kapelle zu bauen?«
»Nein, Herr Pfarrer.«
»Ich auch nicht. Sage der Dame, daß sie dir das Geld dazu gibt[2].«
Im allgemeinen Zweifel rund um die Visionen des Mädchens fällt es kaum auf, daß sie selbst an der Erscheinung zweifelt. (»Als ich dies gesehen hatte, rieb ich mir die Augen. Ich glaubte mich zu täuschen.«) Sie ist durchaus bereit, ihre Empfindungen von anderen kontrollieren zu lassen. Deshalb fragt sie ihre Gefährtinnen, ob auch sie etwas gesehen hätten, was diese aber verneinen. Es kann jedenfalls kaum die Rede davon sein, daß Bernadette keine kritische Distanz zu ihrem Erlebnis gewinnen möchte, sondern daß das Erlebte und seine subjektive Überzeugungskraft letztlich stärker wiegen als ihre Zweifel. Die Skepsis erscheint in diesem Zusammenhang als eine durchaus verständliche Reaktion der Abwehr aus Furcht vor der Täuschung.
Das gerade ist ja das Problem und die Logik der Skepsis und der Ablehnung, wie sie bei Vorkommnissen dieser Art notgedrungen auftreten müssen, daß ein Erlebnis als solches, so real es auch sein mag, so sehr es auch in der Ebene der objektiven Welt angesiedelt erscheint und so zwingend es auch auf den Erlebenden selbst einwirkt, nach außen fast nicht vermittelt und von außen fast nicht kontrolliert werden kann. Daher kommt der Außenstehende im Vergleich zum Erlebenden stets zu kurz: er ist frustriert. Während im Seher die innere Gewißheit der Objektivität seines Erlebnisses die in ihm aufkeimende Skepsis neutralisiert, bleibt dem Außenstehenden kaum etwas anderes übrig, als zu zweifeln.
Zweifel ist ein notwendiger Schutz gegen Täuschungen und Trugbilder. Er kann uns aber auch zur Täuschung führen. Die Frage ist, in welchen Paradigmen des Wirklichkeitsverständnisses wir uns bewegen. Sind die Grenzen der Wirklichkeit mit den Grenzen des Bewußtseins deckungsgleich? Liegen die Grenzen unserer Wahrnehmungen dort, wo wir sie normalerweise zu haben wähnen, oder sind diese Grenzen dehnbar und verschiebbar?
Liegt der Sinn der ganzen pädagogischen Bemühung nicht darin begründet, daß schon das »normale« Bewußtsein der Dehnung und Erweiterung bedarf, um die Wirklichkeit wenigstens einigermaßen in den Griff zu bekommen? Kann das Prädikat »Wirklichkeit« nur jenen Ereignissen verliehen werden, die für ein durch Erziehung und Studium bis an die Grenzen des Möglichen erweiterten Bewußtseins in naturwissenschaftlichem Sinne meßbar »greifbar« und »begreifbar« sind?
Freud, Jung, Adler und viele andere lehren uns, daß selbst ein sehr waches und gebildetes Bewußtsein ein viel zu enger Spiegel der Wirklichkeit ist, und unser Unbewußtes schier unbegrenzt und unauslotbar ist. West-östliche Mystiker, ja selbst LSD-Fans wissen, daß die Grenzen des Bewußtseins gedehnt

werden können. Selbst der Normalkonsument ohne besondere mystische Erfahrung weiß, welche großen Unterschiede es im Wachheitsgrad des Bewußtseins gibt.

Was für einen weniger »wachen« Geist eine Banalität ist, etwa ein Strohhalm in einer Regenpfütze, kann für einen Dichter eine ganze Welt »dichtester« Aussagen bedeuten!

»Die Leitparadigmen westlicher Psychologie«, schreiben die Amerikaner Roger N. Walsh und Frances Vaughan in dem von ihnen edierten Band *Psychologie in der Wende,* »boten keinen Raum für ein Interesse an höheren Bewußtseinszuständen und den äußersten psychischen Entwicklungsmöglichkeiten. Dieses Interesse entstand erst, als auch Wissenschaftler nichtwestliche Paradigmen zu entdecken begannen und dort radikal andere, aber offenbar wohlbegründete Anschauungen über die Natur und das psychische Potential des Menschen fanden[3]!«

Wenn man selbst nie etwas anderes erlebt hat als den »normalen« Bewußtseinszustand, ist es freilich schwierig, ja unmöglich, die Begrenztheit des eigenen Bewußtseinszustandes wahrzunehmen.

Die Mystiker machen uns alle aufmerksam, daß ein jeder die mühsame Schulung auf sich nimmt, seine Wahrnehmung aus der Umklammerung des Verstandes zu lösen, erst nach einem solchen Prozeß, ja einer solchen Prozedur, zu sehen vermag, in welcher Beschränktheit er vorher gelebt hatte. Dazu haben uns Scheler, Jung, Frankl und andere die Augen für jene größere Wirklichkeit geöffnet, die mit naturwissenschaftlichen Methoden der Erkenntnis nicht einzufangen ist.

Natürlich gehört es zur Phänomenologie des Durchsickerns von Ideen, daß solche Einsichten nur sehr langsam Gemeingut aller werden, wie es auch heute noch eine nicht geringe Anzahl von Menschen gibt, die nach wie vor dem Glauben huldigen, Träume seien »Schäume«, obwohl es längst schon feststeht, daß sie ernstzunehmende Botschaften des Unbewußten sind.

Die ganze erkenntnistheoretische Problematik der Marienerscheinungen wird noch dadurch erschwert, daß sie spezifische Insider-Ereignisse der katholischen Glaubenswelt darstellen und daß ihr Verständnis und ihre Annahme somit nicht nur ein offenes Sensorium für die »größere Wirklichkeit« erfordert, sondern zusätzlich noch gläubiges Vertrauen und vertrauten Umgang mit den »Mechanismen« und »Techniken« des kirchlichen Glaubens.

Nur mit ihrer Hilfe können wir uns den einschlägigen Phänomenen einigermaßen adäquat nähern. Wobei die Rolle des Zweifelns nicht genug betont werden kann. Daher muß die erste Reaktion auf irgendwelche Erscheinungen immer die unvoreingenommene Suche nach einer »natürlichen« Erklärung der Vorkommnissse sein, die äußerst kritische Prüfung von Sehern, Botschaften und Wundern. Zumal in Zeiten verstärkter antiklerikaler Stimmungen immer wieder der Verdacht aufkommt, die Kirche provoziere selbst irgendwelche »übernatürliche« Erscheinungen, die in Wirklichkeit lediglich die Funktion hätten, ideologischen oder politischen Interessen durch einen (massen)-psychologischen Druck zum Sieg zu verhelfen.

Der Vorwurf erscheint um so wahrscheinlicher, da gewisse Marienbotschaften konkrete kirchenpolitische, gesellschaftliche oder staatspolitische Bezüge aufweisen. Für den Gläubigen ist es freilich eine Selbstverständlichkeit, daß Botschaften der Glaubenswelt alles andere als weltfremd zu sein haben, daß sie ganz im Gegenteil nur dann eine Orientierungshilfe bieten, wenn sie konkret und auf das Leben bezogen sind. Dennoch könnten Aussagen wie »Ich bin die Unbefleckte Jungfrau« (Lourdes 1858) oder Prophezeiungen über die Bekehrung Rußlands (Fatima 1917) interessengelagert interpretiert werden[4].

Die Befürchtungen mangelnder Kontrolle und der propagandistischen Ausbeutung von Erscheinungen und Wundern seitens der Kirche entsprechen freilich in keiner Weise der Wirklichkeit. Ganz im Gegenteil: gerade im Interesse der Ausschaltung aller, die Kirche möglicherweise schwerstens kompromittierender Eventualitäten geht sie im Falle von Erscheinungen und Visionären stets mit äußerster Skepsis und Vorsicht vor. Als sich im jugoslawischen Ort Medjugorje Ende Juni 1981 die Nachricht verbreitete, einigen Jugendlichen sei dort die »Gospa«, die Muttergottes, erschienen, waren es gerade die im Ort wirkenden Franziskanermönche, die der Sache mit größter Zurückhaltung begegneten. Einer von ihnen, Pfarrer Zovko, äußerte zunächst den Verdacht, die Kinder hätten möglicherweise Marihuanazigaretten geraucht.

Ein anderer Verdacht, daß nämlich der Pfarrer selbst oder ein anderer Priester bei meditativen Zusammenkünften auf die Kinder eingewirkt hätten, erwies sich deshalb als abwegig, weil die Priester die Jugendlichen gar nicht oder nur sehr flüchtig kannten.

Pfarrer Zovko äußerte, aufgrund seiner eigenen leidvollen Erfahrung mit den jugoslawischen Behörden, die seine Aktivitäten bereits früher behinderten, sogar den Verdacht, die ganze Angelegenheit könnte ein raffiniert eingefädeltes Spiel der Geheimpolizei sein, um ihm eine Falle zu stellen und einen Vorwand für eine geplante Verhaftung zu finden[5].

Selbst als die Erscheinungen bereits die breite Öffentlichkeit erreichten und Scharen von Pilgern anlockten, hielt sich der für das Urteil in der Angelegenheit zuständige Bischof von Mostar, Zanić, äußerst zurück. Ja, er äußerte sogar scharfe Kritik an den Ereignissen in Medjugorje. Es gäbe Gründe – so der Bischof –, die gegen sie sprechen würden, es gäbe unbewiesene Aussagen und Heilungen, die später dementiert worden seien. Folglich müsse man alle

Überstürzung und jede unverantwortliche Propaganda vermeiden. Denn wenn das endgültige Urteil der kirchlichen Obrigkeit schließlich doch negativ ausfallen sollte, was werden dann die Gläubigen zu denen sagen, die Gegenargumente zurückgehalten und hemmungslose Propaganda für die Erscheinung gemacht haben? Wenn die Anhänger der Erscheinung das Recht für sich in Anspruch nehmen, daran zu glauben, so sei es ebenso legitim, Zweifel anzumelden und das Gegenteil zu beweisen, besonders wenn man Anlaß hat, Schaden für den Glauben vorauszusehen[6].

Kein Wunder, daß die Kirche von den hundert Marienerscheinungen der Geschichte (das von Robert Ernst 1984 herausgegebene *Lexikon der Marienerscheinungen* zählt für den Zeitraum von 1830 bis 1984 379 Erscheinungen) lediglich die Visionen der Catherine Labouré (1830), die Erscheinung in La Salette (1846), Lourdes (1858), Fatima (1917) und Banneux (1933) anerkannt hatte. Weitere Erscheinungen wurden von regionalen Bischofskonferenzen approbiert. Die kirchliche Anerkennung schließt aber keine Garantie für den übernatürlichen Ursprung der Marienerscheinungen ein. Sie besagt lediglich, 1. daß das angebliche Ereignis nichts enthält, was dem Glauben und den Sitten widerspricht, 2. daß es veröffentlicht und Gegenstand des Kultes werden darf und 3. daß der Annahme seines übernatürlichen Ursprungs »vernünftigerweise« Glauben geschenkt werden kann.

Bezeichnenderweise dauerte es vier Jahre, bis der damalige Bischof von Tarbes, Monsignore Laurence, aufgrund eingehender Untersuchungen die Authentizität der Erscheinungen von Lourdes anerkannt hatte, zumal sie bis zu diesem Zeitpunkt von einer ganzen Reihe unerklärlicher Heilungen unterstrichen wurden.

Nicht minder typisch für die Vorsicht der Kirchenleitung ist die Tatsache, daß von den mehreren tausend plötzlichen Heilungen, die es in Lourdes seit 1858 laufend gibt, nur rund sechzig offiziell anerkannt wurden!

Die kirchlicne Anerkennung für die Labouré ließ zwei Jahre auf sich warten, La Salette wurde nach fünf Jahren anerkannt. Fatima nach dreizehn Jahren, die Erscheinungen in Banneux nach sechzehn Jahren. Die Untersuchungen im Falle Medjugorje dauern seit dem 10. Januar 1982 an.

Bezeichnend für die strenge Vorgangsweise der Kirchenbehörden ist die Tatsache, daß im Zusammenhang mit den angeblichen Erscheinungen im belgischen Beauring (1933) der für diese Erscheinungen zuständige Ortsbischof Heylen seines Amtes enthoben wurde. Den drei, seit 1930 kirchlich anerkannten Marienerscheinungen stehen dreißig ausdrücklich abgelehnte gegenüber[7].

Dazu Kardinal Ratzinger, Leiter der für die Beurteilung der Marienerscheinungen zuständigen römischen Kongregation für die Glaubenslehre:

»Auf diesem Feld ist mehr denn je die Geduld ein Grundsatz der Politik unserer Kongregation. Keine Erscheinung ist glaubensnotwendig: die Offenbarung ist mit Jesus Christus abgeschlossen. Er selbst ist die Offenbarung. Aber wir können Gott gewiß nicht daran hindern, in diese unsere Zeit hinein durch einfache Personen und auch durch außergewöhnliche Zeichen zu sprechen ... Im übrigen, von Medjugorje zunächst abgesehen, über das ich keinerlei Urteil abgeben kann, da sich der Fall noch in der Überprüfung befindet, ist es ein Zeichen unserer Zeit, daß sich die Meldungen über ›Marienerscheinungen‹ in der ganzen Welt häufen. Zum Beispiel erreichen unsere Disziplinarabteilung auch aus Afrika und aus anderen Kontinenten entsprechende Berichte[8].«

2. *Seher und Zweifler*

Es ist unbestritten, daß es Erscheinungen und Visionäre gibt. Von Apostel Paulus bis zu Swedenborg und weit über die beiden hinaus gibt es eine ganze Fülle historischer Gestalten, die im Gegensatz zu anderen, die nur die Fähigkeit des flüchtigen Blickes für die scheinbare Banalität des Alltages besitzen, mit einem ungewöhnlichen Scharfblick beschenkt werden, der sie selbst überrascht und ihre gläubige oder ungläubige Umwelt in hilfloses Staunen versetzt. Was aber der Mensch, zumal der einseitig rational gebildete abendländische Mensch mit seinem Erkenntnisinstrumentarium nicht zu lösen vermag, beunruhigt ihn.

Die Gefahr der Verdrängung ist eminent groß.

»Visionäre verführen den wissenschaftlichen Beobachter von heute zumeist zu einer rein psychopathologischen Deutung und – wenn möglich – Behandlung. Unsere heutige Zeit schützt sich so ängstlich gegen alle Erschütterungen vom Transzendenten her, daß sie die zeitgenössischen Träger einer visionären Begabung zunächst einmal in die Nervenklinik einliefert, mit dem redlichen Ziel, sie dort von ihren visionären ›Störungen‹ zu befreien, und auch die früheren Träger derartig ›anormaler‹ seelischer Fähigkeiten zu Psychopathen erklärt und sie so wenigstens noch nachträglich und in effigie in die Nervenklinik einliefert.« So der Marburger Religionshistoriker Ernst Benz in seinem grundlegenden Werk *Die Vision*[9].

Wir erleben es ja selbst: für ein ideologisch-politisch deformiertes Denken mit seinem noch engeren Sehschlitz auf die Wirklichkeit ist bereits der alltägliche Glaube eines normalen Durchschnittschristen ein Phänomen der Psychopathologie. Die Zwangspsychiatrie sowjetischer Prägung zwecks Eliminierung unbequemer Systemkritiker politischer oder religiöser Art ist das grausamste zeitgenössische Beispiel solcher Reduktionen[10].

Gerade die moderne Psychologie warnt uns vor solchen Verkürzungen der Wirklichkeit und ihres Verständnisses.
Es gehört heute bereits zum Allgemeingut wissenschaftlicher Erkenntnis, daß unserem bewußten Ich ein mächtiges, im »unendlichen« Unbewußten angesiedeltes Selbst gegenübersteht, das seine eigene, vom Ich unabhängige Sprache spricht, sich durch Träume, Symbole, Märchen und Mythen hindurch manifestiert und das Ich vor die Wahl stellt, entweder den Anweisungen dieses Selbst zu folgen oder sich eine selbstzerstörerische Neurose einzuhandeln. Was oder wer ist aber dieses Selbst, das auch die »innere Stimme«, »das Gewissen« usw. genannt wird?
Muß es nicht zumindest den Verdacht erwecken, daß diese »Stimme« die Stimme Gottes in uns ist? Daß das Unbewußte sozusagen der Brückenkopf Gottes in der Seele ist, ganz gleich, ob jemand ihn als solchen identifiziert oder ihn in agnostischer Bescheidenheit die Stimme des Gewissens oder des Unbewußten nennt?
Ich glaube kaum, daß ein seriöser Denker, im westlichen Wissenschaftsverständnis aufgewachsen und erzogen, über all dies anders denken kann als C. G. Jung:
»Ich habe keinerlei Erkenntnismittel, die es mir erlauben würden, das an sich unerkennbare Nicht-Ich von dem, was die Menschen seit Urzeiten als Gott (oder Götter usw.) bezeichnet haben, zu unterscheiden. So hat z. B. der, soweit ich erkennen kann, supreme Archetypus des Selbst eine mit dem traditionellen Gottesbild identische Symbolik. Der Archetypus ist das letzte, das ich von der Innenwelt erkennen kann. Damit ist nichts geleugnet, das sonst noch drin sein könnte[11].«
Und weiter: »Wenn man annimmt, daß Gott den Seelengrund berühre, oder gar dieser sei, so sind die Archetypen sozusagen Organe (Werkzeuge) Gottes. Das Selbst funktioniert wie das Christusbild. Das ist der theologische ›Christus in uns‹. So haben nicht nur ich, sondern schon die Alten gedacht, zurück bis Paulus. Ich stehe klar auf der empirischen Ebene und spreche psychologisch, wo der Theologe eine analoge theologische oder mythologische Sprache spricht[12].«
Schon allein die nicht auszuschließende Möglichkeit, daß das Selbst die Stimme Gottes in uns sein könnte oder das Gott den »Seelengrund« berühren kann, muß vor einer leichtfertigen Katalogisierung des Visionärs unter der Rubrik »Psychopathologie« warnen.
»Es ist vielmehr dringend erforderlich«, so Ernst Benz, »sich von dem Bild dieses bleichen Zwischenwesens zwischen Krankenzimmer und Friedhofskapelle freizumachen[13].«
Natürlich gab es auch »Nachtschattengewächse«: kränkliche, hysterische Ty-

pen von Sehern uund Seherinnen, die irgendwelchen Sinnestäuschungen zum Opfer fielen. Die Mehrheit bilden sie nicht. Die heilige Brigitta war zur Zeit ihrer »himmlischen Offenbarungen« eine Hausfrau und Mutter von acht Kindern, nüchtern, bodenständig, lebenserfahren. Nicht anders Teresa von Avila, eine der berühmtesten Mystikerinnen und Seherinnen der Kirche, die ein einziges Energiebündel von Kopf bis Fuß war; welterfahren, gesund, temperamentvoll, mit einem hervorragenden Organisationstalent, intellektueller Schärfe, Kritik- und Artikulationsfähigkeit ausgestattet, vor der Barone, Grafen, Kardinäle und Päpste gleichermaßen erzitterten.

Ihr Landsmann und Zeitgenosse, Johannes von Kreuz, ein weiterer großer Mystiker und Visionär der Kirche, verfaßte gleich ein ganzes Buch, in dem er gegen falsche Erscheinungen und Privatoffenbarungen polemisierte.

Nicht anders steht es mit den Visionären der von der Kirche anerkannten Marienerscheinungen. Es muß zur Ehre der Kirche gesagt werden, daß sie gerade deshalb, weil es im Einzelfall sehr schwierig ist zu unterscheiden, was bei den Erscheinungen nicht anders als göttliche Einwirkung interpretiert werden kann von dem, was subjektiver Einbildungskraft und Ausdrucksweise entspringt, stets größte Zurückhaltung an den Tag legte. Marienerscheinungen gehören nicht zum notwendigen Glaubensgut, wer will, kann sie anerkennen, wer nicht, darf sie getrost als Sinnestäuschung abtun, ohne deswegen als schlechter Christ zu gelten. Sowohl in den genannten, von der Kirche anerkannten Marienerscheinungen als auch im Fall von Medjugorje stehen wir fast durchwegs jugendlichen Sehern gegenüber, deren physische und psychische Gesundheit nicht bezweifelt werden kann. Catherina Labouré, 1806 in der Bourgogne geboren, war eine stocknüchterne Landwirtstochter und Dienstmädchen in Paris, bis sie (1830) dem Orden der Vinzentinerinnen beitrat. Von ihren Marienversionen erfuhr, solange sie lebte, außer ihrem Beichtvater kein Mensch. Erst nach ihrem Tode wurde die Sache publik. Sie arbeitete bis zu ihrem Hinscheiden am 31. Dezember 1876 als einfache Krankenschwester im Pariser Hôpital d'Enghien.

Weder die zwei Hirtenkinder, der elfjährige Maximin Giraud und die fünfzehnjährige Melánie Calvat, denen am 19. September 1846 in der Senke des Sesia-Baches bei La Salette die Muttergottes erschien, noch die drei jugendlichen Seher von Fatima, die am 13. Mai 1917 in der Cova da Iria (= Mulde des Friedens) die »unbeschreiblich schöne« Frau erblickten, zeigten auch nur eine Spur geistig-seelischer Abnormität.

Schon das ländliche Milieu, aus dem die meisten Seher kommen, ihre gesunde Lebensweise, ihre Beschäftigungen und ihre volle Eingebundenheit in die dörfliche Gemeinschaft, weist einen solchen Verdacht strikt zurück. Mit dem Persönlichkeitsbild labiler Neurotiker des städtischen Milieus haben die

Seher der Marienerscheinungen nichts zu tun. Sie sind mehrheitlich auch nicht besonders religiös. Wie die Seher von La Salette selbst zugeben, sind sie weder eifrige Beter noch eifrige Besucher des Sonntagsgottesdienstes.
Die einzige unter den Marien-Sehern und -Seherinnen, die unter einer Krankheit (Asthma) leidet, ist Bernadette, aber auch sie ist, von diesem Handicap abgesehen, ein seelisch normal entwickeltes Mädchen mit natürlichem Benehmen und bodenständigem Humor. Bernadettes Religiosität weist keine überdurchschnittlichen Züge auf. Sie wächst in einer Atmosphäre konservativ-traditioneller Religiosität auf, was nichts so rührend beweist wie die Episode, daß sie zur Prüfung, ob sie nicht doch einer teuflischen Täuschung aufsitze, die »Dame« mit Weihwasser besprengt.
Auch die Seherin aus dem kleinen belgischen Ardennendorf Banneux, Mariette Beco, stammt aus ärmlichen Verhältnissen. Ihr Vater, Julien Beco, ist Arbeiter. In der schlichten Behausung am Ortsrand leben die Eltern mit ihren insgesamt acht Kindern. Mariette, am 25. März 1921 geboren, ist die älteste von ihnen. Auch die Becos sind nicht besonders religiös. Mehr aus Tradition als aus Überzeugung besuchen sie sonntags den Gottesdienst. Als Mariette wegen des häufig versäumten Religionsunterrichtes von Kaplan Jasmin gerügt wird, reagiert sie darauf mit dem Fernbleiben von den Sonntagsmessen und den Religionsstunden. Worauf der Pfarrer ihr die Zulassung zur Erstkommunion verweigert.
Erst als sie am 15. Januar 1933 gegen 19 Uhr ihre erste Marienerscheinung erlebt, beginnt sich ein Wandel in ihrer Einstellung abzuzeichnen.
(Erste Reaktion der Mutter: »Meine Tochter sieht Gespenster!«
Kaplan Jasmin: »Es ist nicht so leicht, die Muttergottes zu sehen, die Mariette glaubt nur, sie gesehen zu haben[14].«)
Auch bei den Kindern von Medjugorje, für jedermann sichtbar und nachprüfbar, handelt es sich um völlig normal entwickelte Kinder.
Vida (Vicka) Ivanković, geboren am 3. September 1964, kommt aus einer achtköpfigen Arbeiterfamilie. Ihr Vater arbeitete zeitweise als Gastarbeiter in der Bundesrepublik.
Mirjana Dragičević, geboren am 18. März 1984, hat einen Bruder. Der Vater ist Röntgentechniker in Sarajevo. Mirjana besucht dort die Universität.
Marija (Marina) Pavlović, geboren am 1. April 1965, hat zwei Schwestern und einen Bruder. Der Vater ist Landwirt. Sie ist gelernte Friseuse.
Ivanka (Ivica) Ivanković, geboren am 21. Juni 1966, hat einen älteren Bruder und eine jüngere Schwester. Der Vater arbeitete zeitweise als Gastarbeiter in der Bundesrepublik, die Mutter starb im April 1981. Ivanka besuchte das Gymnasium in Mostar.
Ivan Dragičević, geboren am 25. Mai 1965, hat ebenfalls Geschwister, sein

Vater ist Landwirt. Ivan besuchte das Gymnasium der Franziskaner in Visoko bei Sarajevo und wohnt jetzt in Medjugorje.
Jakov (Jaska) Čolo, geboren am 6. März 1971, lebte allein mit der Mutter, die im September 1983 verstarb. Er wurde von seinem Onkel aufgenommen. Sein Vater arbeitet irgendwo bei Sarajevo und kommt nur gelegentlich nach Hause. Der jüngste Seher besucht seit September die technische Mittelschule (Maschinenbau).
Ivanka und Vicka sind Kusinen. Mirjam ist die Kusine von Jakov.
Außer verschiedenen Psychotests wurden die Seher und Seherinnen von Medjugorje Gehirnstrommessungen unterworfen, ohne daß dabei auch nur die geringsten Abnormitäten zutage getreten wären. Es wurde eindeutig festgestellt, daß sich die Jugendlichen während der Vision weder in einer Art hypnotischen Traum noch in einem epileptischen oder epilepsieähnlichen Zustand befinden.
»Während der Erscheinung wurden die Seher verschiedenen medizinischen Untersuchungen unterzogen. Mittels Elektroden an den Augenlidern wurde ein Synchronismus [exakt gleicher Ablauf] bei der plötzlichen Fixierung der Blickrichtung aller Seher auf einen Punkt festgestellt, die größte Differenz betrug 0,2 Sekunden. Schallvermittlung durch Kopfhörer bis zu den höchsten Frequenzen und grelle Scheinwerferblendung erbrachten während der Erscheinung keinerlei Reaktionen, ebensowenig Nadelstiche bzw. Hebungen während der Ekstase[15].«
Die jugendlichen Seher haben dieselben Interessen und verraten dieselbe Vitalität wie alle anderen Jugendlichen ihres Alters auch. Kein Wunder, wenn der kleine Jakov einmal auch gerne von der Muttergottes wissen möchte, ob sein Lieblingsfußballclub, Dinamo Zagreb, bei den Meisterschaften siegen werde.
Die Sparsamkeit der institutionellen Kirche mit der Anerkennung von Marienerscheinungen hat seinen Grund freilich nicht nur in der Gefahr der Täuschung auf diesem äußerst schwer faßbaren Gebiet, sondern auch in der historisch gewachsenen hierarchischen Kirchenstruktur, dessen von oben nach unten gesteuertes Räderwerk unerwartete, nicht berechenbare, sozusagen den Dienstweg umgehende Weisungen Gottes nicht besonders mag.
»Es ist immer ein Problem für die Hierarchie«, so der angesehene französiche Marienforscher und Erscheinungsexperte, René Laurentin, »wenn Charismatiker oder Seher auftreten, deren direkter Draht zu Gott eine Autorität gewinnt, die manchmal mehr Ansehen genießt als die ihre. Das Auftreten solcher paralleler Autoritäten wird ein Bischof um so mehr fürchten, als die Verbindung mit dem Himmel durch Höhen und Tiefen führt und von der Subjektivität des Sehenden geprägt sein kann[16].«

Tatsächlich scheint sich Gott wenig um die Vorschriften diverser vatikanischer Kongregationen zu kümmern, die Marienerscheinungen zeigen unter dem Mantel konservativ-orthodoxer Volksfrömmigkeit mitunter recht unorthodoxe Wesensmerkmale.

1. Da ist zunächst einmal die recht merkwürdige Tatsache, daß sich die Muttergottes kaum Priestern und Nonnen oder gar Kardinälen und Päpsten zuwendet (lediglich von Papst Pius XII. wird berichtet, daß er einer Vision im Zusammenhang mit den Erscheinungen in Fatima teilhaftig geworden wäre)[17].

Vielmehr erscheint sie fast ausschließlich Laien, darunter in auffallender Häufigkeit Kindern und Jugendlichen. Während vatikanische Kongregationen sorgfältig ausgetüftelte langatmige »Lineamenta«, das heißt Direktiven verfassen, wie weit der »Laie«, sprich: nichtuniformierte Christ dem uniformierten Christen, wie Kleriker, Nonnen und Mönchen gleichzustellen ist, welche Unterschiede unbedingt bleiben müssen und wie sich diese zwei Klassen von Christen die Aufgaben in der Welt untereinander in streng getrennte Arbeitssektoren aufteilen sollten, scheinen sich Gott und seine Mutter um solche Spielereien einer typischen Männerkirche, die solche Probleme freilich tödlich ernst nimmt, kaum zu kümmern. Maria verteilt ihre Gunst offenbar völlig unabhängig von Titeln, Ämtern und Meriten. Sie scheint die »Laien« und unter ihnen die Frauen, die in der Kirche noch lange nicht gleichberechtigt sind, eindeutig zu bevorzugen. Es stimmt zwar, daß viele der Seher und Seherinnen aus dem Wunsch, sich ganz Gott zu widmen, anschließend ins Kloster gehen wollen. Eine Untersuchung darüber, wie weit dies aus eigenem Antrieb geschieht oder auf den Einfluß kirchlicher Kreise zurückzuführen ist, die sich nach einigem Zögern erfahrungsgemäß sehr schnell um solche Ereignisse und ihre Beteiligten zu scharen pflegen, steht noch aus.

Bemerkenswert ist jedenfalls – freilich immer die Echtheit der Erscheinungen vorausgesetzt –, daß die Erwählung der Seher und Seherinnen eher der Intention der urchristlichen Verkündigung (wo es das Problem von Laien und Klerikern noch nicht gab) entspricht als der späteren hierarchischen Entwicklung nach dem Vorbild der jüdischen Priesterschaft, das Christus eindeutig ablehnte, deren Anfänge aber manche Theologen aus den neutestamentlichen Schriften heraus- bzw. hineinlesen möchten.

2. Nicht uninteressant ist auch die Tatsache, daß die Erscheinungen Mariens ein gewisses Desinteresse an der religiösen Einstellung der durch sie ausgewählten Seher verraten.

Das deutlichste Beispiel dafür ist Mariette Beco. Auch dies freilich entspricht dem Geist der Schrift, daß Gott lediglich die Bereitschaft des Herzens, die Offenheit des Menschen verlangt und keine vorgeformten Auswahlkriterien einer besonderen Frömmigkeit voraussetzt.

3. Recht unorthodox im Sinne kirchlicher Vorschriften ist auch eine Episode, die die Seher von Fatima im Herbst 1916 erlebten. Da erscheint ihnen – übrigens nicht zum erstenmal – eine jugendhafte Gestalt, die sie als einen »Engel des Friedens«, also einen Boten Gottes identifizieren. Dieser Gottesbote spricht zunächst ein kurzes Gebet, bevor er die Kinder an einer geheimnisvollen Kommunion teilhaben läßt. Die Hostie – Christi Leib – reicht er Lucia hin, den Kelch der Hyacintha und dem Francesco. Nun war eine Kommunion unter beiderlei Gestalten (Brot und Wein), und zwar so, daß dabei ein Bub und ein Mädchen (!) den Kelch in die Hand nehmen, vor dem Zweiten Vatikanischen Konzil (1962–1965) einfach undenkbar und kirchenrechtlich streng verboten! Offenbar hat sich kaum jemand über solche und ähnliche Fragen der Orthodoxie oder der disziplinären Konformität der Erscheinungen Gedanken gemacht, geschweige denn sie als Hinweise notwendig gewordener theologischer und kirchenrechtlicher Korrekturen seitens der Institution Kirche empfunden.

Die Tatsache, daß die meisten Botschaften, abgesehen von ihrer bereits erwähnten Unverbindlichkeit, die hierarchische Struktur und somit die kirchlichen Machtverhältnisse nicht ausdrücklich in Frage stellen, sie vielmehr stillschweigend voraussetzen, mitunter sogar zu unterstützen scheinen, stimmt die kirchliche Hierarchie tolerant. Zumal in vielen Theologen (und Hierarchen) Visionen und Botschaften eher beiläufige Verwunderung als persönliche Betroffenheit auslösen. Gerade auf dem Gebiet der Erscheinungen gilt betont, was Eugen Drewermann vom »Brotgelehrtentum« der Theologen im allgemeinen sagt, daß »der Anspruch auf eine stärkere Verbindung der Theologie mit dem seelischen Leben und religiösen Erleben in manchen Schreibstuben der Theologie Verwunderung, Befremden, Angst und Zorn erwecken [muß], läuft doch diese Forderung erklärtermaßen darauf hinaus, die so beruhigende Spaltung zwischen Geist und Leben, zwischen Rationalität und subjektiver Ergriffenheit, zwischen Profession und Konfession endgültig aufzuheben.

Für einen Menschen dürfte wohl nichts schwieriger sein als sich einzugestehen, daß er womöglich viele Jahre seines Lebens damit zugebracht hat, von Dingen zu reden, die er nie gefühlt, nie erfahren, nie erlebt und nie erkannt, dafür aber allen anderen erklärt, bewiesen, begründet und verkündet hat[19].«

3. Botschaften und Wunder

Nicht nur der Visionär, auch die Botschaft stellt den kritischen Beobachter vor schwierige Fragen, läßt mitunter begründete Zweifel an ihrer Echtheit aufkommen. Einem australischen Seher namens Little Pebble soll am 3. August 1985 beispielsweise die folgende Botschaft der Muttergottes zuteil geworden sein:

»Betet unentwegt für unseren Vikar, Papst Johannes Paul II., da sie in der Ewigen Stadt Rom versuchen, ihn vor der Synode zu beseitigen. Liebes Kind, schreib an den Papst und warne ihn vor der Verschwörung, die gegen ihn geplant ist, um ihn vom Stuhle Petri zu beseitigen. Sag ihm, er solle sich hüten vor jenen, die zusammen mit ihm essen[20].«

Zur selben Zeit ließ eine Seherin namens Veronika Leuken von Long Island verlautbaren:

»Sie planen die Austilgung von Papst Johannes Paul II. vor der Synode. Ich werde viele Agenten vom Himmel senden, Engel, um den Heiligen Vater zu schützen[21].«

Es bedarf seit dem Attentat am 13. Mai 1981 durch den Türken Ali Agca keiner visionären Fähigkeiten, um von einer permanenten Gefahr für das Leben dieses viel reisenden Papstes zu sprechen. Inzwischen ist die außerordentliche Bischofssynode im Herbst 1985 längst über die Bühne gegangen, ohne daß der Papst dabei gefährdet gewesen wäre oder von seiner Gewohnheit abrükken mußte, mit Gästen aus aller Welt zusammen zu tafeln. Es ist auch höchst unwahrscheinlich, daß er dazu unbedingt den Schutz »himmlischer Agenten« in Anspruch nehmen mußte. Einige italienische und vatikanische Kriminalpolizisten und Leibwächter taten es wohl auch.

Die offenkundige Banalität der Aussage einer Botschaft spricht ebenso gegen ihre Echtheit wie ein gewisser, das Negativ-Apokalyptische, Furcht- und Angsterregende betonender und die Sensationslust des Publikums anstachelnder Zungenschlag.

Was aber nicht heißen soll, daß Botschaften unbedingt mit außergewöhnlichen Neuigkeiten aufwarten müssen. Denn die Offenbarung ist mit Jesus abgeschlossen. Von Marienerscheinungen und Botschaften kann lediglich ein neuer Impuls erwartet werden, die grundsätzliche Botschaft Christi »Kehrt um, denn das Himmelreich ist nahe!« zu verwirklichen[22].

Um die letztlich nie zwingende Glaubwürdigkeit der Botschaften beurteilen zu können, müssen diese ebenso in dem Gesamtkomplex der Erscheinung, deren Akteure und der Begleitumstände gesehen werden, wie umgekehrt die Glaubwürdigkeit des Visionärs maßgeblich vom Inhalt der Botschaft abhängig ist, als dessen Vermittler er in Erscheinung tritt.

Das Phänomen selber, die Persönlichkeit des Empfängers und die Begleitumstände (Prophezeiungen und Wunder) bilden zusammen mit dem Inhalt der Botschaft und deren Auswirkungen auf den Empfänger und die Öffentlichkeit jenen Tatbestand, der eine adäquate Beurteilung erst ermöglicht. Den

Verdacht auszuräumen, der Visionär sei womöglich einer Halluzination aufgesessen, ist nicht minder wichtig als die Klärung der Frage, wieweit seine Botschaft zum Wohl der Menschheit beiträgt. Wenn das Christuswort »An den Früchten werdet ihr sie erkennen[23]« als Unterscheidungsmerkmal zwischen echten und falschen Erscheinungen Gültigkeit haben soll, muß in bezug auf die Botschaften sofort die Frage gestellt werden, welche Früchte sie uns bringen.

Es besteht kein Zweifel daran, daß die Marienerscheinungen von Lourdes bis Medjugorje nicht zuletzt deshalb so positive Aufnahme erfuhren, weil ihre guten Früchte allen offenbar sind, die sie vorurteilslos betrachten wollen.

Wer sich in Lourdes erfolgreich durch die Berge von Kunststoffkitsch gekämpft und sie nicht zur Sättigung seiner Vorurteile herangezogen hatte, dem wird nicht entgehen, daß er hier auf einem heiligen (Heilung bringenden) Boden steht, auf dem eine permanente Heerschau von Kranken, Krüppeln und Versehrten (sowohl im physischen als auch psychischen Sinn) stattfindet, wie es in der Welt einzigartig ist. Massen von leidenden Menschen aus allen Ländern der Erde treffen sich hier, um allein schon in der Solidarität des Leidens Trost und Erleichterung zu finden, Vertrauen zu schöpfen und mitunter auch erleben zu können, daß man selbst oder ein anderer ohne Krücken den Rückweg antreten darf. Sinn der Botschaft: »Ich Maria, Mensch wie du und ich, Gott und den Menschen gleichermaßen nahestehend, habe dich nicht vergessen, helfe zumindest das Kreuz zu ertragen, wenn es schon nicht abzuwerfen ist.« Wer die Gesichter bei den Gebetsprozessionen sieht, die helfende Solidarität, die sich hier zwischen Gesunden und Kranken entwickelt, der braucht keinen weiteren Beweis, ja kein mirakulöses Wunder, um die guten Früchte sehen zu können. Aber selbst für Agnostiker und Atheisten führte hier das kleine Mädchen Bernadette ein recht handgreifliches Wunder herbei.

Ein Wirtschaftswunder, von dem die Vorfahren der Soubirous (ein Dr. Soubirous, ein Nachfahre der Bernadette, ist Herzspezialist im Ärzteteam von Lourdes), Virons und Abadies nie geträumt hätten. Denn die Gunst der Muttergottes, die offenbar keinen Unterschied zwischen Gläubigen und Ungläubigen kennt, findet ihren Niederschlag auch in ansehnlichen Lohnstreifen und Trinkgeldern, nicht nur für die rund 20 000 Einwohner, sondern auch für die rund 5 000 Gastarbeiter pro Saison. Ja noch mehr: via Bernadette, die einst von sich den Ausspruch tat, sie sei ein Mädchen »gut für nichts«, betätigt sich die Madonna von Lourdes auch als stille Nothelferin des französischen Steuerzahlers, Atheisten inbegriffen: Lourdes ist heute nach Paris und Nizza die drittgrößte Hotelstadt Frankreichs mit rund 500 hochmodernen Unterkünften und 20 000 Zimmern.

Drei Millionen Gäste und Pilger bringen jährlich harte Devisen ins Land. Dazu der Bürgermeister: »Der starke Besuch von Lourdes hat nicht nur für die lokale Wirtschaft glückliche Folgen, sondern auch auf Departements- und Landesebene. Wenn man nur den Zufluß an Auslandsdevisen betrachtet, kann man nicht leugnen, daß sich dieser Umstand äußerst günstig für den Finanzausgleich des Landes auswirkt[24].«
Die »guten Früchte«, das sind nicht nur die zahlreichen Heilungen, wie sie sich neben Lourdes auch in Fatima oder in Medjugorje ereignen (wie behauptet wird), sondern auch die positiven Veränderungen in den Sehern selbst und in ihrer unmittelbaren Umgebung. Zahlreiche Beobachter von Medjugorje versäumen nicht zu betonen, welchen geistigen und religiösen Aufbruch die seit 1981 täglich anhaltenden Erscheinungen für die dortige Gemeinde, aber auch für die aus aller Welt anreisenden Pilger bewirkt haben.
Ich selber war Anfang April 1986 zum erstenmal in Medjugorje, nachdem ich die einschlägige Literatur kritisch durchgeackert hatte. Und ich kann nur bestätigen, was meine Bekannten, durchaus kritische Geister, völlig unabhängig voneinander mir erzählten: daß hier eine Atmosphäre des Gebetes, der Vertiefung, der Geduld, des Friedens und der Versöhnungsbereitschaft herrscht, wie man es kaum woanders vorfindet. Selbst junge Menschen, die von völlig anderen Interessen vereinnahmt zu sein scheinen, bleiben hier stundenlang in Gebet und Betrachtung versunken, ohne auf das Mirakulöse zu warten, das hier nicht stattfindet, auch nicht erwartet wird. Nicht uninteressant ist die Geduld, die Ausgeglichenheit und der Humor der jugendlichen Seher, die den Tausenden Bitten, Anfragen und Untersuchungen mit einer Gelassenheit begegnen, die man von ihrer Altersgruppe nicht erwartet.
Weder das Gesamtverhalten noch die einzelnen Gebärden der Seher und Seherinnen verraten – ob in Lourdes, Fatima, Banneux oder Medjugorje – Widersprüchliches, Überspanntes, Groteskes, Exhibitionistisches, Kauziges. Auch von einer Frömmigkeit schmierig-pietistischer Art findet man keine Spur! Natürlich kann die Erscheinung und die Botschaft, will sie die freie Persönlichkeitsentwicklung des Sehers nicht beeinträchtigen, nur jene Artikulationsmöglichkeiten benützen, die im Seher vorgegeben sind. Mit anderen Worten: Es verwundert in Kenntnis der Herkunft der Visionäre kaum, daß die von ihnen vermittelte Botschaft Züge der Frömmigkeitsart ihres konservativ-ländlichen Milieus trägt.
Aufrufe zum Rosenkranzgebet, überhaupt zum fortwährenden, stundenlangen Beten (obwohl Jesus ausdrücklich mahnt: »Wenn ihr betet, sollt ihr nicht plappern wie die Heiden, die meinen, sie werden nur erhört, wenn sie viele Worte machen. Macht es nicht wie sie, denn euer Vater weiß, was ihr braucht, noch ehe ihr ihn bittet[25]«), weiters zur monatlichen Beichte, zur

Herz-Jesu-Verehrung, zu Festen und Novenen, zum Tragen geweihter Gegenstände wie Kreuze und Halsketten, zum Fasten im konservativ-traditionellen Sinn durch Nahrungsentzug (und nicht als Teilen mit den Hungernden), aber auch die starke Betonung des personifizierten Bösen, des Satans und seiner Umtriebe, verraten starke Züge der mitunter recht unbiblischen Volksfrömmigkeit. Trotz dieses größtenteils kindlich-unreflektierten Glaubens hält der Inhalt und die Artikulation der Botschaften im wesentlichen jeder theologisch-rationalen Kritik stand. Denn grundsätzlich geht es von Lourdes bis Medjugorje um die biblische »Metanoia«: der Abkehr von dem gewissenlosen Leben und um die Hinkehr zu Gott; um die Versöhnung mit Gott und dem Mitmenschen, um den Frieden und um die Bereitschaft, mit Gott ins Gespräch zu kommen und zu bleiben (Gebet), im Interesse des Wohles der gesamten Menschheit.

Nicht zu überhören sind in den Botschaften von La Salette, Fatima oder Medjugorje die Hinweise auf die bedrohliche Lage der Menschheit. Aber man muß ja nicht gerade auf Marienerscheinungen warten, sondern bloß die Berichte des Club of Rome und anderer Wissenschaftler lesen, um zu wissen, in welcher bedrohlichen Lage wir uns befinden.

Umweltverschmutzung, Rüstung, Verachtung der Menschenrechte, Terror und Hunger sind nur einige Stichworte zur Kennzeichnung unserer Situation. Es wird wohl kaum jemand bestreiten wollen, daß der Appell an das Gewissen jener, die für die Botschaften des Glaubens hellhörig sind, durchaus ein konstruktiver, psychisch-moralischer Beitrag zur kollektiven Besinnung sein kann, ein Aufruf, mit den Problemen fertig zu werden im Interesse des Wohles der Gesamtmenschheit. Die Schilderung der Gefahr ist ja nur die eine Seite der Marienbotschaften. Ihr Duktus klingt immer in der tröstlichen Versicherung aus, daß dort, wo der Mensch bereit ist, umzukehren und sich selber zu helfen, ganz gewiß auch Gott ihm seine Hilfe nicht versagen wird. Niemand kann leugnen, daß die anstehenden Probleme nicht allein durch gesellschaftliche und politische Maßnahmen gelöst werden können, sondern es muß ihnen ein Gesinnungswandel vorangehen.

Gerade die Gesinnung ist aber jener Bereich, den die Marienbotschaften ansprechen wollen. Man muß nicht unbedingt tiefenpsychologisch geschult sein, um wahrzunehmen, daß die Symbolwelt der Marienerscheinungen: Licht, heilende Quelle (Wasser) usw., uns immer wieder die Gedanken der Reinigung, Erneuerung und Hoffnung suggerieren und unsere im kollektiven Unbewußtsein beheimateten Sehnsüchte und Energien zu aktivieren versuchen.

Nichts wäre also falscher, als sie von der Warte intellektuellen Hochmuts und abendländisch-naiver Wissenschaftsgläubigkeit her pauschal in das

Reich bedeutungsloser Fabeln zu verweisen und sie als die anspruchslose Nahrung einfältiger Geister zu betrachten.
Trotz der Jahrhunderte, die inzwischen vergingen, ist die nüchterne Einstellung zu den Botschaften, Visionen und Wundern unverändert aktuell, zu der seinerzeit die große Mystikerin, Teresa von Avila, im Jahre 1577 ihre Mitschwestern geraten hatte:
»Gott kennt noch eine weitere Art, die Seelen zu wecken. Obwohl diese in gewisser Weise als eine größere Gnade [als die vorher genannten] erscheint, kann sie doch gefährlich sein, und deshalb will ich mich etwas länger dabei aufhalten. Es handelt sich um gewisse Anreden, welche die Seelen auf vielerlei Art vernehmen. Manche solcher Anreden scheinen von außen zu kommen, andere aus dem tiefsten Innern der Seele, wieder andere aus deren oberer Zone und manche widerfahren einem so äußerlich, daß man es mit den Ohren hört, weil sie als klare und deutliche Stimme wirken. Manchmal, ja oft kann es eine Täuschung sein, besonders bei Leuten mit kranker Phantasie oder bei Melancholikern. Bei Menschen, die zu diesen Gruppen gehören, darf man es meiner Meinung nach nicht ernst nehmen, auch wenn sie sagen, daß sie es sehen und hören und verstehen ...
Und einem Wort, das nicht völlig mit der Heiligen Schrift übereinstimmt, solltet ihr nicht mehr Beachtung schenken, als wenn ihr es vom Satan selber hörtet ... Ungeachtet, ob sie, wie ich zu Beginn sagte, aus dem Inneren, aus der oberen Zone der Seele oder von außen kommen, können diese Anreden alle [auch] von Gott sein. ... Es ist ein schwerer Schaden, wenn man nicht glaubt, daß Gott mächtig genug ist, Dinge zu vollbringen, die unser Verstand nicht begreifen kann. Trotz aller Anfechtungen und selbst, wenn jemand da ist, der ... sagt, dies alles sei Unsinn, ja selbst wenn noch so viele üble Ereignisse eintreten, die zu beweisen scheinen, daß die Worte nicht in Erfüllung gehen können, so bleibt dennoch – ich weiß nicht wo – ein Funke lebendig, der sagt, es werde doch geschehen. Mögen auch alle anderen Hoffnungen erstorben sein, könnten sie nicht verhindern, daß dieser Funke von Gewißheit am Leben bleibt[26].«

Anmerkungen

1 Janine Alaux (Hg.): *Lourdes.* Lourdes o. J., S. 5–9.

2 Ebda.

3 Roger N. Walsh, Frances Vaughan (Hg.): *Psychologie in der Wende.* Bern - München - Wien 1985, S. 27.

[4] Vgl. Otto Bohr: *Rom - Moskau - Fatima.* Fatima 1977.

[5] Marian Ljubić: *Erscheinungen der Gottesmutter in Medjugorje.* Jestetten 1985, S. 23–24.

[6] René Laurentin – Ljudevit Rupčić: *Das Geschehen von Medjugorje. Eine Untersuchung.* Graz - Wien - Köln 1985, S. 127.

[7] Hubert Jedin (Hg.): *Handbuch der Kirchengeschichte.* Freiburg - Basel - Wien 1979, Band 7, S. 321.

[8] Josef Ratzinger: *Zur Lage des Glaubens.* München - Zürich - Wien 1985, S. 113.

[9] Ernst Benz: *Die Vision. Erfahrungsformen und Bilderwelt.* Stuttgart 1969, S. 17.

[10] Vgl. Sidney Bloch – Peter Reddaway: *Russia's Political Hospitals. The Abuse of Psychiatry in the Soviet Union.* London 1978; Avraham Shifrin (Hg.): *UdSSR. Reiseführer durch Gefängnisse und Konzentrationslager in der Sowjetunion.* Uhldingen - Seewis 1980.

[11] Franz Alt (Hg.): *Das C. G. Jung Lesebuch.* Olten 1983, S. 325.

[12] Ebda.

[13] Benz, a. a. O., S. 19.

[14] Joseph Auda: *Das Gemeinsame in den marianischen Botschaften der Catherine Laboure', in La Salette, Lourdes, Fatima und Banneux,* in: German Rovira (Hg.): *Der Widerschein des Ewigen Lichtes.* Kevelaer 1984, S. 188–214.

[15] Franz Hummer – Christian Jungwirth: *Medjugorje.* Graz - Wien - Köln 1986, S. 74; dazu auch: René Laurentin – Henri Joyeux: *Medizinische Untersuchungen in Medjugorje.* Graz - Wien - Köln 1986.

[16] Laurentin-Rupčić, a. a. O. S. 20.

[17] Pascalina Lehnert: *Ich durfte ihm dienen.* Würzburg ^{2}1983, S. 154–155.

[18] Auda, a. a. O. S. 195.

[19] Eugen Drewermann: *Tiefenpsychologie und Exegese.* Olten und Freiburg in Breisgau 1985, Band II, S. 17–18.

[20] Alfons Eisele: *Warnung vor »Botschaften« und »Erscheinungen«,* in: *SAKA-Informationen Basel,* Jg. 10, Nr. 12, S. 14.

[21] Ebda.

[22] Matthäus 4, 17.

[23] Matthäus 7, 20.

[24] Alaux, a. a. O. S. 29.

[25] Matthäus 6, 7–8.

[26] Teresa von Avila: *Die innere Burg.* Zürich 1979, S. 122–126.

Thomas Hauschild

Hexenglaube

1. Hexenvorstellungen bei »Naturvölkern«

Die Wissenschaft Völkerkunde (Ethnologie) beschäftigt sich mit den traditionellen Kulturen der dritten Welt, das heißt den sogenannten Stammesgesellschaften oder Naturvölkern, sowie mit den Unterschichtskulturen Europas, die sie gemeinsam mit der Volkskunde (europäische Ethnologie) untersucht. Schon der Begriff »Naturvölker« sagt aber nicht mehr viel über die Studienprojekte der Ethnologen aus, denn die moderne völkerkundliche Forschung zeigt, daß diese Kulturen auch nicht »natürlicher« oder weniger »zivilisiert« sind als wir: Ihre Philosophien und ihre Systeme der Naturerkenntnis, ihre Religion und ihr oft sehr entwickeltes soziales System können durchaus mit den Wissenschaften und Institutionen unserer Gesellschaft konkurrieren. Lediglich im technischen Bereich gibt es erhebliche Unterschiede, die wir hier aber nicht bewerten brauchen. Wir Europäer stellen uns gerne vor, »der Wilde« würde ein von der Außenwelt abgeschlossenes, geschichtslos am Rhythmus der Natur orientiertes Leben führen, fernab im tropischen Regenwald, in den Savannen oder auf der sprichwörtlichen Südseeinsel. Das ist nur eine Wunschvorstellung. Ethnohistorische Forschungen zeigen, daß auch die kleinsten Stammesgesellschaften immer Kontakte zu anderen Gesellschaften hatten bzw. aus inneren Gründen oft erhebliche historische Veränderungen durchmachen. Mittlerweile hat der weltweite Industrialisierungsprozeß das traditionelle Leben auf kleine Reservate zusammengedrängt – was nicht unbedingt heißen soll, daß die Bewohner afrikanischer oder asiatischer Städte in Zukunft genau dasselbe Leben führen werden wie die Europäer oder Amerikaner. Auch in einer durch Konsum und High Tech geprägten Umgebung können alte Kulturkonzepte sehr gut weiterleben, das zeigt nicht zuletzt der im zweiten Abschnitt vorgestellte Großstadtokkultismus der Europäer. Die Ethnologie ist über diesen Entwicklungen jedoch zu einer Wissenschaft geworden, die die Kulturen aller Völker der Erde untersucht.

Wenn hier also vom Hexenglauben der traditionellen Gesellschaften die Rede ist, dann ist damit nicht gemeint, daß Aberglaube, Hexerei und Besessenheit ihren eigentlichen Ort bei den »Primitiven« hätten. Im Gegenteil: einer der größten Vernichtungsfeldzüge, der je mit religiösen Begründungen gegen Menschen geführt wurde, fand parallel zur Entstehung der modernen Gesellschaften Europas und Amerikas statt, und es gibt in den heutigen Industriegesellschaften nicht weniger »Aberglauben« als in den traditionellen Kulturen Afrikas, Australiens, Asiens oder Lateinamerikas.

Als »Hexen« bezeichnet die Ethnologie Personen, die angeblich oder wirklich versuchen, ihren Mitmenschen auf übernatürliche Weise zu schädigen. Man spricht dabei auch von »Schwarzer Magie« und »Zauberei«, wobei unter letzterem oft Schadenwirkungen verstanden werden, die mit Hilfe von Zauberobjekten zustande kommen. Unter dem Begriff der »Hexerei« sind meist schädigende »Einflüsse« zu verstehen, die aus dem »Täter« selbst, ohne Hilfsmittel, hervorgehen. Bei der Untersuchung mancher Gesellschaften sind solche säuberlichen Trennungen jedoch nicht aufrechtzuerhalten. Oft steht der Hexenglaube in Zusammenhang mit anderen religiösen Phänomenen wie Besessenheit, Trance, Schamanismus. Weltweit lassen sich folgende acht Aspekte des Hexenglaubens nachweisen:

1. Es besteht ein festgeformtes Bild vom Aussehen und Handeln der Hexen in der betreffenden Gesellschaft. Meist sind es Erwachsene, mehrheitlich Frauen. Seltener werden auch ganze soziale Gruppen oder Nachbargesellschaften pauschal der Hexerei verdächtigt. Oft tragen die Hexen bestimmte Erkennungsmerkmale im oder am Körper.
2. Von den Hexen wird angenommen, sie könnten jegliche Form von Unglück verursachen, Krankheit, Streit, Tod, Naturkatastrophen. Typisch ist die Häufung dieser Unglücksfälle, ein langsam wachsendes Crescendo des Unheils. Sehr vereinfacht ausgedrückt: Traditionelle Kulturen sprechen mitunter von Hexerei, wo aufgeklärte Europäer oder Amerikaner von Pech oder Zufall sprechen (wobei die Frage offenbleiben muß, welche dieser Kategorien in irgendeiner Weise rationaler ist als die anderen).
3. Die Hexen schädigen vor allem ihre nächsten Nachbarn oder Verwandten. Sie richten ihre Aktivität selten gegen Fremde.
4. Hexerei geschieht aus Neid, Konkurrenz oder auch aus blanker Bösartigkeit gegen den Nächsten. Konkurrenzmotive stehen eindeutig im Vordergrund.
5. Hexen wirken im geheimen, besonders nachts.
6. Hexen sind nicht rein menschlicher Natur: Entweder haben sie anorganische, animalische oder dämonische Substanzen, Tiere oder Zaubergegenstände in sich, sind von bösen Geistern oder Substanzen besessen oder leben in direktem Kontakt mit ihnen.
7. Hexen handeln oft im Sinne der Vorstellung einer »verkehrten Welt«. Sie

verdrehen den Alltag und brechen bewußt alle Regeln: Hexen praktizieren Inzest, Kindstötung und verbotene Formen des Sexualverkehrs; sie graben heimlich Leichen aus und fressen sie, sie sammeln Kot und anderen Unrat; sie gehen nackt umehr, tanzen oder gehen rückwärts und fliegen durch die Luft.

8. Hexerei wird immer als Gegensatz zur Ehtik und Moral einer Gesellschaft verstanden und kann daher nicht öffentlich gerechtfertigt werden. Wird Hexerei öffentlich bekannt, führt dies zu Verfolgungsmaßnahmen. Dafür findet man immer wieder die Vorstellung von einer geheimgehaltenen Gegenöffentlichkeit der Hexen, von einem Versammlungsort oder einem Fest, wo sie sich begegnen.

Dieses Bild der Hexen wird in den einzelnen Gesellschaften ganz unterschiedlich ausgebaut und interpretiert. Ob die Opfer der Hexe sich in aller Stille mit rein magischen Mitteln zur Wehr setzen, ob sie den sozialen Kontakt zu den vermuteten Hexen abbrechen oder danach trachten, diese nach einer öffentlichen Gerichtsverhandlung lebendig zu begraben, ist natürlich von allergrößter Bedeutung für das Zusammenleben der betroffenen Gruppe. Bei den westafrikanischen Tallensi etwa gibt es keine Hexereianschuldigungen, da man Unglück meist als von Ahnengeistern verursacht ansieht. Bei den Gusii bemüht man sich, Hexereikonflikte so lange wie irgend möglich auf der Ebene privater Gegenmagie zu halten. Bei den südsudanesischen Azande vermitteln Boten zwischen »Hexern« und Geschädigten. Um den Konflikt beizulegen, spuckt der »Hexer« die Substanz des Bösen auf den ihm vom Boten überbrachten Flügel eines Huhnes, welches vorher in einem Giftorakel zur Identifikation des Schädigers gedient hatte. Übrigens hängt eine ältere deutsche Bezeichnung für magische Kuren gegen die Hexerei mit ähnlichen Bräuchen zusammen, man sprach früher oft vom »Boten«, wenn ein Hexenbanner tätig wurde. Bei den Hei-xom-Buschleuten kann es sogar zu einer Diskussion zwischen Täter und Opfer kommen, in deren Verlauf eine Sühneleistung für den angerichteten Schaden festgesetzt wird. Ähnliche Formen der »Abbitte« berichtete der Ethnologe Hans Sebald noch vom fränkischen Hexenglauben der zwanziger und dreißiger Jahre dieses Jahrhunderts. Es scheint also, daß die Ängste der Hexengläubigen durchaus auch mit anderen Mitteln als gerade Hexenverbrennungen zu beruhigen sind. Allerdings gibt es auch in den traditionellen Kulturen der dritten Welt Versuche, das Problem der Hexerei öffentlich und endgültig durch Hexenjagden (Hexenfinden, Hexenriechen, Hexensehen) zu lösen. Umherwandernde, prophetenartige »Hexenfinder« können solche Aktivitäten vor allem in Afrika zu machtvollen sozialen Bewegungen steigern, die die Verbannung und den Tod als Hexen verdächtiger Menschen zur Folge haben. Diese Bewegungen treten gehäuft dann auf, wenn sich eine Gesellschaft unter dem Ansturm des Kolonialismus, der Industrialisierung oder der Verarmung rapide zu verändern beginnt. Die Bewegungen der Hexenfinder scheinen wie ein Ventil für unterdrückte Aggressionen zu wirken, wobei die Aggression dann nach innen gewendet wird und nicht etwa gegen die unerträglichen Lebensbedingungen. Die Parallele zu den europäischen Hexenverfolgungen der frühen Neuzeit ist unübersehbar, nur daß sich in Afrika kirchliche und staatliche Bürokratien weigern würden, die Vorstellungen der »Hexenfinder« zu übernehmen. Die Zahl der Opfer bleibt letztlich klein.

Ethnologische Erklärungsversuche zum Hexenglauben greifen vor allem auf psychologische und soziologische Betrachtungsweisen zurück. Aus psychologischer Perspektive ist eindeutig, daß die Vorstellungen über meist weibliche, nackte und übermächtige fliegende Hexen etwas mit universal verbreiteten Kastrations- und Ohnmachtsphantasien der Männer sowie mit dem kindlichen Wunsch nach magischer »Allmacht der Gedanken« (Freud) zu tun haben müssen. Den Psychoanalytiker und Ethnologen Geza Roheim brachte die Beobachtung dieser universalen Aspekte der Hexenvorstellung zu der Behauptung »... Hexen spiegeln nicht eine besondere gesellschaftliche Konditionierung wider, sondern vielmehr das unentwickelte kindliche Ich mit seiner Aggression, Identifikation und Angst« *(Psychoanalyse und Anthropologie,* S. 12). Damit sind vielleicht sehr allgemeine Züge der »Hexen«, nicht aber die unzähligen kulturellen Variationen erklärt. Aus soziologischer Perspektive ist dagegen auffällig, daß immer wieder soziale Konflikte den Hintergrund von Hexereianklagen bilden. Hexen und ihre Ankläger oder Opfer leben oft in sozialer Nähe zueinander und dürfen ihre Konflikte nur »okkult«, das heißt geheim, austragen, sonst wäre der Zusammenhang der Gesamtgruppe gefährdet. »Hexen und ihre Gegner sind Menschen, die gut miteinander auskommen sollten, es aber nicht tun«, schrieb der britische Ethnologe Philip Mayer. Vor Vereinfachungen muß dabei jedoch gewarnt werden. Hexerei mag vor allem mit sozialen Konflikten zusammenhängen, aber nicht alle Konflikte führen zu Hexerei. Es gibt heute keine Theorie, die das Aufkommen von Hexenverfolgungen in bestimmten Gesellschaften völlig erklären oder sogar voraussagen könnte. In manchen Gesellschaften wird gar nicht auf diese Weise nach einem Sündenbock gesucht, andere sehen die Quelle des Bösen in einer unzugänglichen Geisterwelt, wieder andere in den sicht- und greifbaren Hexen. Das Weltbild einer Gesellschaft, ihr Umgang mit dem Problem des Bösen, mit Aggression spielen dabei ebenso eine Rolle wie der Ermessensspielraum des einzelnen, der einen Konflikt sowohl aus der Sicht des Verhexten wie der des Hexers erleben kann.

Diese Unwägbarkeit und Anpaßbarkeit der Hexenvorstellung ist in den letz-

ten Jahren ein besonderes Thema ethnologischer Forschung gewesen. Bereits der britische Ethnologe Edward E. Evans-Pritchard berichtete vor mehr als fünfzig Jahren, er habe im Sudan wirklich »Hexenlichter« gesehen, sonst unerklärliche Lichterscheinungen, die auf fliegende Hexen zurückgehen sollen. Der deutsche Ethnologe Joachim Sterly berichtet ähnliches sehr viel ausführlicher aus Neuguinea. Hans Peter Duerr zeigte am Beispiel schamanistischer Flugreisen und europäischer Schilderungen des »Hexensabbat«, daß die »Realität« des Übernatürlichen immer nur die Realität des jeweiligen Beobachters ist: Hexen erleben ihren Flug vielleicht als Wirklichkeit, und die Opfer der Hexe sehen am nächsten Morgen reale Schäden; Europäer und skeptische Eingeborene sehen vielleicht eine am Boden liegende berauschte oder ohnmächtige Person, die am nächsten Morgen behauptet, geflogen zu sein. Einige Europäer (wie Sterly und Evans Pritchard) berichten, sie hätten die fliegenden oder nachts umherziehenden »Hexenfackeln« gesehen, andere (wie Mayer) trafen nur ein paar Burschen, die nachts mit Feuertöpfen herumliefen und ihre Umgebung terrorisierten.
Nur weil wir Europäer Flugzeuge bauen und ein technisch-rationales Weltbild entwickelt haben, braucht das Hexenwesen seine übermächtige Wirkung (welcher Art sie auch immer sei) für den Rest der Welt noch nicht zu verlieren. Wenn ethnologische Forscher sehr lange in einer traditionellen Gesellschaft gelebt haben, kann es auch ihnen geschehen, daß sie von der Hexenvorstellung »gepackt« werden, wie die französische Ethnologin Jeanne Favret es ausdrückt. Die eigensinnige Wahrheit dieser Form der Welterklärung überrollt dann die aufgekärte Wahrnehmung. Der Brite Evans-Pritchard bekannte, er habe mit dem Azande-Hexereiorakel sein Leben genauso vernünftig planen und orientieren können wie mit den herkömmlichen europäischen Methoden. Aus ethnologischer Sicht ist es darum gar nicht so überraschend, daß auch in Europa Hexenvorstellungen als Diffamierung, Heilmethoden, Welterklärung oder zumindest als sensationell empfundene Herausforderung unseres rationalen Alltages weiterbestehen.

2. Neue Hexen – alte Medien: Okkultismus, Aberglaube und Naturreligionen in der Bundesrepublik

Die wirre Begriffsgeschichte des Wortes »Naturreligion« enthüllt einiges von den religiösen Problemen und Bedürfnissen der Europäer: Zeitweise hielt man es für nötig, die christliche Lehre als »natürliche«, quasi angeborene Religion des Menschen zu verkünden: Wer das Christentum verriert, ging damit gegen seine »Natur« an. Andere Theoretiker wollten »Naturreligion« aus

der Naturbeobachtung ableiten, also gerade aus etwas nicht »Angeborenem«: Der Glaube als Herausforderung der aufkommenden Naturwissenschaften. Andererseits unterstellte man aber den »Naturvölkern«, den Stammesgesellschaften und traditionellen Kulturen gerne eine niedere »Naturreligion« des Fetischismus, Tabu und Totemismus, die durch die höhere Erkenntnis der christlichen Lehre überwunden werden muß. Manchmal wurde und wird diese »Naturreligion der Primitiven« oder was man dafür hält aber auch zu einem Vorbild gemacht, weil sie eben mehr Naturnähe oder Naturerkenntnis umfassen soll. In allen diesen Vorstellungen äußern sich Sehnsüchte und Ängste der Europäer, z. B. ihr Zwiespalt zwischen der christlichen Askese und der Suche nach einem naturnäheren und körperfreundlicheren Weltbild. Diese Ängste und Sehnsüchte schlagen sich auch in der Geschichte naturreligiöser Bestrebungen unserer eigenen Kultur nieder. Immer wieder versuchte man, eine an elementaren Symbolen des Lebens, des Körpers, der Umwelt orientierte lebensnähere Religiosität zu entwickeln. Wir können Ansätze dazu im sogenannten Aberglauben ebenso erkennen wie in manchen Richtungen der Philosophie. Im klassischen Okkultismus ist dieser Versuch ebenso unternommen worden wie im heute aufkeimenden, feministisch beeinflußten Neuheidentum. Der Ethnologe Daniel O'Keefe vergleicht diese Bestrebungen mit unterschiedlichsten Formen der Magie in außereuropäischen Kulturen. Er kommt zu dem Schluß, daß sich in allen Weltanschauungen und Religionen elementare, alltags- und körperbezogene Formen des religiösen Handelns entwickeln, die den abstrakten Glaubensbekenntnissen entgegengesetzt sind und dem einzelnen dafür mehr Sicherheit, ein neues Gefühl von seiner Stellung in der Welt und vom »Sinn des Lebens« geben können.
In der Bundesrepublik besteht derzeit eine ganze Reihe solcher Strömungen nebeneinander, alte und neue. Eine Spielart scheint auch die journalistische oder populärwissenschaftliche Aufbereitung von Themen wie »Hexen«, »Magie« usw. zu sein.

Spielerischer Alltagsaberglaube und Reste des Volksglaubens:
1987 konnten wir gleich zweimal beobachten, wie »Freitag, der 13.« in den Medien ausführlich als »Unglückstag« gewürdigt wurde. Halb ernst – halb scherzhaft wird so das allgegenwärtig drohende Unglück auf seinen Platz, den 13., verwiesen. Viele Westdeutsche besitzen auch »Glücksbringer«, mit denen sie dem Glück einen Ort in ihrer Nähe zuweisen möchten. Darauf angesprochen, würden sich viele von ihnen durchaus nicht als »abergläubisch« bekennen. Zeitungshoroskope mittelalterlicher oder fernöstlicher Herkunft, die Zahlenmystik der Zocker und Lottospieler, Bleigießen in der Silvester-

nacht und eine Vielzahl dubioser Heilmittel (Ginseng, Knoblauchpastillen) schaffen weitere Orientierungsmöglichkeiten für den in der »katastrophalen Moderne« (Hans-Jürgen Hei) verlorenen einzelnen.
Es gibt eine Reihe von Konzepten des sogenannten Volksglaubens, die oft ähnlich bruchstückhaft überleben wie der spielerische Alltagsaberglaube, denen jedoch von den Gläubigen größere Wirkmächtigkeit beigemessen wird. Diese Bruchstücke eines naturreligiösen Systems stehen oft in Zusammenhang mit der weiter unten beschriebenen okkultistischen Literatur.

Wissenschaftskritik und Wissenschaftsgläubigkeit:
Ausgelöst u. a. durch die Schriften des Wissenschaftstheoretikers Paul Feyerabend sowie die Wiederentdeckung älterer akademischer Ketzereien wie Nietzsche, Romantiker und Renaissancephilosophie, konnte das Rationalitätsmuster der Wissenschaften erheblich verunsichert werden. Die Diskussion über die Folgen dieser Trendwende dauert in den Einzelwissenschaften an. Zugleich hat die Wissenschaft in der Öffentlichkeit durch den Expertenstreit über Atomkraft, Gentechnologie, Umweltverschmutzung und vieles andere ein Stück ihres Wahrheitsanspruches verloren – freilich besaß sie diesen meist ohnehin nur in den Augen derjenigen, die die Widersprüche des Wissenschaftsbetriebes nicht von innen her kennen. Diese Trendwende hat zur Herausbildung eines essayistisch-politischen Stiles neben den Wissenschaften geführt: Wenn Wissenschaft ohnehin nur ein Jonglieren mit Vorurteilen ist, kann man sich ja die mühselige Auseinandersetzung mit Einzelbeobachtungen sparen und gleich seine Vorurteile aufschreiben. Der Übergang zwischen Essays und Predigten wird dabei fließend – oder ist es so, daß uns dieser Übergang heute nur besonders bewußt wird? Am anderen Ende machen sich mystische Bewegungen breit, die nur notdürftig als Psychotherapien, Philosophien usw. verkleidet sind. Zugleich regt sich neue wissenschaftliche Heilserwartung: Computer, SDI oder Teilchenphysik sollen es nun bringen.
In den Geisteswissenschaften führte diese Entwicklung auch zur Rückbesinnung auf verschüttete Hintergründe der eigenen Arbeit, auf die philosophischen Systeme der Renaissance, die noch keine wirkliche Trennung von Politik, Religion, Kunst und Wissenschaft kannten: Astrologie, Zahlenmystik, Kabbala und andere altertümliche Versuche der Weltdeutung werden mit kritischem Abstand, aber doch großem Interesse diskutiert.

Okkultismus:
Seit dem 16. Jahrhundert halten sich in Europa zeitweise verbotene und oft geheimgehaltene Formen der Suche nach geheimen, »okkulten« Bedeutungen der Naturphänomene, des menschlichen Körpers, der Krankheiten, der

alten literarischen Traditionen einschließlich der Bibel, des Universums der Dinge überhaupt. Da diese okkultistische Literatur häufig von konkurrierenden gesellschaftlichen Entwicklungen wie Aufklärung oder Hexenjagd bedrängt wurde, mangelte es zeitweise an guten Entwicklungsmöglichkeiten, drohte der Verfall zu plumperen Formen des »Aberglaubens«. Alchemisten auf der Suche nach dem Stoff, der die Welt zusammenhält, wurden zu Goldpanschern, die Wiederbelebung religiöser Untergrundtraditionen brachte Traktate wie das »6. und 7. Buch Mosis« hervor, anstelle der Propheten vom Format eines Nostradamus, Novalis oder Steiner melden sich Scharlatane zu Wort. Trotzdem hatten immer auch bedeutende Geister Kontakt zu okkultistischen Traditionen, insbesondere Schriftsteller: Goethe, die Romantiker, Strindberg, Gustav Meyrink, Katherine Mansfield; Philosophen wie Swedenborg, Martin Buber und Viktor von Weizsäcker. Der deutsche Okkultismus beschränkte sich oft auf diesen »geistigen Bereich«, während z. B. in Frankreich satanistische Sekten und in England naturreligiöse Bewegungen gebildet wurden: Stärkste Beachtung fanden okkultistische Lehren dann aber im »arischen Mythos« der Nazis. Nach dem Zweiten Weltkrieg gaben Theosophen und Anthroposophen dem gerade durch diese politische Vereinnahmung geschwächten Anhängerkreis wieder ein gewisses Niveau als umfassende Weltdeutung auf der Grundlage vorchristlicher und außereuropäischer Lehren. Bald ersetzten parapsychologische Pseudowissenschaftler und Geistheilerbewegungen die klassischen okkultistischen Strömungen, die sich immerhin noch direkt an Texten des 16. und 17. Jahrhunderts geschult hatten. Die heutige Situation des Okkultismus in Deutschland scheint geprägt zu sein vom Nachlassen der eigentlichen okkultistischen Schulen: es gibt kaum noch Neugründungen, Schulenkämpfe oder inhaltlich neue Schriften. Andererseits beobachten wir das rasche Vordringen vieler Teilerkenntnisse vor allem der Anthroposophie (biologische Landwirtschaft, Kräuter- und homöopathische Medizin, Ernährungslehren) in sämtlichen Bevölkerungsschichten.

Die »neuen Hexen«:
Im Gefolge des Zusammenbruches der Studentenbewegung kam es in den siebziger Jahren zur Bildung von Frauengruppen, Umweltschutzorganisationen und einer Vielzahl von Initiativen und Therapien, denen die Rückbesinnung auf das persönliche Erleben gemeinsam ist. Enttäuscht von der technischen Kultur wie vom Rationalismus der Linken beschäftigten sich auch wieder viele jüngere Menschen mit okkultistischen Theorien und heidnisch-religiösen Lehren. Zeitweise konnten die fernöstlichen Heilslehren diese »Suchenden« an sich binden, aber in der überwiegenden Mehrzahl der Fälle war dies ebenso kurzfristig wie die Bindungen an kommunistische Sekten der frü-

hen siebziger Jahre. Die gefühlige, manchmal fast schon barock anmutende Vorstellungswelt des klassischen Okkultismus wurde dabei ebenso abgelehnt wie die Germanentümelei und Runenmagie mancher Ewiggestriger. Einzelne okkultistische Traditionen, das Tarot-Wahrsagespiel, Spiritismus, Ernährungslehren, »natürliche« Methoden der Empfängnisverhütung und Frauenmedizin wurden Allgemeingut einer Generation. Man spricht schon vom Aufleben einer durch den Feminismus vermittelten »Ur-Religion der großen Göttin«, der an die Magna-Mater-Kulte des Altertums anknüpfen soll. Allerdings konnte bisher keine einzelne Organisation oder Lehre, sondern nur die alles umfassende Figur der »Hexe« zum Leitbild dieser Bewegungen werden. Selbst der dezentrale »Wicca«-Kult ist unter dem Druck der widersprüchlichen Interessen schon in mehrere Lager zerfallen. Da die Träger dieses neuen okkultistischen Interesses durchweg soziale Multiplikatoren (Lehrer, Akademiker, Angehörige helfender Berufe, Mitarbeiter in der Medien- und Unterhaltungsindustrie sowie in Alternativbetrieben) sind, strahlt ihre Aktivität stark auf andere Bevölkerungsgruppen ab.

Schüler-Okkultismus:
Unter den Jugendlichen der achtziger Jahre kursieren spiritistische und satanistische Lehren. Bei einer Diskussion über Okkultismus, zu der eine Einrichtung der Erwachsenenbildung in Düsseldorf 1987 geladen hatte, bekannten zahlreich erschienene Schüler Erfahrungen mit Tischerücken und Wahrsagespielen. Der dabei hergestellte Kontakt zu »Geistern« war in einigen Fällen so weit gediehen, daß die Jugendlichen ihren »Geistern« Opfer brachten – allerdings, so wurde betont, keine Menschenopfer. Letzteres wurde noch mit einiger Erleichterung zur Kenntnis genommen, aber insgesamt zeigten sich die versammelten Eltern und Lehrer schockiert. Religionslehrer und Mitarbeiter der kirchlichen Jugendarbeit berichteten ausführlich von ihren Erfahrungen mit »satanistisch« eingestellten Schülern. Man konnte sich kaum einig werden, ob das nun ein typisch pubertäres religiöses Problem sein sollte oder eine satanistische Bedrohung der herrschenden Moral und dieser Jugendlichen selbst. Dabei wurde meist mit den üblichen Schlagworten argumentiert. Diskussionen über »Hexen« usw. scheinen besonders in Deutschland allzu leicht in festgefahrene Bahnen der aufgeklärten Ablehnung und der romantischen Hingabe zu münden. Selten wird gefragt, was den Jugendlichen dieser »Geist« eigentlich sagt, was er für sie ist. Bezeichnenderweise sprachen Jugendliche aus einer Gruppe spiritistischer Schüler von ihrem »Gruppengeist« – welche Form von Identität und Schutz mag er ihnen geben? In einer zunehmend von anonymen Einrichtungen wie Oberstufenkursen, Lehrwerkstätten, Fortbildungszentren für Arbeitslose bestimmten Jugend kann vielleicht eine

ideologisch und durch Geheimhaltung nach außen abgeschottete Gruppe neue Sicherheit geben. Hinzu kommen die strikten Verhaltensanweisungen, wie sie für jede Art von Magie typisch sind. Auch die Zwanghaftigkeit des Rituals gibt Sicherheit. Die Aggressivität der Abgrenzung gegen eine als anonym und feindlich empfundene »Außenwelt« wird gut durch die satanistischen Spielereien vieler Hardrock- und »heavy metal«-Musikgruppen verdeutlicht. Entspricht diese Aggressivität nicht auch der Härte, mit der die Erwachsenenwelt manchmal das unabhängige Verhalten der Jugendlichen beurteilt? Die Schärfe mancher »aufgeklärten« Stellungnahmen bei den Düsseldorfer Diskussionen gab zu denken. Religiöse und politische Toleranz ist nicht gerade eine Haupteigenschaft unserer Kultur. Wir sollten uns fragen, ob der Abgrenzung spiritistischer und satanistischer Gruppen, der »heavy metal«-Fans usw. nicht die dumpfe Feindseligkeit der Gesellschaft gegen manche Formen der Lebenslust entspricht. Es könnte dieselbe Art der Ablehnung sein, welcher bisweilen schon Juden, Freimaurer und politisch Andersdenkende ausgesetzt waren. Leider gibt es bisher kaum verläßliche Studien über diese Problematik der »subreligiösen« Gruppenabgrenzung von Jugendlichen, aber die Diskussion wird weitergehen.

Journalismus und Okkultismus:
Die Unterhaltungsindustrie benötigt ständig Nachrichten, Ereignisse, die sich aus dem Alltäglichen herausheben. Man spricht von der »Gesellschaft des Spektakels«. Berichte über das Aufkommen neuer (oder eben alter) kultureller Moden eignen sich dazu besonders, weil sie jeweils »neu« erscheinen und zugleich mit einem anderen sehr wichtigen Phänomen der fortgeschrittenen Konsumgesellschaft eng verbunden sind: den »Moden«. Bei der Vorbereitung und Betreuung der Hamburger Hexenausstellung konnte ich immer wieder erleben, mit welcher Intensität, ja Gier Journalisten sich auf Nachrichten über Satanismus, Okkultismus, Hexen, Inquisition, Spiritismus, Exorzismus usw. stürzen. Einmal gefunden, wird die »einzigartige« Nachricht dann aber über einen Kamm geschert und vervielfältigt. Zuerst durch Vermischung mit dem ewigen »Rücklauf« zwischen Archiven und Artikeln oder Sendungen, dann durch die Veröffentlichung selbst. Meist sind die Kommentare der Journalisten zum Okkultismus, Hexenglauben usw. aus dem Kruse-Archiv selbst, aus älteren Artikeln, die sich schon am Archiv nährten, einigen wenigen immer wieder zitierten Büchern (wie etwa dem Hexenkatalog) und ähnlichen »Quellen‹ zusammengebraut. Hinzu kommt dann nur noch der aktuelle Aufhänger, der »Fall«: Kruses Presseverlautbarungen in den fünfziger und sechziger Jahren dienten als Fälle (»Hexenglaube heute noch!!«), der Mosesbuchprozeß, der Klingenberger Exorzismus in den siebziger Jahren, die Aus-

einandersetzungen um den Fernsehauftritt der »Hexe« Ulla von Bernus 1982, das Erscheinen von Gisela Graichens *Die neuen Hexen* 1986, der 500. Jahrestag des »Hexenhammers« und der Kölner Papstbesuch zur Walpurgisnacht 1987. Da jedes »Ereignis« auf diesem Gebiet im Verein mit dem sensationsträchtigen »Grundlagenmaterial« der Vorgänger und Archive verbunden werden kann, ist oft nicht recht auszumachen, ob hier ein Einzelfall aufgebauscht wurde oder ob reale Veränderungen im religiösen Verhalten der Deutschen beschrieben werden. Die 1986/87 nach mehreren Schülerselbstmorden als »Okkultismuswelle« beschriebenen kleinen spiritistischen Moden unter Schülern sind an einigen Schulen anscheinend gar nicht zu spüren gewesen.

Ein weiteres Merkmal der journalistischen Aufbereitung liegt fast schon jenseits der Verantwortung der Journalisten: Gleichgültig, mit welcher Einstellung die »hexerischen« Umtriebe, Exorzismen usw. nun geschildert werden, mit aufgeklärtem Abscheu oder romantischer Innerlichkeit: Immer haftet für die Leser dem Thema etwas Abgründig-Faszinierendes an. An der formalen Gestaltung der Artikel kann man das oft ablesen. Auch ein ganz »vernünftig« argumentierender Aufsatz kann mit dämonischen Fratzen und alten Stichen so untermalt werden, daß dem Ganzen etwas »Mehr« als das Aufklärerische anhaftet. Die Gesellschaft des Spektakels spielt mit dem Inhalt des überkommenen »Walpurgissacks« (Goethe) der verschütteten Tradition. Als roter Faden zieht sich durch den vorliegenden Beitrag die Thematik von Realität und Vorstellung, von Wahn und Wirklichkeit der Hexen. Die Unterhaltungsindustrie schafft aber eine dritte Ebene des »Halbgeglaubten«, der immer wieder anhand von wirklichen oder aufgebauschten Fällen aufgewärmten »Nachrichten«.

Schluß:

Gerade die abschließend geschilderte Problematik des »Halbgeglaubten« entspricht dem unklaren Status der naturreligiösen Bestrebungen in der modernen Gesellschaft. Während die Gesellschaft als Ganzes eindeutig der Technologie und damit der Aufklärung verpflichtet ist, sucht der einzelne sein Heil auch in einer Vielzahl von Lehren des »persönlichen Wachstums«, der »Bewußtseinserweiterung«, der individuellen Machtentfaltung und Schicksalsbestimmung durch Psychotherapie, Wahrsagerei, Magie und Erfolgsphilosophien, die oft genug direkt aus dem klassischen Okkultismus stammen. Der Widerspruch zwischen aufgeklärtem und magischem Weltbild ist ungelöst, die Realitäten existieren nebeneinander. Zu den Helden dieses Synkretismus werden die modernen »Zaunreiter« gemacht, die Künstler, Ethnologen, Hexen und abtrünnigen Forscher, die sich öffentlich zu den

»zwei Seelen, ach, in meiner Brust« bekennen und zugleich handfeste, greifbare »übersinnliche« Erfahrung oder besseres Wissen auf diesem Feld für sich beanspruchen. Insgesamt ist die sogenannte »postmoderne Gesellschaft« damit in einen Zustand zurückgefallen, den man schon im 17. und 18. Jahrhundert beobachten konnte, als zwischen Naturwissenschaft, Kunst und Religion schwankende Gestalten auftraten, wie der Magnetiseur Mesmer oder Minister, Dichter und Naturforscher Goethe. Ein neapolitanischer Rechtsprofessor konnte damals zu dem von seinen Landsleuten gefürchteten »bösen Blick« bemerken: »Es gibt ihn nicht, aber ich glaube daran« (»Non è vero ma ci credo«).

Chancen und Gefahren dieses labilen Gleichgewichtes der Ideologien wurden beim Sommerfest des Bundeskanzlers 1980 sichtbar. Unter dem Motto »Wa(h)lpurgisnacht« versammelten sich damals im neckisch-abgründig ausstaffierten Zentrum des Rechtsstaates zu Vampiren und Hexenmeistern gemachte Größen der Politik unter jeweils farblich passenden Nebeldämpfen. Viele Teilnehmer waren maskiert. Man aß »Hexenpilzsuppe« in der »Harzer Stube« und konnte den Kanzler persönlich in der »Abraxas-Bar« beim Bier beobachten. Magische und politische Macht waren auf einmal greifbar verbunden – im Spaß! Die Kirchen protestierten, und Kanzler Schmidt scheint der Spuk nicht allzuviel genutzt zu haben. Vielen Besuchern aber wollte bisweilen ein Schaudern nicht vergehen angesichts der öffentlich-rechtlichen, staatlichen Aneignung und Vermarktung dessen, was sie gerade als neuheidnische Sinnsuche für sich entdeckt hatten: Feuer und Nebel zur Feier der Regierenden, das kannte man doch?

Reichsparteitage und neuheidnische Fackelschwüre ließen grüßen, trotz aller Ironie. Im selben Jahr gab es heftige Debatten um Vermummungsverbote bei Demonstrationen und nächtliche Appelle der Bundeswehr. Wer sich auf die Machtsymbolik der Hexerei einläßt, sollte das Märchen vom Zauberlehrling nicht außer acht lassen, der die Geister, die er rief, nicht unter dem Deckel halten konnte.

Literatur

Bowen, Elizabeth (d. i. Laura Bohannan): *Rückkehr zum Lachen.* Berlin 1985. Ein auf Forschungserfahrungen beruhender »ethnologischer Roman«. Die Autorin, eine namhafte Ethnologin, beschreibt, wie eine Gruppe von Afrikanern mit Hexereibeschuldigungen und der Bedrohung durch Seuchen umging und wie sie selbst in diese Vorgänge verwickelt wurde.

Douglas, Mary (Ed.): *Witchcraft – Conessions and Accusations.* London 1970. Bis heute gültiger Sammelband mit Beiträgen britischer Ethnologen und Historiker und ausführlicher Diskussionen psychologischer und soziologischer Theorien der Hexerei.

Duerr, Hans Peter: *Traumzeit – Über die Grenze zwischen Zivilisation und Wildnis.* Frankfurt 1976. Diskussion des Gegensatzes zwischen ethnologischen Aussagen über Hexenvorstellungen und Schamanismus zum Wahrheitsbegriff der technisch-rationalen Zivilisation.

Evans-Pritchard, Edward E.: *Hexerei, Orakel und Magie bei den Azande.* Frankfurt 1978. Deutsche Übersetzung der bis heute einflußreichen, sehr eindringlich geschriebenen ethnologischen Studie. Enthält im Anhang auch Evans-Pritchards wichtigen späten Aufsatz über die Umstände seiner Forschung.

Favret-Saada, Jeanne: *Die Wörter, der Zauber, der Tod. Hexenglaube im Hainland von Westfrankreich.* Frankfurt 1979. Deutsche Ausgabe der einzigen ethnologischen Feldstudie über Hexenglauben in Europa, zugleich eine der wenigen sehr gut lesbaren ethnologischen Hexereistudien überhaupt.

Kippenberg, Hans G., und Brigitte Luchesi: *Magie. Die sozialwissenschaftliche Kontroverse über das Verstehen fremden Denkens.* Frankfurt 1978. Sammelband mit Übersetzungen der wichtigen Arbeiten zur neueren Magiediskussion in Philosophie und Sozialwissenschaften.

Kramer, Fritz, und Christian Sigrist (Hg.): *Gesellschaft ohne Staat,* Band 2. Frankfurt 1978. Enthält gut lesbare Kurzstudien britischer Ethnologen über religiöse Symbolik, Hexerei und verwandte Themen.

Lévi Strauss, Claude: *Der Zauberer und seine Magie* und *Die Wirksamkeit der Symbole,* in: *Strukturale Anthropologie,* Band 1. Frankfurt 1971. Bahnbrechende Aufsätze über die Wirkungsweise von Symbolen und die Probleme des Wirklichkeitsbegriffes bei Magie, Hexerei und Schamanismus.

Mayer, Philipp: *Witches, Inaugural Lecture.* Grahamstown 1954. Nachdruck in: Max Marwick (Hg.): *Witchcraft and Sorcery.* Harmondsworth 1970. Der Vortrag von Mayer begründet die auch im vorliegenden Aufsatz beibehaltene 8-Punkte-Gliederung der Hexenvorstellungen. Marwicks Sammelband ist im übrigen sehr informativ durch seine zahlreichen Fallstudien.

Róheim, Géza: *Psychoanalyse und Anthropologie: Drei Studien über die Kultur und das Unbewußte.* Frankfurt 1977; und derselbe, *Aphrodite,* in: *Die Panik der Götter.* München 1975, S. 228 ff. Wie ein Hexereiforscher sich treffend ausdrückte: »unhaltbare, aber sehr anregende« Schriften des Psychoanalytikers und Ethnologen über Frauenbilder und Hexenvorstellungen aus psychologischer Sicht. Nimmt in vielem moderne feministische Theorien über die Antike vorweg.

Sebald, Hans: *Witchcraft – The Heritage of a Heresy.* New York 1978. Studie eines deutschstämmigen amerikanischen Ethnologen über den Hexenglauben seiner fränkischen Vorfahren.

Sterly, Joachim: *Kumo. Hexer und Hexen in Neuguinea.* München 1987. Aufsehenerregende Studie über das Hexenwesen im Hochland von Neuguinea, beruht auf jahrelanger teilnehmender Beobachtung des Autors.

Nachwort

Dieser Tage kam ein alter Bekannter auf Besuch. Ihm ist vor acht Jahren Jesus erschienen, und seither war er mehrere Male Am Steinhof. Am Steinhof, das ist in Wien die größte Nervenheilanstalt. Die Diagnose, die mein Bekannter in der Brieftasche mit sich herumträgt, heißt »paranoide Schizophrenie«. Deshalb ist mein Bekannter, er ist um die vierzig Jahre alt, in der Frühpension. Früher hat er als Fernlastfahrer gearbeitet. Er erzählte mir, wie sehr er sich wünscht, Jesus möchte ihm noch einmal erscheinen. Er liebt Jesus. Jesus habe braune Augen gehabt, erzählte mein Bekannter.
Manchmal ist mein Bekannter sehr niedergeschlagen und traurig. Dann begibt er sich für ein paar Tage in Behandlung, Am Steinhof, wie gesagt, bekommt Spritzen und Pulver, bis er nicht mehr ganz so traurig ist, und fährt wieder nach Hause. Mein Bekannter hat auch den Teufel gesehen. Der Teufel sah aus wie ein Leguan und hatte schwefelgelbe Augen.
Ich sagte zu meinem Bekannten, daß es zwei Wirklichkeiten gebe. Die erste Wirklichkeit ist die alltägliche, die man mit den Augen sieht und den Ohren hört und den Fingern greift. Die zweite Wirklichkeit kann man betreten, indem man LSD nimmt, zum Beispiel, oder andere bewußtseinserweiternde Drogen. Man kann die zweite Wirklichkeit auch betreten, indem man sich bestimmten Rhythmen aussetzt, zum Beispiel dem Geräusch kleiner Steinchen in einem ausgehöhlten Kürbis. Schließlich könne man die zweite Wirklichkeit auch ganz spontan betreten, sagte ich zu meinem Bekannten, so wie er es getan hätte vor acht Jahren, als ihm Jesus erschienen sei. Manche Leute verschwinden in der zweiten Wirklichkeit, sie bleiben sozusagen drüben und kehren nicht wieder in die erste Wirklichkeit zurück, sind nicht mehr ansprechbar. Das sei ein Extremfall, sagte ich zu meinem Bekannten. Sehr viele christliche Heilige seien häufig in die zweite Wirklichkeit gereist und wieder zurück. Auch Mohammed habe die zweite Wirklichkeit gekannt, und Moses; sie alle hätte überirdische Stimmen vernommen. Heute würden sie Am Steinhof landen, sagte ich zu meinem Bekannten, alle die religiösen Virtuosen und Mystikerinnen, mit der Diagnose »paranoide Schizophrenie«. Heute sind die religiösen Ausnahmezustände, die Visionen und Ekstasen, längst psychiatriert, und deshalb sei sein Leben nicht leicht, sagte ich zu meinem Bekannten, aber verrückt sei er nicht.

Über die Frage, ob Jesus ihm wirklich erschienen sei, ob der Teufel ihm wirklich erschienen sei oder ob er sich Jesus und den Teufel lediglich eingebildet habe, über diese Frage unterhielt ich mich nicht mit meinem Bekannten. Es wäre sinnlos gewesen, mich mit ihm über die Wirklichkeit seiner Erscheinungen zu unterhalten. Für ihn waren sie ebenso wirklich wie der Aschenbecher auf dem Tisch, an dem wir saßen, und vor allem viel wichtiger als der Aschenbecher und die ganze langweilige gewöhnliche Wirklichkeit.
Als sich mein Bekannter von mir verabschiedet hatte, empfand ich Hochachtung vor diesem Menschen, vor der Würde, mit der er die letzten acht Jahre überstanden hat, vor seinem Zartgefühl im Umgang mit dem Herrn Jesus, dessen Antlitz er gesehen hatte, ein einziges Mal, vor seiner Sehnsucht, dieses Antlitz noch einmal erblicken zu dürfen.
Es handelte sich, wie gesagt, um einen ehemaligen Fernlastfahrer, der im übrigen nur selten die Kirche besucht. Wenn er sich über Jesus und den Teufel äußert, dann spricht er aus eigener Erfahrung, was man vom Papst, der sich ebenfalls über Jesus und den Teufel äußert, nicht ohne weiteres behaupten kann. Jedenfalls hat der Papst nie darauf hingewiesen, daß ihm Jesus oder der Teufel oder beide erschienen seien wie meinem Fernlastfahrer.
So gesehen ist mein schizophrener Fernlastfahrer im Umgang mit der zweiten Wirklichkeit kompetenter als der Papst. Der Preis, den mein Bekannter für seine Kompetenz zahlen muß, ist hoch. Wahrscheinlich täte er sich leichter, wenn er in einem brasilianischen Candomblé zu Hause wäre, in Sao Luis oder in Bahia. Er würde seine Abende im Kultschuppen verbringen und unter den Augen der Götter und Heiligen in Trance fallen. Eine schwarze Priesterin würde ihm behilflich sein, seine Reisen in die zweite Wirklichkeit zu strukturieren, sich in ihr besser zu orientieren, als ihm das in Wien möglich ist. Ein Huhn würde über seinem Kopf geschlachtet werden, das Blut würde ihm über Gesicht und Oberkörper rinnen, und danach würde er sich fühlen wie neugeboren. Er könnte in Würde alt werden, allerdings ohne Pensionsversicherung.
Mein frühpensionierter Fernlastfahrer heißt mit Vornamen Heinz.
Hallo, Heinz!
Ich widme Dir dieses Buch über die zweite Wirklichkeit. Du wirst darin herumblättern und an dieser Stelle Deinen Vornamen lesen. Sonst wird Dir das Buch nichts zu sagen haben. Deinen Vornamen habe ich deshalb genannt, damit alle, die dieses Buch lesen, an Dich denken und an Deinen Wunsch, Jesus möge Dir noch einmal erscheinen. Sie sollen wissen, daß ein Leben ohne zweite Wirklichkeit trauriger sein kann als das Leben eines schizophrenen Fernlastfahrers in Frühpension.

Adolf Holl

Die Autoren der Beiträge

Hans Biedermann · Okkultismus

Hans Biedermann, 1930 in Wien geboren, studierte dort Anthropologie, Geologie, Völkerkunde und Archäologie. Promotion 1952. Forschung in Mozambique, der Westsahara, Mexiko, Südfrankreich und auf den Kanarischen Inseln. 1958 bis 1984 Lektor bei der Akademischen Druck- und Verlagsanstalt, Graz.

Karl Markus Michel · Grüße aus dem Jenseits

Karl Markus Michel ist 1929 in Hongkong geboren und lebt heute in Berlin. Er arbeitet als freier Schriftsteller und ist Herausgeber der Zeitschrift »Kursbuch«.

Josef Dvorak · Satanismus und Sexualmagie

Josef Dvorak, Jahrgang 1934; theologische, philosophische und tiefenpsychologische Studien, motivanalytische und psychotherapeutische Praxis; Mentor des frühen Wiener Aktionismus; Supervisor der ersten österreichischen Gruppen mit freier Sexualität (nach Wilhelm Reich), daneben politischer Redakteur bei Tageszeitungen; gegenwärtig freier Journalist, Hausautor von Günther Nennings FORUM; lebt als Einsiedler in einem Zigeunerhaus des südlichen Burgenlandes.

Wilhelm Gauger · Spuk

Wilhelm Gauger, geboren 1932 in Wuppertal, studierte Anglistik und Germanistik in Köln, 1. Staatsexamen 1959, 2. Staatsexamen 1962, dann bis 1971 Wissenschaftlicher Assistent und Akademischer Rat an der FU Berlin, Promotion 1965, Habilitation 1971, seither Professor für Englische Literaturwissenschaften der FU Berlin.

Adolf Holl · Wassermannzeit

Adolf Holl, geboren 1930 in Wien, Doktorate der Theologie und Philosophie, Universitätsdozent für Religionswissenschaft, arbeitete von 1953 bis 1972 als katholischer Pfarrseelsorger und Religionslehrer. 1973 wurde ihm die kirchliche Lehrbefugnis entzogen, 1976 die Ausübung der priesterlichen Weihegewalten untersagt. Er lebt als freier Schriftsteller in Wien. Seine Bücher wurden in zwölf Sprachen übersetzt, in einer Gesamtauflage von 400 000.

Felicitas D. Goodman · Der Hauch im Spiegel

Geboren 1914 als Kind deutscher Eltern in Budapest. Besuchte ungarische Schulen in Rumänien; Abitur 1934 in Hannover. Ausbildung an der Universität von Heidelberg als Dolmetscherin und Übersetzerin. Wanderte 1947 nach Amerika aus. Arbeitete dort als wissenschaftliche Übersetzerin. Erwarb 1968 den Magister in Linguistik und promovierte 1972 in Kulturanthropologie. 1968–1979 Professur in diesen Fächern an der Denison University. Arbeitet seit ihrer Emeritierung als freie Forscherin.

Wolfgang Reiter · Der Quantenspuk · Zumutungen an die Physik

Wolfgang Reiter, geboren 1946 in Bad Ischl, lebt in Wien. Studium der Physik, Mathematik und Philosophie an der Universität Wien; wissenschaftlicher Mitarbeiter am Institut für Radiumforschung und Kernphysik der Universität Wien und am Schweizer Institut für Nuklearforschung, Villigen; seit 1980 am Bundesministerium für Wissenschaft und Forschung tätig. Veröffentlichungen in diversen wissenschaftlichen Zeitschriften sowie Buchbeiträge zu kernphysikalischen, wissenschaftssoziologischen und wissenschaftshistorischen Themen.

Werner Zurfluh · Außerkörperlichkeit

Werner Zurfluh, geboren 1945 in Basel, studierte dort Biologie, Physik und Chemie, Zoologie, Ethnologie und Religionsgeschichte; unterzog sich als Ausbildungskandidat des C. G.-Jung-Institutes in Zürich einer Schulanalyse. Seit 1968 betrieb er eigene Forschungen über Träume, luzide Träume (Klarträume), Außerkörperlichkeit und verwandte Phänomene. Er arbeitet als Biologielehrer an einem Gymnasium zum Broterwerb, um daneben am Forschungsprojekt »nächtlicher Erfahrungsbereich« weiterarbeiten zu können.

Peter Strasser · Das Diesseits des Jenseits

Peter Strasser, Jahrgang 1950, studierte Philosophie und Germanistik. Seit 1981 ist er Dozent für Philosophie. Er arbeitet im Institut für Rechtsphilosophie der Karl-Franzens-Universität Graz. Buchveröffentlichungen: Wirklichkeitskonstruktion und Rationalität, Freiburg - München 1980; Verbrechermenschen, Frankfurt am Main - New York 1984; Die verspielte Aufklärung, Frankfurt am Main 1986.

Rocque Lobo · Intuitive Erfahrung

Geboren 1941 in Pune/Indien. Studium der Philosophie und der Theologie im päpstlichen Seminar in Pune (1961–1963), dann in Eichstätt (1963–1965) und München (1965–1967). Diplom in Theologie, Promotion in Philosophie und Indologie zum Thema: Samkhya-Yoga und spätantiker Geist – eine Untersuchung der Allegorese des Origenes im Lichte der indischen Philosophie. Seit 1971 Leitung der Abteilung Religion, Yoga und Gesundheit bei der Münchner Volkshochschule e. V. 1977 Gründung der Forschungsstelle für Yoga und Ayurveda in München und Übernahme der Leitung.

Agehananda Bharati · Esoterisches Wissen

Geboren in Wien, besuchte dort das Akademische Gymnasium und studierte danach Orientalistik an der Universität Wien. 1938 trat er zum Hinduismus über; 1947 wanderte er nach Indien aus. 1950 lehrte Bharati an der Benares Hindu University, dann an der Royal Buddhist Academy Bangkok (1955), an der Universität Tokyo und Kyoto (1956), an der University of Washington, Seattle, USA (1957–1961) und ist seit 1961 Ordinarius für Anthropologie an der Syracuse University New York.

Rudolf Schermann · Marienerscheinungen

Rudolf Schermann, Jahrgang 1932, Vater katholisch, Mutter mohammedanisch, stammt aus Ungarn und studierte dort 1951–1956 Theologie. Emigration nach Österreich. Abschluß der Studien mit dem Absolutorium der Universität Wien. Zunächst Journalist, später auch Autor und Übersetzer. Seit 1965 Pfarrer in Reisenberg und Seibersdorf, Niederösterreich.

Thomas Hauschild · Hexenglaube

Thomas Hauschild, geboren 1955, lebt in Köln. Nach Studium und Promotion in Hamburg (1979) Museumsassistent im Museum für Völkerkunde in Berlin. 1982–1984 Feldforschung in Süditalien. Lehraufträge in Köln, Hamburg, Berlin und Hannover, Vertretungsprofessuren in Hamburg, Berlin und Neapel. Seit 1. 8. 1987 Habilitationsstipendium der Deutschen Forschungsgemeinschaft.